札幌を開府した
島　義勇
Shima Yoshitake

解任と梟首《きょうしゅ》の謎

その生涯から見えてくる
佐賀藩士凋落への道

河原﨑　暢
Kawarasaki Mitsuru

北海道出版企画センター

肥前さが幕末維新博覧会での「島義勇展」　著者撮影

明治維新から150年を記念して、佐賀市を中心に、平成30年3月から304日間開催された。

佐賀城公園西御門橋の島義勇像　著者撮影

今まで県内で知名度が低く、「佐賀の七賢人」で、島義勇だけが銅像も記念碑も無かった。

道民からの要望と寄付金の後押しもあり、建立の運びとなる。

平成30年11月、肥前さが幕末維新博覧会を記念して除幕式が行われ、北海道知事も参加した。

佐賀大学地域芸術デザイン科の徳安和博教授が作成。北海道に向かい足を一歩踏み出している。

弘道館で学んだ偉人モニュメントの島義勇像　著者撮影

同じく肥前さが幕末維新博覧会に合わせて、佐賀市中央大通り沿いに、等身大のモニュメントを設置した。

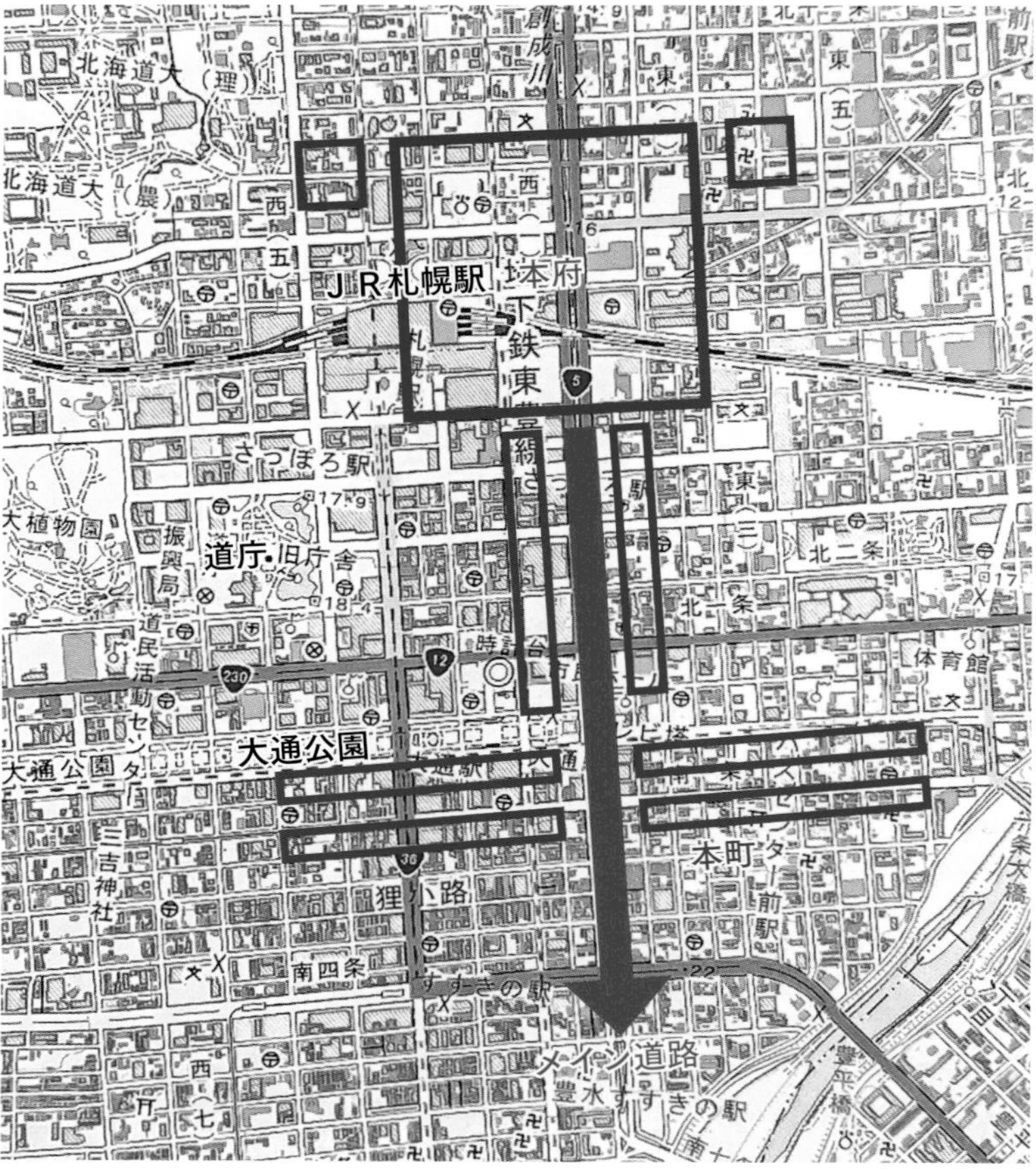

島義勇の本府構想

島の構想を、現在の国土地理院発行の二万五千分の一地図に合わせてみた。
本府は北端に位置して、軸は南北に走る。

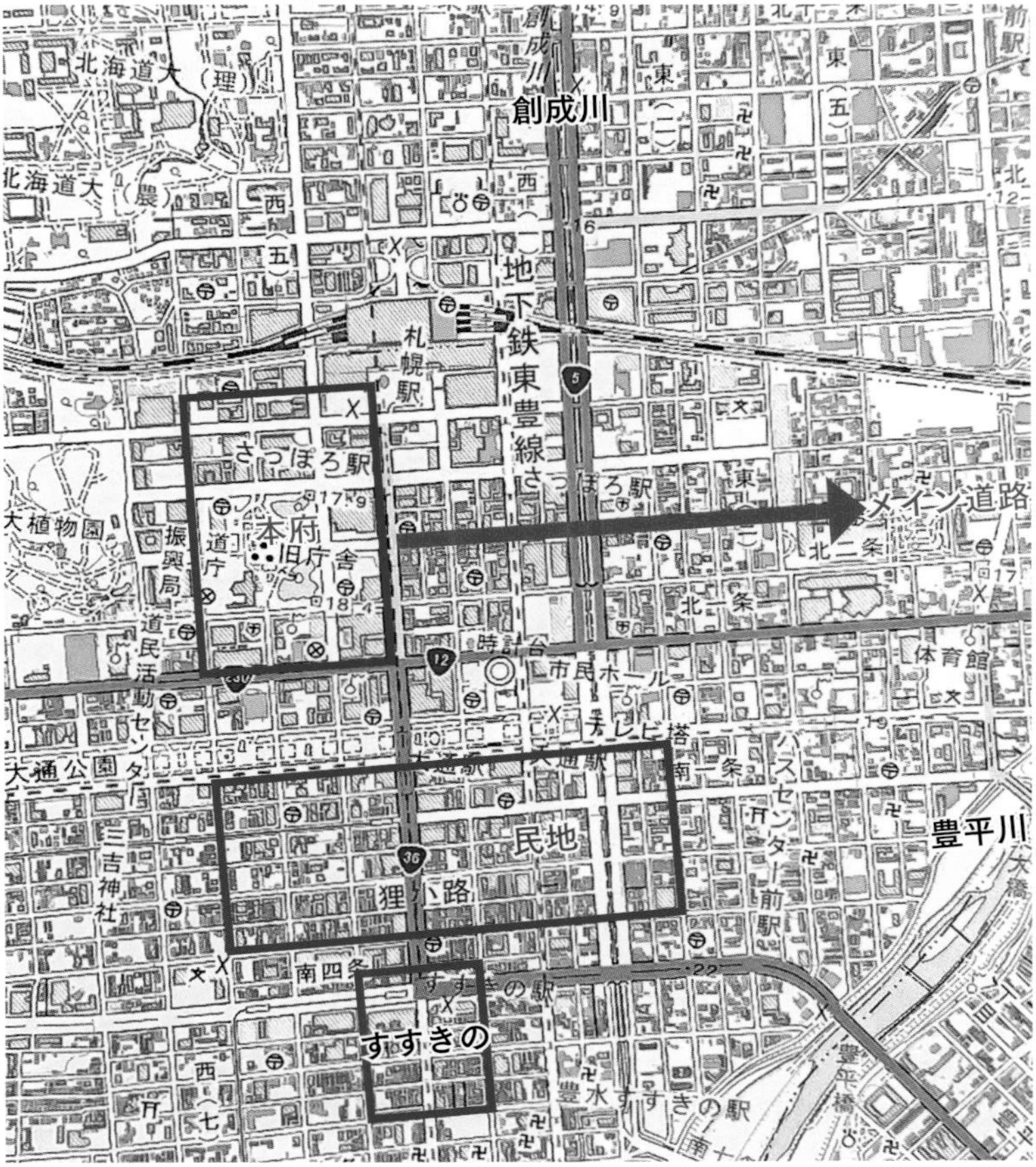

岩村通俊の本府構想

本府は西端に移動、軸を東西に変更する。都市の規模も縮小された。

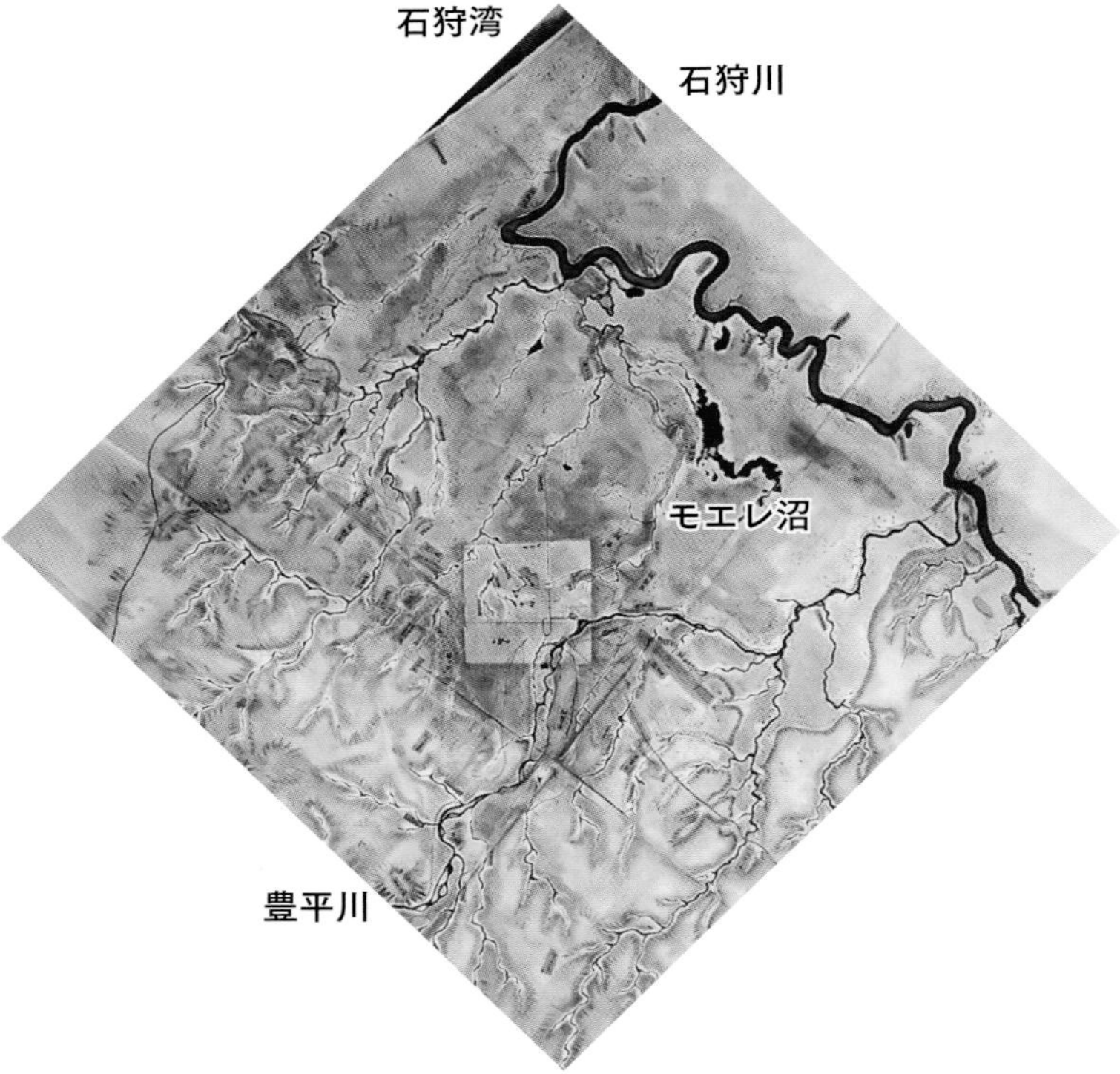

明治六年札幌郡西部図での札幌の行政区域

正方形の区画が、初めての札幌の行政区域となる
(島判官の部下が考案)。
赤色は、家屋や造成された道路。

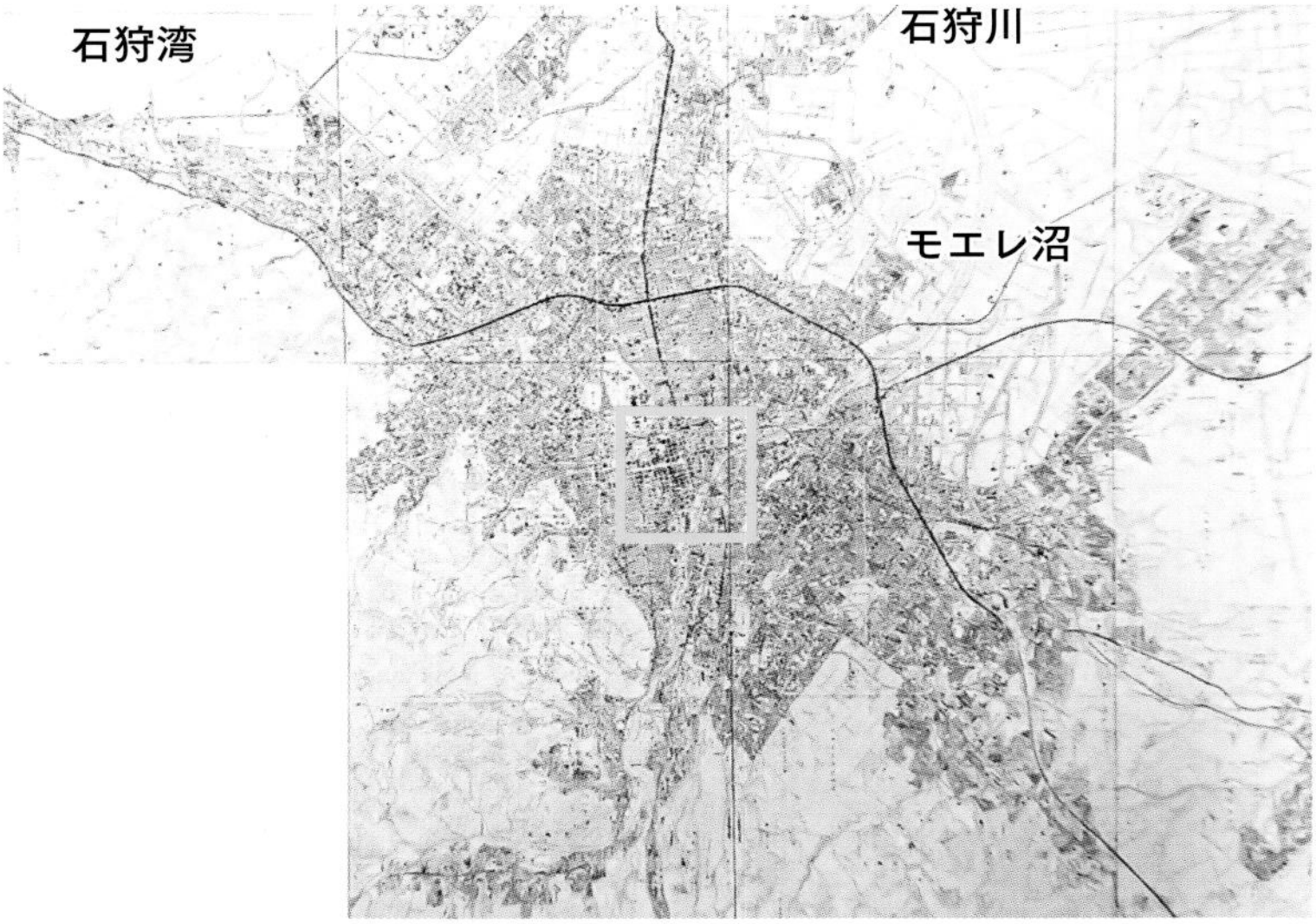

同尺度の現在の札幌市

初めての札幌の行政区域を、現在の札幌市に合わせてみる。黄色の正方形が行政区域。

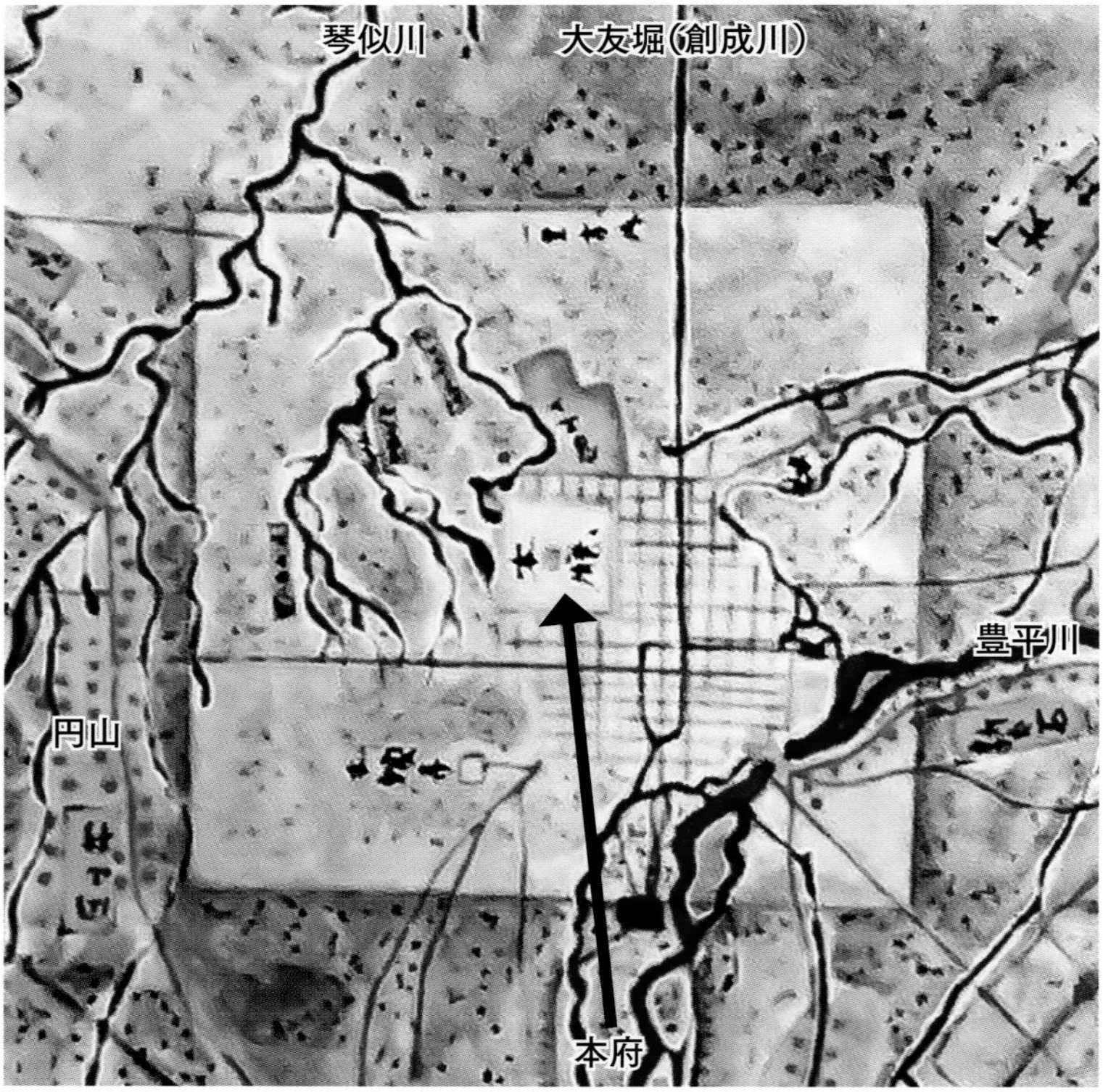

札幌の行政区域

行政区域を拡大する。

内部に現在の道庁が位置する正方形の本府と、一辺が四キロメートルである正方形の外郭で、二重構造だ。

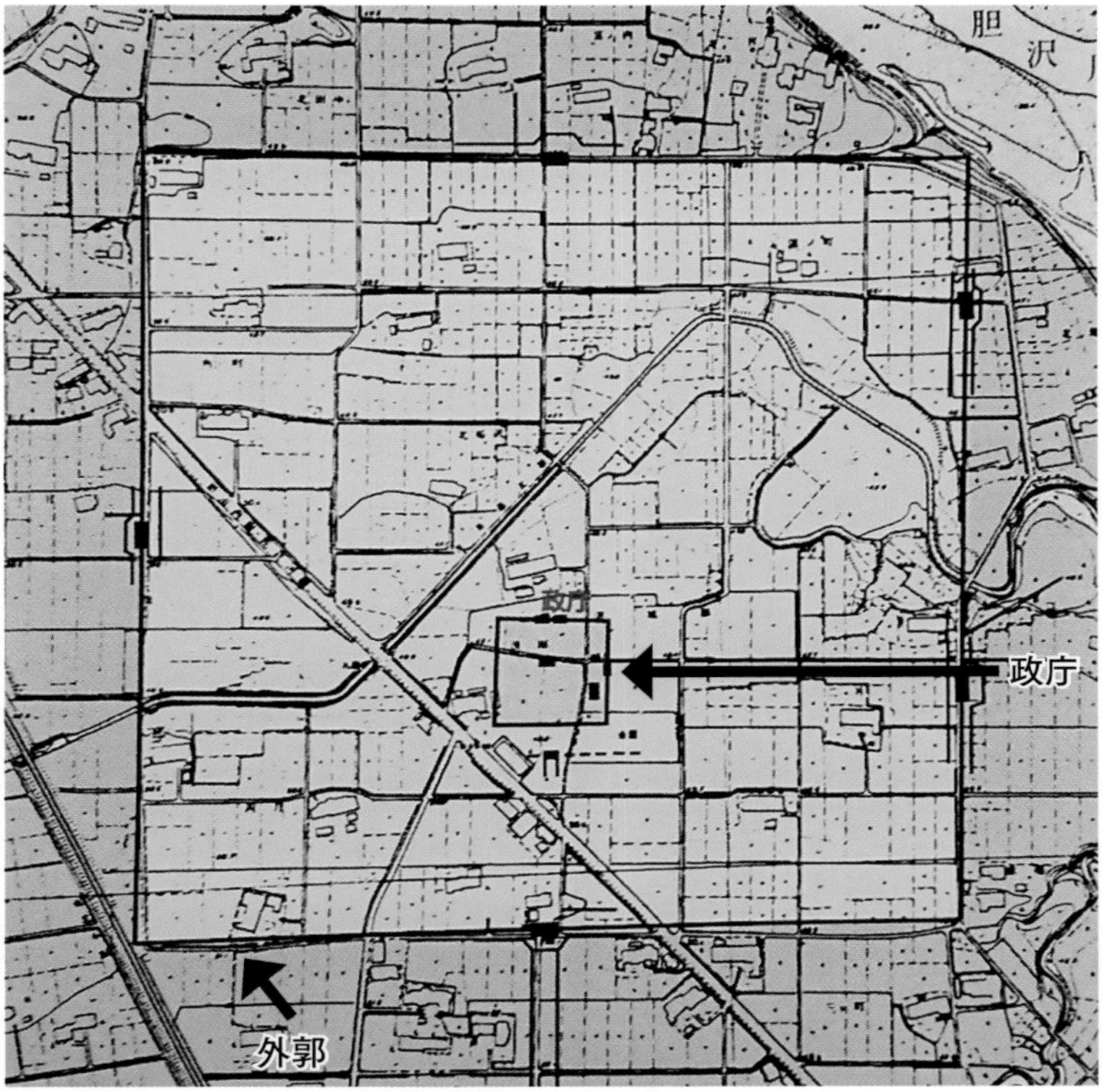

東北の古代の城柵 胆沢城

内部にある正方形の政庁と正方形の外郭で、二重構造である。

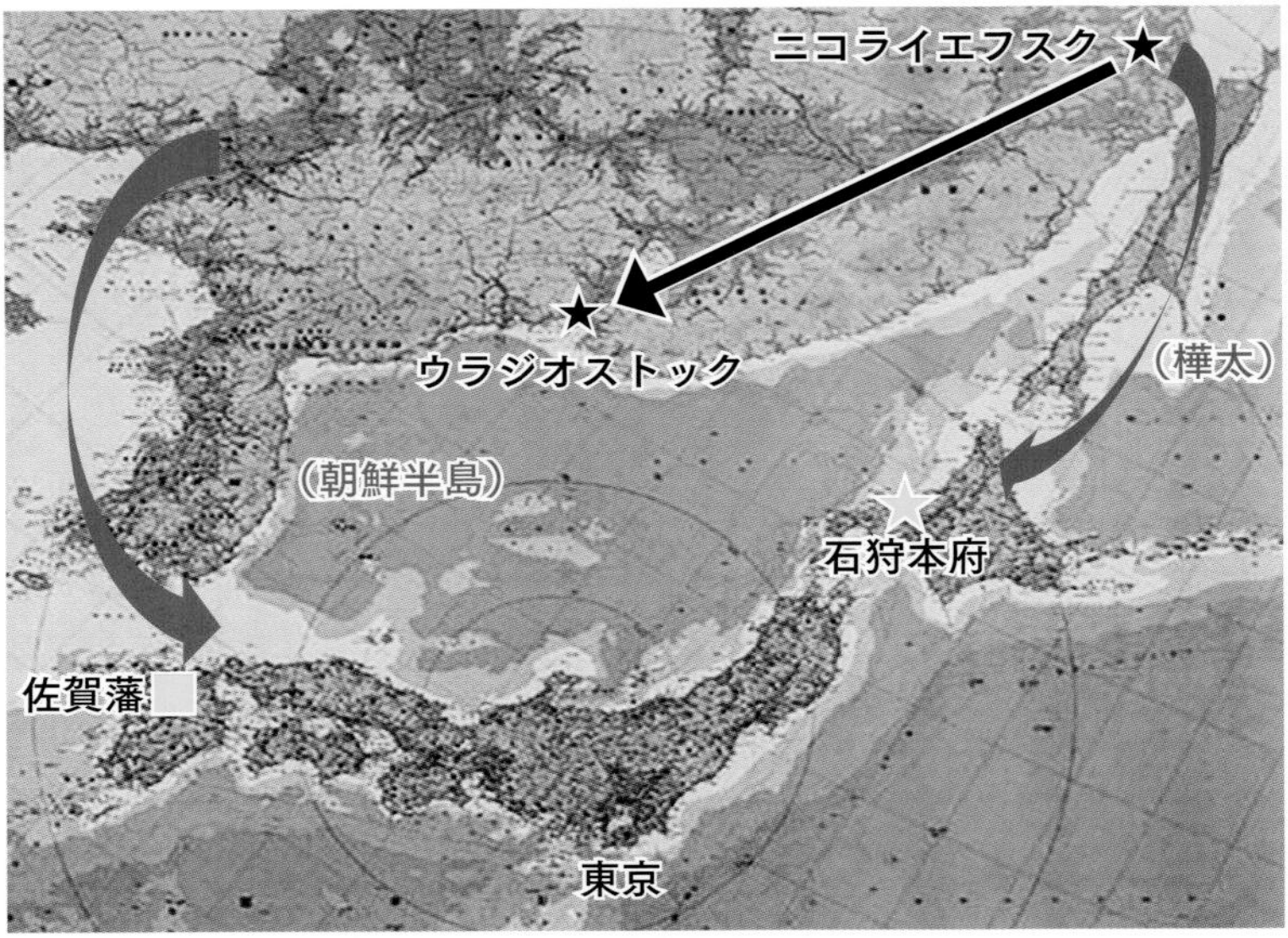

佐賀士族の地政学的思考

島判官は、石狩本府の設置にロシアを強く意識した。極東ロシアの拠点は、ニコライエフスクからウラジオストックに移動する。

赤矢印が、ロシアが構想した南下政策の進路。ロシアは、樺太と朝鮮半島の二方面から侵略を試みる。

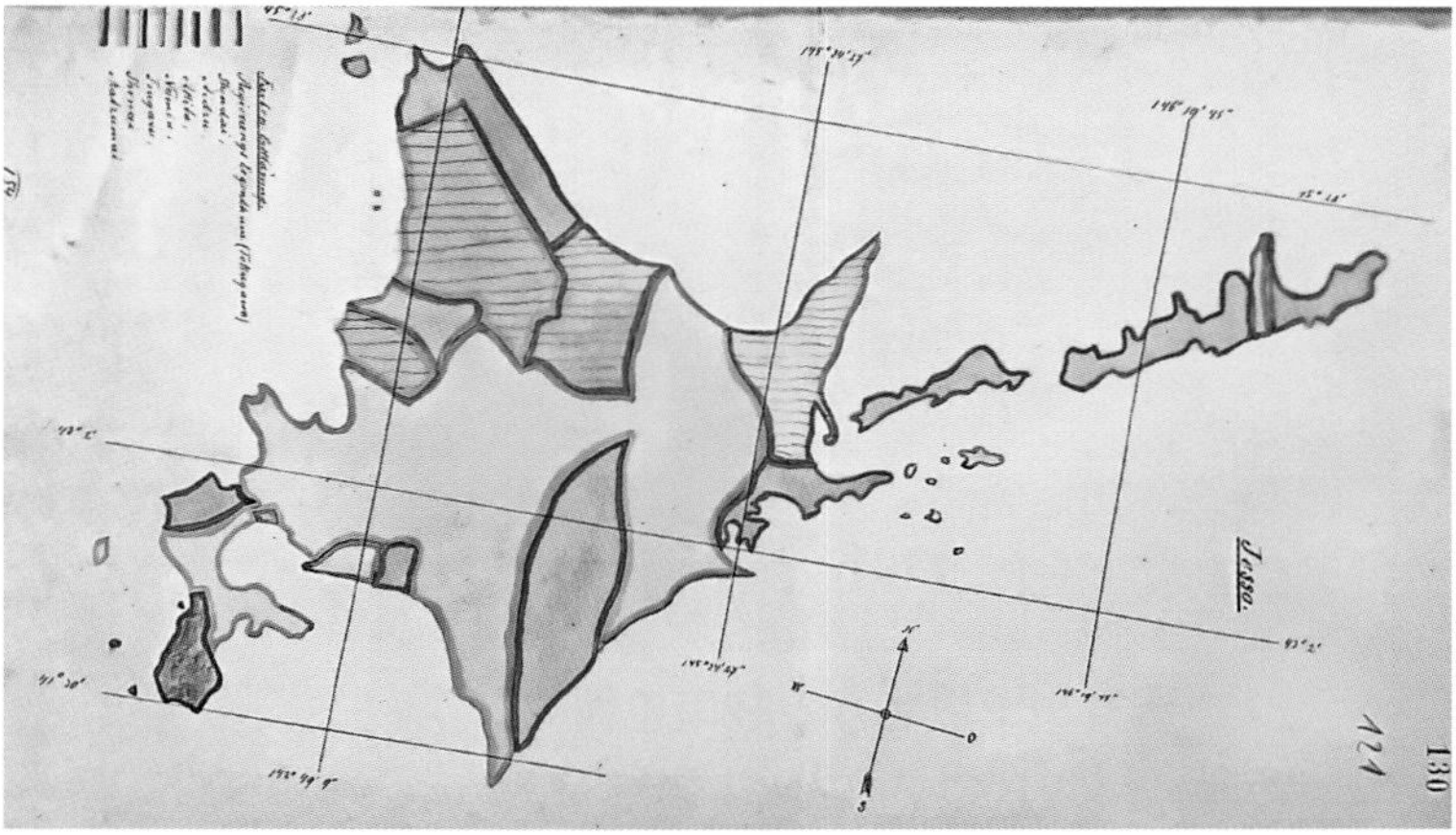

戊辰戦争中に、駐日プロシア王国公使館で
作成されていた蝦夷地領地割図

当時の蝦夷地で、どこの藩がどの場所を守備防衛しているのかを示す地図。

戊辰戦争で、東北諸藩は苦境に立たされていた。

この隙を狙い、プロシアは、東北諸藩が担当している蝦夷地の各地域を買収するため、武器と資金の提供の申し入れをする計画を立てる。

1868年11月、日本側の極秘情報であるこの地図が、駐日ブラント公使からベルリンのビスマルク宛に送られ、本国の指示を仰ごうとした。

北海道は、プロシア（ドイツ）からも標的になっていた。

島判官がサッポロの原野を眺望した、
「コタンベツの丘」の場所を推定する

札幌市の公式の見解では、「コタンベツの丘（円山公園のあたり）より原野を眺め、本府建設を構想した」と書かれ、コタンベツの丘は二段の丘との記述もある。

南1条通の一条北側の大通公園が真直ぐ見える。
森林の真ん中に北海道神宮が位置する。

著者が予想する荒井山の麓説

島判官が構想した「北海道新大社」と、現在の「北海道神宮」の場所が異なると想定。

実際に、札幌市中央区宮の森3条13丁目の市立大倉山小学校付近から都心部を眺望する。

都心部が見渡せ、市街を東西に走る道路が垂直に見える。

南1条通となる銭函通りの位置。

今までの円山公園内説

島判官が眺望した12月頃、実際に、円山公園内にある「島判官紀功碑」の西側の丘から都心部を眺望する。

森林が枯葉になっているが、遠くは見えない。

序にかえて

島義勇と河原崎さん

合田一道
（ノンフィクション作家）

河原崎さんが私の主宰する道新文化センターの「一道塾」に入塾したのは五年ほど前。職業が医師と聞いて、とっさに医師で作家の渡辺淳一さんを連想した。渡辺さんとは、同じ北海道上砂川町の出身で同年齢というので、何度か会うたびに話が盛り上がった思い出がある。

河原崎さんは渡辺さんとは違って、ノンフィクションの道を選んだ。フィクションならもっと連想をたくましくできるのに、と思ったものだが、そんな心配は不要だった。島義勇という人物を中心に置き、その時代の社会情勢を睨みながら十分に資料を読み込み、それを操りながら深く深く突き進めていく筆法は、ノンフィクションの正道というべきものだ。やっと出版にこぎつけたことに、心から拍手を送りたい。

島義勇は札幌の町を開いた先覚者として知られ、北海道神宮境内と札幌市役所一階にそれぞれ島の銅像が建っているが、地元の佐賀県では「佐賀の乱」を引き起こした人物として、四十年ほど前まではほとんど忘れられた存在だった。しかし近年、島が背負った開拓三神が北海道神宮に祀られ、島自身が開拓の神として崇められているのを知り、急に島に光が当てられる結果となった。島に関わる著書が数多く出版され、地元佐賀にも島の銅像が出現した。

こうした中での河原崎さんの新著の出版である。島義勇という人物が、明治維新という想像を絶する社会変革の情勢下で、いかなる形で北海道開拓を進めていこうとしたのか。そこで島が衝突しなければならなかったものとは何だったのか。そのあたりまで踏み込んだのがこの本である。

医者らしい精密な視点から果てしなく繰り出されるペンの力に、どうぞ酔いしれて戴きたいと願っている。

札幌を開府した島義勇　解任と梟首《きょうしゅ》の謎

生涯から見えてくる佐賀藩士凋落への道

はじめに

札幌市の都市としての歴史は、今から一五〇年前、厳冬の太陽暦で明治二年（一八六九）十二月十二日、開拓首席判官　島義勇《よしたけ》がサッポロの地に入った時から始まる。当時はごく少数のアイヌと和人が住んでいる以外、ヒグマや狼など獰猛《どうもう》な野獣が縦横無尽《じゅうおうむじん》に歩き回る未踏の大地だった。現在では、約二〇〇万人の大都会、政令指定都市札幌へと変貌する。

明治天皇は、義勇が北海道に渡る直前、自ら呼び、開拓が無事に進むようにと「開拓三神」を祀《まつ》る特命を与えた。開拓長官の鍋島直正も、義勇の自宅まで訪ねて来た。直正は前佐賀藩主、義勇は佐賀藩士の間柄だ。その直正が病弱で北海道まで渡れないからと、気持ちを込めて刀を託す。札幌の本府開府は、明治維新を経て樹立した「新政府」の最優先事項だった。

義勇は、建設に大変な冬になるのは分かっていたが、天皇と長官からの期待も加わり、家族も連れ骨を埋める覚悟で北海道へ向かう。札幌に着くと、漢詩で「五州第一の都」と詠《うた》い、他国にも恥じない都市を作ろうと決意した。一日でも早く本府を完成させようと、荒れ狂う吹雪のなか、大晦日も関係なく自らを奮い立たせ、札幌の町作りに邁進する。脳裏には、長官を途中で辞めざるを得なくなった直正の姿が常に現れ、身が引き締まる思いに駆られていた。佐賀の葉隠《はがくれ》の極意である「命を懸けてでも完結する決意」で、強い使命感に燃える。

しかし、石狩の地で、同じく開拓を進める兵部省と対立し、兵糧攻めされる。それでも、食料調達の苦難を乗り越え、着々と町づくりに突き進んだ。義勇は、直正の分身としてどんなことがあろうと、自分の政策を実現しようとした。なのに、その意志に反し一方的に新政府から解任され、結局札幌に関わったのは、ほんの三ケ月のみだったとは。

明治三年二月九日、「御用これ有り　帰京仰せ付けられ候」と、用事があるからと言われ東京に戻り、帰る間もなく転任を命じられた。解任理由は複数云われている。例えば、冬季の建設事業が大幅な予算超過となり、直正から二代目長官に着任した東久世道禧《みちとみ》の逆鱗にふれた。義勇が資金不足を解決しようと、松前藩の御用商人から徴収を試みたが、反発を招き責任を取らされた等である。

幕末期、領有が曖昧だった樺太《からふと》で、日本とロシアの紛争が頻発していた。ロシアは近代化した軍で地歩を固めていく。他方、我が国は民間人の貧弱な装備で漁業基地を必死に守るので精一杯だった。

戊辰戦争や明治維新の混乱に乗じ、さらに南下して北海道に迫ろうとするロシアの軍事的脅威を押し返そうと、開拓使が設置される。その中心基地として、北海道南端の箱館《はこだて》より北へ、新しい開拓拠点、すなわち「石狩本府」を一刻も早く作る必要性が出てきた。だから、大幅な出費がかさむ冬季にも関わらず建設を開始したのだ。このことは、もちろん新政府も了解のはずだ。それ故、今でも郷土研究家や学術者の間でも、明白な解任理由がよく解っていない。そして、なぜか、札幌での義勇の正確な行動を残した記録や消息を伺《うかが》えるものは、ほとんど残されていない。

二年後、義勇は秋田県初代権令（知事）に任命される。ロシア対策の拠点として初めて八郎潟の開発を試みた。その三ケ月後、同じ様に突然解任される。この時の解任理由も不透明だ。

一旦中止となった札幌の建設は、東久世から指名を受けた大判官岩村通俊《みちとし》が受け継ぐ。しかし、義勇の構想した本府と実際に岩村が建設した本府を比べると、違いが多いのに気づく。岩村が事業を再開するまで約一年間の合間がある。その間に、小高い丘や湿原など新たな札幌の土地の情報が加わり、構想の一部を変えたかもしれない。とはいえ、この二人の相違は、規模や構造など根本的違いなのだ。現在の札幌市都心部の、整然な碁盤目状の道路網や東西に走る大通公園は、岩村が構想した区画割を基盤としている。その後、薩摩藩士の黒田清隆が連れてきたお雇外国人により米国風にアレンジされたものだ。すなわち、札幌市は、岩村が構想した本府から成長し拡大した都市である。『新札幌市史』では、「島から岩村へと構想は続いている」と書かれているが、再検証する必要性がありそうだ。実際は、義勇の本府は消され、本当はどういう都市を作ろうとしたかは謎なのだ。

明治維新後、幕府が倒れ、主に、薩摩・長州・土佐・肥前藩の「薩長土肥」を基盤とした新政府が誕生する。肥前藩は佐賀藩のことだ。

新政府は、いかなる国家を作ろうかと暗中模索を繰り返す。なぜなら、手本となる国が、当時の外国にも今までの日本の歴史上にも無かった。そして、国内外からの大きな問題を突きつけられ、常に選択を迫られた。政府内では、各藩の、藩内でも各人の、それぞれの信念とする政策の違いから、連係したり離反したりと激しい派閥争いを繰り広げる。初めから薩長閥が主導権を握り大日本帝国となったわけではない。

少なくても「廃藩置県」から「明治六年の政変」までの二年間は、江藤新平を中心とする佐賀士族が、板垣退助らの土佐士族と組み、四民平等、司法権の確立、国会創設の準備などを推し進めていった。さらに人権という言葉を初めて日本人に伝え、理想に燃えながら将来の国家像を示していく。

反対に、不平等条約を解消する目的で、欧米列強へ訪問した岩倉使節団に参加する薩摩の大久保利通は、思ったほどの成果は出せなかった。この事から長州の木戸考允と軋轢が生まれる。帰国後、大久保と同志だった薩摩の西郷隆盛は業績を上げていく江藤になびいていた。また残存組の長州の山縣有朋《やまがたありとも》や井上薫《かおる》は、汚職事件を引き起こし、初代司法卿となった江藤の追及を受け失脚寸前となる。これまでの薩長閥は、消散の危機に陥った。

弁舌さわやかに理路整然と述べる江藤だが、もともと寡黙な大久保は、恐れを知らない理想論だけ述べる口達者な奴と感じていた。その後、長州の伊藤博文が初代内務卿になった大久保に同調して新たな薩長閥を結束する。彼らは、ドイツ型の官僚機構が強く指導していく国家像を提示し、江藤と相争うこととなった。この政争は、議決権と行政権のどちらを優先とする国家をめざすか、将来的に日本に大きく影響を及ぼす闘争となる。これが、征韓論争を表向きにした「明治六年の政変」の本質だ。大久保が勝利し江藤は下野する。裏を返せば、もし大久保が敗れたら、佐賀士族が主導する国家となり、日本は全く異なる歴史を歩んでいたはずだ。追放された者達は、自由民権運動という新たな反政府運動を展開していくが、大久保はなぜか佐賀士族だけは許さなかった。

政変の四ケ月後、「佐賀の乱」が勃発する。敗北した首謀者の一人の義勇は、同じく首謀者の江藤と共に、正式な裁判もなく犯罪者扱いの梟首《きょうしゅ》となった。江藤の最期の姿を見て、「醜態《しゅうたい》、笑止なり」と大久保は思わず本音を漏らす。

欧米諸国と対等にと最大限の気を使っていた大久保が、なぜ野蛮と非難されるのを無視してまで、憎しみを込め暗黒裁判を断行したのか。そこには、個人的な怨恨以上に大久保の抱く国家戦略があった。その政策を遂行するには、鍋島直正の影響を受ける佐賀士族らの排除が絶対に必要だったのだ。それが、江藤の最大の協力者である西郷にも及び西南戦争となり、その後、内乱は消滅していく。この流れは、大久保を中心とした新たな薩長閥の粛清である。そして、義勇の判官解任は、まさにその序曲だったのだ。

大久保らが恐れた直正の思想とは何だったのか。そして、なぜ札幌を開いた男が梟首となったのか。多くの札幌市民は、開拓判官解任後の義勇の人生をほとんど知らない。義勇の生涯を辿っていくと、今まで解らなかったことが見えてくる。いったい何が見えてくるのか。その結果、札幌の原点とは何だったのか、そして明治維新と明治国家も何だったのかも解き明かすに違いない。

束帯姿の島義勇（一八二二～七四年）佐賀藩士

藩主鍋島直正に、藩校弘道館で優秀さを認められる。箱館奉行所の堀利熙《としひろ》の許しを得て北方調査に加わった。維新後、戊辰戦争で活躍し、新政府で開拓首席判官に任命。

（北海道大学附属図書館所蔵）

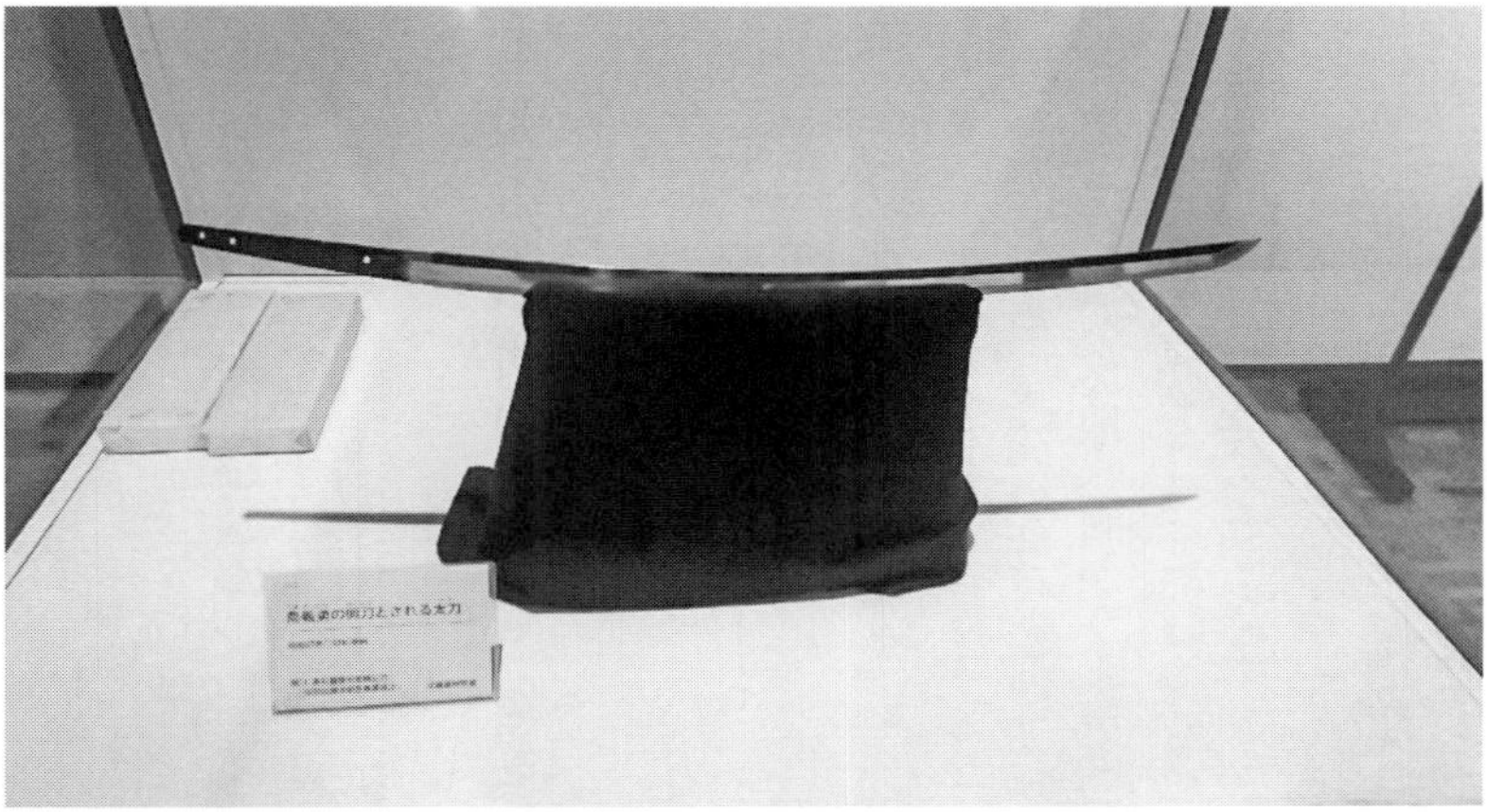

島義勇の佩刀《はいとう》とされる太刀《たち》
（北海道博物館で著者撮影）

＊札幌とその周辺の地名に関して、島義勇が開府する以前はカタカナで、開府以降は漢字とした。

もくじ

IV　本府開府

VI　消滅する佐賀士族

I

開拓使が始動

第一章　蝦夷地開拓へ

一　開拓使発足

米国ペリー艦隊の黒船騒動から、幕藩体制の矛盾が一気に露呈し、倒幕運動に火がつく。その結果、政権が朝廷に戻り、鎌倉時代から続いた武家社会が終了する。大政奉還後、慶応三年（一八六七）年末に成立した明治新政府は、ただちに政府機構造りに着手するが盤石ではなかった。

明治元年（一八六八）一月、鳥羽・伏見の戦いから、旧幕府軍と戊辰戦争が始まり、四月中旬、江戸城明け渡しとなる。五月に上野戦争で抵抗する彰義隊が壊滅され、戦線は東北へと移っていった。六月に版籍奉還が許可され、朝廷の支配権が確立し、明治二年五月、箱館で戦争は終結する。

その間、政府機構は目まぐるしく変わり、同年七月八日、官制改革による職員令が定められ、一応の落ち着きを示す。この時、二官八省と共に、蝦夷地を中心とした北方開拓のため、開拓使の設置となった。同年八月十五日の太政官布告により、蝦夷地が北海道と命名される。開拓使は、明治六年に札幌に本庁舎が完成するまで、函館の旧箱館奉行所や東京芝の増上寺の境内に出張所を設置し、主な仕事はここでする。この頃、北海道は六万人、函館が一万六千人と、人口の多くは道南に集中していた。

新政府の最初の仕事は、徳川家に変わる天皇の権威を国内に浸透させる、日本の領域を国外にはっきりとさせることである。

＊明治二年九月、開拓使役人が北海道に赴任した。箱館に開拓使出張所を開設した時、気持ちを新たに
と箱館から函館に地名を変える。

当時の北海道周囲の国際環境の緊迫さは、樺太や千島列島の領土問題も含まれ、日本全体からみても最大で、一歩間違えればどのような状況に陥るかは、誰も想像がつかなかった。だから、未開地で国境が不明瞭な北方地域の開拓は、新政府の第一優先事項だった。開拓使のナンバーワンは鍋島直正長官で、実質のナンバーツーは首席判官の島義勇である。二人とも佐賀藩の出身で、前藩主と藩士の関係だ。創設時は、この二人が主導していく。なぜ、佐賀藩だったのか？

幕末から、「北門の鎖鑰《さやく》」として北海道や樺太を開拓する、また、ロシアに強硬に対応していく政策を、長きに渡り強く訴えていた人物が、佐賀藩主の鍋島直正だったからだ。

＊鎖鑰とは、鍵のことで国家の戸締りと考えた。

東京芝の増上寺　この境内に出張所は設置された。
玄関に座っている右側の人物が、黒田清隆。
（北海道大学附属図書館北方資料室所蔵）

二　開拓使と鍋島直正

江戸時代、佐賀藩は、鎖国により唯一のオランダと交易がある長崎港の警護を任された。中国で勃発したアヘン戦争後、オランダ情報から、鍋島直正藩主に、警護のための最新洋式武備の必要性、海防視点から蝦夷地を取り巻く緊迫感が、いち早く伝わっていた。

安政二年（一八五五）、幕府は、ロシアの脅威から、松前藩では対応が無理と見定めて蝦夷地を直轄し、箱館に幕府機関の奉行所を設置する。安政五年、横浜港開港に尽力した幕臣の掘利熙《としひろ》が就任。堀は、情報収集目的で樺太と蝦夷地を巡回する。この時、直正は義勇に、堀との同行を命じた。

義勇は帰藩すると、『入北記』という報告書を提出する。直正は、藩校・弘道館の生徒に「**蝦夷ノ事ヲ談ジテ人ニ聞ク**」との議題を与える。この論議で、新政府の初代司法卿となる江藤新平は「国防上長崎と箱館の二ケ所の防備で十分で、貿易で利を収め蝦夷地の資源を開発しよう」と述べた。

直正は、懇意にしている幕府大老の井伊直弼《なおすけ》を口説いて、根室に近い色丹島《しこたん》（北方四島の一島）に、南下するロシアに睨みを利かせるため、軍艦停泊地を作る。同時に、佐賀の船持の武富平作らに、北方開拓も一任して、道東の海産物と佐賀の米・塩・酒の交易や殖産にも力を入れた。一人で一〇〇〇石以上の船を十五艘有し、佐賀と箱館との間を往復する。後に明治政府で活躍する多くの政治家が、幕末に倒幕運動で忙殺されていたなかで、もう直正は、新しい時代の国家ビジョンを描いていた。

幕府が倒れ、明治時代に変わる。新政府では、最高の要職が「総裁・参与・議定」で、直正は議定に任命された。明治元年三月、この三職と京都在住の有力な藩主を集めた上議所で、蝦夷地開拓の議題が提出される。この時の、直正の意見は説得力があり、際立っていたという。

薩摩藩の大久保利通は、首都を大阪にと浪華《なにわ》遷都の建白書を提出する。これに対し、直正は「大阪は首都に適せず、宜しく都は江戸に移し東北を制し、又後来、事情によっては蝦夷・カムチャツカに向て開拓の途を立てるにはむしろ江戸より以北に都を移すべきだ」と、大胆な意見を述べた。どこまで本心かは不明だが、シベリア地域も、日本による開拓の可能な範囲と考えていたのは間違いないだろう。明治四二年(一九〇九)、侯爵鍋島家編纂《へんさん》所により起稿された『鍋島直正公伝』によると、

「蝦夷地は露国の東察加、黒龍江領と相交り、アイヌ人の居住に任せたる草芥の地たり。公は早くより奥羽北地の未開に懸念せられしに、癸丑年に露国使節プーチャチンは、来り境界制定を議するに及び、彼は択捉島と樺太のアニハ湾とを限りて魯領と定めんといひしを以て、翌年幕府の筒井、川路は下田にて談判をなし、東は択捉との間を堺とし、樺太はアイヌの現居住地までを日本の領域と定めんといひしに、プーチャチンは、之に答ふるに遑なく、倉皇として去れり、蓋しクリミヤ戦争の結果、英仏艦隊の追跡を恐れしなり。加之一方には英国も亦此地を窺窬したりしかば、公は一層北門防御の手薄きを憂慮し、人を派して其地を踏践視察せしめられしに、安政の季に魯国の大使ムラヴイエフ伯来り、樺太は我黒龍江《アムール》領に属す、尤も南端のアニハ港に住せる日本漁民に対しては、敢て其業を妨げずと言ひ出したるを以て、幕府は之と争ふところあり、後文久に至りて我使節は露都に到り、樺太は北緯五十度を以て日露の限界とすべしといひしも、彼国は四十七度を主張して容易に決せず、遂に双方より全権委員を派出し、実地に就いて制定すべき約して帰りたり。然るに攘夷論の騒ぎより討幕維新となりしため、其委員と立会談判を為すを得ず、十七年を推移する間に、露国は樺太の南端に住するアイヌをも壓迫退去せしめて、自国人をして代りて居住せしむるに力めしを以て、両民漁利を争うて争論絶ゆることなし。よりて今度彼地の征定に従って、蝦夷開拓論を提出せられたり。」

要約すると、「蝦夷地は、アイヌ居住地域であり、ロシア支配下のカムチャツカ半島や黒龍江領域と接し、未開発である。国境設定も含め、樺太も黒龍江領の一部と認識しているロシアとの確執は、江戸時代に解決は出来なかった。クリミア戦争後、勢いづく英国も狙っている。更に倒幕維新の隙にロシア人は樺太南端まで進出しアイヌまでも追放し、我国の北方の防御の手薄さを強く懸念している。今度こそ、自分が決着をつけるつもりだ」との強靭な意思を、長州藩の木戸孝允に述べている。凄い意気込みを感じる。

明治二年五月、戊辰戦争が終了して、朝廷から直正へ、皇道興隆、知藩事新置、蝦夷地開拓に関して尋ねられ、自ら蝦夷地開拓に当たりたいと申請する。

この時に、初めて佐賀藩と北海道開拓が結びついた。

直ぐに直正は人事に取り組み、会計官判事島義勇、旧幕臣の松浦武四郎らに蝦夷開拓御用掛を命じる。

同年六月四日、「**鍋島中納言　当官ヲ以テ蝦夷開拓督務仰付ラレ候事**」と、新政府から正式に命令が下る。

明治天皇からの命令内容である。「**皇威隆替ノ関スル所、一日モ忽ニス可ラス（中略）殊方ニ赴ク事ヲ（中略）北顧ノ憂ナカラン**」

「蝦夷地の開拓は、我が国運に係る事項で、至急の対応が求められている。我が国威が、北辺の地に延びるか否かは、直正にかかっており、蝦夷地で仕事をして貰えば、安心だ」

直正は、六月六日に蝦夷開拓総監に、七月十三日に初代開拓長官となる。

「**人材ニ従テ其位階ヲ定ム**」と、この時の長官の地位が不明瞭だったが、まもなく「諸省卿（大臣）」と同等と定められた。長官としては、非常に強い権限を持つ。ここで開拓使は、中央政府の省と同格の扱いとなった。このことは、元藩主の直正にとり、逆に自分の地位を下げてでも、開拓使と関りを持とうとしたといえる。職階は、長官と次官が一人、以下に判官・権判官・大主典・権大主典・少主典・権少主典・史生である。長官以下、六人の判官と四人の権判官ら三三五人の人員でのスタートだ。まず、長官としての最初の業務である。

① ロシアの南下への危機感から、宗谷に軍事拠点を置いて、北に向かい、外（樺太より北方）に発展する姿勢を求めた。
② 蝦夷地を、松浦武四郎に選考して貰い、北海道と命名した。
③ 入植を先駆けて希望し、道東の厚岸・釧路・川上へ、佐賀から六三〇人余人が集団移住し、その中で浜中村を形成する。
④ 開拓予算に、自身の戊辰戦争での賞典禄を当てるのを申し出て、半額が認められた。
⑤ 北海道の仙台や南部藩の没収地に、佐賀藩を転封させる計画をする（辞任により立ち消えとなった）。だが、直正は落ち着いていた持病が悪化して病臥してしまう。

三　開拓使と島義勇

約十年前の安政四年（一八五七）、蝦夷地と樺太の調査をした義勇は、『入北記』を記録に残し、佐賀藩で随一の蝦夷地通となった。

明治二年六月六日、東京で新政府の蝦夷開拓御用掛となり、七月二二日に、開拓業務の実質最高責任者の首席判官に任命され、判官では珍しい従四位に昇進する。この流れは、いかに新政府が義勇を重要視していたかがわかる。

四八歳と、齢《よわい》五〇に手が届く年齢だったが、まだまだ、気力、体力は衰えを知らない。

開拓使は、業務を四地方に分け、それぞれに判官を着任させる。
① 幕府時代から、ロシアとの国境線が定められず日露雑居地域となっている樺太と隣接した宗谷地方。
② ロシアと国境線が引かれていたが、その国境線に接している択捉《えとろふ》島と国後《くなしり》島をかかえる根室地方。
③ 南端にある箱館に変わり、これからの中心拠点として本府を創設する石狩地方。
④ 石狩本府が開かれるまでの開拓業務と、国際港の箱館を統括する開拓使箱館出張所のある箱館地方、の四地方だ。

同年七月二三日、公卿出身の正四位清水谷公考《きんなる》を開拓次官に、元佐賀藩権大参事の岩村右近が開拓御用掛として任命された。

人事が終わると、同日に「石狩本府」に長官・次官が交替で在勤する計画となり、義勇に「石狩出張」が命じられ、石狩地方への派遣となる。多くの開拓使業務の中でも、まず本府の設置が最大優先事項だった。複数いる判官の中で、最も蝦夷地情勢に詳しい首席判官の義勇がその任務を任されたのだ。長官と次官の石狩在勤と、両者が在住する本府建設は、論議する必要もない開拓使の総意だった。

四　中止となる本府建設

一ケ月前の六月二四日、ロシア艦隊が多数の人員を輸送し、兵隊五〇人以上が、樺太南端の久春古丹《くしゅんこたん》に隣接する漁場の函泊《はこどまり》に上陸した。久春古丹は、幕府機関だった箱館奉行所北蝦夷地詰の公議所が置かれていた日本人拠点だ。ロシア兵は勝手に本格的な陣営を築き始め、日本人を排除する動きを見せた。

今まで、ロシア人と民間人同士のトラブルは続いていたが、今度は、軍が公然と追い出す態度に変わり、樺太の領有権を脅かす行為に出て来た。「樺太函泊事件」だ。幕府時代から樺太と関わり、新政府では箱館裁判所権判事として赴任し開拓判官となった岡本監輔《かんすけ》が、七月二四日に緊急帰京した際に、報告を聞き新政府は事件を初めて知る。

そして、直ぐに樺太を確保するのかの選択を迫られた。この問題は国家最重要課題として扱われ、八月十日以降、天皇も出席した御前会議が複数回行われる。

大久保利通、公家の岩倉具視《ともみ》、長州藩の伊藤博文らの覚書や書簡から解るのは、ロシアとの戦争も辞さず樺太を確保しようとする直正らを代表とする意見と、樺太を放棄し北海道のみの開拓を進めようとする大久保利通らの意見に分かれ、激しく論議されていることだ。直正は、対ロシア問題では最強硬論者で、直ちに出兵し現状打開を訴え、政府もこの案にまとまりつつあった。この会議で、義勇がどの様な意見を言っていたかは記録は無い。だが、強硬論者であるのは間違いないだろう。参考までに、『鍋島直正公伝』第六編では、「**開拓使判官島義勇は憤慨し、大兵を以て彼（ロシア）を擯斥し、此機を以て彼地を恢復すべし**」と、樺太領有に関し、直正と同じく強硬論を激しく述べたと記述はある。

その後、「樺太函泊事件」は、開拓使を離れ、外務省の主導により率先されていく。八月十一日、外務省の「蝦夷地出役案」から、長官・次官の石狩在勤計画は中止となると同時に、義勇の石狩への派遣もなくなり、三人とも箱館へ赴任とする案が出された。さらに、開拓使発足時に管轄だった石狩地方の大半は、兵部省に移行する。

開拓使予算の流れから推定される経緯として、二二万両の予算のうち、急遽、紛争が起きそうな樺太に十七万両が必要となり、義勇への予算が下りなくなったからの中止と予想されるが、詳細は不明だ。

だが、八月十三日の『岩倉具視関係文書』での「**閑叟（鍋島）大納言、開拓如元断絶被仰付、凡て開拓局にて評決**」の内容から、岩倉は、北方問題は、あくまで直正の開拓使を主体にして、解決を図ろうと試みていた。

ともかく政府として、戦争を回避する方針が採られ、この会議中の八月十六日、直正は長官を辞任し大納言に転身した。その後の長官人事は大混乱となる。

八月二一日、大久保は岩倉へ、「**島え八早速申達当分開拓属八取止ニて…**」との書簡を送っている。岩倉関係では、『岩倉具視関係文書』の「開拓之事」から、「**島四位伝々御評議も候得共矢張如旧函館出張可然〇**」という文があり、「開拓使伺」からも、「**石狩表へ出張被仰付置候処被免、箱館へ出張更に被仰付候事**」の記述を認める。

これらの内容から読み解くと、「**御評議も候**」から、かなりの議論された結果、義勇の石狩地方出張は中止し、長官や次官や首席判官は、箱館出張所の勤務としたのが分かる。記載が無いので、憶測だが、ひとまず箱館に本府を設置するとの判断だ。その代わり、得能恭之助権判官を石狩方面に出張させる。だが、得能は権判官と一つ地位が低い。石狩以外の根室や宗谷に派遣されるのは判官クラスなので、主たる石狩が、義勇を差し置いて得能ではかなり不自然だ。

八月二五日、外交畑で活躍していた公家の東久世道禧《みちとみ》が二代目長官に就任し、蝦夷地に行く直前の九月十二日に清水谷が次官を罷免された。明らかに、鍋島長官の離職を境に、石狩に本府設置の業務は開拓使から消去され、義勇と清水谷の権限に、大きく支障が生じている。

『開拓使と北海道』の著者である榎本洋介氏は、「島の石狩出張は七月二三日に指令されていた。それを、八月十六日石狩出張を取りやめ函館出張とする指令に切り替えられている。島が石狩へ行くことが、何らかの意味合いをもって議論となっているのである。その後の樺太問題の切迫感は、石狩への本拠地建設を急ぐ情勢が生まれ、丸山のようにそれを主張するのも現れた。だが、その場合の本拠地とは、開拓の本拠地の建設とは離れ兵站基地の建設を意味していたのであろう。それが島を石狩へ派遣するかどうかと組み合わされて議論されていたと推測できる」と述べている。

丸山とは、外務大丞《たいじょう》の丸山作楽《さくら》で、樺太でロシアと交渉していた岡本と同じ強硬派の一人だ。すなわち、「樺太函泊事件」で、樺太の確保で予算が回され中止となった「石狩本府」だが、その後、対ロシア強硬派から、「石狩本府」設置を強く促されたということだろうか。そうなると、義勇の本府構想は、多分に軍事的要素を含んでいると言えそうだ。

ともかく、本府設置に関して、中央政府のレベルで大混乱となっており、結局、実際にどの様な理由で、島判官の石狩への派遣が中止になったかは不明なのだ。

五　北海道分領政策

七月二二日、北海道の開拓方法として分領政策を採用する。開拓目的に北海道を、諸藩・士族・庶民に土地を割譲した。他に東京府や、中央政府機関で現在の防衛省にあたる兵部省も携わることになる。理由として、政府の財政基盤は弱く、鍋島長官が打ち出した開拓使による樺太や北海道の直轄は無理と判断された。財政が見込まれるまで開拓使の管轄は最重要地域のみに限局となる。だが、七月二四日に岡本監輔から、樺太の危機的な状況が伝わると、政府は、分割支配の方が開拓を推進できるとの判断が優勢となり暫定的処置から本格的な採用とし、具体化していく。

これは、長官が鍋島から東久世に変わり、開拓使が、樺太は管轄するが開拓を放棄する代わりに、北海道のみを確実に確保したいとの意思表示といえる。開拓使の政策は、義勇の石狩派遣中止や鍋島長官辞任も含め、大きく方向転換をしていった。

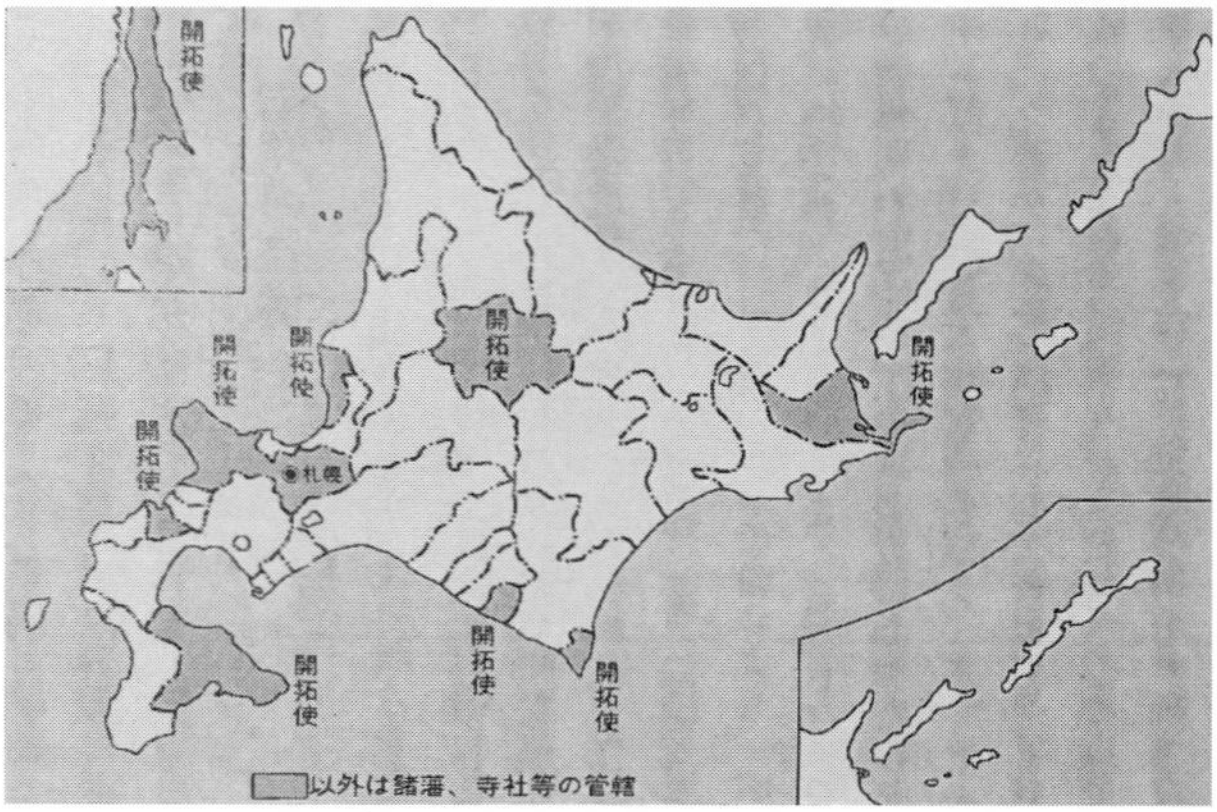

分領政策後の開拓使の支配領域（濃い部分）箱館を含む渡島、石狩と後志、千島列島の拠点地の根室と、他に上川と樺太。
（『さっぽろ文庫　開拓使時代』）

六　義勇、再開の許可を伺う

義勇の派遣予定だった石狩地方は、兵部省では「田城《たしろ》国」と名称が変更される。長州藩の木戸孝允が指示をして、戊辰戦争で生じた数千人規模の会津藩降伏人の石狩への移住が始まる。

新政府は、ひとまずロシアとの本格的な戦争を回避した。だが、樺太放棄は示さず、北海道と樺太の両方を経営する方針を採る。開戦が見送られ、樺太へ組まれそうになった十七万両の予算は、宙に浮いたはずだ。

この動きを察知したのか、対ロシア強硬派からの後押しがあったのかは不明だが、九月になるやいなや、義勇は、自分の出張中止とは別に、太政官に以下の内容の伺《うかがい》を提出している。

「公文録」明治二年開拓使伺／国立公文書館蔵より、

「**函館詰長官始多人数ニ付、私義ハ函館到着ノ上、直ニ石狩へ罷越最前御治定ノ通、北海道ノ本府相建候基本ノ取計可仕。大事件ハ長官へ可相達、小事件ハ則取計可申。会津降伏人ノ中ヨリモ人材ニ従ヒ夫夫選挙可仕。此段奉伺候事**」

「函館は、長官含め大多数であるので、自分は、到着後に直ぐに石狩へ赴き、以前に決定したように北海道の本府の建設に取り掛かります。大きな問題は長官に相談しますが、小さな問題は現地で即座に判断します。そして会津藩の降伏者から人材を採用します」が主な訴えで、端的に言えば、石狩出張が中止となると箱館に勤務する人員が想定外に増える。だから石狩派遣の再開許可と、兵部省が移住させる会津藩士の採用をしたいとの内容だ。函館が窮屈だから、石狩に本府を設置するとは、皮肉交じりだが、ともかく、意味のないことはするなとの切実な訴えだろう。

この伺いに対し、九月五日、太政官は「**伺之通被仰付候事**」と、「義勇の言われるままに」と指令を出している。もし、義勇が伺いを申し出なければ、石狩への派遣はなかったといえる。樺太放棄の論争と石狩出張の事項は連動しており、中央政府内でも意思統一されてなく、非常に流動的なのだ。

このような流れから、開拓使内部で、北方政策を巡り派閥争いがあり、鍋島派が抑えられ長官も変わり、ロシアと紛争を起こさない方向となる。このことは、今まで計画していたサッポロの本府建設は、開拓使の総意でなくなったのを意味する。すなわち、「石狩本府」設置は、直正の意向を組む義勇と、義勇を支持する対ロシア強硬派の独断専行になったといえる。

第二章　蝦夷地へ向かう義勇

一　出航前夜

明治二年に首席判官に任命されてから、文才のある義勇は多数の漢詩を残している。これらの漢詩は、北海道神宮奉賛会から『北海道紀行　島義勇漢詩集』（非売品）として発刊され、当時の状況や心理を探るのに、貴重な資料となる。

明治二年八月二六日、東京で、明治天皇が、東久世開拓長官、島開拓首席判官、岩村（通俊）開拓判官、岡本（監輔）開拓判官、谷本外務大丞、得能開拓権判官の六人を呼び、慰労の酒肴が賜われた。前日に、鍋島長官が、表向きには体調の改善の見込みがないとの理由で、東久世長官に変わっている。直正の無念さが伝わってきそうだ。

その後、右大臣三条実美、大納言岩倉具視、大納言徳大寺実則、鍋島直正の四人が、東久世と義勇を岩倉邸に招き酒宴を設け、これから北海道へ出向する労を慰めた。

義勇は、この時の感激を二首の漢詩に記した。

「朔方万里荒菜を闢く
位を賜ひ還た殊に御杯を賜ふ
開墾の規模是れ臣が任なり

営営何ぞ效はん勒銘の才」

「北方の遠く広漠な北海道の原野を開く。天皇から位と御杯を頂いた。雄大な規模の開拓を成功させるのが任務である。名誉を求めるのでは無く、常に粉骨砕身する覚悟である」

「**一日万機寸陰を分かち**
何ぞ思はん温語芳斟を賜ふを
四公悒悒邦を憂ふる意
能く吾曹をして感慨深から使む」

「一日に多くの政事に当たられる御多忙の四公が、時間をさけ我々に温かい言葉と美味しい酒を振舞われた。四公の御言葉には、国の運命と将来を心配される気持ちが伝わり、深く感激をした」

直正が開拓使を去ったいま、代わりに大任を果たすのは自分なのだとの強い決意を感じさせる。

八月二八日、直正が義勇宅を訪れ、夜遅くまで酒を酌み交わした。旧藩主が家臣の住居を訪れることは非常に稀で、大変に名誉のことだ。翌日、紫金刀装《しきんとうそう》一具が届いた。長年の願望であった北方開拓の指揮を、ともかく一番の信頼を於ける義勇に託したかったのだ。「恐れ多くも…」義勇は思わず頭を下げ、この名刀を、国を護る宝刀にするという誓いをした。

天皇は、神祇《じんぎ》官（神社に関わる行政機関）に北海道の守護神を定めるよう命じ、開拓や殖産の祖神である大国魂神《おおくにたまのかみ》、大那牟遅神《おおなむちのかみ》、少彦名神《すくなひこなのかみ》を「開拓三神」として祀ることを決めた。

九月一日、東京の室田町にあった神祇官にて「北海道鎮座神祭」が行われ、御霊代《みたましろ》を東久世長官に手渡す。

九月十日、樺太担当の岡本と、東京府で募った移住民数百人をイギリス船ヤンシー号に乗せ、品川から樺太に向けて発った。

九月二一日、イギリス船テールス号に、東久世、義勇、岩村（通俊）、岡本、松本十郎、竹田信順ら開拓使幹部と官員、同じく東京府で募集した約二〇〇人の移住民ら、総勢六〇〇人が乗り込んだ。途中横浜で薪水や食料を詰込んで出発、四日後に箱館に到着する。義勇にとり十三年ぶりの箱館だ。

船に乗り込む前に、開拓使幹部は、北海道に着いたら直ちに行う事項などを、政府に問い合わせている。『公文鈔録』からの記載である。

開拓使から、「ロシア兵が暴状に及ぶなら、政府に許可を求めることをなく、開拓使が兵力をもって対応するのを容認する。ロシア兵が、大規模に攻撃を仕掛けてきた場合、開拓使は臨機の作戦を立てているが、政府もあらかじめ、十分な作戦を確立しておく」との要請に対し、政府からは、「太政官の書付のとおり心得るべし」と指令を出している。この書付の内容は、今でも不明だ。ただ、三条実美右大臣が、東久世あてに出した論達は、「ひたすら、軽挙な振舞あるべからず、忍んで大謀を誤たざるよう心を尽くすべし」と述べられ、可能な限り慎重に行動して欲しいとお願いをしている。この内容から、出航前の開拓使幹部の意識は、状況次第では、作戦通りいつでも臨機応変に戦闘をする心づもりだった。

また、ロシアの南下を阻止するため、樺太の久春古丹の開港の要請にも、後で評議されるからと政府から保留されている。ともかく、政府も開拓使も、意思の統一がされずに、混乱状態を引きずったままの出発だった。

箱館に着くと、まず、数ケ月前まで死闘を繰り広げた箱館戦争から人心を一新するため、東久世は、町名を箱館から函館の文字に変更する。そして、旧箱館奉行所に開拓使函館出張所を開庁した。長官が函館居住により本部機能を兼ねたが、職員数の半分以上は東京出張所に勤務している。サッポロはまだ原野だ。

早速、松本判官は九九人の移住民を連れ根室方面に、竹田判官は一〇〇人の移住民を連れ宗谷方面に、船で向かい、それぞれの出張所を設置する。松本と竹田の両判官は、蝦夷地探検の経験がありロシア問題に詳しかった。一方、判官で蝦夷地が初めてなのは岩村だけで、函館に留まり長官の補佐をする。

二　サッポロへ

義勇は、ただちに石狩サッポロに向かう準備をする。

十月一日、部下数十人を引き連れ出発する。表向きは長官から引き継いだ形式で、「開拓三神の御霊代」を収めた唐櫃《からびつ》を大切に背負って行く。妻子を連れ、これからの苦難も考え、二度と故郷の土を踏まない覚悟だった。

陸路で森に出て、噴火湾沿いに長万部《おしゃまんべ》に向かい、黒松内山道を越え渡島半島の日本海側に沿って行く予定だ。この山道は悪路で有名だ。

太陽暦で十一月初旬、一日平均二四キロメートルを、雪が舞う季節風に煽られながら、ひたすら歩き続けた。

黒松内へ向かう辺りから道は泥状となり、馬は腹まで埋まってしまう。

「径は水田の若く顚覆し易し
淤泥凸凹馬腹に及ぶ
風雪禁じ難く憩ふに家無し
壮士は呼び女子は哭く」

「道は水田のようで転びやすく泥状で馬の腹まで及ぶ。進めば進むほど、さらに風雪が加わり、休みたくても人家が無い。元気な男でも音をあげ、婦女子は泣き出してしまう」

連れてきた家族も思わず泣き出してしまう厳しさだ。それでも、義勇は歩き続ける。寿都《すっつ》から岩内の間の雷電山が一番の難所だ。余りにもの険しさに馬ではとても越えられない。この山を海路で渡ろうとするが、冬海は荒れていた。

義勇が思わず海神に祈ると、波は静まり返った。磯谷から岩内まで二艘の小船で渡る。

ここからの道案内は、アイヌの老人だ。

「巌内を発し山中を笹家に趣く
雷霆山下一径通ず　満天の飛雪北風に舞ふ
我は錦袍を着るも肌凍えんと浴す
尤も憐む郷導の白髪翁」

「雷電山のふもとに一筋の小道のみ。雪が烈しい北風に舞い、酷寒のなかを進む。私はしっかりとした服を着ているにも関わらず寒いのに、同情すべきは粗末な服の白髪の老人である。土地の人間といえさぞかし辛いだろう」

と道案内のアイヌの忍耐強さに、感謝と申し訳なさを感じ詠った。

荒れた季節のなか、義勇は、天皇から託された「開拓三神」を背負っていた。「開拓三神」は、後に北海道神宮の御神体となる。これからは、本格的な冬の到来だ。「例え、己の身が滅びても、絶対に御神体だけは離さない。一日でも早く、サッポロに着かねば」と、独り言を繰り返しながら身を引き締めた。ただただ黙々と歩いて行く。

雷電山を越え、ほっと溜息をつくと、今度は一抹の不安にかられた。サッポロの場所は、もっとさらに奥にある。先人達や松浦武四郎の情報から、石狩国のサッポロと呼ばれている場所が、本府設置に最適であると考えていた。だが、義勇自身、その場所は一度も見たことがない。「どんな処なのだ」と、何度も不安に襲われる。

「武四郎を信じるしか選択肢はないだろう」と義勇は、再び歩き出し積丹半島を越えて行った。十四年前まで、松前藩は積丹半島以東に和人を定住させないため、「神威《かむい》岬以北への女人通行禁止令」を出していた。

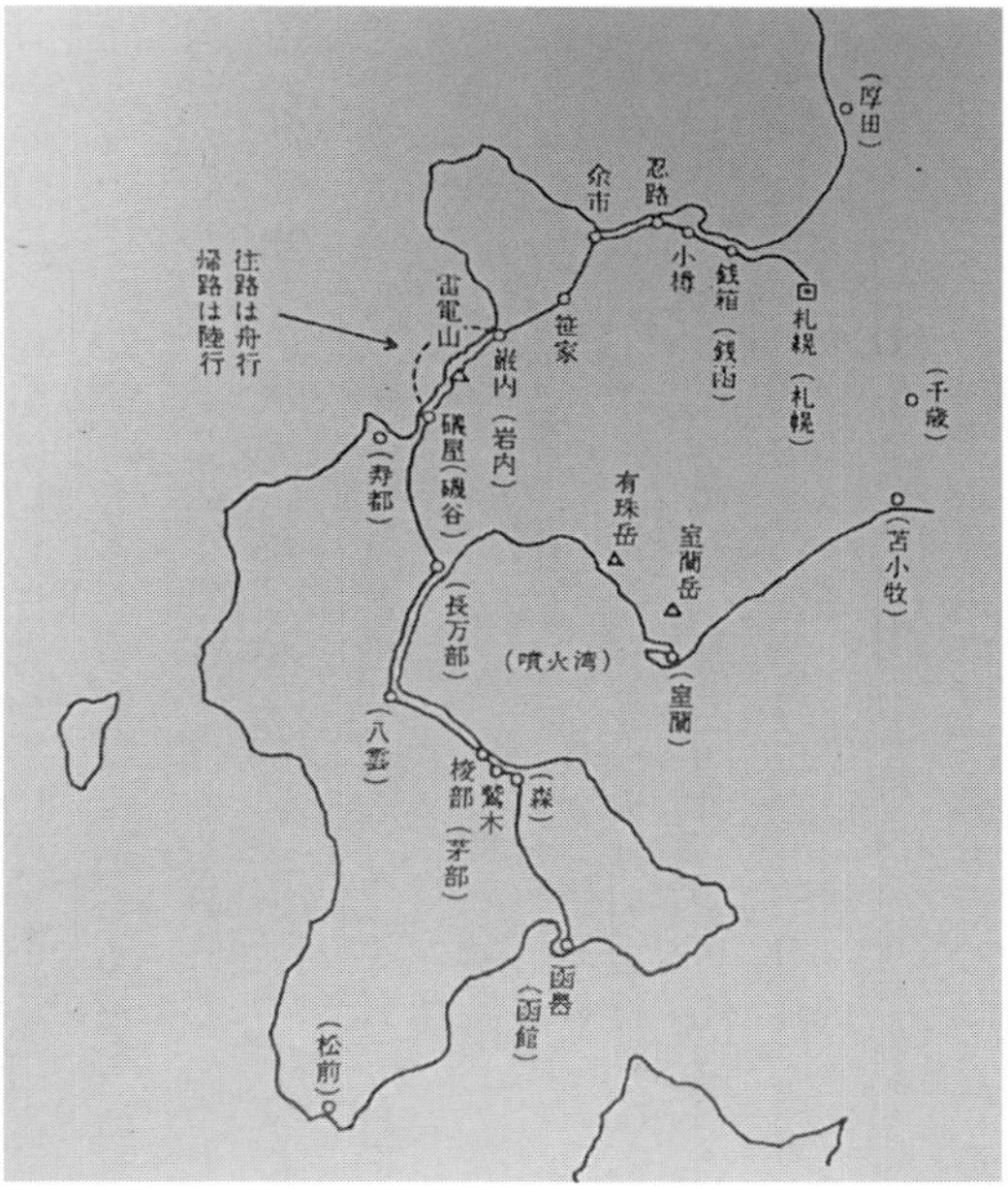

義勇一行の函館～札幌までの経路。
行きと帰りではやや異なる。
（『新札幌市史』）

函館を出て十二日後、小樽内の銭函《ぜにばこ》に着く。銭函の元場所請負人であった白浜家の家を買い上げた。サッポロに本府を設置する前段階として、開拓使銭函仮役所を置く。早速、ここで本府の基本計画図の「石狩大府指図」と「石狩国本府指図」を自ら描き、構想を立てながら、移民の募集や物資の調達を行った。部下や家族はそこに住まわした。

旧暦で十一月一〇日、現在の十二月十二日のサッポロの原野に、義勇は初めて立つ。「ここがサッポロか、やっと着いたぞ！」と、思わず声をあげた。湿地の葦《あし》と高い樹林が鬱蒼《うっそう》と広がる原野に積もる雪を、義勇は思いを込めながら踏みしめ歩き回る。しばらくたち、自分が立っているこの土地に、何かを察知し、それが確信に変わっていった。そして、改めて鍋島直正から頂いた紫金刀を握りしめ、天の啓示を受けたかのように、義勇は「よし、ここに本府を作るぞ！」と言い、部下たちを前に大声で気勢を挙げた。まさにこの時こそ、札幌市の都市の歴史が始まる瞬間だった。

三　なぜサッポロに

十月二三日、銭函に到着した義勇は、岩倉具視大納言に向け

「十二日銭箱表へ到着、兼テ伺済ノ通リ札幌辺へ官舎并役邸等取建、開拓ノ御規礎早速相立候心得ニ御候」

と書簡で、「以前から申された札幌への本府建設のため、真直ぐに銭函に行く」と書いた。銭函は、海路を通じサッポロに物資を運ぶには、最も近接している港なのだ。

義勇は、広々とした石狩平野でも、初めからサッポロの地を目指している。

本府を、この場所に設置する事項を、いつ、誰が、どこで決定したかは、よく解っていない。公文書の史料からも、義勇の手紙や言葉からも、明確な記録が無い。ただ、太政官への伺の文章から、また岩倉への書簡から、東京の在住時に、義勇を含め岩倉らにより、もう決定していたのが予想されるのみだ。だから、義勇の仕事は、本府をサッポロのどこに設置するかを決めることだった。では、サッポロへ本府を置く構想は、いつからだったのだろうか。実は、もう江戸時代から始まっていたのだ。

第三章　江戸時代の本府構想とは

一　近藤重蔵の蝦夷地調査

サッポロの地名は、江戸初期の寛文十年（一六七〇）、『津軽一統志』に記載されたのが最初である。四代目将軍家綱の時代だ。

寛文九年に、松前藩に対しアイヌが大規模に蜂起した「シャクシャインの戦い」は、幕府にも大きな衝撃を与えた。この戦いを契機に、幕府は未知の蝦夷地の情勢を探るため、津軽藩からスパイを送り込んだ。「**サツホ路と申す所に蝦夷あり**」と、アイヌから聞いた石狩川周辺の情報が記載され、石狩地方の初めての史料となる。

ロシアの脅威から、また北方の開拓拠点として、イシカリ地方に本府を開くという意見は、江戸中期から始まる。田沼時代の天明五年（一七八五）、蝦夷地調査として初めて北海道を船で一巡した幕府普請役《ふしんやく》の佐藤玄六郎行信が、石狩に蝦夷地の国府を置くのが相応しいと報告した。

文化四年（一八〇七）、「露寇《ろこう》」という、ロシア艦隊が樺太と択捉《えとろふ》島の日本人居住地を襲う事件が起こる。この事件をきっかけに、幕府より蝦夷地調査を命じられた近藤重蔵は、もう制海権はロシアに握られており、また海は天候により輸送が不安定だとして、内陸部の石狩川に注目した。当時の交通方法の主体は川で、北海道の中枢を流れる石狩川を中心に、島全体の防衛を構想する。

同年、『惣蝦夷地御要害之儀ニ付心附候趣申上候書付』を建言して、さらに、広大な石狩平野に着目した。

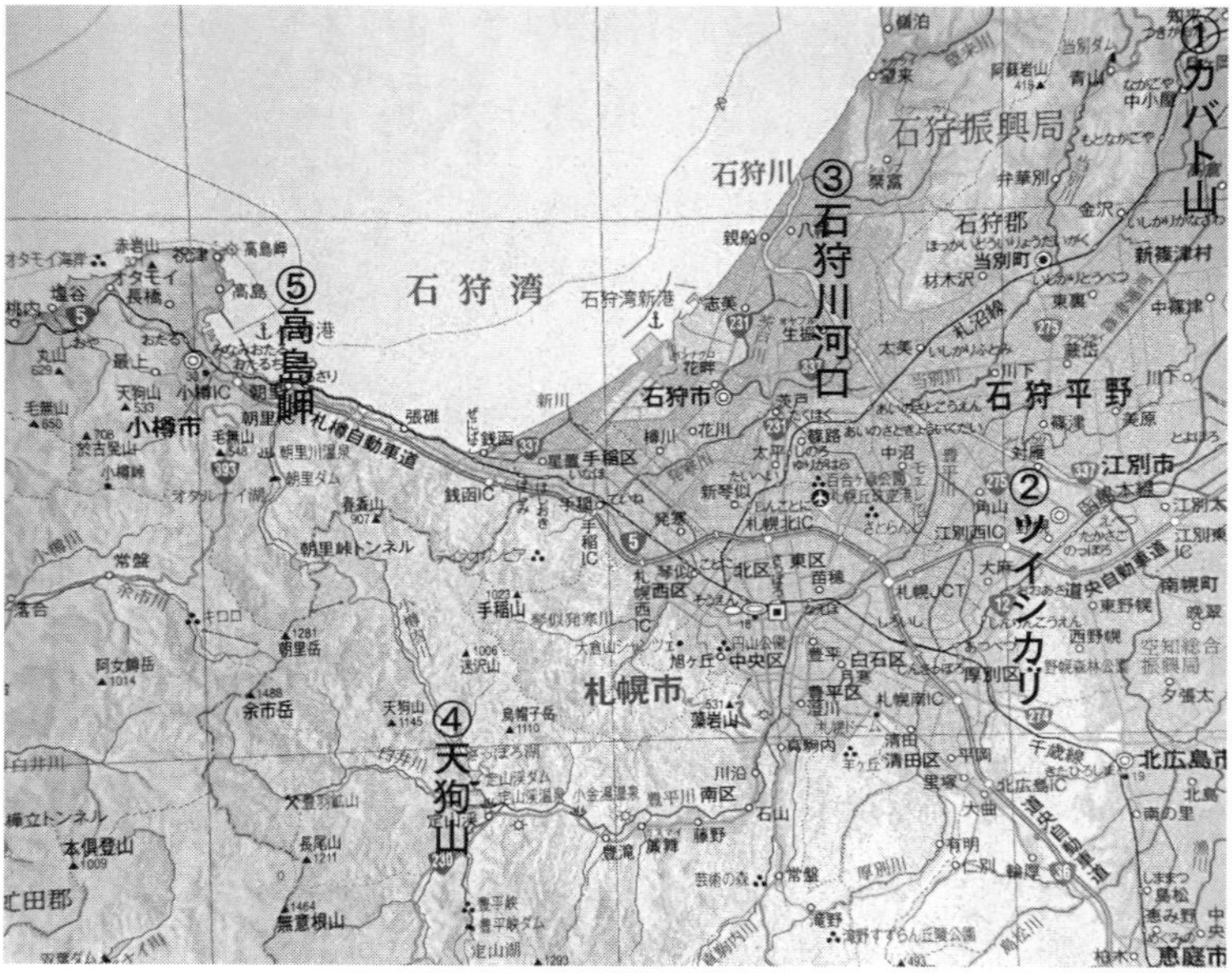

近藤重蔵の本府候補地（現在の地図と合わせる）

① 北海道全域の交通に便利で要所となりうる。
② 樺太への補給基地として利用可能。
③ 広々とした平野より、多くの農業生産が見込める。

以上の理由を挙げる。そして、石狩平野内の石狩川近傍に、五ケ所の本府の候補地を定めた。この時の本府は、軍事的な拠点を意味する。

場所は、空知管内月形町付近のカバト山、小樽市高島岬、石狩川河口、サッポロのテンゴ山、石狩川と寛政十二年（一八〇〇）の大洪水で流れを変えた豊平川との合流地であるツイシカリである。テンゴ山は正確には不明だが、定山渓の天狗山と予想される。山城として防御に適し、小樽や有珠《うす》への交通の便が良い山だった（他にも天狗の顔の形をした、札幌市街地に隣接する藻岩山の説もあり）。

そして、近藤は将軍家斉《いえなり》に、人口密集地域の道南地方の松前・箱館ではなく、ほとんど開けていない石狩地方に本府を作る提言書を出した。この事から、現在の札幌都市圏を重要な場所として、最初に注目したのは近藤重蔵だ。

二　水戸藩の開発計画

水戸藩と蝦夷地との関係は古い。水戸黄門で有名な二代目藩主光圀《みつくに》が、長さ二七間、幅九間の巨船を建造し、貞享五年（一六八八）、石狩川を上らせ、交易が可能かも含め調査している。

江戸後期の天保四年（一八三三）、松前藩主章宏が亡くなり、世継ぎがまだ十一歳と幼い。これでは、蝦夷地の統治は無理だと、北方に危機感を感じていた九代目藩主斉昭《なりあき》は、幕府に拝領を願い出た。この時、「彼地へ押し渡り、蝦夷はもちろん無人の島々に人を増やし、カンサスカ（カムチャッカ半島）の辺りを切り従え、日本の出丸とする。松前は極寒の地なので、そこに居住することになれば寒さのために命を落とすかもしれない」と述べた。

斉昭は、千島列島に日本人を移住させるなど、開拓プランとして『北方未来考』を著した。その中で「**本朝六十六カ国、壱岐対馬の二島を入れて六十八カ国なれば、松前蝦夷西ハカラフト、東ハシコタン等、北ハ千島よりカンサスカ迄を定、新に国名御付ニ相成**」と記述する。

樺太やカムチャツカを含め蝦夷地を「北海道」と命名し、その北海道を、本土と同じく、可知・勇威・十勝の三か国に分割し名前をつけよと、内国化を進めた。そして、斉昭自身も極寒の北海道で死んで本望と覚悟する。史料上で初めて北海道の名称を使ったのは斉昭だろう。腹心の藤田東湖《とうこ》が、幕府老中大久保忠真との間を取り持つ。斉昭は水野忠邦にも直談判をし、情報収集のため松前藩に密偵も送った。さらに東湖を介して、間宮林蔵からも情報を聞き出させた。

そして、石狩地方に居城計画を練る。鍋島直正と同じように、蝦夷地と利根川河口の銚子（千葉県）の防衛を申し出た。銚子の確保は、交易により藩の収入増加が見込める。蝦夷地の勇威山《ゆうばり》、予想として、今の石

徳川斉昭《なりあき》（一八〇〇〜六〇年）
水戸市内に立つ銅像。

狩平野東部の夕張郡馬追山に、城と城下町を作り、百万石の支藩を目指した。城郭を設置した場所を、日出国水戸郡と名付け、城下には、酒屋、芝居小屋、遊郭も建てる具体的な内容だ。斉昭の正室で徳川慶喜《よしのぶ》の母（吉子）も、蝦夷に渡るつもりで、雪中での乗馬の練習に励んだらしい。だが、そのような大規模な計画は、幕府に否定され、他にも大言壮語が多い斉昭は、隠居を命じられた。

三　松浦武四郎、サッポロに着眼

幕末期、箱館奉行の堀利熙《としひろ》は、船便の良い、豊平川が石狩川に合流する江別・ツイシカリに本府を建設する計画を持っていた。だが松浦武四郎は、この場所が、春の雪解けと秋の台風の時は、土壌の治水に問題が

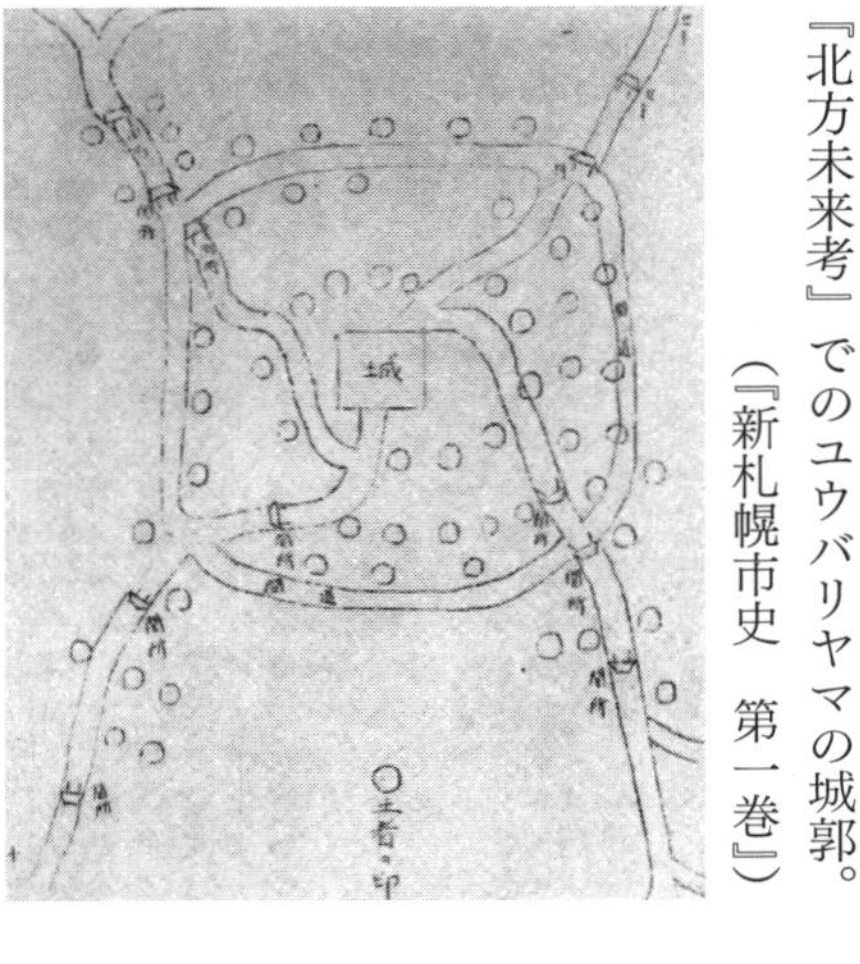

『北方未来考』でのユウバリヤマの城郭。
（『新札幌市史　第一巻』）

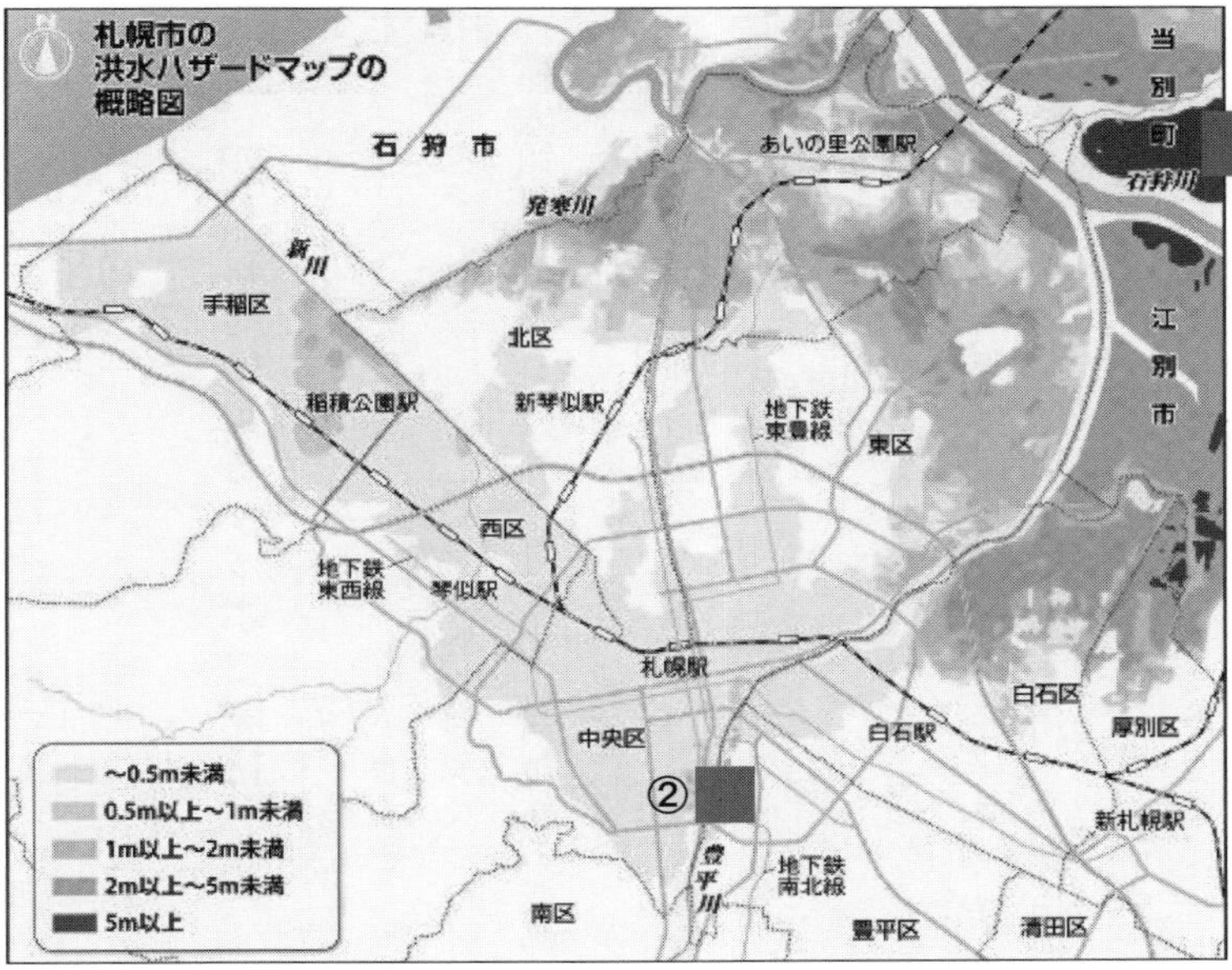

①

札幌市の洪水ハザードマップ

① 箱館奉行　堀利熙《としひろ》の本府
② 松浦武四郎の本府

あるのを確認する。六回も蝦夷地調査をした松浦は、まず近藤の意見を参考にした。安政四年（一八五七）、アイヌ首長の情報から、ここから豊平川を三里上流に上るトイピラ（豊平）の場所が、土壌も気候も絶好であると判断した。もしかしたら、海からの防衛上、豊平川も防御に使えると考え、川より東側のトイピラを考えたかもしれない。その後、本府の設置場所として、「一面の平地で、イシカリ（石狩）を大坂、石狩川と豊平川の合流地のツイシカリ（対雁）を伏見、オタルナイ（小樽）を西宮と想定すると、サッポロが京都に位置して最適地」と、箱館奉行所に報告する。そして、精神の砦である東西蝦夷地総鎮守を、山霊が住みアイヌの聖山である藻岩山（インカルシペ）の山麓に置くようにも薦める。

松浦は、現在の札幌市都心部の場所が、本府の最適地と考えた。義勇が開府する十二年前のことだ。義勇が得た情報は、明治になったばかりの東京で、松浦から聞いた内容が主体だったと思われ、その情報を参考に本府設置へと向かうのだ。

四　幕府によるサッポロ開拓

ペリー来航後、安政二年（一八五五）、幕府は、海外情勢の厳しさから蝦夷地を直轄して箱館奉行を設置する。さらに、東北諸藩に分領して統治させ、海岸警備を申し付けた。幕府も小規模ながら在住制という屯田を開始する。在住制とは、旗本・御家人の次男以下に農夫を付け移住させる制度だ。

樺太領有を模索し始めたロシアに対抗するため、石狩地方の防備と開拓が大きく浮かび上がる。まず松前藩が作った積丹半島以東の「女人通行禁止令」が破棄され、家族連れで石狩地方への移民が可能となり定住が推奨された。男性の漁業の出稼ぎが家族による農業中心の内陸移民となり、石狩地方の産業構造が根本的に変わっていく。大きな歴史的意義のある変化が、幕府により行われていた。

サッポロ方面の開拓の内容である。箱館奉行の出先機関で、イシカリ川河口の石狩役所に同心・足軽・調役《しらべやく》を置き、その一帯を治めさせた。財政も苦しく幕府の存在も問われていた幕末に、多額の予算が必要な本府建設はとても無理な話だった。それでも、細々とサッポロ方面の開拓は進められていく。まず船で資材供給が容易な、石狩川に注ぐ伏古《ふしこ》川と発寒《はっさむ》川流域から始まる。稲作に挑戦していた早山清太郎と三代目調役の荒井金助で、篠路《しのろ》村を開村した。荒井は自ら出費する。さらに、荒井は松前藩が築いた今までの場所請《うけ》負《おい》制を廃止、幕府の箱館奉行の直支配とする「石狩改革」を断行した。そして、誰でも漁業に参加できるように移住者を募っていく。場所請負制とは、松前藩が、アイヌとの交易を専門の商人に任せ、運上金として商人から税金を取る独占制度で、藩が指定した御用商人を場所請負人といった。後に、荒井は箱館奉行所に転勤となるが、五稜郭の掘で遺体となり発見される。死因不明で、請負制に手をつけたからとか様々な噂が飛び交った。

他に、幕府は、防衛目的も兼ね道路も作る。日本海側の石狩と太平洋側の勇払間は、石狩川、江別川や夕張川を舟で移動していたが、不便だった。安政四年（一八五七）、やっと銭函から苫小牧への道路が建設され、「サッポロ越新道《ごえ》」と呼ばれた。現在の国道五号と三六号の基盤となるが、ケモノ道をやや手直しした程度だ。この道路の治安維持と周囲の農業を兼ね、発寒川沿いのハッサムとホシオキに、在住制の開拓が進んでいった。文久二年（一八六二）、少なくても三二人が移住するが、ごく少数である。サッポロ越新道と豊平川との合流部に、渡船と宿泊を兼ねる「トヨヒラ通行屋」が作られ、信州の剣客の志村鉄一と猟師の吉田茂《も》八《はち》の二家族が管理した。この両家の七人は、当時サッポロと言われていた原野で唯一の和人定住者となる。

五　大友亀太郎、御手作場を開く

二宮金次郎の弟子大友亀太郎が、幕府の命令で蝦夷地に入り箱館付近の七飯や木古内を開墾する。「石狩開墾取扱願伺取調書上帳」を作成し、三二歳の大友は、慶応二年（一八六六）四月に石狩に入った。伏古川の上流に、幕府公営の実験農場＝御手作場《おてさくば》を開設する。現在の札幌市東区元町に設置し、農家二八戸、九五人の「察歩呂《サッポロ》村」と名付けた。この御手作場に供給する用水路が大友堀だ。幕府は年間三〇〇〇両を与え、自営の農民を育て稲以外の農業も模索させる。亀太郎は三〇年計画をたて、「石狩領荒地開発田畑御収納方三十ケ年組立書上帳」を箱館奉行所に提出した。徐々に事業を拡大させ、石狩平野に農業を興そうとする。

大友亀太郎（一八三四〜九七年）
創成橋の銅像。
（著者撮影）

明治新政府となり、明治二年七月に亀太郎は、兵部省出張所石狩国開墾掛《かかり》を拝命し、会津藩降伏人の当別への移住に時間を割いた。義勇から頭を下げて、本府建設のために協力を要請されるが、兵部省在籍を理由に断っている。義勇も諦め切れなかったのか、眼病を患っている亀太郎に妙見菩薩像を贈っていた。この像は、札幌市東区の本龍寺に置かれている。義勇が解任された年、石狩国から兵部省が撤退すると、開拓使の使掌となった。その後、明治三年六月、故郷の小田原（神奈川県）の老母の看病を表向きの理由として帰郷する。扱いも含め、二転三転する新政府の方針に失望したと伝えられている。そして、再び北海道の土を踏むことはなかった。

II　佐賀藩飛翔

第四章　島義勇、初めての蝦夷地

一　生い立ち

義勇は、文政五年（一八二二）九月十二日、城下町西精（佐賀市与賀町精小路）にて、藩士島市郎右衛門有《あり》師《みつ》の長男として生まれる。幼名は市郎助、長じて団右衛門、字は楽斎と称した。義勇が生まれた四四年前の安永七年（一七七八）、ロシア人が蝦夷地の霧多布《きりたっぷ》（釧路管内）に上陸、公式に初めて日本人と接触する。義勇は、「団にょんさん」の愛称で呼ばれた。一度、何かに徹するとやや協調性に欠けるかもしれないが、精錬剛直な性格だったらしい。島家は、藩内では「文の島一族」で有名で、経学（旧中国の学問）で身を立てていた。経学は風水にもつながる思想だ。

基吉（重松家を継ぐ）と謙助（副島家を継ぐ）の二人の弟と、要子という一人の妹がいる。義勇の母の姉の息子が、後に新政府の参与や外務卿となる副島種臣《そえじまたねおみ》だ。伝えられているような上級武士の出身ではなく、家禄は四〇から六〇石と下級武士の出身で、決して裕福ではない。

父の市郎右衛門は、天皇への忠義を重んじる教育熱心な人で、南北朝時代の南朝側の軍の一翼を担った楠《くすのきまさしげ》正成の忠義話を何度も聞かせたらしい。

天保元年（一八三〇）、鍋島直正が藩主となり、藩校の弘道館の大改革が行われた。義勇は、十七歳以下が学ぶ蒙養舎に、数え年九歳で入学する。十五歳で卒業、弘道館の寄宿内生寮に入りさらに学業と武芸の修業に励んだ。弘化元年（一八四四）、普通より二歳早く二三歳で卒業する。藩校では、教師で副島種臣の実父の枝吉南豪が唱えた「天皇の下に、万民は全て平等である」という「日本一君論」に、強く影響を受けた。

そして、義勇が二九歳の時、枝吉南豪の息子の神陽《しんよう》が、その勤王思想を引き継ぎ「義祭《ぎさい》同盟」を結成すると、同盟を結ぶ。この政治結社は、元々は佐賀郡西河内村の梅林庵に安置された楠正成父子の甲冑像を祭る同盟だった。その後、天皇中心である律令制の知識の伝授と、藩論を公武合体から倒幕を目指す尊王攘夷の方向に向かわせる。すなわち、将軍や藩主ではなく天皇に忠誠を誓う、藩の認識を超えた考えである。

「葉隠」の教えである鍋島家第一主義から大きく外れ、革命的な思想だった。神陽が盟主で、義勇が次位、中位に神陽の実弟の副島種臣がおり、江藤新平、大隈重信、大木喬任《たかとう》ら多数の人材を、輩出した。

「義祭同盟」の思想を、藩主直正に納得して貰おうとするが、賛同は得られず、その結果、藩内にて反体制派となる。江藤は弘道館を退校し、大隈は寮内の騒動を咎《とが》められ退学となり、二人は蘭学寮に移される。副島も長崎致遠《ちえん》館に移動となった。彼らは水戸藩に近づくため、大隈は脱藩に失敗したが、副島は

幕末〜明治初期の島義勇一家の屋敷跡。佐賀大学の近くにある。（著者撮影）

脱藩しその後厳重に注意を受け帰藩、江藤も脱藩し蟄居を命じられる。義勇は、一線を越えた行動をとらなかったので、問題視されていない。

幕末、開国を進めた佐幕派も攘夷を訴えた討幕派も、「尊王」では一致している。その尊王思想を生み出したのが水戸学であり、代表者が水戸藩の藤田東湖で、吉田松陰や西郷隆盛らも訪れている。東湖は、国防に強い関心を持ち、また儒学と勤王の学者として、多くの志士達の精神的支柱となっていた。神陽は佐賀の吉田松陰とも言われ、水戸の東湖と二傑と評されたが、志なかばで、コレラ感染症で亡くなる。享年四一。

直正も、国内で開国を支持する佐幕的な行動をとっていたが、神陽の影響も受けており、海外勢力にはしっかりと対応し外征も含める積極的攘夷論者でもある。この時期、藩主と改革を求める下級藩士らとの間で大きな摩擦が生じていた。しかし、藩論は統一していくという動きは、藩全体共有し続ける。

義勇は、父親の隠居に伴い家督を継いだ後、天保十五年（一八四四）、優秀な成績をおさめ、見聞を広める「三年間 諸国遊学」が許可された。

直正が黙認したかは不明だが、遊学中に水戸へ行き藤田東湖を訪ね、憂国と尊王攘夷思想を学ぶ。この頃の知行は、六二石五斗（切米二五石）だ。諸国遊学後、弘化三年（一八四六）に二五歳で物頭、弘化四年に弘道館目付、そして直正の外小姓（自宅通勤の藩主の秘書兼警護）を命じられた。

安政二年（一八五五）十月二日、江戸で「安政の大地震」と呼ばれる直下型大震災が起き、江戸の佐賀藩邸が崩れ藩士三四人が死亡した。この時、同じく江戸の水戸藩邸で藤田東湖も圧死している。享年五〇。三四歳の義勇は、急遽江戸藩邸大広間詰を命じられた。江戸では仕事の合間を見て、美濃国岩村藩出身の儒学者佐藤一斎に入学、陽明学を本格的に学んだ。

陽明学とは「知行合一」、知識は実践を伴わなければ意味がないという考えで、決して古い思想ではない。実際に一斎の弟子として、革新的な思考を持つ渡辺崋山や佐久間象山、横井小楠などが輩出されている。

義勇はこの時期を通して、多くの一流と呼ばれる人物と出合い、人間的にも著しく成長していった。その結果、直正から絶大な信頼を得て重用されていくことになる。

二　蝦夷地調査

佐賀藩では、十八世紀末の寛政期にまず古賀精里《せいり》が、北方政策への議論を述べ始める。その後、藩の教育改革をする長男の穀堂による東北地方の視察や、三男の侗庵の『俄羅斯《ろしあ》紀文』の著作より、蝦夷地への論議が徐々に高まった。

嘉永六年（一八五三）七月、米国ペリー艦隊来航の一ケ月半後、日本との問題を解決するため、ロシアから全権委任された提督プチャーチンが、四隻の艦隊を率いて長崎に来航する。プチャーチンは、ペリーとは違い紳士的な対応で臨んだ。この来航は、長崎を警備していた佐賀藩のロシアへの興味を刺激する。

嘉永七年、日米和親条約から、下田（伊豆）と箱館（蝦夷地）が開港した。それに伴い、直正は、殖産興業の一環として、同藩の陶器などの特産物を、箱館を拠点に交易をする計画をする。軍備近代化のため、資金は必要であり、箱館での交易は魅力的だった。

安政二年（一八五五）十二月、千島列島の択捉島とウルップ島の間に国境線を引き、樺太は引き続き両国民の雑居地とする内容の「日露和親条約」が結ばれる。この条約でとりあえず両国の決着をみた。だが、北方でのロシアの影響力はますます増大し、幕府内でも議論される。その結果、防衛と開墾を目的に、蝦夷地を有力藩に分割領有化させる噂が流れた。諸藩の関心は一気に蝦夷地に向かう。

早速、直正が幕府要人と連絡を取り合い、藩士の蝦夷地への派遣が可能となった。安政三年九月、義勇に蝦夷地の調査指令が言い渡される。蝦夷地行きが命じられた義勇について、「軀幹長大、従兄枝吉神陽と魁《かい》岸豪宕《がんごうとう》にして、唯《ただ》学力は神陽に及ばざれども、健歩は相匹する状大夫なり」と、佐賀藩士で近代日本史の先駆者となる久米邦武に評されている。健脚だったのだ。また義勇は、古賀穀堂の影響と、藤田東湖の至急の蝦夷地開拓の必要性の教えもあり、北辺への関心が強かった。この時から、北海道と義勇との関係が始まる。三五歳の時だ。

プチャーチン（一八〇三～八三年）
ペリー提督とは違い、紳士的な態度で、日本との交渉に臨んだ。

三　佐賀から蝦夷地へ

蝦夷地調査は、過酷な旅になることが予想され、兄弟にもいわず、佐賀を出発した。

佐賀から江戸までは『島義勇旅日記』（佐賀県立図書館蔵）、東北の三戸から蝦夷地の箱館や松前と江差までは『奥州並函館松前行日記』に、義勇の旅行記の内容が記載されている。

安政三年九月四日、佐賀を出発。半年もかけて江戸へ向かう途中、長州藩の萩を訪れ、久坂玄端に合い周布正之助に詩集を送っている。

同年十一月十五日、下田に着くと、「**長州吉田虎次郎米堅船に乗りそこないしより旅館に客を取り候事いやがるなり**」との記載がある。二年前に吉田松陰が、ペリー艦隊のポーハタン号に乗り込もうとして、密航を企てた事件の影響が、まだ残っていた。そして、江戸を経由して青森から蝦夷地へ、津軽海峡を仙台藩籍の船に乗せて貰い箱館に到着した。佐賀から箱館までの行程中、政治・経済・文化・社会面に渡り、時間をかけ全国の多種多様な情報を収集している。その結果、「**海防の大筒ハ御国より見れバ児戯に類する**」と、他藩と比べて佐賀藩の軍備の優秀性を再確認した。

四　箱館到着

姫路の儒者である菅野潔（白華）が著した『北游乗』に、「**安政四年三月十二日佐賀藩嶋国華（義勇）犬塚士学来、将游北陲也**」と書かれ、幕臣の松浦武四郎の『自伝』で、「**安政四年三月二十五日島義勇より犬塚を西地（西蝦夷地）迄同道致し呉れ候様頼に付承諾す**」と、義勇と犬塚の訪問のことが記されている。これらの記述も参考にすれば、安政四年（一八五七）三月六日頃に、義勇は蝦夷地に到着していたと思われる。

松浦は、冬期は蝦夷地調査を終わらせ箱館に滞在していた。幕府が蝦夷地を直轄にする時期で、松浦は松前藩領の幕府への引継ぎが完了したことを箱館奉行に報告している。この時、松浦は四〇歳。

義勇は、松浦へ広瀬という人の手紙を紹介状として、会いに来たらしい。箱館奉行所で、初めて出会ってお互いに意気が合い、多くの蝦夷地の詳細な情報を教えて貰うことになるが、義勇の方が積極的だった。裏を返せば、蝦夷地一番の情報通と最も仲良くして、貴重な情報を佐賀藩が独占するようにと、藩から指令を受けていたかもしれない。

義勇の書状では、長州藩がいち早く蝦夷地調査に着手しており、中津藩や土佐藩、宇和島藩と続き、さらに薩摩藩も調査を計画していた。義勇も焦ったのか、他藩に遅れないようにと、佐賀藩に至急の調査を促している。

松浦武四郎（一八一八～八八年）
（北海道大学附属図書館
北方資料室所蔵）

函館市元町公園にある箱館奉行所跡。箱館開港で、海上からの防備に不十分と考えられ五稜郭へ移転する。義勇もここから港を眺めていた。
著者撮影

五　蝦夷地を歩く

義勇は、幕臣の堀利熙《としひろ》ら箱館奉行一行が、蝦夷地実情調査をする話を聞く。公認では無いが中小姓の肩書きで同行を許された。松浦と仙台藩の玉虫左太夫《さだゆう》の協力で義勇に願書を出させた。ただ、直正と老中阿部正弘との間に暗黙の了解もあったらしい。

この調査は、奉行所任務の一つで、「蝦夷地廻浦《かいほ》」と呼ばれ、蝦夷地全域の調査と住民の指導もする。この時、堀利熙が四〇歳、随行の記録を同名の『入北記』として記述する二人が、三六歳の義勇と三五歳の玉虫左太夫だ。後に玉虫は、戊辰戦争中に旧幕府側の「奥羽越列藩同盟」を成立させる立役者となる。明治二年（一八六九）、新政府軍に捕縛され獄中で切腹。享年四七。

安政四年（一八五七）の閏五月十一日、三一人で箱館を出発。軽装軽荷だが一日に二〇里（約八〇キロ）歩いても疲れなかったらしい。

蝦夷地の西海岸を北上、六月二九日、北蝦夷地（樺太）に渡りエンルムマコフ（真岡）に到着。樺太には二週間滞在する。宗谷から逆に東海岸を南下、オホーツク側を歩いている時、サロマ湖や知床連山を、義勇は絵に描いた。そして、釧路から襟裳《えりも》を経由して、九月六日に千歳に到着する。ここで皮膚病を患い、硫黄湯を作って療養している時に、堀一行は札幌周辺を巡回している。千歳では皮膚病の改善はなく、登別で三日間の温泉治療により良くなった。九月二七日に箱館に戻る。

義勇は、その時の記録を『入北記』（北海道大学附属図書館北方資料室所蔵）に残し、「雲」（所在不明）「行」「雨」「施」の四冊に、まとめた。

玉虫の『入北記』は、淡々した旅程と、他にアイヌを含め現地の庶民の苦痛を、主に記録している。それ

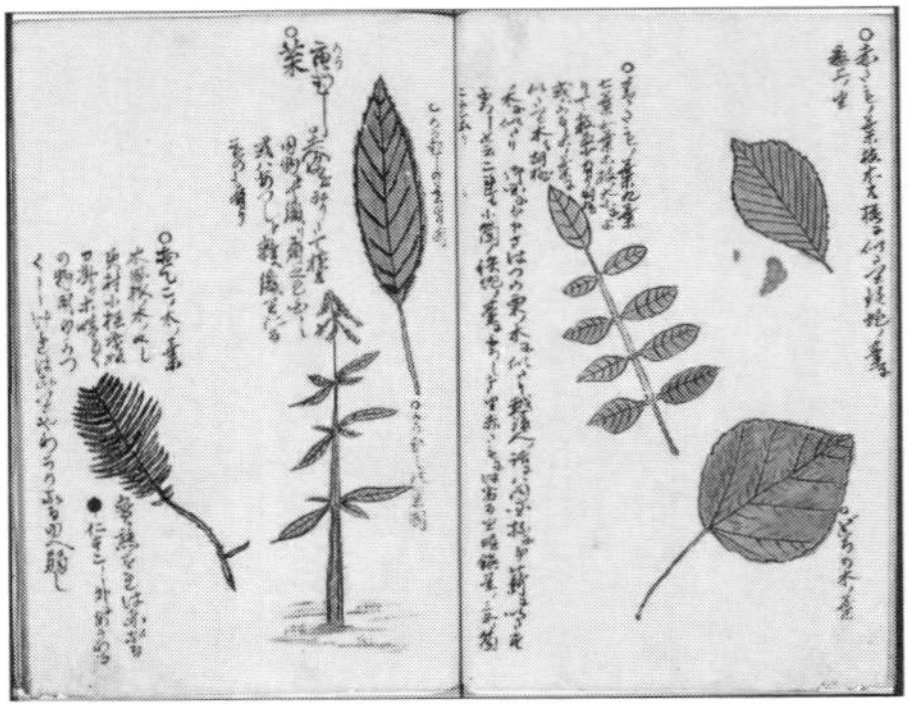

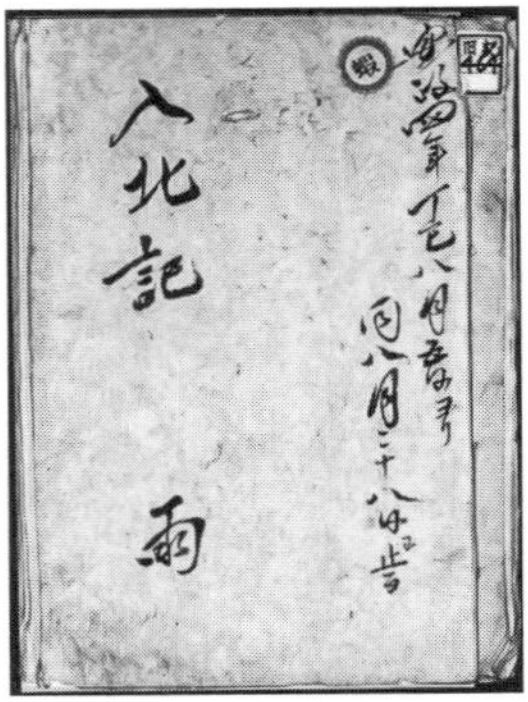

義勇の『入北記』
描かれている植物の詳細な説明がある。
（北海道大学附属図書館北方資料室所蔵）

義勇の『入北記』
義勇が描いた箱館。
（北海道大学附属図書館北方資料室所蔵）

と比べ、義勇は政治・経済的洞察力が主体だ。すなわち、佐賀藩と蝦夷地の交易が可能かとか、佐賀藩の分領候補地の選考が目的である。植物や動物などの自然や地形、地理、アイヌの情勢、特産物、交易場所等を詳細に観察し、多くの絵図も取り入れ、有能な商社マンからの視点で書いた。字は癖の強い字だが、文章は素晴らしく適格に伝えている。絵は、弘道館在学中に草場佩川《はいせん》に習い画才にも恵まれ、野付《のつけ》湾の見取り図や大泊《おおどまり》港の全景は、玉虫から「天下の名画」と称賛された。

義勇の『入北記』は、蝦夷地調査記録として、松浦武四郎の各日誌に次ぐ、地理や政治性の強いものとなった。

箱館を出発して、樺太のエンルムマコフまでは一冊目「雲」に書かれ、サッポロを含めたイシカリ方面も記載されているはずだが、現在、その「雲」だけが所在不明で、義勇の見たサッポロの内容はわかっていない。どうも、石狩地方を歩いた時は、海岸沿いの調査で終わらせ、サッポロ方面の内陸まで行っていないと思われる。

ただ、義勇が石狩川河口のイシカリに着いた安政四年閏五月二四日、上川の調査を終えた松浦と出会い、アイヌ小屋を案内された。その時、サッポロに住んでいるモニヲマより、松前藩の場所請負人の非道な扱いの話を聞いている。

モニヲマは三七歳で、妻は番人に奪われ、七〇歳程の老婆と叔母の三人暮らしだ。彫物の才能で生計を立てていた。義勇は松浦とモニヲマから、サッポロの詳細な情報を得た。

玉虫の『入北記』は、イシカリ場所での、請負人への賄賂と請負人から詰合役人への賄賂のやり取り、さらに、アイヌへの横暴な扱いを、感慨をこめて断罪している。よっぽど酷かったのだろう。義勇も、場所請負制において私服を肥やす役人の姿を描写し、忘れてはならない弊害として捉えていた。アイヌ文化に関して、月夜に火を焚き、アイヌの歌舞を見て、「仙寰《せんかん》（仙郷）の想をなせり」と義勇は、古風で幻想的なものと感じている。

九月九日、玉虫自身は、サッポロを通過する。この時の様子の記載だ。

「**夫より又行くこと二里半にして豊平に至り、此処に通小屋あり。併し仮家にして未だ普請ならず。此辺椛柏多くして且地味大に宜し（中略）半丁ばかり行き川あり、サツホロ川と云う。幅四、五十間急流なり橋なし。徒歩甚だ難渋なり。是を渉りて平衡の地なり熊鹿多く由（中略）又行く事一里余にて川あり、ハッサフ川と云う**」

と、東から西側へ、豊平川を渡り発寒川までの情景を記述している。サツホロ川（豊平川）の流れが急峻で渡るのに難しいこと、森林に覆われ熊や鹿などが多数出現していることなどが分かる。

義勇の「施」に、サッポロの記述があり、後に堀から聞いた情報からと思われる。

「ハッサムやホシオキの、在住（幕府の開墾）はうまく進んでいるようだ。これも、石狩役所調役並の荒井金助がしっかりとしているからだ。箱館奉行所の三人も、石狩（サッポロ）を第一の良い場所と考え、これから、江戸から旗本を入植させる手配をしている」との内容だ。

義勇の「雨」は、樺太から始まる。大泊の港湾、停泊船、街並みを説明する。「**この地、土地よろし。大根粟そばひえ胡瓜五升薯（馬鈴薯）大豆、菜右五月初旬頃芽出しいとうるわしく育つなり**」と、樺太の農業の可能性を述べ、ロシアの情勢も探った。義勇は、樺太は金額を惜しまず早く手を付けたいと述べる。また樺太の先住民が、日本とロシアの国境が確定すれば、日本に帰属したい意思表示をしていることも伝え、幕府の無策を非難した。直正と藤田東湖の思想の影響を考慮すれば、樺太を放棄する考えは一切ないと考えるべきだろう。

蝦夷地調査を終わらせ、九月下旬に箱館に着いた。その後、十一月十九日、箱館の船大工が作った洋式帆船「箱館丸」で、義勇は幕臣らと蝦夷地を離れ、十二月八日、品川（江戸）に着く。安政五年（一八五八）一月、佐賀に戻る。

義勇の蝦夷地調査に関して、大隈重信が『大隈伯昔日譚』で、**「彼島義勇等が、蝦夷を探検したる結果は、只一派の藩士をして危激の言論を為す材料たらしめるに過ぎざるの観ありと雖も、其実は、大いに然らず。佐賀は之が為に気力を生じて、爾後は年々其勢力を蝦夷開拓に及ぼし、且函館に対する商業に於いても、少なからざる利益を得たり**」と、佐賀藩の蝦夷地介入のきっかけになったと述べている。

だが蝦夷地の有力藩分割領有化は実現せず、結果的に義勇の努力は報われなかった。幕府は、東北諸藩に領地を分け与え、警備をさせることに変更する。しかしながら、義勇の調査から、蝦夷地問題は佐賀藩の最重要政策となった。

六　蝦夷地から帰藩

帰藩後、御蔵方（出納係）組合を経て、元治元年（一八六四）、四三歳で長崎港口香焼島《こうやぎ》守備隊長に抜擢される。香焼島は防衛に一番重要な位置にあり、この職は、長崎港防衛を司る最重要ポストで、全藩士羨望のまとになる。しかし、義勇はこの時トラブルに合った。部下の目付が備品を私物化して、その不正を戒めたところ、この目付がある事ない事を藩主に訴え休職させられた。三年前に直正が隠居し息子直大《なおひろ》が藩主となり、直正に可愛がられていた義勇が嫉まれた可能性はあるかもしれない。結局、嫌疑は晴れ再び役職に戻った。

元治元年三月、幕府がオランダから買い、佐賀藩に委託した外輪汽船軍艦「観光丸」の船長となり、江戸と京都を往復する。西郷隆盛や大久保利通、桂小五郎や大村益次郎らの薩長の志士たちと出会い議論を戦わした。そして現在の情勢を直正に報告し、再び藩主直大に勤皇倒幕を薦めていく。義勇は、直正のために目や耳となり、天下の情勢を報告していった。

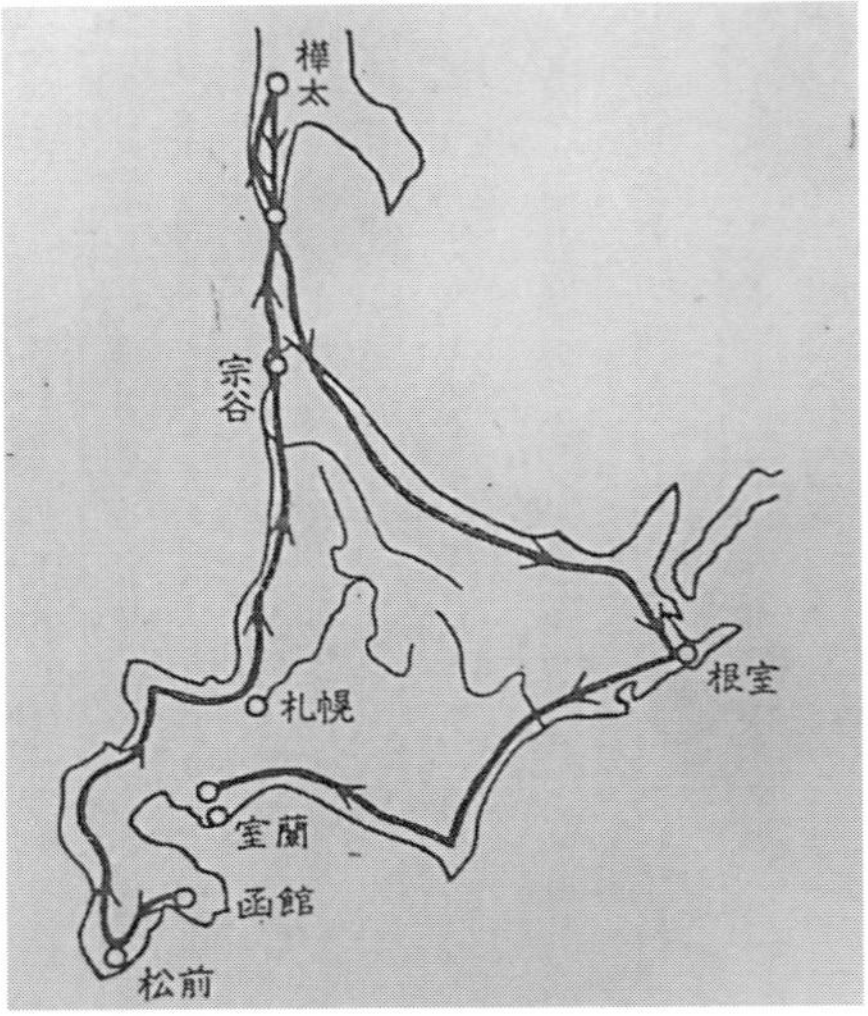

四ケ月半の蝦夷地調査で、義勇の歩いたルート。
(『新札幌市史』)

第五章　佐賀藩と鍋島直正

佐賀藩とはどのような藩で、藩主の鍋島直正とはどの様な人物だったのか、探っていきたい。

一　長崎警備を委任

佐賀藩は、九州の肥前国佐賀郡にある、石高は三五万七〇〇〇石の外様藩だ。石高は、全国二八六藩中の長州藩の次の第八位である。領域は、現在の佐賀県より広く長崎県までまたがり、国名から肥前藩とも呼ばれた。

薄色が佐賀本藩。支藩として、蒲池藩、小城藩、鹿島藩がある。（『さが維新前夜』）

元々鍋島家は、戦国大名である龍造寺一族の家臣だ。肥前の熊と言われた総大将の龍造寺隆信が、薩摩藩の島津軍勢に討ち取られ、領地を継いで鍋島藩を成立させた。

江戸時代となり、藩内で龍造寺残党との対立が起き、有名な鍋島騒動となる。この騒動をモチーフに作られた話が「佐賀化け猫騒動」だ。

一方、佐賀藩といえば有名な『葉隠』だろう。名前の如く隠れた修行書だ。二代目藩主光茂《みつしげ》に仕えた山本常朝《つねとも》が武士の心得をまとめた。『葉隠』は、死の覚悟と生死を超越する悟りの境地を求める内容があり、「武士道と云うは、死ぬ事と見付けたり」の文言は有名である。だが、決して命を軽んじている訳ではない。すなわち行動している時は、無我夢中であるべきだとの教えだ。全十一巻で、藩士の流儀となる。

江戸幕府による鎖国時代、交易を、朝鮮国、中国、オランダに限定した。幕府直轄地である長崎の出島が、唯一のオランダとの国際貿易港となる。寛永十九年（一六四二）、三代目将軍家光が、初代藩主鍋島勝茂に、地理的に近い長崎の警備を、福岡藩と一年交代で行うのを命じる。大きな責任を感じた二代目藩主光茂は、異国に対し日本の恥をかかぬ所が肝要と、藩士らに訓辞を垂れた。

オランダからの、ヨーロッパを含む海外諸国の情報は非常に貴重だった。寛永十八年から、幕府機関の長崎奉行に提出した『オランダ風説書』は、最新情報を知る報告書になる。

そうした佐賀藩に、藩の存在を揺るがす大事件が発生した。文化五年（一八〇八）の「フェートン号事件」だ。フランス革命後、権力を握った皇帝ナポレオンは、一八〇六年、隣国のオランダを吸収する。ヨーロッパで、イギリスはフランスと激しく対立し、消滅したオランダ本国の国際貿易の利権を奪おうとした。そして、残されていたアジアのオランダ拠点、長崎が狙われる。国際法違反は承知の上で、イギリス軍艦「フェートン号」は、オランダ国旗を掲げ長崎港に入り込み、出島のオランダ人を人質に取った。さらに、長崎奉行の松平康英《やすひで》に水と食料の補給を要求し、拒否したら日本船を焼くと脅迫してくる。松平は、直ぐに警備担当の佐賀藩に攻撃命令を出した。

だが、太平に慣れきっていた佐賀藩は、以前から無断で経費を削減しており、幕府が認識している十分の一も藩兵がいない状態だった。松平は九州諸藩に応援を頼まざるを得なくなる。急遽、大村藩に攻撃する役割を命じ、出兵を要請する。だが、イギリスに要望通り薪水・食料を与え、オランダ商館からも牛や豚を引き渡すしかなかった。その後、フェートン号は消えてしまった。

この事件の結果、松平康英と佐賀藩家老五人が、責任を取り切腹、九代目藩主斉直《なりなお》も幽閉される。藩内の諸行事は取り止めとなり、長崎で、佐賀藩兵は腰抜け武士と言われ、この事件は、長く藩のトラウマとなり続ける。

ナポレオン失脚後のウイーン会議でオランダは復権する。天保十一年（一八四〇）、イギリスが起こしたアヘン戦争とその後の中国の情勢を、オランダ側が幕府に伝えた方がよいと考えたのが『別段風説書《べつだんふうせつがき》』だ。幕府に限定された情報提供書だが、佐賀藩にも漏れていた。そのため、佐賀藩は、国際情報の収集では、他藩と比べ抜きんでることとなる。

幕末には、単独の藩として、薩摩藩以上の最強の軍事力を持つまでに成長し、倒幕後の新政府を引っ張っていく有力な四藩「薩長土肥」の一つとなった。さらに、佐賀藩は、軍事や政治ばかりでなく、殖産興業にも力を入れ、他藩が注目するほど優秀で模範的な藩にもなる。

もともと佐賀藩は公武合体派で、討幕運動に参加した時期が戊辰戦争中と四藩で最も遅い。藩の存亡をかけ戦い、多くの仲間の血を流した薩摩・長州とは経緯は違う。土佐は、坂本龍馬の仲介による薩長同盟で係わりがあり、佐賀藩だけ異色の流れだ。また、藩内に於いても、他藩とは違い勤王派か佐幕派とかの争いも少なく、藩主の下で一つに纏《まと》まっていた。だから、明治維新まで無駄な人材の損失はなく、多くの有能な藩士が新政府で重用される。その結果、一段と政治的な発言権を強め、新しい国家を構築していくことになる。

しかし、江戸後期まで、佐賀藩は借金まみれの貧乏な藩だった。突如、この駄目だった藩を大きく変貌させ、「算盤大名」「蘭癖《らんぺき》大名」との異名を持たせる革新的な藩主が現れた。この男こそ十代目藩主鍋島直正である。フェートン号事件で責任を取らされた斉直の息子だ。しかし、どうどうと、この大失態は、武器や船の改良を禁じた幕府体制が真の原因だと述べる。そうして、直正は、この古い規制の排除とさらに藩の近代化に向けて、立ち上がるのだ。

二　鍋島直正、現わる

直正は、文化十一年（一八一四）十二月七日、江戸の桜田屋敷で生まれた。幼名貞丸、初め斉正。文政五年（一八二二）に直正と名乗り、天保元年（一八三〇）二月七日、十七歳で藩主となる。母親が、薩摩藩主島津斉彬《なりあきら》の母親と鳥取藩主池田家の姉妹で、斉彬とはお互い従兄弟の関係だ。

洋学に興味を持っていた斉彬は、「**西洋人モ人ナリ　佐賀人モ人ナリ　薩摩人モ同ジク人ナリ、退屈セズ倍々研究スベシ**」と言い、直正とお互いライバル意識を燃やしていた。六歳から、朱子学者だが蘭学にも精通している古賀穀堂が教育係りとなる。文久元年（一八六一）、直正は四八歳で隠居した。だが、実権はしっかりと握っており、逆に行動や発言は自由となる。その後、「暇な年寄り」を意味する閑叟《かんそう》と号したが、新政府の要職に付き、亡くなるまで多忙だった。

鍋島直正（一八一五～七一年）
撮影時、かなり痩せてきている。
（国立国会図書館所蔵）

三　算盤大名

幕藩体制の経済は、農民が収める年貢米に支えられ、藩の財政は米収穫量に左右された。江戸中期から、米以外の農産物や産物・製品が商品として流通するようになり、日本経済は商業に重心が移っていく。そのため多数の藩の財政は悪化、改革を求められた。

なかでも、佐賀藩は、幕府の援助も無く長崎港防衛を課せられ、財政は破綻に近い状況だった。そのため、農民からの徴収が増え、村も荒廃していく。

天保元年（一八三〇）、直正は、父親の斉直が亡くなり、藩主家督を相続した。江戸から肥前にお国入りのため出発をする直前、借金返済を求める商人達に囲まれ、翌日に遅らす羽目となる。原因は父親の浪費癖だ。

同年五月、至急の財政改善の必要性を感じて「粗衣粗食令」を出し、自らも質素倹約の生活にした。さらに、農民の困窮を改善すべく、小作農民に有利な「加地子猶予令」も出す。加地子とは小作料のことだ。藩主の御側役人《そばやく》や家老以下の家臣の費用節約を始め、藩役人の三分の一にあたる、参勤交代の人員九一人も含む四二〇人を一挙に整理した。

人件費削減の次は、行政改革を行う。財政部門を「請役」に集約し効率化する。まず借金を減らすため、殖産興業を「六府方《ろっぷかた》」を中心に推進させ、大坂に米を運び儲けるなど、藩自体の商人化を目指した。農業経済から離脱するため、磁器や白蝋《はくろう》、茶や石炭などの産業を興し、長崎で貿易をして収益をあげ、返済に充てた。残りは踏み倒したという。だが、世間には、自力で財政を健全化した藩を、武士のくせにと「算盤大名」と風評し、あだ名を付ける者もいた。

四　藩内の科学技術と産業革命

直正は、オランダから最新の科学技術を導入しようと試み、「蘭癖大名」と呼ばれるくらい徹底的に蘭学に熱中する。天保三年、洋式砲術の研究を開始。天保五年、医学から蘭学研究をスタートする。天保八年には、長崎奉行に洋式武器の購入を申し込む。家老の鍋島茂義《しげよし》は、部下を長崎の砲術家 高島秋帆《しゅうはん》のもとで勉強させ、藩内で青銅砲を鋳造した。天保十一年、直正は、茂義を砲術師範に命じ、正式に「高島流砲術」を導入させる。

高島流砲術とは、長崎町年寄の息子の高島秋帆が、オランダから習得した日本で初めての洋式砲術だ。秋帆は、幕府に火砲の近代化を訴えていた。

弘化元年（一八四四）七月、直正自ら、オランダの最新鋭軍艦「パレンバン」に乗り込み、船内を探索して西洋武器の強さを直接感じ取る。今度は「火術方」を十五茶屋に設置、鉄製洋式大砲の国産化に着手する。

火術方は、頭脳として洋学者、技術者として刀鍛治や鋳物師で構成した。鉄製洋式大砲を量産するには、精錬良質な鉄が必要だ。わずか一冊の蘭書を頼りに、精錬に必要な洋式反射炉の建設となるが、始めは、炉の温度が思っていたより一定に上がらず不安定な鉄となり、発砲時に大砲が自爆したりした。それでも、十六回目の試行錯誤の上、やっと成功する。水車の動力で砲身をくり抜く機械も、独自で開発した。ともかく、藩単独で、たった数年間で最新式の大砲を完成させたのは、快挙としか言いようがない。嘉永三年（一八五〇）、長崎港を防衛する砲台の造築を開始、実際にさっそく製造した大砲を配備する。

直正は医学にも目を向けた。長崎港は、海外からの人的交流も多く、感染病が全国に先駆けて流行っていた。天然痘は、死亡率の高い感染症で、顔や体に痘痕を残すウイルス感染症だ。嘉永二年、その天然痘の予防接種（種痘）を、オランダ医師と藩医の楢林《ならばやし》宗健《そうけん》が実地して、全国に広めている。また、医師の資格や給料を制度化し、伊東玄朴《げんぼく》のように、シーボルトのもとで西洋医学を学ばせ、医療レベルの向上にも努めさせた。相良弘庵は、藩医相良長美の三男で、藩医学校に学んだ。明治時代となり、ドイツ医学制度を導入し、東京大学医学部の基礎を定め、近代医学の確立に貢献する。

嘉永五年、続いて科学・技術研究所の役割をする「精錬方」を設置した。目的は、蒸気機関の研究開発だ。精錬方は、藩士で江戸の象先堂塾頭である佐野常民《つねたみ》が主導する。佐野は、直正から洋学研究を薦められ、パリ万国博覧会やイギリスを視察し、さらに藩以外で異能の人物をスカウトしていく。久留米の細工師の器械師田中久重、京都から物理・化学に詳しい中村奇輔らが集まり、模型の蒸気機関車、火薬や電信機を次々と作り上げてしまう。田中久重は、「からくり儀右衛門」「東洋のエジソン」と呼ばれ、後に東芝の創設者の一人となる。

同五年七月、オランダ商館長クルチウスが、『別段風説書』に、米国から全権大使としてペリーが来航する旨を長崎奉行に提出。内容として、ペリーの年齢や乗組員の人数、その中に武器を持つ上陸用の陸戦部隊も加わる事が伝えられ、緊急の対応を幕府に求めた。まず、幕府の老中阿部正弘は、長崎の警備担当の鍋島直正と福岡藩主黒田長溥《ながひろ》、琉球の警備担当の薩摩藩主島津斉彬に意見を聞く。三人から同じような海防強化を促され、今までの幕府の無策さを非難された。

同五年五月、ペリーは幕府に開国を求める前に、琉球の首里城に上陸している。既に危機感を感じていた薩摩藩は、洋式船を研究し製造を開始、同じく長州藩も軍制の再編成を行っており、それぞれに成果を上げていた。だがもう、佐賀藩は鉄製大砲の製造と、さらに独自に長崎の港外にも台場を多数造成し、大砲をも設置して最新鋭防御を固めていた。

それでもまだ、幕府内部には、オランダ情報に疑問を持つのもいて、阿部は狼狽するだけだった。

嘉永六年（一八五三）六月三日、「黒船来航」を迎え幕末の動乱が始まる。

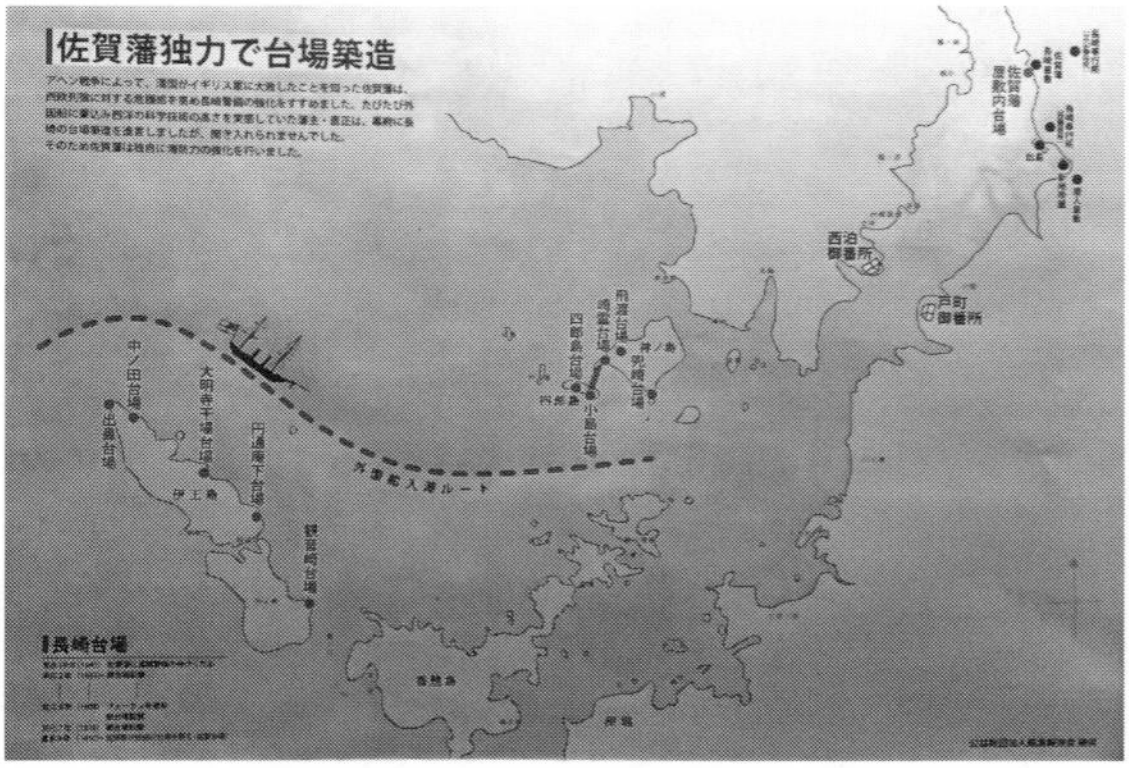

右上に長崎港が位置する。
左下の点が、佐賀藩の港外台場。
点線が、外国船のルート。
（佐賀城本丸歴史館のパネルを著者撮影）

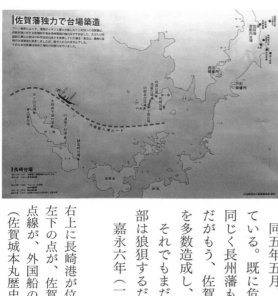

ペリー艦隊は、江戸湾入口の浦賀沖に停泊、三浦半島の久里浜に上陸した。開国を求める大統領の国書を渡し、幕府側は取りあえず受け取った。物見遊山に来た人達をはじめ、ほとんどの日本人は、外国帆船は見ていたが、蒸気船は初めてであり、非常に驚愕する。空砲を撃ち威圧をしながら、一年後に再来する約束をして立ち去った。

同年七月、阿部はペリー艦隊への対応策を、外様も含めた大名、旗本、それ以外の一般庶民にも広く意見を請う。今まで発言権すらもない人々の考えまでも求めることは、進歩的な行為である。しかし、裏を返せば、幕府の威信低下を自ら認め、もう挙国一致で海外勢力に臨まざるを得なくなったことを意味した。そして、二〇〇年以上続いた幕府専制政治が崩れ、今まで政治に介入出来なかった地方の外様大名が、国策に参加するターニングポイントとなる。

この時、佐賀藩として直正は、幕府に鉄製砲台の鋳造、西洋式の巨船の製造、長崎港の防備の強化、肥後の天草島に軍港を築き佐賀藩の所有にする旨を述べる。すなわち、強く外国に「攘夷論」を訴え、米国の武力外交に真っ向から対決する意志を示した。もし、やむなく開国しても長崎に限定を求める。なぜなら、米国が不遜な態度を取れば、オランダに邪魔をして貰える。直正らしい慎重な配慮だ。

幕府も、最悪にして米国と交戦となることを踏まえ、江戸湾の防備を始めた。直正は、長崎港の警護で蓄積した防衛技術を、江戸の品川御台場建設に提供し、さらに藩が製造した五二門の大砲も配置させる。

同年十二月、鎖国時代の象徴だった「大船建造の禁」が解かれた。これまでの船はマスト一本作りで、外海に流されたら戻れないほど粗末だった。

ペリー艦隊が去った十日後、心労も重なり十二代目将軍家慶《いえよし》が亡くなる。ペリーは香港で、将軍の急死を知り、この政治混乱の隙を狙おうと、日本に向かう予定を繰り上げた。嘉永七年一月、ペリー艦隊は四船から七船へと増強され、江戸市街の喉元の羽田沖まで侵入する。町民や江戸城の役人を脅しながら上陸をして、有利な条約を結ぶつもりだ。

だが、ペリー提督は、品川御台場の大砲群を見て驚愕する。仕方なく予定を変更し江戸から離れ、武蔵国神奈川の横浜村に上陸をして、「日米和親条約」を締結した。これで戦争は回避でき、国交と通商は認めないが、開港はした。米国が求める物資の補給と漂流民の保護を目当てに、下田（伊豆半島）と箱館（蝦夷地）の二港のみの限定した開港となる。清国など他のアジア諸国とは段違いの、日本に有利な条約だった。

そうなったのは、江戸湾の海防力の裏づけであり、このことより直正の、〝武備こそが日本の主体的条約を結べる〞という発言力は増していく。同年年八月、直正は長崎に行き、オランダに軍艦の購入を申し入れる。この素早い対応は、幕府より前に、ペリー艦隊の動向を知っていたからだ。

安政二年（一八五五）、幕府が将来を見据え、海軍士官を養成する長崎海軍伝習所を長崎西役所に設立した。オランダ軍人を教師に、幕臣や諸藩の藩士から生徒を募集し、伝習生一三〇人のなかで、幕府から四〇人、佐賀藩から四八人も加わった。伝習生に、近代化した幕府海軍の指揮官となる勝海舟や榎本武揚《たけあき》らがいた。

教育隊長カッテンディーケは、直正について、

「候は、西洋の芸術、科学に非常な関心をもち、自分の領内においては、極力その保護の方法を講じている。いろいろ事情にも明るく、種々なる新発見のことを聞き、また一度オランダへも行き旧知のファビュス氏や私宅をも訪ねてみたいと思っているとも告げた」

と述べている。西洋の風習や科学知識への強い好奇心が垣間見られる。

安政五年、米国総領事ハリスが下田に赴任すると、阿部から開国論者の堀田正睦《まさよし》に老中が代わり、国交と通商を目的とした「日米修好通商条約」を締結する。その後、イギリス・フランス・ロシア・オランダと同様の「安政五カ国条約」を結んで、神戸・横浜・長崎・新潟を新たに開港した。だが、関税自主権は日本に無く、開港地の外人居留地の設置、治外法権など、中国が結んだ「南京条約」より酷くはないが、明らかな不平等条項も含まれていた。

この条約を締結することは、今までの国政が大きく変わることを意味し、堀田は孝明天皇に勅許を求めたが、拒まれてしまう。仕方なく、朝廷の許可なく幕府のみで進めていく。条約後、輸出品の生糸や茶の値段が高騰し、引きずられるように他の値段も上がった。幕府に調整は出来ず、国内経済は大混乱を引き起こす。その結果、幕府の一方的なやり方に反発し、全国に外国排除の尊王攘夷運動が燃え上がった。

文久三年（一八六三）、佐賀藩は、日本で建造された最初の実用蒸気船「凌風丸《りょうふう》」を起工、日本海軍史上、大きな一歩を築いていく。

五　藩校・弘道館拡充

財政・科学・軍事改革と成功を収めた直正は、人材養成を目的に教育予算を六倍に増やし、教育にも着手する。蘭学導入を強く推奨する古賀穀堂《こくどう》が、「済急封事《さいきゅうふうじ》」という意見書を提出した。葉隠の教えが主体で他の学問を軽んじた、今までの教育を批判する内容だ。さらに、穀堂は、嫉妬心・優柔不断・負け惜しみを三病と称して排除すべきとし、さらに農民にも勤倹を薦める。そして、「学政管見」で、「**選挙（人材選抜）の道を正しくして、人々の才を用ゆる事又大肝要なり**」と、家柄に関係無く、要職に有能な人材を就かせるのが重要だと語った。直正は、その教えを実行に移す。

天明元年（一七八一）、祖父である八代目藩主治茂《はるしげ》が開設した藩校の「弘道館」を、移転と共に拡充した。六、七歳の全藩士の子息を、まず通学制の「蒙養舎」に入れ、十七歳で寄宿制の「内生寮」か、通学制の「拡充局」に進学させる。儒学、兵学や洋学を学ばせると同時に武芸も奨励させ、文武両道の人材を求めた。ただ、葉隠の教えを完全に否定せず、その意義も説いていく。そして、「文武課業法」を制定し、二五歳までに卒業出来ない者には、藩の役職に就けさせず、さらに父親の家禄も削減するという厳しい規定を設けた。優秀者には、国際的に通用する人材とすべく、江戸や長崎への留学の道を開かせる。「東に会津の日新館、西に佐賀の弘道館」といわれるほど、教育熱心な藩校として有名となっていく。この教育制度は、世襲制で役職を引き継いでいた長男の教育が、実力により役職に就かせるための教育という、藩の人事を根底から変えていった。そして、論理的に思考し、理路整然と述べれる人材が育っていく。

司馬遼太郎は、弘道館を『日本史探訪』で以下の様に述べている。

「佐賀藩は極端な秀才主義で、藩校の試験に落第すると家禄を減じたという。家禄というのは戦国時代に先祖が槍先で勝ち取ったもので、それを相続するのが封建時代の大原理であったから、これを学業成績で変えたのは、内外を問わず類例を見ない厳しい処遇である。だから、佐賀藩士は必至の思いで勉強して実力をつけた。（中略）明治初期の太政官政権ができあがったときに、薩長の革命の豪傑たちが集まっても、基礎的な教養がないから、行政の実務はなんにも出来なかった。結局、佐賀の学者、秀才が役に立ったのである」

他に、洋学の蘭学寮、医学寮や海軍学寮、長崎のフルベッキが指導する英学研究の致遠館が、主たる教育機関といえよう。また大坂にある適塾の藩別入門者の第一位が佐賀藩だ。藩士であれば、身分関係無く恩恵を受けられる教育方針は、そのレベルの高さも国内で最高水準といえた。

明治政府で活躍する、「佐賀の七賢人」の、直正以外の佐野常民《つねたみ》、副島種臣、江藤新平、大隈重信、大木喬任、そして、島義勇も、これらの教育機関の優秀な卒業生である。

古賀穀堂（一七七八〜一八三六年）
佐賀藩の教育改革を進めた。
（佐賀県立博物館所蔵）

佐賀市中央郵便局辺りに、弘道館の記念碑がある。
（著者撮影）

第六章　幕末動乱期の佐賀藩

幕末の、鍋島直正と敵対関係となる薩摩藩の大久保利通らは、どの様に活動していたのか。朝廷、幕府や他藩との関係を中心に詳しく時系列にまとめてみた。なぜなら、その時の直正への評価や感情が、明治維新以降の佐賀藩の位置付けにつながっていくからだ。

一　黒船来航

ペリー来航前、幕政の中枢は、将軍家の家来、譜代大名と旗本・御家人で構成されていた。徳川御三家でも関与出来ない。その理由として、外様は勿論だが、親藩でも有力な藩では、将軍の権威を奪いかねないと敬遠されていた。ペリー来航後、老中阿部正弘は、親藩・外様大名にも幕政の関与の道筋を作った。だが、それは幕府自身がパンドラの箱を開けてしまったことを意味する。まず先陣を切って介入してきたのは尊皇攘夷運動の指導権を握っていた水戸藩だ。この藩は、二代目藩主の光圀が『大日本史』を編纂し、皇室が日本の元首だという考えを確立させた。九代目藩主が徳川斉昭だ。斉昭は攘夷運動のカリスマ的存在となるが、虚言癖があると言われ幕府側も警戒していた。薩摩藩主の島津斉彬と仲が良く、外様大名が支持基盤の「一橋派」を結成する。十三代目将軍家定の後継に、水戸藩の斉昭の息子慶喜を将軍にすることで幕政の進出を狙っていく。

福井藩の橋本左内《さない》は、一橋派の外交を構想した。その考えは、「日本が単独で独立するには、朝鮮や満州を確保しなくてはいけないが、今の日本にはそんな力は無い。西洋諸国を分断させ、盟主と提携する必要性がある。イギリスは狡猾で危険であり、プチャーチンの様に紳士的に振舞うロシアを選ぼう」と述べた。確かに、この時のロシアは、国交を結ぼうと長崎で紳士的に振舞っていた。また佐内は、日本の海防を担当できる藩として、水戸藩、薩摩藩、福井藩そして佐賀藩を挙げる。特に、佐賀藩の鋼鉄製大砲に、非常に高い評価をした。

阿部正弘の後を継いだ堀田正睦《まさよし》は、開国という国政を変える条約の朝廷の許可（勅許）を得ようとするが、一橋派が邪魔をする。孝明天皇は、もともと頑強な攘夷思想を持っており開国に賛同しない。巻き返しを図る堀田は妥協し、福井藩主で一橋派の中心人物の松平春嶽《しゅんがく》を大老にして、勅許を得ようとする。

二　井伊直弼と組む

一橋派に猛烈に反発したのは、譜代大名の彦根藩主井伊直弼《なおすけ》を代表とする幕府の守旧派が支持基盤の「南紀派」だ。一橋派に対抗するため、血統を重視した紀州徳川家藩主の息子慶福《よしとみ》（後の家茂）を、次期将軍に推してくる。

直弼は、十四男として生まれ、優秀だが跡継ぎに成れず、さらに養子の口にも恵まれず、「捨扶持《すてぶち》の部屋住み」と呼ばれた苦労人だった。

しかし、兄たちが次々と病死や養子となり、ついに直弼に十三代目藩主が回ってくる。鍋島直正と直弼は、祖父の鍋島治茂の妻が井伊家出身で、昵懇の仲だった。共同で多くの事業を起こし、佐賀藩にとり重要な幕閣である。参勤交代で江戸に来た直正は井伊邸を訪れ、直弼を佐賀藩の江戸藩邸に呼ぶなど、お互いに深夜まで討論し合う間柄となる。大老が外様の藩邸に招かれる事は、異例中の異例だ。その時の話し合いで、軍艦の購入資金を幕府に立て替えて貰い、長崎にある幕府の飽《あく》の浦工場の使用や、幕領の天草を借り軍港を設置する事などが許可された。また、義勇の書いた『入北記』から、千島列島の色丹島に軍港を作る計画も立てる。

今まで幕政を複数の老中の合議で決めていた。だが、アロー戦争で勝利した英仏連合艦隊が北京を占領したように、突如として江戸湾を来襲する危険性が想定され始める。本来は名誉職の大老を、直弼に実権のある大老として就かせ、権限を一人に集中し幕政を任せた。もう朝廷を無視してでも、独断で即座に外国交渉に臨まざるを得なくなったからだ。

まず日米修好通商条約に強引に調印する。これは、下田に居るはずのハリスが軍艦に乗り、唐突に神奈川に現れ、調印を迫ってきたからだ。英仏が、日本との交渉を一気に進めるため使節を送るとの噂がたち、米国が焦ったらしい。また直弼も、ヨーロッパから苦労して独立を勝ち取りやや日本に懇意的な米国と、これから英仏ロと交渉する前に、モデルケースの条約締結を決めたかった。ともかく、海外情勢の動きは、いちいち勅許を得てという悠長な手続きを許さなくなっていた。

十三代目将軍家定の死後、予定通り十四代目将軍家茂が誕生する。南紀派に対抗し、薩摩藩の斉彬が動く。藩兵五〇〇〇人を率いて上洛を計画し、幕府と対峙する予定だったが、安政五年（一八五八）七月、突然食中毒で急死してしまった。斉彬の死は、一橋派と南紀派のパワーバランスを大きく崩し、南紀派が俄然と有利になる。同年九月、勢いづいた直弼が「安政の大獄」と言う、一橋派の弾圧と尊皇攘夷派の粛清を行った。まず水戸藩の斉昭が、攘夷を煽っているとして幕府中枢から排除され、安政六年に死刑に近い永蟄居《えいちっきょ》となり、翌年に心筋梗塞で死亡する。慶喜も隠居謹慎となり、公家から志士に至るまで二〇〇人近くが検挙され、橋本左内を始め、長州藩の吉田松陰ら八人が死罪となった。

しかし、安政七年三月三日、直弼が、水戸脱藩浪士と薩摩藩士の十八名から襲撃を受け絶命する「桜田門外の変」が起きる。三月三日は特別の日で、藩邸から江戸城に登城していく大名行列を多くの庶民が見物しており、その目前で幕府の大老の首が刎ねられた。空前絶後の事で、幕府の威信が一瞬に消え去る。同時に佐賀藩と直弼との個人的関係も消え、天草の軍港計画も含む多くの構想がなくなってしまった。藩は大混乱となり、直正は藩主を息子に譲り引退を決意する。

三　公武合体論へ

その後、安藤信正ら二人が老中となるが、将軍家茂の地位を守るため、一橋派への警戒は続いた。安藤は、幕府と朝廷の関係を修復しようと、朝廷の権威と幕府の軍事力で幕藩体制を強化する「公武合体論」の実現を狙う。そして、家茂の正室として孝明天皇の妹の和宮の降嫁を画策した。だが、朝廷からは修好通商条約の破棄を条件に出され、公武合体論は考えていたほど効果はなかった。逆に和宮を人質にしたと、攘夷派から反対運動が起きてしまう。その様な渦中、安藤が江戸城坂ノ下門外で、

井伊直弼（一八一五〜六〇年）

襲撃に合い負傷するという「坂ノ下門外の変」が起き、さらに幕府の威信は低下してしまった。

政治的発言にテロも辞さない風潮となり、天誅という主に攘夷派からの暗殺が多発する。そして、全国に政治的な不安定さと治安の悪化を招いていった。

和宮の降嫁が朝廷との仲を解決出来ないとなると、幕府と朝廷の橋渡しをしようとする藩が出てきた。まず長州藩が動きだす。この時期の長州藩は、異国人切りなどの単純な外国人排斥は止めて、開国し通商・技術導入をしながら強兵を目指す「航海遠略索」を採用していた。幕府はその根回しを、長州藩にお願いするが、この方針は、幕府に追従すると藩内の尊皇攘夷派である吉田松陰一派から反対を受けた。文久二年（一八六二）、逆に藩論が幕府の締結した条約を否定する「破約攘夷」へと大転換していく。水戸、薩摩、長州藩の幕政関与から、他の外様大名も大きな刺激を受けていく。

四　島津久光が動く

ペリー来航前まで、幕府が天皇を独占し、諸大名が関わるのを禁じていた。だが「桜田門外の変」で幕府の権威が低下すると、薩摩藩の斉彬の異母兄弟の久光が、斉彬の公武合体論の遺志を継ぐと動き出す。文久二年四月、京都の鎮撫の目的で、藩兵一〇〇〇人を伴い京都に向かう。今まで、藩兵の移動に、その都度、幕府の許しを得るのが公然の事実だったが、もうその影響力も無くなっていた。この大胆な行動を見て、倒幕の挙兵に利用しようと、各藩の過激な攘夷派志士らが京都に集まり出す。この動きを否定すべく、久光は、藩内の攘夷一派「精忠組」を、京都伏見の寺田屋で粛清して弾圧する。この行為により、孝明天皇の信頼を得て、幕府にも敵対しないことを示した。

七月になると、さらに藩兵を率いて江戸に向かい、幕閣に合い幕政改革に着手する。各藩が軍備に費やすため参勤交代の緩和や、幕府軍の近代化の他に、将軍家茂の上洛、薩摩・長州・土佐・仙台・加賀の各藩による五大老制の設置、さらに将軍後見職として徳川慶喜、大老職として前福井藩主松平春嶽の就任の三つの案を幕府に出した。「文久の改革」だ。この時、京都内の過激な攘夷派を取り締まるため、御所を警護する「京都守護職」を設置し、会津藩主松平容保《かたもり》が就任した。

このように、久光は大躍進して帰藩となる。八月、江戸から出発した薩摩藩の一行は、生麦村（横浜市鶴見区）で、観光のため乗馬していた四人のイギリス人と行き会う。この時、下馬してやり過ごすのが国内の常識だが、思いがけず馬が行列に紛れ込み藩主に近づいてしまった。イギリス人を不審者と判断した藩士数人が抜刀し、一人を斬殺し、二人に重傷を負わせる。「生麦事件」だ。この事件は、イギリス側にも非はあるが、駐日イギリス公使館は、治外法権を盾に、相手を罰するように要求し外交問題とした。そして、横浜港に滞在中の英仏蘭米の四ケ国艦隊が圧力をかけ、幕府の謝罪と十万ポンドの賠償金を請求する。

島津久光（一八一七～八七年）
（国立国会図書館所蔵）

五　大久保一蔵（利通）重用

大久保利通は、文政十三年（一八三〇）八月十日に生まれる。幼少時に鹿児島加治屋町に移住し西郷隆盛らと共に学問を学び、井伊直弼の政策に異論を唱える「精忠組」の幹部となった。斉彬が急死すると藩内の政情が一変する。西郷が失脚し代わりに大久保が組を率いた。薩摩藩の実権は、斉彬の跡を継いだ茂久藩主の実父の久光が握る。すると大久保は、趣味の囲碁を通じ久光に近づいていった。調整能力が高い人物と評価された大久保は、久光の懐刀として重用され、寺田屋の弾圧のために精忠組の説得に回った。その後、薩摩藩は久光と大久保が主導していく。この時、大久保は三一歳。

六　直正、動き出す

文久二年十二月、斉彬にライバル心を持ち、同じく公武合体論の直正が、久光の想定外の行動に反応し、さすがに動き出す。佐賀大里から電流丸に乗船、大坂から京都御所へ参内し、朝廷から天盃を受けた。そして、文久三年正月、今度は江戸城へ登城すると、文武相談役として申し出るよう命じられた。久光に続いての直正の動きは周囲に注目される。朝廷からは幕府との関係改善、幕府からは政治改革への協力を要請された。

だが、いきなり直正は、長崎の警護を止めて、佐賀藩兵単独の「京都守護職」を、頭越しに関白に要請する。この「京都守護職」は、天皇に近づけられる特別な職種で、薩摩藩を始めライバル藩が多数狙っていた。ところが、直正は、幕府を無視し、長崎を同じく警護する福岡藩にも相談無く、直接朝廷に要請する。勝手と思われも仕方がない。さらに「薩摩、長州などは役立たずで、佐賀藩五〇人の足軽のみで十分」と、大見栄も張ってしまう。多くの藩は驚き、この出し抜くような態度が問題視される。直正の発言に、薩摩藩の大久保は、「暴言の数を尽くす」と非難した。しかし、直正は、決して自分の行動や発言に、理由づけや言い訳をしない。

　将軍家茂の上洛を前に、同年二月十八日、諸大名が参内を命じられ、幕閣や主な藩主は集まるが、直正は気まずさもあり、自分の病気とテロの危険性を理由に参加を拒んだ。その結果、佐賀藩は京都から撤退をせざるを得なくなる。

　同年三月、三〇〇〇人を率いて、和宮降嫁のお礼を述べに、将軍徳川家茂が京都に赴き天皇に拝謁した。これは、将軍として二二九年ぶりの上洛だった。だが、本当の目的は、本格的な開国を意味する「安政五カ国条約」の承諾を天皇に求めに来たのだ。しかし孝明天皇は、京都に近い神戸の開港は、外国艦隊の陸戦隊が攻めて来る危険性もあるとして、拒絶を示す。

七　生麦事件の危機

　イギリスは、英国公使館焼き討ち事件の賠償金の時も、艦隊が日本沿岸を封鎖する作戦を立て、いつでも行動すると圧力を加え請求してきた。生麦事件の賠償金を払わせるのにも、同じように圧力を加える。

　だが、幕府は、全国の攘夷派が幅を利かせており、簡単に要求を認めるわけにはいかない。談判が決裂することも想定し、開戦の可能性を大名や旗本に伝え、同年五月五日、「品川から芝の海岸沿いの老人や病人は直ちに立ち退け」とお触れを出す。生麦事件の危機に、幕閣は大混乱となった。老中格の小笠原長行は、独断という形で十万ポンドの賠償金を支払うと同時に、攘夷派に向けて横浜港の閉鎖を通知する。まさに綱渡りだ。

八　横浜鎖港宣言

文久三年（一八六三）は大きく時代が動いていく。孝明天皇が、同年五月十日を期限に「異国船打払令」を幕府と諸藩に下した。これに勢いづいた長州藩は、攘夷派公家を後ろ盾に、関門海峡を通過する外国船に砲撃を加える準備を進めていく。幕府は、国際情勢上、開国が避けられないのを知りつつ、高まる国内の攘夷運動に対して、横浜港の閉鎖を主張することで、国内政治の指導権の維持を図ろうとした。

五月二〇日、攘夷派公家の代表の姉小路公知《あねがこうじきんとも》が暗殺された。現場に残された物証から、いち早く薩摩藩に嫌疑がかかる。だが、最後まで犯人は不明で、薩摩藩久光の朝廷への介入を嫌がる攘夷派の仕業とも噂された。ともかく、攘夷派公家は、薩摩藩に圧力を加え、御所乾門の警備を解き藩士の出入りも禁じた。

長州系攘夷派が優勢になる流れを変えようと、幕閣の小笠原長行は朝廷を説得するため、京都に向かう。五月下旬に、千数百人の軍勢が横浜港を出発、大阪から京都に向かうが、手前の淀で、在京の幕府からの使者に制止させられ、小笠原は免職となった。

佐賀藩の動きを見てみよう。本来は外様だが、直正の正室は十一代目将軍家斉の娘・盛姫で、井伊直弼も含め個人的な関係から幕府守旧派の南紀派と縁が深い。さらに海外交易や長崎を含む国防のための武備など、事業計画は大規模で幕府の協力が必要だった。同じ外様でも、薩摩・長州と異なる。ペリー来航後、武力を背景に規制を緩和させて交易を求める外国に対し、戦争を避けるため現実的な対応をする幕府と、原則論に固執する朝廷が、それぞれ違う命令を出し「政令二途」となっていた。どちらの命令に従うのか、各藩により、また藩内でも分裂する異常な事態となる。直正は、幕府と朝廷の一体性の無い政策を静かに眺めていた。一旦は、公武合体論に流れるが、最後まで、倒幕派と佐幕派のどちらにも属さない態度をとり続ける。でも、もし幕府や他藩が、外国と開戦となれば秘策は考えていた。

その秘策とは、長崎港の防衛を司る洋式の強力な武力を持つ佐賀藩兵が、最悪時、長崎の外国居住民を人質に交渉材料として使えることだ。そうなれば、誰も佐賀藩を無視できない。すなわち、幕末の国際的な緊張状態の中で、常に直正は目に見えない圧力を、幕府や他藩や外国にもかけていたといえる。

九　八月十八日の政変

長州藩が「異国船打払令」のもと、直ぐに下関の開門海峡を通過する外国船への砲撃を開始した。翌月にフランス・アメリカ軍艦が報復、長州の軍艦が砲撃され、陸戦隊が上陸し沿岸の砲台を破壊する。戦闘中に日本本土に異国軍隊が上陸するのは、元寇以来の非常事態で、本州の上陸は史上初めてだ。

この行為に対し、さすがに朝廷も長州藩の攘夷行動に懸念を持ち始める。一ケ月前、生麦事件の報復にイギリス艦隊が薩摩藩を来襲、鹿児島城下を焼き払い、日本は外国と一触即発の状態になっていたからだ。

孝明天皇にも、長州系攘夷派の過激な行動に我慢の限界が来ていた。そして、薩摩藩と京都守護代の会津藩が、天皇の意向を受け公武合体を目的に連携する。そして、八月十八日、長州藩を御所警備から追い出し、一気に巻き返しを図った。三条実美や東久世道禧など七人の攘夷派公卿も追放し、長州藩へ逃れていく。「八月十八日の政変と七卿落ち」である。公卿とは三位以上の高位の貴族で数十人いた。この七人の公卿のうち、東久世と沢宣嘉《のぶよし》の二人は、明治維新後、新政府の幹部となり、北海道の島義勇と係わることになる。

八月十八日の政変を契機として、諸藩内部で攘夷派の弾圧が始まった。例えば土佐藩は、前藩主だった山内容堂《ようどう》が今までの方針を捨て、勤皇党への弾圧へ向かい、武市半平太が切腹させられた。多くの雄藩で、仲間同士で殺し合いとなる。だが、佐賀藩の直正は、このような情勢でも京都の動向に従い、攘夷派の義祭同盟への弾圧は決してせず、その結果優秀な人材は残った。直正の政治的ブレはない。

八月十八日の政変後、残った朝廷内部の人物だけで政局は動かせない。十二月、このままでは乗り切れないと判断し、「朝廷参与」という朝廷の任命を受けた雄藩の六名から成る合議制会議の方針に向かう。この「朝廷参与」は、幕藩体制と明治新政府の過渡期の権力政体となる。薩摩藩島津久光、福井藩松平春嶽、宇和島藩伊達宗城《むねなり》、土佐藩山内容堂、一橋徳川家徳川慶喜が、構成員に選ばれた。鍋島直正にも参加の要請が下る。

この際、薩摩の久光は、孝明天皇に開国を促そうとする。一方、朝廷参与から弾き出された江戸在住の幕府老中は、慶喜に圧力をかけ、久光追い落としのため、逆に天皇が喜ぶ横浜港閉鎖を実行することを提示させた。慶喜は、天皇から信認を得るのに成功し、将軍家茂からの全権委任の約束を取り付ける。

しかし、外国と紛争になる横浜港閉鎖を本当にするかどうか、さらに暴走する長州藩への対応など、次々と難題が課せられ、会議は内部分裂を起こす。

この時、「**畢竟は薩をいなすの趣意**」と大久保は、変貌する慶喜を強く警戒した。強力な軍事力を持つ佐賀藩が参加しない会議では、解決するための行使力が無く、「朝廷参与」は、佐賀藩の協力を強く要望する。だが、参加をすれば、直正はどちらかの勢力に所属させられ、欠席というかたちで独自路線の方針を示した。

結局、この会議は瓦解してしまう。その結果、久光は慶喜と袂を分かつこと決心するが、同時に薩摩藩内の自分の権威も衰え始める。もう既に、久光は斉彬の遺産を使い果たしていた。藩内政治はカオス状態となり、大久保は、今まで久光に疎んじられ遠島中だった西郷隆盛と組む。それから、西郷は表舞台の見える敵を相手に、大久保は見えない政治工作を主体に、お互い助け合って薩摩藩を引っ張っていくことになる。

その後、徳川慶喜は、会津・桑名藩が加勢した慶喜の一橋との連合「一会桑政権《いちかいそう》」を樹立する。この政権では、江戸の老中とは距離を置きつつ、会津藩が京都守護職、桑名藩が京都所司代を担い、慶喜は、将軍後見職を辞して、新設された御所を守る禁裏御守衛総督に就任した。このことで、「一会桑政権」が、京都で幕府代表として政治主導権を握り、朝廷も独占する。

攘夷派は京都から追放されたが、「朝廷参与」も瓦解し公武合体論も行き詰った。京都に残り潜伏した過激な浪士は挽回の機会を狙う。元治元年（一八六四）六月五日の夜、決死の覚悟で池田屋に集合、その会議中、京都守護職配下の新撰組に襲撃される「池田屋事件」が起きた。この事件を知り、長州藩の強硬派が憤慨し、「薩賊会奸」と叫び、巻き返しのため挙兵、京都に進軍する。同年七月十九日、市街戦となる「禁門の変」が勃発した。御所に攻め入り、可能なら天皇を強引に連れ出そうとする。もはや長州藩は狂奔し始めた。禁門を守っていた会津藩を撃退しなだれ込むが、薩摩・桑名藩に押し戻され後退、久坂玄端《げんずい》や来島《きじま》又兵衛ら、多数の幹部が戦死した。さすがに、直接に御所を攻撃した行為に、孝明天皇は激怒する。長州藩は、即座に朝敵となり、逆に幕府に征伐の勅令が下った。

十　長州征伐と四国連合艦隊

長州征伐が始まった。同年八月、将軍家茂が布告して出兵命令となる。全国三五藩から十五万人の兵が動員され、十一月十八日をもって長州藩へ総攻撃となる。

だが信じがたいことに、退路をふさがれた長州藩にさらに追い討ちがかかる。攘夷指令を出す朝廷と横浜鎖港を主張する幕府への威嚇のため、イギリスを代表とする海外勢力は動き出した。日本を「世界資本主義市場体制」に参入させる条約を履行させるため、ついに軍事力行使を選択する。朝廷と幕府に見放された攘夷派の象徴である長州藩を攻撃することで、朝廷と幕府はもちろん、全国の攘夷派にも圧力をかけられると考えた。

八月五日、イギリス・フランス・オランダ・米国の四国連合艦隊が、関門海峡の下関で戦闘を開始する。軍艦計十七艦、総兵力五〇〇〇人、その内二〇〇〇人規模の陸戦部隊が上陸、砲台を破壊し、さらに下関中心部に進撃して来る。

この時の長州藩は、藩正規軍は「禁門の変」で京都に出兵し撃退され存在していない。残された農民らが立ち上がり、奇兵隊ら諸部隊が決死の覚悟で戦った。イギリス駐日公使オールコックは、下関から、日本海側の萩からも上陸して、政治の中心の山口に向かい、この藩を占領する計画を立てる。

長州藩は、もう攘夷運動の継続や藩の存続の問題ではなく、異国人から郷土を防衛するため、庶民も含めた領民の総力戦にまで追い詰められた。その結果、ゲリラ戦を展開する。それでも、連合国側に死者十二名を含む死傷者七二名の損害を与え、その内、四名は木陰から隠れて打った弓矢である。だが、さすがに敗北を認めざるを得なくなり、高杉晋作が代表となり和睦交渉となる。

イギリスは、この戦争から日本との全面戦争に発展する可能性も想定している。だが、そうなれば両国の貿易体制が崩壊するので避けたがっていた。

交渉はうまく進み、長州藩に賠償金三〇〇万ドルの支払いを請求する。高杉が、幕府の攘夷指示に従っただけで幕府に請求するように言うと、相手も〝してやったり〟と直ぐに承諾する。高杉もイギリスの本心を見抜いていた。

八月二〇日、瀬戸内海の西口である下関を抑えたイギリス艦隊は、もう一方の東口である大阪湾に向かい、測量を開始する。瀬戸内海の制海権を奪うような示威行動に出て、今度は賠償金を盾に幕府を脅してくる。まず幕府に横浜鎖港の撤回を宣言させ、その方針の根源となる孝明天皇の責任も追及していく。まさにオールコックの全面勝利だ。

今回の戦いに危機感を抱いていたのは主に農民だった。下関の商人らは冷静だったという。戦闘開始の二日前に開かれた亀山八幡宮の五穀祭も例年通り賑わっていた。オールコックは、攘夷は、封建体制を維持する武士や一部の農民が唱え、逆に開国を望む人間が日本国内に多くいると理解したそうだ。

長州藩は、攘夷行動をすればどの様な状況に陥るか、また海外勢力に協調する商人も藩内に存在するなど、様々な現実を見せ付けられ変貌していく。「やはり、外国軍相手では、攘夷は無理なのでは？」と、初めて肌で実力を知ったのではなく、総力戦とまでなるが敗北して「攘夷運動の象徴だった威力を失った」のと、「その運動の意味の無さ」も知ったのだ。

四国連合艦隊に敗北後、今度は幕府の長州征伐が迫っていた。再び直正が動き出す。武雄領主の鍋島茂義を京都に行かせ、情勢を探らせた。同年九月、

四国連合艦隊は、右から左へ編成を組み、中央の長州側である前田砲台から上陸。その後、左側の下関へと進軍する。
（『地図で知る幕末』武揚堂）

直正は佐賀を出発。十月十三日に入京し、翌日に関白斉敬と面会、御剣と天杯を下賜される。この時、「禁門の変は恐れかしこまることだが、征伐の前に一応（長州を）詰問する必要がある」と、長州征伐に反対の意見を申し出たが、実際に征伐軍として、一万二〇〇〇人の藩兵を参加させている。直正は、結果的に海外勢力を有利に導いた軽率な行動をとった長州藩に、強い憤りを感じていた。

この時の公家や諸大名は、突然の直正の行動に関心を寄せている。『朝彦親王御記』に、「**閑叟上京天気伺也、世評ハ誠ニ如何之風聞候得共、総テ空言也**」と記述があり、様々な噂が飛んでいた。

直正に猜疑心を持つ人間もいた。徳川慶喜は、この行動を次のように述べる。

「**閑叟はかねてしばしば上京の命を受けながら、病と称して出でず、ひたすら封内の富強に努めて諸藩の国事に斡旋せるを傍観せしかば、世にはその意測べからずなど噂せしに、十月十三日天機伺の為として上京し・・・**」と、「自分が要請しても病気を理由に出てこないのに、何を企んで京都に来たのか」と、強い不信感を吐露した。十月二三日、直正は平穏無事に退京する。

長州征伐は、同年十一月、長州藩は戦わずして降伏、禁門の変で指揮をとった福原・国司・益田の家老を切腹させ、かろうじて藩消滅の危機を脱するが、幕府は、藩主父子と逃げた攘夷派公卿を江戸に送還して処分を下すことにした。それにともない、藩上層部は穏健派が実権を握り、攘夷派公卿や高杉らは、福岡の大宰府へと逃げざるを得なくなる。第一次長州征伐が思いのほか容易に終わったので幕府の保守派は自信を深めていった。

しかし、征伐に参加した多くの藩は、四国連合艦隊と戦った長州藩へ止《とど》めを刺す今回の行為に疑問を持ちだす。外国の侵略から長州を救った後に、征長するのが筋であり、逆に幕府は外国に協力的ではないかと感じ始めた。それに加え、征長軍参謀の西郷隆盛は、長州藩が消滅した次は薩摩藩への介入だろうと考え、厳罰を躊躇《ちゅうちょ》した。西郷が、長州藩に提示した降伏条件が余りにも寛大過ぎるとして、さらに幕府は第二次長州征伐を予告する。

高杉晋作は下関に戻る。同年十二月十五日、長府功山寺で高杉は決起し、諸部隊がクーデターを起こす。そして、萩を拠点とした穏健派と内乱となった。穏健派が敗れ、藩論は再び幕府へ徹底抗戦となる。薩摩藩は動き出した。

イギリス駐日公使がオールコックからパークスに代わる。勅許、すなわち幕府が結んだ条約は、まだ朝廷の許可を得てない。慶応元年（一八六五）九月、四国連合艦隊の九隻は、第一次長州征伐後に、将軍が居住する大阪城に近い兵庫沖に向かう。賠償金の支払い、安政五か国条約の朝廷からの許可、兵庫・大阪港の開港と関税改定を要求してきた。

十二代目松前藩主松前崇広《たかひろ》ら幕府老中は直ぐに向かい、四ケ国との交渉に入る。パークスは、兵庫港開港が無理なら幕府に行政遂行能力が無いと考え、直接、京都の御所に向かい天皇と交渉すると強硬な姿勢を示した。多分、海外の公使警備のため、外国軍も派遣されるだろう。やむをえず、老中は勅許

長府功山寺
（著者撮影）

なしで条約を許可した。その行為に、朝廷は強く反発し、老中の官位を剥奪して、改易の勅令を出す厳しい処置をする。

パークスは、再度要請を提出し十日以内の回答を求め、従わない場合は、軍事行動も辞さないと脅してきた。イギリスは、この事態も想定していた。瀬戸内海を封鎖し、歩兵一万二〇〇〇人と騎兵五〇〇人で、兵庫から上陸し大阪城を占領、それでも朝廷が屈服しなければ、五〇キロメートル内陸の京都に攻め入る。京都が要塞化されていないことは漏洩しており、機動力に、インドからラバの調達予定もしていた。兵庫の開港に反対していた孝明天皇の不安は、杞憂でなかった。十月、幕府は孝明天皇が同意したと回答する。これは、正式に朝廷が条約勅許を出し、さらに賠償金も満額支払うのを意味する。パークスの大勝利だ。

そのなか、慶応二年（一八六六）一月、土佐藩の坂本龍馬らの仲介により、敵対関係だった長州と薩摩藩で薩長同盟が結ばれ、大きく政治が進み出した。この時、西郷の指令で黒田清隆が長州に派遣されている。

同年六月、徳川慶喜は、第二次長州征伐を開始する。朝廷は、前回の征伐で幕府に全権を任せたが、今回は合議の上とした。すると、薩摩側が阻止へと働きかけてくる。慶喜は、もちろん、薩長同盟なんか知らない。

慶応二年五月、将軍家茂が再度江戸を出発し大阪城に向かう。そして長州藩主父子の蟄居と十万石の削封を命じた。京都の雰囲気も変わり、京都に居た小松帯刀《たてわき》や西郷らは緊急に帰藩する。大久保は上京し、「**私進退の処、模様に任せ候様仕るべく候間、左様御含み居り下され度く願い奉り候**」と小松に書簡を送る。大久保は、征長を阻止すると決死の覚悟を決めていた。

家茂は、大目付と目付を佐賀に派遣し、直正に大阪城の将軍の許に来るよう要請するが、「局外者からの助言は疑念をまねく」と、その旨を伝え拒む。将軍の催促があっても佐賀藩は決して動かず、ほとんど派兵もしなかった。

同年六月七日、十万人以上の幕府軍と、三五〇〇人の長州藩の軍隊が戦闘状態に入る。大規模の戦闘は、三代目将軍家光時代の「島原の乱」以来だ。

幕府軍のなかに、鎧を着て火縄銃の装備の兵もいた。少数だが最新装備で士気の高い長州軍がどこでも優勢で、慶喜は戦闘意欲を失ってしまう。同年七月、大阪城で家茂は脚気で突如として亡くなり、慶喜は、勝海舟を急遽派遣し、停戦となった。家茂没後、慶喜は、始めは将軍職を固辞したがやっと継いだ。だが、その二〇日後、孝明天皇が天然痘で病死する。孝明天皇は、攘夷主義だが、佐幕でもあり、急に天皇の後ろ盾がなくなってしまった。そして、十四歳で皇位に明治天皇がついた。長州征伐の失敗と孝明天皇の逝去は、大きく日本の政治情勢を変えていく。

新たな将軍にはだかる課題は、長州藩処分と兵庫港開港だ。島津久光、松平慶永、伊達宗城、山内容堂を上京させ四侯会議を開く。慶喜は、再三、直正に上京を促すが、病状を理由に断り続ける。会議で、やはり慶喜は主導権を離さない。そしてこの会議を利用して朝廷に圧力をかけていった。大久保は、「**朝廷ヲ掌握シ邪ヲ以テ正ヲ討、逆ヲ以テ順ヲ伐ツ**」と、四侯を利用しようとしか考えない新将軍を激しく非難する。だが、その慶喜も限界が見えてきた。

そもそも、幕府は他藩と比べ武力が突出しており、それを前提に全国統治を任されている。それが、一藩も制覇する能力すら無いのが露呈してしまった。そうなると、幕府と四国連合艦隊が一戦を交えたら、もう目も当てられないだろう。今までの幕藩体制の概念が否定された。その結果、実際に海外勢力と戦った薩長両藩が、他藩と隔絶したポジションに着く。四侯会議で慶喜を見限った薩摩藩は、同盟を結んでいた長州藩と武力を以て倒幕へ向かう。佐賀藩は、最強の軍事力を維持しながら、政治的に両藩に追い越されてしまった。

慶応三年九月、ついに薩長が動き出す。まず広島（安芸）藩と同盟を結び、三藩の軍事力を京都に集約させた。そして、将軍の慶喜を引きずり降ろし、雄藩連合の新政府樹立に向かおうとする。だが、いざとなると同盟するまで敵対関係だった薩長が、お互い不信感を抱き始め足並みが乱れ始めた。その隙をつくような形で、土佐藩の山内容堂から大政奉還の建白書が幕府に出される。慶喜は京都二条城で、朝廷に大政奉還をして、標的の幕府を自ら消滅させてしまった。将軍が、大政奉還を否定すれば、土佐藩が薩長と連合することになり、渡りに船だった。そして、今度はその朝廷のもとで慶喜自ら新政府を樹立させようとする。西洋の国政に最も詳しい西周《あまね》を、自分のブレーンとして江戸から呼んだ。大どんでん返しである。追い詰められながらも、慶喜は必死に抵抗していた。

第七章　戊辰戦争と新政府樹立に参加

一　大政奉還と王政復古

慶応三年（一八六七）十月十四日、「大政奉還」が行われ、徳川家から天皇家に政権が委譲される。だが、明治天皇はまだ若く、徳川家の軍事力を温存していた慶喜は、自分が首班となる議会制の諸侯会議を目論んだ。徳川将軍家は四〇〇万石と、どの藩も到底及ばず、徳川家宗家の存在を残そうとする。諸侯会議で多数派になれば、慶喜が新政府を牛耳れる。だが、それでも多くの幕臣には不満が溜まり、また、大政を奉還した慶喜に、法制度的な保証もなかった。十一月十五日、大政奉還を編み出した坂本龍馬が暗殺される。岩倉具視が蟄居を免じられ環俗して、九州太宰府の三条らは官位が復活し入京が許された。

時期と悟った大久保は、岩倉に以下の書状を発した。

「**一動干戈候テ、返て天下の眼目を一新、中原を被定候御盛挙と可相成候得バ、戦を決候テ死中活ヲ得ノ御着眼、最急務と奉存候・・**」

大久保は、軍事力を結集して新政府を樹立させ、反対勢力をその軍事力で抑え込まなければ、天下の人心を一新させることは不可能と、クーデター方式で政権を奪取することを、岩倉に決意を促す。

遂に、岩倉と公家の中山忠能が、薩摩・長州藩に、慶喜を討伐せよと密勅を下す。佐賀の直正に、十二月一日に「**来辰正月より三月迄、京都三ヶ月詰、御警護上京仰せ付けられ**」と、同じく岩倉から命令が下る。

だが、やはり直正は動かない。

薩長・広島（安芸）の三藩の軍勢は、京都に進駐し朝廷に圧力を加えて来る。十二月九日、薩摩藩・福井藩・尾張藩・土佐藩・安芸藩の五藩が、朝廷を掌握した後、岩倉が「王政復古の大号令」を発した。

「王政復古の大号令」とは、武士が登場する前の、朝廷に権力があった時代に逆上りするのではなく、さらに朝廷が造られる神武天皇の時代まで戻り、今までの歴史を全てご破算して、新たな気分で国造りをするという宣言である。

幕府と将軍の廃止、摂関などの一〇〇〇年以上続いた朝議決定制度も廃止し、それに代わる総裁・議定・参与の三職を定めた。大号令が発布されたその日の午後六時頃、直ぐに「小御所会議」と呼ばれる三職による会議が開かれる。朝敵となっていた長州藩の復権、そして幕府と会津・桑名藩を除いた新政府の樹立を宣言した。

この会議では、慶喜の内大臣辞退と将軍家納地の有無が争われ、慶喜が窮地に陥る。山内容堂と岩倉とで、かなり激しいやりとりがあったらしい。出席の権利はあるが、もちろん、この会議では直正はいない。会議の結果を知り、慶喜は京都二条城を出て、大坂城に移る。だが、まだ新政府内には、幕府に近い尾張・福井などの藩主や藩士もいて、小御所会議の決定事項の遂行も不安定だった。大政奉還の功績がある慶喜に、なぜ辞官納地を迫るのかと懐疑的な意見も聞かれ、逆に慶喜の議定就任の話も出て来た。この流れを断ち切ろうと、西郷が、江戸市中の放火・暴行・略奪を指令し挑発してくる。ついに警備担当の庄内藩が、江戸の薩摩藩邸を焼き討ちして、それを知った会津・桑名藩兵ら旧幕府軍の怒りは、慶喜でも抑えきれない状況となった。

同年十二月二一日、やっと直正は、海路で佐賀から出航しようとしたが、京都の情勢を伺い、伊万里港で留まっていた。ここでも、まだ佐賀藩は動かない。同月二七日、太宰府に逃亡していた攘夷派五卿が京都に戻り、三条が議定、東久世が参与になる。そして、明治天皇の前で、薩摩一五〇〇人、長州四〇〇人、芸州六〇人、土佐四〇人の軍事調練が行われた。

二　戊辰戦争

翌年の慶応四年／明治元年一月三日、大阪城に立てこもった慶喜が、薩摩討伐を命じる。大坂から京都に進軍する一万五千人の旧幕府軍と、迎える二八〇〇人強の薩摩藩兵と一〇〇〇人の長州藩兵が、京都南方の鳥羽伏見で衝突し戊辰戦争が始まった。「鳥羽伏見の戦い」だ。開戦時、薩摩・長州藩も軍の主力は、まだ地元の本藩内に残していた。大阪城にこもる旧幕府陸軍と大阪湾に浮かぶ榎本武揚の艦隊が、薩長の地元からの兵站を遮断すると、今いる京都の両藩軍は孤立する恐れがある。これは、幕府にとり非常に有利な兵の配置だった。また、土佐藩兵は、山内容堂が私闘と判断し参加していない。

だから、京都の薩長の藩兵は、まさに存亡をかけて戦いに挑んできた。

大久保は記す。「**慶喜反状すでに顕る、宣く速に大兵を伏見に出し、及び禁門守衛の諸藩に命じ戒厳せしむべし。嘉彰親王を以て征討大将軍とし錦旗節刀を賜い禁衛の兵を指揮し、伏見の報を待つべし。列藩に征討を布告すべし**」と、「**必死言上**」とした。大久保は、政治生命でなく命そのものを懸けている。もし京都に旧幕府軍が侵入したら、天皇を女装させ山陰地方に逃亡する計画だった。実際、薩長藩兵を伴い西園寺公望《さいおんじきんもち》が山陰道鎮撫総督に任じられる。敗北も十分に考えていた。当然だが、それを知った御所の公家らは動揺し大騒ぎする。どうしても強大な佐賀藩兵の助けが必要だ。長州藩の桂小五郎（後の木戸孝允）が必死に参加を要請したが、やはり直正は動かない。とうとう、土俵際に立たされた薩摩藩が、幕府を討つ前に佐賀藩追討を考え始めた。この佐賀追討が、明治政府となり佐賀の乱の鎮圧に結びついて来るのだ。

三　徳川慶喜、逃亡

薩長藩兵の方が少数だが、本腰を据えた戦争を経験しており士気・装備・訓練とも格段の差がついていた。半面、旧幕府軍は、慶喜が大坂城で傍観し指揮系統も統一されていない状況だ。朝議で旧幕府軍が朝敵と決まり、仁和寺宮嘉彰親王《にんわじみやよしあき》が征討大将軍となる。さらに、いざという時を想定して、岩倉と大久保が作り上げていた「錦の御旗」が出現したことで、旧幕府軍は総崩れとなった。なぜなら、徳川家でも朝廷を崇拝する水戸藩の慶喜は、朝敵となった自分にパニック状態に陥ってしまったからだ。一月六日、しっかりと戦うようにと部下に厳命しておきながら、配下の少数のみで大阪城から脱出、開陽丸に乗り込む。この時、艦長の榎本武揚は大坂城で指揮を執っていが、その艦長を置き去りにして、慌てるように江戸へ逃亡した。もう慶喜は、将軍どころか武士の誇りも投げ捨てていた。一月一九日、江戸城で、主戦論者を免職し恭順の意を示す。フランス駐日公使ロッシュは、軍艦・武器・資金を援助するから新政府軍と戦うべきだと、強く慶喜に勧告するが拒絶した。慶喜は、今までの中国やベトナムの内乱に乗じたフランス軍の姑息さを、身に染みて分っていた。これで幕府の消滅は決定的となり、新政府の東征が始まる。

四　佐賀藩、動き出す

明らかに勝敗が決まった二月十六日、直正は、義勇を佐賀藩軍艦奉行に任命、翌日に兵庫に向かうように命じる。二月二三日、京都に着くと政治活動を始めた。三月一日、直正と息子の直大《なおひろ》が親子で、新政府の議定に任命され、参与に多くの佐賀藩士が迎えられた。この時、初めて佐賀藩は正式に新政府に参加する。最終的に、この藩は、誰一人血を流すこと無く、新政府の重鎮となり、有力な雄藩「薩長土肥」、すなわち薩摩・長州・土佐・肥前（佐賀）の一角として、新国家を支える。この一連の流れは、〝時代を、風潮に惑わされず、しっかりと見据えていた〟優秀な藩主として、最高の評価を受けるべきだろう。だが、生きるか死ぬかを覚悟して戦った人間からは、厳しい目で見られるのは、どうしても避けられない。

五　新政府に参加

新政府の総裁には、有栖川宮熾仁《たるひと》親王が就任し、議定には、皇族・公卿から、三条実美、岩倉具視、有栖川宮熾仁親王など十四名、大名から、直正以外に、松平春嶽、細川護久、伊達宗城、島津忠義、山内容堂、毛利元徳など十四名、議定の下の参与には、大隈重信、副島種臣、大木喬任、堤哲長、大久保利通、後藤象二郎、伊藤博文ら、公卿と藩士から一〇六名が任命される。

六　活躍する義勇

義勇の「日記」から、義勇本人の動きを見てみよう。

直正が京都に向かう時は、御座船として「電流丸」に乗船する。この時、義勇が護衛として「孟春丸」に乗船した。明治元年二月二〇日、佐賀三重津の港から出発、平戸の久原で石炭を積み、二月二三日に兵庫港（神戸）に到着する。ここで、義勇は、宇和島藩主伊達宗城と面会、翌日、大坂に向かい、京都に藩兵八二四名を伴い宿陣中の直大を訪問し宿泊した。三月十四日から二日間、江戸田町の薩摩藩邸で、旧幕府陸軍総裁の勝海舟と新政府大総督府参謀の西郷隆盛の会談より、江戸城無血開城が決まった。

朝廷は、元侍従大原俊美を東征海軍先鋒に任命。三月十六日、参謀補を命じられた義勇は、海軍総督となる大原の指揮下に加わり、旧幕府海軍の軍艦の引き渡し交渉の責任者となる。佐賀藩軍艦孟春丸、薩摩藩と久留米藩の輸送船の三隻で兵庫から横浜港に向かい、三月二三日早朝に着いた。品川沖に、八隻の旧幕府海軍軍艦がずらりと並んで停泊しているのを見る。三月二四日、義勇は勝海舟を訪ね、その後、江戸市中調査をしている。三月二八日から三日間、再び勝や旧幕府海軍総裁の矢田堀《やだぼり》讃岐守《さぬきのかみ》鴻《こう》を訪ね、夜を徹して朝廷への軍艦の帰依を熱心に説いた。『海舟日記』にも、軍艦蟠竜の艦内で、勝と義勇が密談をしたことが記載されている。四月一日、義勇は、気を使い交渉したのもあるが、勝の尽力もあり、老朽化した四隻の軍艦を確保した。四月四日、新政府軍が江戸城に入城し、慶喜代理として田安中納言徳川慶頼《よしより》らが対応、この時の旧幕府側は低頭平身だったという。

四月七日、義勇は、直大に王政復古に伴い古代律令制度を学ばせるため「令《りょうの》義解《ぎげ》」二部を献上している。義勇の「日記」は、上野戦争で、旧幕府軍の彰義隊征伐のため官軍が総攻撃をする直前の、五月六日まで書かれている。

義勇は、江戸鎮城府権判事から、日記の最期の五月六日に、総野（下総・上野）鎮撫軍艦に任命された。直大は、新政府の江戸を監視・管理する横浜裁判所の副総督に任命され、佐賀藩兵の本陣を横浜に置き、横浜の台場で砲撃訓練をした。そして、五月十五日、直大は江戸城本丸に入り、上野戦争の指揮をすることになる。

江戸無血開城後、西郷は、恭順の意志を現す徳川家に寛大な態度を取るが、長州藩が難色を示す。旧幕府軍抗戦派で慶喜の護衛目的で結成された彰義隊と新選組が、まだ上野の寛永寺に立てこもっていた。西郷から長州藩の大村益次郎に、軍事指揮権が移り残党処分の決定となる。

七　上野戦争突入

五月一五日午前七時、遂に上野で戦闘が始まる。雨の中、正面の黒門口から攻める西郷率いた薩摩藩兵は、苦戦を強いられた。彰義隊の名前から忠義を果たすのが目的かと思われたが、頑強な抵抗をみせ一歩も引かない。さすがの西郷も防戦一方となる。だが、上野の西方向の富山藩上屋敷（東京大学本郷キャンパス）に陣取った佐賀藩の二門の大砲が、不忍池を越え彰義隊を砲撃すると一気に情勢が変化、午後五時に壊滅した。「まさか不忍池をとび越えて敵弾が遠く我陣屋に雨の如く打込まれようとは予期しなかった」と、生き残りの彰義隊の証言だ。

銃身内部をらせん状にすると、弾丸は溝に沿って回転し、命中度が上がり射程距離も延びる。アームストロング砲は、大砲内部をらせん状にした施条《しじょう》式兵器で、イギリスの最新最強兵器だった。上野戦争で砲撃した佐賀藩の大砲は、独自に開発した施条砲より、買い付けたアームストロング砲だと言われている。ともかく、佐賀藩兵は、上野戦争で正式に官軍に参入して、その軍事力を見せつけることで、政治力を一気に増大させた。佐賀藩兵のデビュー戦だったこの戦闘を、木戸孝允が見て、その威力は噂どおりだったと、改めて認識したという。

佐賀藩は、アームストロング砲を、外国相手の海戦で使うべきとして藩邸倉庫に収蔵していた。だから、直正は、お互い殲滅するような日本人同士の殺傷に使用して欲しくない意向を、総指揮官の大村に伝えている。だが、それでも使わざるを得なくなったのが真相らしい。新政府が威信をかけた上野戦争は、佐賀藩が加勢しなくては勝てなくなるまで追い込まれていたといえる。五月三日、直大に北関東諸藩の鎮圧命令が下り、翌日、義勇が大総督府軍監に任命された。このことで、直大への命令を義勇が請け負うこととなり、直正がいかに、義勇を信頼していたかの証ともいえる。

上野戦争で使用された佐賀藩のアームストロング砲。佐賀城本丸歴史館の展示（著者撮影）

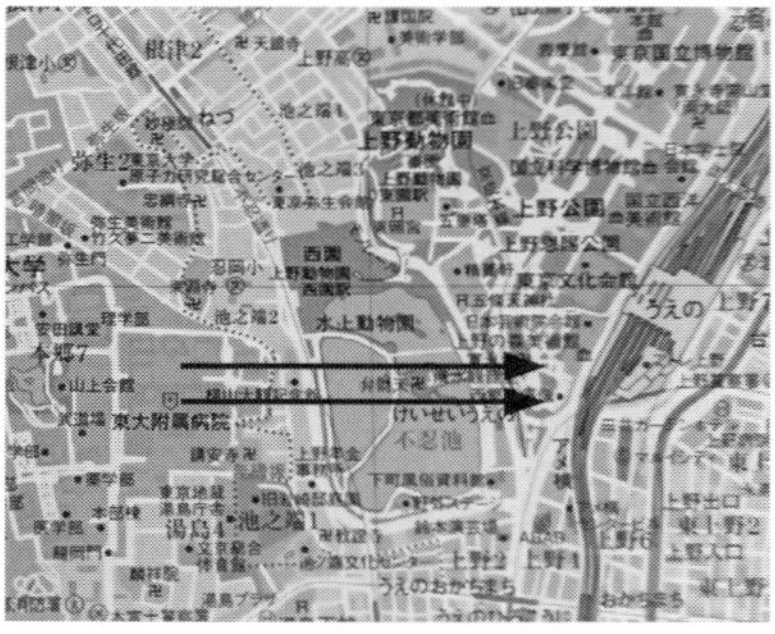

当時の状況を現在の地図に合わせてみた。加賀藩支藩富山藩邸から不忍池を超え、黒門口に砲撃を加えた。

八　北陸と東北へ

その後、戊辰戦争は、奥羽二五藩と北越六藩で結成した「奥羽越列藩同盟」との戦いに移行する。その内の北越戦争で、佐賀藩は四七一一名も動員した。

倒幕のみとするなら江戸城開城で目的は達している。「奥羽越列藩同盟」の中心となる会津藩は、京都で新選組を手下にして、徹底的に尊王攘夷の志士を潰した。だから、薩長は、会津藩と同盟藩に個別の怨恨を抱いており、江戸城開城以降は私怨からくる戦いだった。岩倉自身も、東北に戦闘が移った時、薩長の下級武士が遂行する武力のみの鎮圧に、不信感が高まっていた。その様な理由から、重大な局面で、佐賀藩に託しだす。

さらに、岩倉は、新政府が、単なる薩長政府ではないことを意図して、佐賀藩兵を中心とした「岩倉具視北征」を考え始める。岩倉と佐賀藩との連合が実現したら、薩長に対抗できる勢力になり、直正にとっても今までの遅れを取り戻す絶好の機会となった。だがこの構想は、薩長や他藩からも、やっかみをもって見られ、木戸考允と土佐藩の後藤象二郎らに猛反対される。

その機運を察したのか、直正は、長崎警護のため帰国したい旨を願いでたが許されなかった。佐賀藩内部も、義祭同盟の副島や江藤らの努力が、政府に高く評価され、直正に変わり藩内の指導権をうかがうようになる。

この時、義勇は、北越戦争中の五月三〇日に民政掛、六月五日に江戸鎮台権判事を命じられ、民政と会計を担当する。二八日に鎮台府判事、二九日に民政掛・徳川家領地取調掛と、めまぐるしく役職を変えながら、着々と出世していく。そして、七月に会計判事となった。

九　秋田藩を救う

東北の秋田藩で、新政府か奥羽越列藩同盟のどちらに加担するかで激論が交わされていた。同盟側の庄内藩から軍事行動を強く迫られ、その反動からか、仙台藩から派遣された藩士が殺される。秋田藩は、後戻りが出来なくなり、官軍へ参加を表明した。その結果、庄内藩と盛岡藩に戦いを挑まれる。庄内藩兵は、長州征伐の幕府軍を反面教師として装備の近代化をしており、旧式装備の秋田藩兵は直ぐに撤退する。この事態を救ったのが三九〇〇人の佐賀藩兵で、海路で秋田に到着後、激戦の末、庄内藩は降伏した。

八月、戊辰戦争の天王山である会津若松城の攻撃にも佐賀藩は貢献する。岩倉と直正は、以前より個人的に親密な関係となっていた。九月二二日、佐賀藩のアームストロング砲により会津若松城は落城、佐賀藩士は松平容保親子と重臣五名を東京へ護送する。ここで奥羽越列藩同盟は事実上解体した。

八月一九日の夜、旧幕府海軍副総裁榎本武揚《たけあき》は、新政府の扱いに不満を抱き、軍艦八隻を率いて品川沖から脱走する。東北宮城の松島湾に上陸、九月三日、新選組副隊長土方歳三とともに仙台藩青葉城で戦いの決意をしたが、九月十日に仙台藩は降伏してしまう。十月、榎本らは東北を諦《あきら》め、牡鹿半島の折浜を出港し蝦夷地へ向かう。そして、噴火湾鷲ノ木《わしのき》に上陸、箱館占領のため大沼から南へ進軍する。一二月一五日、蝦夷地平定を宣言後、「蝦夷共和国」を樹立した。翌年の明治二年（一八六九）四月、新政府軍は乙部《おとべ》から上陸して反撃に出る。箱館総攻撃が始まり、五月一八日、榎本は降伏した。箱館戦争の戦死者に、佐賀藩兵の割合は多かった。これで一年五ケ月をかけた戊辰戦争は終わる。

戊辰戦争の戦死者は八四二〇人で、会津藩が二五五七人、仙台藩が八三一人、薩摩藩が五一四人、長州藩が四二七人、秋田藩が三五一人、二本松藩が三三四人、長岡藩が三三一人、土佐藩が一〇六人、佐賀藩は七五人と、会津藩が多くを占めるが、歴史上名前の残る内乱としては少ない。同時期に起こった米国の南北戦争は、お互い殲滅《せんめつ》するまで戦い、死亡者は六二万人となった。これは、米国として第二次世界大戦の戦死者をうわまわっている。

軍務管副知事だった大村益次郎は、義勇に、素直に佐賀藩兵の実力を認める書状を送っている。よく考えると、佐賀藩の軍事力が各場所で勝敗の鍵を握っていたことが、戊辰戦争で幸いした。すなわち、佐賀藩自体は、会津藩や旧幕府軍に恨みはなく、直正も相手を徹底的に殲滅することを禁じていた。

しかし、賞典禄（論功行賞）で、薩摩・長州両藩主が十万石を与えられたのに対し、息子の佐賀藩主直大が二万石と、戊辰戦争での評価は低い。戦功賞典でも、副島らの名前も出てこない。この待遇は、明らかに薩長との対立感情を表している。だが、義勇はそのままの評価を受け、終身禄の賞典一〇〇石を頂き従五位に叙され、明治二年三月、府県御用掛となり、四月に民部省の設置とともに民部官へ移動となった。

十　版籍奉還と廃藩置県

慶応四年／明治元年閏四月、新政府は「政体書」を公布し、三職体制から新たな官制を定めた。土佐藩士の福岡孝弟《たかちか》と佐賀藩士の副島種臣が、米国憲法と福沢諭吉の著『西洋事情』を参考に、近代的集権制、三権分立、議事制度、官吏公選制を採用する。太政官を頂点に、その下に立法を司る議政官、行政官、刑法官が設置された。議政官は、議定・参与からなる上局と能力より採用された下局に分かれる。ただ、刑法官は、事実上行政官の支配下にあり三権分立は形式的だった。戊辰戦争の終了直前の、明治二年五月十三日、公選により、輔相、議定、参与が選出された。四九票で三条実美が輔相、四八票で岩倉具視、三九票で鍋島直正、三六票で徳大寺実則が議定、四九票で大久保利通、四二票で木戸孝允、三一票で副島種臣、二六票で東久世道禧、二三票で土佐藩の後藤象二郎、二一票で土佐藩の板垣退助が参与に選ばれた。直正は、議定と上局議長を兼ねる。

産業革命を成し遂げ、近代国家になるには、中央集権国家が求められた。大きな障壁は、地方分権の幕藩体制だ。「版籍奉還」から「廃藩置県」と各藩を消滅させ、代わりに中央政府が直接統治する郡県制の移行が不可欠となる。まず大名の領主権を無くそうとするが、反発は必至だ。明治二年六月、木戸孝允が「大化の改新」で発生した公地公民の思想を持ち出し、藩所有の土地と人民を朝廷に返還する「版籍奉還」を強引に行う。まず薩長土肥の四藩に、返上する内容の建白書を提出させた。

版籍奉還する五ケ月前に、裏工作は薩摩・長州藩で進められ、京都円山で薩摩・長州・土佐の三藩で合意が成される。薩摩・長州藩は、藩士レベルの合意で十分だが、土佐と佐賀藩は前藩主の決定が必要だった。『木戸孝允日記』から、土佐前藩主の山内容堂が賛成したのを喜んでいるのが分かる。そして、この三藩は佐賀藩士の大隈重信と副島種臣を介し直正に働きかける。版籍奉還を成し遂げるには、中央政府の威光が必要で、佐賀藩の卓越した軍事力は、絶対に欠かせない。

王政復古の時、薩長と早くから連係していた軍事力の小さい広島・尾張・福井藩は、いつのまにか除かれていた。直正は副島に同意を伝えたが、積極的に動かなかった。本心は、薩長主導の国家作りに、拒否感を感じていたからだ。だが結局、息子の直大ら藩主四人が署名して版籍奉還の上表文を提出した。これで、旧石高の十分の一を家禄とし、藩主の二八五家と公卿一四二家は華族に、多くの藩主が非世襲の知事職に当たる知藩事となる。佐賀藩は、直大が知藩事に就任する。六月二五日、中央政府は、諸藩に人口・石高・税高・物産などの調査と報告をさせた。このことにより、各藩の実情を把握でき、さらに藩内部に介入することも可能となった。

直正は六月頃から体調が悪化、七月三日、議定を免じられた。直正の持病は、一喜一憂の繰り返しだ。

第八章　動乱を通じての佐賀藩の評価

一　長州征伐の対応

幕府や薩長が存亡をかけ戦っている渦中、佐賀藩は、どの様な行動を取っていたのか？第一次長州征伐後、福岡に逃亡した高杉晋作は、直正に協力を求める手紙を書き、また、大宰府に落ち延びた東久世は、九州諸藩に倒幕の誘いをかけ、直正に強い期待を寄せた。

「妖霧空に漫り雨気濛し　路頭の楊柳東風を怨む
政は猛虎の如く秦民苦しむ　今日は何人か漢中を定めん」

「長州を覆う怪しい霧を払うのは誰か、それは直正だ」と、高杉は、対馬藩田代領（佐賀県鳥栖市）で漢詩を詠う。同じく、幕府側の慶喜も、直正に注目し、何とか取り込もうと画策していた。倒幕側からも、幕府側からも、佐賀藩を味方に引き入れようと必死の工作をしている。佐賀藩の強大な軍事力を味方に付ければ、勝敗は決定的となる。長州征伐で、まだ行動を起こしていない佐賀藩が、勝敗の鍵を握っていた。状況を見極めれば、幕府や薩長を差し置き、一気に全国の表舞台に立つことも可能で、誰もが思惑を持ちながら、佐賀藩の出兵を望んでいた。

事実、直正は、将軍家茂から大坂城に来るように、さらに将軍になったばかりの慶喜からも同じように要請されたが、武雄温泉での湯治や長崎の蘭医ボードインの診察を受けたりと、持病の悪化を理由に、会っていない。だがその反面、長崎のグラバー商人からアームストロング砲を注文したり、イギリスへ渡航の意志も示したりと、矛盾した行動もとっている。

直正以外に藩内でも、第二次長州征伐に幕府側として参加するかを、江藤新平、大木喬任、副島種臣らが激論を交わしている。ひとまず、現段階で出兵に反対の意志を直正に伝え、静観の構えとした。

二　二股膏薬

薩摩・長州の両藩は、藩内で熾烈な権力争いをして、海外勢力とも戦っている。幕末から戊辰戦争まで、藩の存在そのものをかけ戦っていた。薩長の両藩士は、全く動かず、ある程度見通しがつき、突如動き出す直正を、不気味な策略家と考えた。さらに、いつ我々に造反するかもしれないと怯えてもいた。

イギリス外交員のアーネスト・サトウは、皮肉を込め「二股膏薬《ふたまたこうやく》」と呼んだ。『一外交官のみた明治維新』で、サトウの直正への所感だ。

「四七歳だが、年よりも老けていた。顔つきがきつく、たえず両眼をしばたたかせながら、時々思い出したように、ぶっきらぼうな調子でしゃべった。彼は、日和見主義で大の陰謀家だという評判だったが、はたして一八六八年（明治元年）には革命の瞬間までその去就がわからなかったのである」と記している。

明治となり、旧幕臣の勝海舟は、著書の『氷川清話』で「侯が一生国事に奔走せられたことは、今更言ふまでもなく世間に知れ渡っている」と理解を示したが、かろうじて生き延びた慶喜は、恨みを込め「日和見主義の大陰謀家で、これほど狡い男は見たことがない」と、最後まで許さなかった。

しかし、幕末の動乱期で、薩長にとり、武力で倒幕しない藩は全て日和見であり、実際に全国のほとんどの藩が情勢を見ながらの日和見だった。冷静に考えれば、佐賀藩は、強大な軍を持つことで、非常にめだってしまったと言える。不幸にも、直正の評価は、他人事に振る舞い、残った獲物を無傷で頂く、怜悧《れいり》狡猾《こうかつ》な人物となり、無情にも当時の多くの人間の共通心情となった。そして、その評価が、後に佐賀藩への扱いとして跳ね返ってくる。明治維新後、佐賀藩への厳しい評価を受けながら、まさに島義勇は直正の分身として活動していく。

アーネスト・サトウ（一八四三〜一九二九年）
（国立国会図書館所蔵）

徳川慶喜（一八三七〜一九一三年）
（国立国会図書館所蔵）

三　病弱な直正

筋肉体質だが、痔疾が持病で、歯痛や、長期にわたる下痢と食欲不振、原因不明の発熱と体重減少に悩んでいた。ストレスで症状が悪化し、食事内容の変更と藩内の武雄温泉の湯治で、症状が改善した。体調不良の原因として胃ガンは経過があまりにも長すぎる。予想だが、ガンより炎症性腸疾患、潰瘍性大腸炎かクローン病が示唆される。長年の「痔ろう」から、クローン病が最も考えやすい。歯痛は、この疾患に付随するアフタ性口内炎を連想させる。現在では、延命が可能な内科的疾患だ。

晩年は、用便ごとに、三つの桶で手洗いをしないと気が済まない、強迫神経症と思われる潔癖行動をとっている。この奇怪な行動は、元来の気質なのか、周りの環境からかは解らない。ただ、これらの消化管と精神疾患により、大事な時に、弱気になったり予想外の行動を取ったりしていた可能性はある。

幕末の文久元年（一八六一）五月に、突如、四八歳で家督を長男の直大に譲り隠居する。理由は、よく解っていない。前年に、桜田門外の変で、懇意にしていた井伊直弼が暗殺され、次は自分かと不安を感じたからとの噂もあるが、持病の悪化により表舞台から降りたかもしれない。慎重な直正なら、どちらも考えられるが、責任のある立場から去り、かえって自由な発想が出来たといえる。

明治元年（一八六八）になり、病状が明らかに悪化した。京都に在住中、下痢がひどく帰藩を許されるが、病床から起きるのも困難となる。病状は一進一退の繰り返しとなった。明治二年三月二八日、東京へ出発するが、これが佐賀との最後の別れとなる。直正は、旧藩主の経歴を持つ唯一の議定として、その力を評価されていた。新政府内では、薩長両藩を制御できる唯一の最大実力者で、期待も大きかった。だが、逆に課せられた激務がさらに病状を悪化させる。明治二年七月、開拓長官に任命されたのは、前からの本望で、最後の力を振り絞ることになる。八月に北海道開拓が諸藩の分担と決まると、息子の直大に、辺鄙《へんぴ》な釧路国の厚岸、釧路、川上の三郡を管轄するのを命じた。

明治三年の一～五月まで症状が改善し、駕籠《かご》で参内もでき、熱海に湯治に出かけたり、東京向島の新しい別荘にも移った。五月下旬に風邪から嘔吐下痢が加わり、一気に病状が悪化する。八月に大納言を依願免職となり、九月下旬が最後の参内となる。同年十一月、永田町の新邸に移り静養となり、天皇の見舞いを受けた。明治四年正月、流動食の摂取しか出来なくなり、極度に痩せ衰えていった。同年一月十八日午前二時危篤となり、午前六時に亡くなる。志半ばだった。享年五六。遺体は東京麻布の賢崇寺に、毛髪を分け佐賀郡大和町春日山にそれぞれ埋葬された。直正を失うことは、日本にとり、また佐賀藩にとり大きなターニングポイントとなる。明治四年七月、「廃藩置県」が施行され、中央集権国家・明治政府が樹立された。しかし、廃藩置県を行うのに、土佐藩が外され、施行直前の三藩親兵結成で、佐賀藩だけ外された。案の定、直正の死から、佐賀藩の政治力は、急速に衰えていく。

四　炎症性腸疾患（クローン病）

免疫とは、身体にとり異物を監視し排除する自己防衛システムである。その免疫が異常を起こし、腸を異物と反応するのが炎症性腸疾患だ。現在でも、根本的な原因は不明。若年者に発症しやすく、最近、増加傾向が著しい。主に、潰瘍性大腸炎とクローン病があり、慢性疾患である。全身疾患なので、口腔内アフタ、皮膚の結節性紅斑、多関節炎なども併発する。潰瘍性大腸炎は、症状として、下痢、下血、発熱、体重減少があり、症状の良い悪いに波がある。慢性的な炎症から大腸ガンを誘発しやすい。クローン病は、口腔から肛門までの消化管に発症し、特に小腸が好発部位で、栄養吸収の主たる臓器の小腸が障害を受けると痩せが伴う。また肛門に瘻孔を形成しやすい。

現在は、潰瘍性大腸炎は内服薬や白血球成分除去療法、クローン病は内服治療以外に、低脂肪食の食事制限で、改善を見込める。

「疾患を大腸内視鏡で見る」

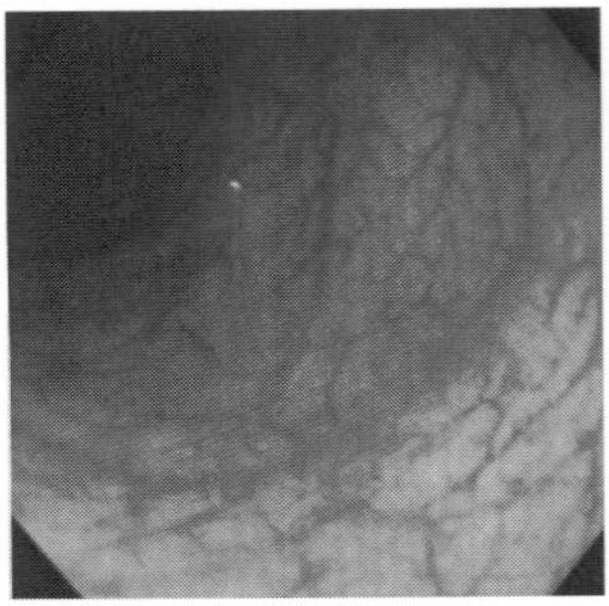

正常な大腸粘膜
血管が透けて見える

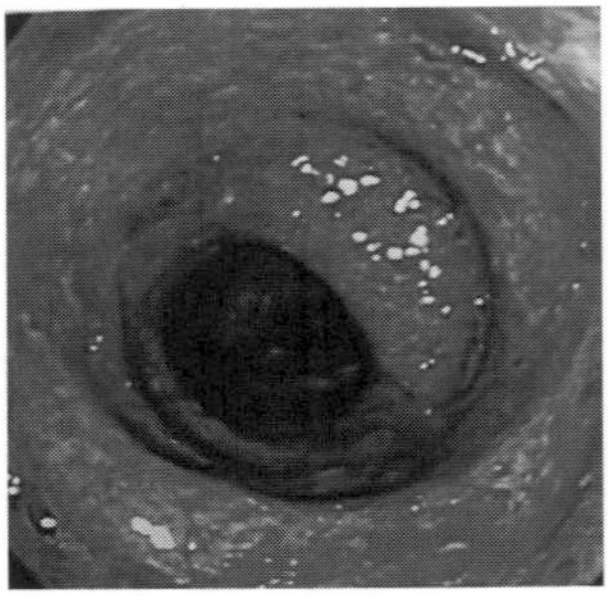

潰瘍性大腸炎の大腸粘膜
浅いが全周性に炎症を起こし、血が滲んでいる。

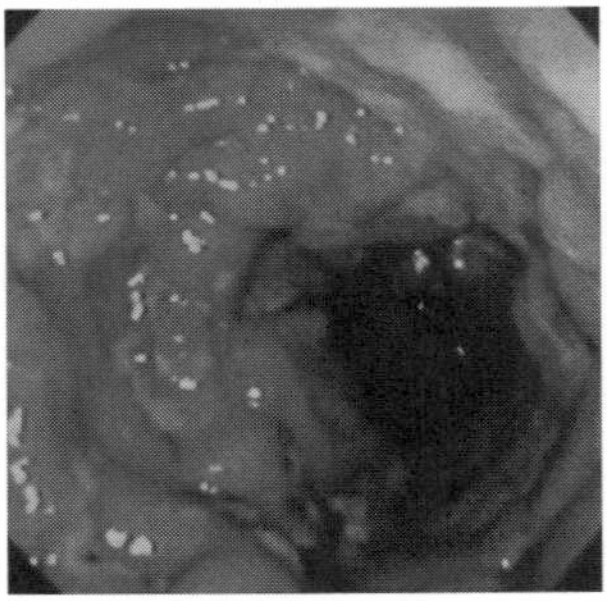

クローン病の大腸粘膜
大腸壁深く炎症が起き、深い潰瘍と粘膜が大きく変化し、狭窄を伴う

五　直正構想の原点

国内のどろどろとした覇権争いには、傍観の態度を取り続け、国内紛争には極力参加しない意思を示し続けた。確実に先が読めるまで、片方の勢力には属さない。即ち、どちらかが確実に朝敵になるまで、じっと

待っていた。佐幕・尊王・公武合体派の、どの政治勢力にも属せず均等に距離を置いたのは、直正なりの深い思慮と考えられる。もし佐賀藩がどちらかに加担して国内で壊滅戦になると、その隙を狙い外国の連合艦隊がどの様な行動を取るか、誰も予想は出来ない。

幕末の国際情勢は、現在と異なり、欧州諸国がアジアを侵略し、アジア人への傍若無人な扱いは目に余るものだった。中国で、英仏の不条理な要求に抵抗すれば、首都北京まで占領された。直正は、アヘン戦争後に太平天国の内乱が勃発し、海外から多くの介入の機会を与えた中国の悲惨な歴史だけは繰り返したくないと考えていた。

直正の思考は「挙国一致」で、公武合体の行動も単なる佐幕でない。そのために議会制度の創設まで思い巡らせていた。八月十八日の政変で、京都で尊皇攘夷派が追放された時、土佐藩の武市半平太を始め勤皇党が、豹変した藩主らにより粛清された。各藩でも、同じような内部抗争が起きたが、直正は、義祭同盟とは許容範囲内で手を組み、人材を失う行為は極力避けた。

今までの幕藩体制では、国際社会に対応出来ないと、幕閣を含め多くの人間が考えていた。徳川慶喜が主導して幕府自体が変わっていくのか、あるいは全く新しい政府を構築していくのかは、誰も分からない。直正は、安全に日本が新生するまで、海外勢力の介入を与える隙だけは絶対に見せてはいけないと考えた。そのため、早くから倒幕を選択した薩長からは、慎重に行動する佐賀藩ほど、日和見に見えざるを得なかったのだ。反対に、薩長の下級武士の独善的な行動は、逆に外国の介入を与え、朝廷や幕府に不条理な条約を結ばせる結果となった。直正が新政府に参加しても、薩長両藩士の行動を心底信用しなかった理由である。

そして、藩主故に部下や側近も含め誰にも本心を見せない。誤解を招くが意に介さなかった。悪く評価する人からは、謀略策士に見える。

だが、もうこの時には、直正は、将来を見据え、どこに日本人のエネルギーを向けるかを、必死に考えていた。当時の情勢を踏まえ、吉田松陰や橋本佐内が考えた積極的な対外政策、勝海舟らが唱えた、日本・朝鮮・中国が協力して欧米に対抗する「日清鮮同盟論」も多くの志士達の支持を受けていた。直正は、今後の日本の食料・資源問題も懸念し、満州開拓やオーストラリアの鉱山開発を促すなど、外征も含め、海外への積極的な進出を訴えた。まだ未開発地域が多い満州開拓は、日清・日露戦争後の日本陸軍の方針と重なるが、アジア人を見下す欧米諸国と互角に渡り合うには致し方がない国際情勢だったのだ。たぶん、幕末から、ここまでの発想をしていた人間は、直正以外にいなかっただろう。では、その発想の原点はなんだったのか。

それは、「アヘン戦争」であり、それに伴う「太平天国の乱」、そして「対馬列島へのロシア占拠事件」と思われる。

第九章　佐賀藩を刺激した海外情勢

一　産業革命と世界システム

長期的視野から、新生日本の国家の枠組みを作ろうとしていた鍋島直正。その発想の源は、目まぐるしく変わる海外情勢にある。十八世紀後半、ヨーロッパのイギリスで大きな社会変化が起きた。産業革命だ。農業中心の経済活動が、効率性を求める機械化より成る工業社会へ移行しつつあった。特に、動力紡績機・力織機により、イギリスの綿糸や綿布の生産量が激増し、逆に価格は激的に低下する。そのため、インドの伝統的な手織りは存在を失い、経済は壊滅して国力は低下し植民地化へと向かう。産業革命は、さらにベルギー、フランス、アメリカへと波及する。エネルギー消費も劇増し、蒸気で動く船や鉄道は、交通の運搬量や距離を著しく伸ばし、人類の移動能力にも革命的変化を及ぼす。この交通革命とともに、電信分野でも急激な技術革新があり、通信ネットワークも一変した。

イギリスを頂点とするヨーロッパ諸国が構築した「近代世界システム」は、世界資本主義市場を成立させる。このシステムは、経済・交通・電信を基盤とし、国や民族を超えた視野で物事を考えさせ、今までの概念や風習を地球規模で破壊していく。その結果、アジアは、このシステムの商品市場及び資源供給地として組み込まれ、極東アジアの日本まで取り入れることで、初めて世界は一体化した。明治維新は、その最終段階で発生した日本国内の大変革だった。

二　進む軍事技術

ヨーロッパの軍事技術も進化する。蒸気船の改良とライフル銃の出現だ。蒸気船は、ペリー艦隊で見られた外輪型の蒸気船からスクリュー型の装甲艦となり、機敏性や防護性の亢進、活動範囲も拡大された。銃や大砲も、内部をらせん状にして、命中度が上がり射程距離も延びる施条（ライフル）式となり、装填も後尾からと簡便化する。

この頃、イギリスには、世界規模の海軍と国際政策があった。この国に対抗できるのは、ナポレオン戦争で、イギリスと組みフランスを打ち破った強大な陸軍を持つロシアだけだ。フランス皇帝ナポレオン三世は、叔父のナポレオンが英国に対抗した失敗から、協調路線に変え、英仏合同で行動していく。まず英仏がアジア侵略を始めると、ロシアが追撃した。英露は、ユーラシア大陸を巡って覇権を争いあう「グレイト・ゲーム」を展開していく。

東アジアの拠点に、イギリスは香港を、ロシアはカムチャツカ半島のペテロパブロフスク港としたが、両国が中間基地として標的としたのは日本だった。江戸後期、日本に開国を迫るが、その英露が戦ったクリミア戦争の隙をつき、ペリー艦隊率いる米国が開国させる。新大陸の西海岸に到達した米国は、太平洋を介し、市場として最大人口を擁する中国を支配する清国と直接交易が可能となり、この国も中間基地として日本に狙いを定めた。

中国で、アヘン戦争やアロー戦争が終結し、太平天国の乱が鎮圧されると、欧米の軍事ターゲットは日本に向かう。日本に脅威を与える国は、英仏以外で、米国が南北戦争で脱落すると、長崎に拠点を置くオランダと箱館に拠点を置くロシアのみだ。佐賀藩は、その長崎と箱館に深く係わっていた。佐賀藩を指揮する藩主直正の行動の原点となるアヘン戦争とアロー戦争、対馬列島占拠事件とは、どのようなものだったのか？

三　アヘン戦争とは

アヘン戦争は、江戸後期の天保十一年（一八四〇）から約二年間、清国とイギリスとの間で行われた戦争だ。戦死者が、イギリスで六九人、清国が数千人の規模で終わるが、この戦争を契機に、インドの植民地化の強化と中国の半植民地化が推し進められ、アジアにヨーロッパの群雄割拠の帝国主義が襲いかかる。

中国は、明時代から領民の海上使用を制限する海禁政策を取り続けたが、清時代中期の宝暦七年（一七五七）から、広東港のみに欧米諸国との交易を許した。これは、日本の長崎港と似た位置づけだ。

イギリス東インド会社はアジア貿易を目的に設立されるが、帝国主義も実現させる国策会社でもあり、固有の軍隊を持ち植民地経営にも携わった。清国から茶がイギリスに輸出、イギリスから大量生産された綿織物が、逆に清国に輸出される。イギリスでは、工場労働者がエネルギー源として砂糖入り紅茶を飲むようになり茶の需要は急激に増えたが、期待以上に清への綿織物の需要はなかった。その結果、大きな貿易赤字となり、国際通貨の銀が大量に中国に流れる。その打開策として、インドで栽培したケシの実からアヘンを製造し、清に密輸して貿易赤字を相殺していた。そうなると、清国内にアヘンが蔓延し中毒者が増え風紀も乱れていく。この事態を重くみた清皇帝は、林則除に特命を与え厳しい取り締まりをさせる。イギリスは、その行為に反撃に出た。開戦時のイギリスの軍事力は、軍艦十六船、東インド会社所有の武装船四船など四〇〇〇人の軍隊で、直ぐに広東港を封鎖し、一方的な攻撃で終了した。そして、香港の割譲、上海・広州の開港、多額の賠償金、関税自主権の放棄、治外法権の許可という許しがたい「南京条約」を結び、中国を開国させる。

四　恐怖に陥る日本

江戸期の日本人の世界観は、「唐天竺《てんじく》」と中国とインドだったが、両国ともヨーロッパの一国に過ぎないイギリスの軍門に落ちた。幕府は、一八二五年に発していた「異国船打払令」を止め、直ぐに「薪水給与令」に転換する。外国船が近づいたら大砲で脅して追い返すという攘夷方針は無理と考え、丁寧にオモテナシをする方針にした。アヘン戦争の情報は、長崎に入港するオランダや中国の商人から筒抜けであり、多くの日本人は、次は日本だと恐怖感で一杯となる。その上、ヨーロッパとアジア間の航路距離が一挙に短くなるスエズ運河の開通計画も動き出し、そうなれば、アジアにますます侵略しやすくなる。

直正は、『別段風説書』の内容をオランダから真っ先に聞かされていた。広東港のような長崎港の防衛を任された佐賀藩が、幕府や他藩より一番強く恐怖感を感じるのは当たり前で、必死に情報収集をする。そして、真剣に長崎港の防備に力を入れ始めた。その結果、長崎港を、香港とは違い到底陥落できないほどの防衛能力を持った港として造り上げる。

アヘン戦争
右側遠方にイギリス艦隊が見え、旧式の清国の軍艦に砲撃を加えている

五　大内乱、太平天国の乱

一八五一年から十三年間にも渡る清国の大内乱だ。アヘン戦争の影響で中国人の生活は著しく荒廃していく。太平天国の乱は、旧態依然の清国への絶望感と植民地化の危機感への、民衆の怒りが爆発したものだ。キリスト教信仰をもとに拝上帝会を組織した洪秀全が、中国南部の広西省金田村で蜂起し独立国家を目指した。二年後、南京を占領し天京と改称して首都とし、満州人の支配から漢民族国家へ、平等社会の実現やアヘン吸引の禁止などを掲げ、多くの支持者を広げていく。もう清国にこの乱を鎮圧する軍事力は無く、イギリス・フランスは、利権拡大のため清皇帝を利用する。欧米諸国は、キリスト教信望を掲げている太平天国であるにも関わらず、皇帝の弾圧に加担していった。結果的に、第二次世界大戦も上回る二〇〇〇万人以上の犠牲者を出し、挙句の果てが中国の植民地化である。直正は、国内で内乱が起きることが、海外勢力の思う壺と考えた。

太平天国の内乱
清国は、海外勢力の力を借りて太平天国軍と戦う
（『大英帝国の十九世紀』）

六　アロー戦争

一八五六年から一八六〇年までの、清国と英仏連合軍との戦争である。アヘン戦争が終わり十四年後の開戦で、第二次アヘン戦争とも呼ぶ。アヘン戦争で締結した南京条約で、中国は開国をさせられたが、その反動から外国人排斥運動が盛んとなる。その結果、北京の清王朝と交渉が出来なくなり、自由貿易はまだ限定されていた。

駐清国イギリス領事で、後に駐日公使になるパークスは、貨物船アロー号の清国官憲の立ち入り調査に無理難題をふっかけ、軍事行動を起こす。フランスのナポレオン三世も、フランス人宣教師殺害事件を口実に、侵略の機会を狙っていた。英仏は、共同で軍事行動に出る。太平天国の乱で消耗していた清国は、次々と撤退を重ね、北上して天津を制圧した英仏連合軍と「天津条約」を締結させられる。だが、連合軍の撤退後、この条約の改定を望む動きが出てくる。その動きに対し、一八六〇年夏、英仏は、大艦隊を出撃させ上陸した一万七千人の兵隊で北京を占領し、清王朝に条約を批准させた。同時に、皇帝の離宮である円明園の金目の物を全て略奪し、破壊をするなどの暴挙にでる。この動きに便乗し、ロシアは、外満州の領土的野心を露骨に現し沿海州獲得へと向かった。隙を狙うロシアの行為は、まるで火事泥棒だ。

北京郊外の八里橋で、攻める英仏連合軍。
一瞬にて清国騎兵隊を打ち払い、皇帝は逃亡した。

北京占領の行動は、五年後の慶応元年（一八六五）九月、兵庫港の開港と安政五か国条約の勅許を貰うため、大阪湾に連合艦隊を停泊させ、認めなければ一万二千人の兵隊で上陸し京都を攻めると脅した、後のパークスの行動と重なる。ここで、もし幕府と全面戦争となれば、ロシアにより、樺太と蝦夷地がどうなったかは明らかだろう。だから、老中で松前藩主の松前崇広は、免職覚悟で兵庫港の開港を認めたのだ。敗北した清王朝は、その後、欧米諸国からの提案で、共同で太平天国の乱の鎮圧に向かう。中国は崩壊へと突き進んでいく。

七　ロシア軍艦対馬占領

文久元年（一八六一）二月、衝撃的な事件が起きる。佐賀藩や長崎港から近い対馬列島が、ロシア海軍に突如占領された。ポサドニック号が、対馬列島の芋崎に上陸し船の修理を理由に半年間も居座った。数百人の水兵が、頑丈な兵舎や船体修理工場を勝手に建設する。対馬藩が対応に苦慮したが、ロシア水兵が、藩兵を狙撃し民間人にも暴力を振るうなどの暴挙にでた。

ロシアの目的は、不凍港の確保のため、対馬藩と幕府に永久租借を承諾させることだった。太平洋進出のため建設された最初の極東ロシアの拠点港は、カムチャッカ半島のペテロパブロフスクだが、一八五四年、クリミア戦争中に英仏連合艦隊に攻撃される。これは東欧で敗北を重ねたロシアが、東アジアで挽回を図ろうと清国へ侵攻する危険があり、清国内のイギリスの権益を脅かす恐れから、英仏が先手を打った。ペテロパブロフスクは交通不便な陸の孤島で、ロシアは、新たな拠点をアムール川河口のニコライエフスクに移す。新大陸への物資拠点だったペテロパブロフスクを見限ったロシアは、アラスカの植民地経営が困難となり売却に踏み切る。その代わり、東北アジアで南下政策に転換する。だが、移動先のニコライエフスクは決して良港でなく、新たに対馬列島を狙ってきたのだ。

しかし、それ以上の大きな理由があった。イギリスが、対ロシア戦略拠点として朝鮮半島を見据え始める。そのために対馬列島の測量を開始して、幕府へ租借をお願いするのではとの噂が、ロシア側に伝わってきた。一八六〇年、ロシア元帥コンスタンチン大公に、シベリア艦隊長官リハチョフ提督は、「イギリスが対馬に拠点を持つことで、ロシアは多大な損害を受ける。未然に防がなくてはいけない」と意見を述べる。

前年に結ばれた清国との「北京条約」で、ロシアは沿海州を獲得した。その沿海州から艦隊が太平洋に出るには、三つの海峡を通る必要がある。

第一は、樺太と北海道の間の宗谷海峡。第二は、北海道と本州の間の津軽海峡。第三は、日本と朝鮮の間の対馬海峡である。リハチョフ提督は、「それぞれの海峡の重要地として、樺太南端のアニワ湾と箱館は対応していたが、対馬列島は注意も払っていなかった。沿海州を完全に領有するなら、対馬列島がこれまで以上に重要性を持つ」と述べた。樺太のアニワ湾と箱館と対馬列島は連動していた。

もし対馬列島にイギリス海軍基地でも作られたら、日本海の制海権を奪うばかりか、沿海州を威嚇する拠点にもなる。さらに、沿海州に隣接する朝鮮半島も攻略される危険性が出てきた。イギリスの朝鮮半島領有は絶対に譲れない。それに先んじて、あわててこの様な愚行にでたのが真相らしい。まだ朝鮮半島は、どの国の影響力も受けていない空白地帯だ。ロシアが極東アジアを維持するには、イギリスが最大の脅威なのだ。

幕府もそこは熟慮しており、イギリスを味方につけ、急遽イギリス艦隊二隻を対馬列島に向かわせ、ロシアを撤退させた。「ロシア艦隊を撤退させたのは、日本のためではない。東亜でロシアを突出させまいとする英国の国益のためだった」と小説家の三浦朱門は述べている。

沿海州南端に、ウラジオストックという、新たな極東ロシアの拠点が形成されつつあった。拠点が、ニコライエフスクからウラジオストックに移ることにより、北海道からの距離が五〇〇里も近くなる。首都のサンクトペテルブルクからまだ鉄道は敷かれてないが電信は敷かれていた。対馬列島占拠事件も含めロシアの沿海州獲得は、直正を強く刺激したに違いない。

イギリスとロシアにより覚醒された直正は、イギリスからは藩内における産業革命の参考に、ロシアからは外交上の脅威への対応に、奮起し立ち上がるのだ。

現在の対馬列島。九州と朝鮮半島の間に存在。

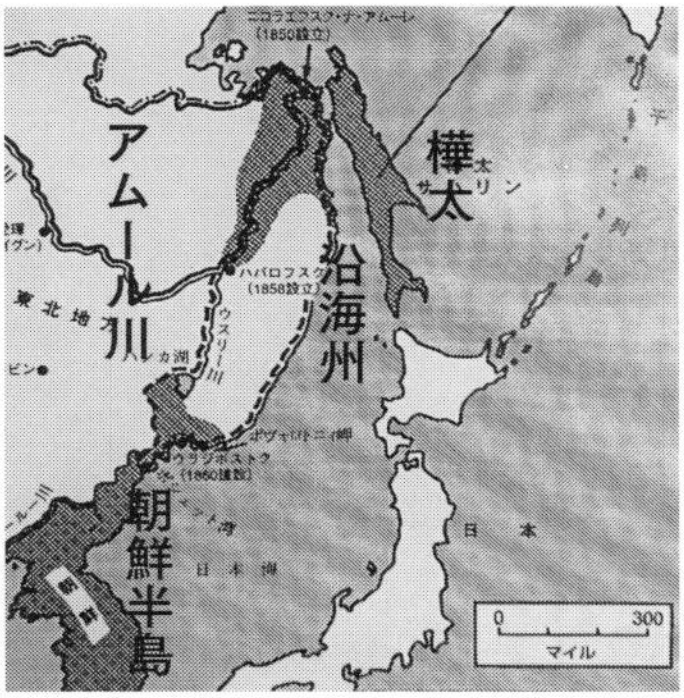

ロシアの南下を阻止するため、樺太・アムール川河口・朝鮮半島の黒色の地域を、イギリスが領有化を狙う。（『ロシア歴史地図』東洋書林出版）

III 新政府の北海道開拓

第十章　苦難で終わる箱館府

一　新政府の北方思考

幕府の蝦夷地政策は、まず国際貿易港の箱館をどう守るかが主で、港に台場や郊外に五稜郭を造った。しかし、幕府機関の箱館奉行の栗本鋤雲《じょうん》は、フランスに横須賀（神奈川県）の製鉄所を作ってもらう代わりに、蝦夷地の開発権を譲ってもよいという交渉をしている。蝦夷地を手放しても幕府の存在を優先する政策は、もう幕藩体制の限界を意味していた。

江戸から明治に変わる時の蝦夷地の三つの不安材料をまとめる。

① 今までの蝦夷地全域の管轄者が不明瞭で、その管轄者が明確に不在となると、人心の不安から無政府状態に陥る。

② 戊辰戦争が東北まで拡大され、蝦夷地に影響しつつある。

③ 動乱に乗じて、ロシアが北蝦夷地（樺太）や蝦夷地へ侵略する。

新政府の求められた最初の仕事は、一つは徳川将軍家に変わり明治天皇の威光を国内に広めること、もう一つは日本の領土の範囲をしっかりと海外諸国に示す二点だった。このことにより、今まで統治が不確かな北の蝦夷地と南の琉球を、至急に内国化する必要性がでてきた。明治二年（一八六九）八月十五日、蝦夷地を古代日本の区画である大宝律令の国郡里制の「五畿七道」に含め、松浦武四郎の候補から「北海道」と命名した。しかし、海外に、北海道の存在を示し開拓をすることは、樺太や千島列島とのロシアの領土問題もあり一筋縄ではいかない。

新政府の官僚機構は、現在見たく整然と確立化された組織ではなく、流動的で未熟だった。そのような政府により明治時代の北海道開拓は始まる。北海道開拓は、開拓使の設置から始まったのではない。その前に、実質八ケ月間だったが「箱館府」が担っていた。このことは、開拓使を知るうえで重要なことと思われる。箱館府は、戊辰戦争で旧幕府海軍副総裁榎本武揚が率いる旧幕府軍の箱館占領により、停止せざるを得なくなる。しかし、箱館戦争が終わり、旧幕府軍が消滅しても、再開されず担当者も一新されてしまうのだ。

二　北方の危機を知る

慶応四年／明治元年（一八六八）一月、鳥羽・伏見の戦いの後、新政府は東征軍を組織する。二月に、逃亡した慶喜が居る江戸に向かい進軍を開始した。

この時、樺太の岡本監輔は、戊辰戦争中の混乱に乗じてロシアが樺太の領有を狙うと、公家の侍従清水谷公考《きんなる》に報告し、建議書を提出していた。

すなわち、「**魯戎（ロシア）元来蚕食之念盛ニ候ヘバ、此虚ニ乗シ島中ニ横行シ、兼テ垂涎イタシ候此地久春古丹等ニ割拠シ、如何様之挙動可有之モ難計**」と、北方は、旧幕府軍よりロシアの方が脅威と述べた。この意見上申により、新政府は東征軍派遣のため忙しく対応していたが、初めて北方防衛の危機を知る。

建議書は、『復古記巻四四』より、次の事項を述べた。

① 混乱に乗じて、ロシアは樺太の久春古丹を占拠、その後のロシアの行動は予想がつかない。

② 蝦夷地は、漁業として適地であり、軍費の助けになる。
③ 新政府は、鎮撫使《ちんぶし》となる人物を選び、至急に蝦夷地へ派遣すべきである。
④ 現段階で、軍艦と二〇〇人ほどの人員は用意出来る。資金援助として、紀州（和歌山県）、江州（滋賀県）の商人がいる。
⑤ 季節も考慮して、至急に勅許して欲しい。

と、切迫感が伺える。

薩摩藩の大久保利通と井上石見、安政の大獄で処刑された橋本左内の同志の福井藩由利公正、長州藩広沢真臣《さねおみ》らは、清水谷を通じ樺太に詳しい紀州藩士山東一郎にも会い、北方の実状を聞いた。新政府は、戊辰戦争中でそれどころではなかったが、東北まで戦争が拡大すると、窮地に立たされた旧幕府軍と壊滅戦となりロシアどころでなくなる。それを危惧して、岩倉は可能な限り対応を試みようとした。

それはそうと、岡本と山東の二人は、蝦夷地開拓の志があった坂本龍馬が滞在する京都近江屋も訪問しており、ロシアの状況を訴えている。龍馬も北方に強い関心があり、山東は海援隊員で同郷の陸奥宗光《むねみつ》と盟友関係だった。この直後、龍馬は暗殺されてしまう。

明治元年三月九日、京都二城城内の太政官代に、明治天皇が赴《おもむ》き、新しく決まった三職（総裁・議定・参与）に「蝦夷地開拓ノ可否」を聞き、これに対し「開拓可然之旨ヲ言上」と三職一同の同意を得る。

翌日、天皇は、再度三職に「蝦夷地開拓」と「鎮撫使派遣の遅速」に関する建白書を、二日後までに提出するよう促す。しかし、提出書は全て非現実的な内容だった。そのため、三月十九日、清水谷は建議書を再度提出する。

坂本龍馬（一八三六～六七年）
北海道開拓へ興味を示していた。
（国立国会図書館所蔵）

① 大阪や敦賀《つるが》（福井県）などに会所を設け、諸藩に布告し、有志ある者は自由に移住。
② 鎮撫使を派遣する場合、松前藩に先導を頼める。会津・庄内藩以外、箱舘奉行所の役人も含め警備に携わっている諸藩、一般の住民も、同意するだろう。
③ ロシアには、通常の親交を結び、問題が起これば、お伺いをして返答する。
④ 箱館の引き継ぎが終われば、徳川時代の因循《いんじゅん》姑息《こそく》な風習を一掃して、蝦夷地の要である石狩に本拠を定め、奥地開拓を進める。
⑤ 北蝦夷地（樺太）は、ロシア人と雑居の状態で問題はないが、樺太の東北部はロシアの影響が薄く開拓する余地がまだある。
⑥ 開拓のため、悪評高い「場所請負人」を廃止すべきだが、抵抗もあり静観がよかろう。

との内容だ。新政府で、初めて清水谷が石狩に本府を置くことを訴える。だが、戊辰戦争中で、十分議論が出来ないのが現実だった。

清水谷公孝（一八四五〜八二年）
貴公子で、若く男前だった。
（北海道大学附属図書館所蔵）

三　岩倉の提議

同年三月二五日、副総裁の岩倉具視から「蝦夷地開拓ノ事宜三条」の策問が、三職らに提議される。

第一条　箱館裁判所被取建候事

第二条　同所総督、副総督、参謀人撰之事

第三条　蝦夷名目被改、南北二道被立置テハ如何

すなわち、①　箱館裁判所を設置すること　②　同所に総督、副総督、参謀を選任すること　③　蝦夷地の名称を改め南北二道を立てること、を伺う。

箱館裁判所設置に関し、鍋島直正は、「**開拓ハ第二儀トシ、先ツ裁判所取建、総督、参謀御撰挙被為在、基礎ヲ被立置、且任撰其人ヲ得候ハヽ、開拓ノ仕方可相立ト存候**」と、「開拓には、まず支配機構と組織の設置を優先させる」との内容を述べた。この時、新政府は開拓のセンターをまだ箱館と考えていた。人事に

関しては、火付け役の清水谷公考、蝦夷地で活動をしていた松浦武四郎らの個人名や、関心の深い藩に任せる案も出たが、ここで木戸考允は、藩を超えた人材の起用を主張する。蝦夷地の命名に関しては、岩倉が唱える南北二道は通らなかった。ともかく、蝦夷地開拓へ大きな一歩を踏み出す。

四　箱館府設置

明治元年四月十二日の江戸城が開城された翌日、五稜郭内の旧幕府の箱館奉行所が、新政府の「箱館裁判所」に変更された。総督に清水谷を、権判事に松浦武四郎と、薩摩藩の神職出身で岩倉との伝達係りの井上石見《いわみ》、坂本龍馬の甥で元海援隊の土佐藩士小野淳輔、長州藩士堀真五郎、内国事務局権判事に岡本監輔と山東一郎ら、有能な五人を任命し、蝦夷地開拓が本格的に始動する。清水谷はまだ二四歳だ。旧幕府の箱館奉行所は、道南の松前藩領以外の蝦夷地と樺太を担当しており、箱館裁判所の管轄地もそのまま引き継ぐ。当時の裁判所とは、開港地や重要都市の地方行政機関の呼称で、幕府の奉行所に近い。

同年四月十四日、清水谷総督の一行の一〇〇余人は京都を出発、二〇日に長州藩軍艦華陽艦に乗り、若狭湾の敦賀を出港、清水谷が日本海を北上中に「府・藩・県三治制」が制定された。二五日に箱館に着く。

翌日、箱館奉行所の旧幕臣の杉浦誠から事務を引き継ぎ、五月十五日、名称の箱館裁判所が「箱館府」に変わる。清水谷が知事に、松浦武四郎らが判府事、岡本と山東は権判事となる。箱館府は、地方行政としての一般政務と、併せて、中央行政機関の外国事務総督の管轄である「開拓」も兼ねるという特殊な政務機関となる。

新政府は、箱館府の前の箱館裁判所の時に、七か条の基本方針を示した。

① 蝦夷地開拓の事は、箱館裁判所の総督に委任すること。
② 蝦夷地の名称を改め、地域を分けて国名を付けること。
③ 諸藩の開拓熟練者は新政府へ雇上げ、総督の管轄下とすること。
④ 蝦夷地の諸税は、開拓人件費に充てること。
⑤ 開拓出願の諸藩へ土地を割譲すること。
⑥ 樺太に最も近い宗谷方面に一府を立てること。
⑦ 樺太の開拓は、蝦夷地の開拓の目途がついてからとすること。

である。清水谷への委任状に「蝦夷全島政務一切御委任」と書かれ、北方の政務の全てを託された。開拓に関しては、最高責任者は総督で、各藩にも開拓を担って貰い、順次樺太へと拡張させるという内容だ。宗谷に拠点を作るのは、鍋島直正が以前から抱いていた発想であり、ロシアへの睨みが目的だ。

清水谷に引き継ぎをした杉浦誠も大変だった。でも、杉浦の誠実な対応で、五月一日をもって裁判所の開庁の運びとなる。長崎奉行所では、奉行の河津伊豆守祐邦がさっさと逃亡したのと比べ、杉浦らは引き継ぎの責任を感じ、最後まで残り、町民らに「安心して家業に励むように」と触書を出していた。以前から混乱期のどさくさに、ロシアが南下する危険性を幕府に報告しており、そのロシアの動向を最も恐れていた。

戊辰戦争中、蝦夷地の留萌《るもい》・石狩浜益《はまます》を警備していた庄内藩兵が地元(山形県)を守るため総引き揚げする。さらに戊辰戦争が拡大するとともに、警備を担っていた他の藩の動向も不穏を増していった。このことから、箱館町民らは、蝦夷地の防衛が手薄になるのではと動揺し始める。

五　清水谷知事

清水谷は赴任にあたり、蝦夷地経営の資金と警備の二つの問題を抱えていた。資金に関しては、北門社を通じ近江商人や大坂商人と箱館商人からの調達で、ある程度の目処はつく。しかし、軍備に関しては、厳しかった。「**内国非常ノ大事件、並ニ魯西亜交際中非常ノ大事件ニ至リテハ、伺ノ上所置有之候事**」と、蝦夷地と樺太での外国との有事の際の対応を、清水谷に全て委任した。

清水谷の赴任前、戊辰戦争の影響で米価を含め物価が高騰し、動揺した住民より蝦夷地は無政府状態となる。赴任の半月前の閏四月、石狩地方で、小樽内と銭函の博徒と浪人や出稼ぎ漁師ら六〇〇余人が蜂起した。暴徒化し諸税の軽減を求め小樽に向かう。その後、役所を襲い御用金や銃を奪う「小樽内騒動」となった。新政府の石狩役所の役人は、蜂起の報告を受け、二人を斬殺し四人を捕まえる。捕まった四人は箱館で市中引き回しの上斬首された。

この様な不穏な動きもあり、岩倉は、清水谷に兵を同行させる旨を申したが、岡本と山東は、逆にロシアを刺激する恐れがあると忠告する。

箱館府は、五稜郭という防衛機能を備えた西洋式城郭内にあるが、箱館の町と港は軍事的空白地域となっていた。結局、清水谷は、旧幕府が開拓目的で移住させた在住から成る「在住隊」や百姓の子弟から成る「親兵隊」の二小隊で、箱館の町を防衛させる。旧幕府の高札は全て撤去し、早速、住民に布告を出す。職員に権威を背景に傲慢な態度や、外国人とは不必要な談話や争いを禁じた。もし外国と異変が起きた場合慎重に振舞うよう通達もした。

さらに、六月下旬に一切の事務処理を権判事岡本監輔に委任し、岡本と共に十数名の官吏と箱館で募集した二〇〇余名の農工民を樺太に渡らせ、久春古丹《くしゅんこたん》に「公儀所」を設置させた。そして、岡本に全権限を与え樺太を統治させた。

しかし、どう考えても箱館府の方針では、蝦夷地どころか箱館防衛すら難しく、外国、特にロシアには慎重の対応のみで、多くの住民からは懐疑的に見られる。案の定、清水谷の事業は頓挫してしまった。『箱館裁判所掛日記』から、「清水谷は日常的な行政業務に直接携わっておらず、趣味の馬術に関心を傾け」と書かれ、勤務時間も午前十時から午後四時のみと批判的にみられている。箱館府の下部組織の多くは、奉行所の旧幕府関係者が占めたが希望者がごく僅かだった。なかでも東北諸藩からの派遣藩士は、戊辰戦争で本藩の防衛のために戻りたがる。さらに、箱館近くまで戦闘が進むに従い、本藩が降伏したら、残党が今度は敵側として渡道するのではという住民の噂も流れる。東北の戊辰戦争の時期は、まさに農繁期で、農業生産も落ち込んでいた。米の供給は東北に依存しており、その少なくなった供給も徐々に不安定になった。遂には、箱館府の役人までも恐怖と不安にかられていく。ともかく、箱館の住民と箱館府の下部組織から清水谷は批判の対象となる。

六　反　乱

実際に七月五日、旧幕府側の住民が五稜郭を襲撃し、箱館府の建物を破壊するクーデター未遂事件が起きる。不安定な政権に地元民の不安はますます増大していった。首謀者は自決したが、他は潜伏した。八月に、松前藩の正議隊のクーデターも起きる。さらに住民から一段と大きな暴動が起きてもおかしくない不穏な状況となった。

さらに悪いことに、参謀格の井上石見が、九月中旬の択捉島の視察のため、乗船中に暴風に合い行方不明となってしまう。さすがに、この頃、岩倉具視が、勝利が続く戊辰戦争の東北諸藩の戦況報告と激励の書簡を、清水谷に送っている。しかし、難事はまだ序曲だった。

七　清水谷逃亡

十月二〇日、榎本武揚が率いる旧幕府軍約三〇〇〇人の兵士が、蝦夷地の噴火湾鷲ノ木（渡島管内森町）に上陸する。これは、榎本なりの慎重な行動だった。警備の薄い箱館港を攻める予定だったが、外国船が想定以上に泊まっている。交戦となり、間違いでこれらの船を沈没させれば、国際紛争まで拡大すると考え、鷲ノ木に上陸した。そして、箱館を目指し陸路で南へ進軍する。この時、箱館府は、参謀格の井上が遭難事故で居なく、交渉も出来なくなっていた。元々の箱館府兵は一〇〇人程だ。この常備兵に、弘前藩と松前藩からの応援と新政府から派兵を命じられた備後福山藩と越前大野藩からの七〇〇人が増強されたが、手薄のままだ。榎本軍は大沼街道（国道五号線）に沿って進軍、七重町で宿営するが、それを見ていた箱館府兵事取扱役の堀真吾郎が北側の山から夜襲を仕掛ける。箱館戦争が始まった。榎本側の方が、銃が新式のこともあるが、なんせ歴戦の強者である。直ぐに撃退された。

翌日、清水谷は五稜郭から箱館へ移動、カガミノカミ号に乗船し青森に脱出した。逃げ遅れた兵はプロシア船で、それでも乗り切れない四五人は、和船を自力で調達して逃げた。この行動は、住民に敵前逃亡しか見えない。

官軍の総指揮官大村益次郎から、清水谷へ書簡が送られる。

① 明治天皇が、無事に東京に到着、東北も平定されるだろう。
② 榎本ら旧幕府軍の箱館への襲来は驚愕、直ぐに陸海から攻める。
③ 箱館府を固守、新政府一同の願いである

この様な内容だが、もう遅すぎた。

十月二六日、榎本軍は五稜郭に無血入城して箱館は制圧された。それに伴い、旧幕府機関の箱館奉行所が復活し、奉行に老練な永井尚志《なおゆき》が当たる。これから約七ケ月間の箱館戦争の詳細は、割愛する。

翌年五月一八日、榎本ら幹部は降伏し新政府の亀田屯所に出頭する。五稜郭内の約一〇〇〇人が投降して、五稜郭は兵部省の管轄となった。室蘭の守備に当たっていた二五〇名も続いて投降した。これで箱館戦争及び戊辰戦争は終了する。この箱館戦争で、新政府側は八〇一四人が参加（死亡者二八六人）、榎本側は三二〇〇人（死亡者三六九人）だ。それでも死亡者は少ない方といえる。

翌日、清水谷は、青森から箱館に戻り、再び箱館府知事となった。箱館戦争中、新政府と旧幕府の兵隊や軍艦同士が撃ち合いしているのを、外国人は、町から自国の軍艦から、じっと観察している。もし、壊滅戦となり両者が全滅して、外国船に被害が及べば、箱館港の外国艦隊が突如豹変して、自国民の安全を名目に、箱館占領に向かうだろう。特に、フランスは、榎本に義勇兵を幹部として参加させ、末端の兵士に軍事指導もしている。ロシアは、陰で資金援助を申し出ていた。また、箱館戦争に合わせ、ロシアはさらに樺太に兵を送る行動も密かにとっている。両国とも、漁夫の利を狙っていた。

住民は、清水谷の逃亡する姿と、加えて、榎本ら賊軍に簡単に箱館が占領されてしまうのを目の当たりにする。もし外国勢力だったらどうなっていたかと強い不信感を持ち、絶大な政治力で北辺の秩序を安定させ

て欲しいと熱望する。しかし、百戦錬磨の食わせ者ぞろいの榎本軍に、人数も経験も少ない箱館府の軍隊になにができたかと問われると、全て清水谷の責任でなかったはずだ。赴任時、若く男前の清水谷は、住民女性の関心を集めたらしいが、それだけでは統治は無理である。しかし、新政府に、蝦夷地開拓の火を点じた功績は大きい。他に、蝦夷地に住む住民やアイヌに王政復古の意義を説き、アイヌとの友好維持に努めようとした。さらに種豆を積極的に展開し、天然痘を抑えこもうと試みもした。だが、不完全燃焼で終えてしまった無念さは、北国諒星著『青年公家・清水谷公考の志と挫折』に詳細に述べられている。

新政府内部でも、開拓事業は、地方行政機関レベルの箱館府ではとても無理で、国家事業として、より強力な開拓推進機関の要請が芽生えてくる。この流れが、開拓使設置へと向かうのだ。

五稜郭内の箱館奉行所の模型。
箱館府の庁舎に使用された。
（五稜郭タワー内で著者撮影）

第十一章　開拓使設置

箱館府廃止から開拓使設置までの経緯と、どの様な目的で開拓使が設置されたのか。さらに、設置時の北海道の状況はどうだったのか？

一　五月御下問書

箱館戦争の後半、明治二年二月二八日、岩倉具視は、三件（外交・会計・蝦夷地開拓）に関し建議書を提出した。

蝦夷地開拓については、

①　幕府が姑息で実行しなかったため、ロシア人が蚕食を好き勝手にしている。

②　新政府は昨年来、開拓の端緒を開きながら、「**末タカヲ此土地ニ尽シ、志ヲ此事業ニ伸フルコト能ハス**」と、指摘する。

岩倉は、ロシアが蝦夷地を引き続き狙っているが、新政府に変わっても開拓事業が進んでいないことを憂いた。人物をきちんと選んで開拓すれば、数十年内に蝦夷地は富裕となり、県か府を創設できると訴える。言いかえれば、今までの箱館府を否定した。全権を付与した優秀な専任者の選任とスタッフの構成を求め、強力な機構の設置を目論む。

箱館戦争が終わった三日後の五月二一日、新政府は上局会議を開き、明治天皇の勅問（質問）のため、午前八時、旧江戸城大広間に、五等官以上の行政官・六官・府県の官員を、午後には、非役公卿・諸藩主を、天皇は召された。上局議長大原重徳が、御下問書を朗読し、天皇退出後各人に配られた。内容は、皇道興隆・知藩事新置・蝦夷地開拓の三件である。

次の日の二二日、下局会議を開き、皇道興隆・蝦夷地開拓の二件を同じく勅問、午前に東京在留諸藩主、午後に上士・諸侯代理の重臣を召して、解答をそれぞれ二四日までに求めた。

例えば、どういう意見が出たのだろう。肥後熊本藩からの抜粋である。「日本の北門は、沿海州や満州と接している。中世以来、奥羽北部から蝦夷地へ向け進出、近世には箱館・松前付近を確保し、さらに蝦夷地の海岸に沿い、樺太や南千島列南部を勢力圏としていた。

十八世紀末から、樺太やカムチャツカからロシア人が南下してきて、対立や後退が余儀なくされていた。しかし、幕府と松前藩のアイヌへの扱いが大変に苛酷を極め、外国人がとても愛撫したので、日本人を恨んで離反していき、外国人に過信することとなる。もし、アイヌの苦しみを救済する事を掲げて扇動する者が現れたら、蝦夷地の安定は保証出来ない。だから、直ぐにでも開拓をすべきである。もし、アイヌとロシア人が組んだら、いっぺんに失うだろう」と、ロシア人がアイヌを扇動したら、一気に松前までの全蝦夷地を一瞬に失うだろうと強い懸念を抱く。そして、今までのアイヌ対策の過ちを認め、教導の必要性を説いた。

佐賀藩の鍋島直正もそうだったが、多くの藩が江戸時代までのアイヌへの扱いを改める必要性を感じていた。そして、まず蝦夷地に軍事拠点を置き、その境界領域を広める開拓方法を述べる。さらに国内の無籍者や犯罪者も含め移住させれば、数年後には土地も人も増え、年貢を取れる様になるだろうと予想を立てた。

土佐藩脱藩浪士だった坂本龍馬も、蝦夷地開拓は宿願だった。龍馬が暗殺された後、実際に親族が意思を継いで、浦臼《うらうす》（空知管内）に入植している。このことから、北方問題に、多数の藩や人間が、同じ様な危惧を抱いたことが推測される。

二　開拓使発足

明治元年四月、国民や海外に対して、新政府が発足したことを告げる「五箇条の御誓文」が布告された。この時の政治体制を定めた「政体書」は、アメリカ合衆国憲法に影響を受け、三権分立、官職の互選、藩代表議会の設置を定める。これは、将来的に議会制も含む立憲政治を目標にする進歩的なものだ。

明治二年六月の版籍奉還後、少なくても形式上は中央集権国家となる。

今まで、開拓の関わりは、中央政府は外国官の所轄、蝦夷地は地方機関の箱館府が担っていた。まず、外国官から開拓事業を分離独立させ、同年六月四日、蝦夷開拓督務（御用掛）が設置され、北海道開拓の全権が委任された。その責任者として鍋島直正が総督の任命を受ける。開拓使は、その一ケ月後の七月八日に実地される「職員令」で誕生した中央政府機関である。「使」とは、律令制で本来の官職でない令外の官を意味し、広域的な地域を管轄するため設置され、軍政と関連する仕事に携わってきた。東京日本橋小網町の旧幕臣の中屋敷跡を利用した民部省内から芝にある増上寺に、まず開拓使東京出張所が設けられる。同年七月二四日、箱館府は廃止、蝦夷地は、箱館府の地方政府機関の管轄から中央政府機関の管轄へ格上げする。そして、函館出張所が設置される。開拓使が箱館に置かれたと同時に、人心一新のため、箱館の地名を「函館」に変えた。五稜郭の建物は兵部省の所有となり、函館出張所は、主に元町の旧箱館奉行所が使用された。

「職員令」は、「政体書」に比べ、古代官制の名称を取り入れ、天皇の神格化を強化し、時代に逆行している印象を受ける。六省二官が太政官の下にあり、太政官に左右大臣を各一名置き天皇を補佐した。その後、廃藩置県後の明治四年の官制改革で、一挙に統一された近代的な官庁機構の成立となっていく。

三　鍋島直正長官

直正は開拓督務に就任時、議定と督務を兼ねたが、議定を突然に辞任した。辞任理由として、開拓業務に専念したいとか、健康上の問題が予想される。だが、この辞任でも、木戸孝允らは、直正に別に議定を離れたい理由があり、開拓督務に就いたのではと疑念を持ったらしい。すなわち、対ロシア政策で、最強硬論者である直正が、樺太での紛争激化に伴い、自ら解決したいと主張している最中、本務の最重要職の議定を辞任する。この行為に、木戸は伊藤博文に、「**閑叟公議定を御外しにては、決して不可然候事と存じ、きっと上言いたし置候処、閑叟公は又是を名として議定之職を御逃れ被成候之策有之…**」（木戸孝允文書）と、書簡を送った。健康上の理由なら、開拓督務の方が、現地まで赴き激務ではないかと強い疑いを抱いている。なぜ、直正は議定を辞めたのか、もしかしたら、佐賀連中は、陰謀を企てているのではと、この時期においても、直正を疑惑の目で見ていた。

開拓使の開設後、同年七月十一日、直正が大久保利通を訪問し、長官になる件で相談している。二日後、長官に任命、「**開拓総務被仰付置候処、今度御改正ニ付、開拓使長官ト被仰付、更ニ宣旨候事**」と指令されるが、「**諸省卿同等タルヘキ旨被仰出候事**」と、もともと元藩主の直正は従二位で位が高いが、長官は大臣格の諸省の卿である従三位の権限と同じとした。すなわち、直正は一つ権限を下げ、自分を他大臣と同等にした。地位よりも、開拓長官としての任務に価値を置いたといえる。

七月十六日、開拓使の方針を示す「大綱《たいこう》」が決定する。七月二二日、義勇が首席判官に就任、翌日に、鍋島直正長官と正四位の清水谷公孝次官が、交代で石狩地方に在住することが布告され、義勇は「本府」建設のため、石狩方面への出張が決定した。このことは、開拓拠点センターを、箱館府が設置された函館でなく、北方の未開地に近い石狩領域に変更したのを意味する。

七月二四日、清水谷が正式に次官に、大主典に松浦武四郎と相良倖斎、御用掛に直正の側近の佐賀藩士岩村右近らが任命される。

主に、直正主導で進めた佐賀藩士主流の人事と、業務として本府設置を目的に島首席判官が石狩へ向かうことが固められた。他に根室や宗谷、樺太にも判官クラスが派遣されるが、それは付属的な事項だ。

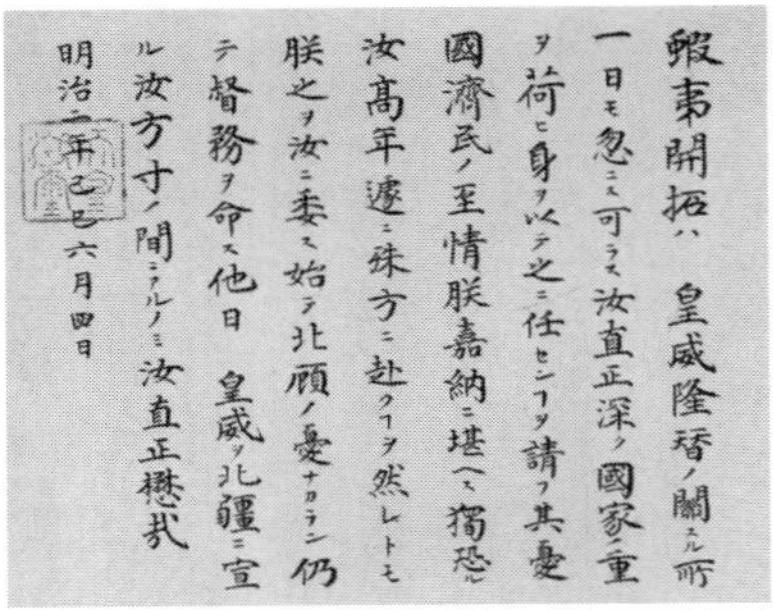
蝦夷開拓ハ　皇威隆替ノ關スル所
一日モ忽ニス可ラス汝直正深ク國家ノ重
ヲ荷ヒ身ヲ以テ之ニ任センコトヲ請フ其憂
國濟民ノ至情朕嘉納ニ堪ヘス獨恐
汝高年遠ニ殊方ニ赴クコトヲ然レトモ
朕之ヲ汝ニ委ス始テ北顧ノ憂ナカラン仍
テ督務ヲ命ス他日　皇威ヲ北疆ニ宣
ル汝方寸ノ間ニアルノミ汝直正懋哉
明治二年己巳六月四日

開拓使設置にあたり、明治天皇が直正に与えた詔勅。日付の「四」は、天皇の直筆である。
（北海道立文書館展示室の実物を著者が撮影）

当時の石狩地方は、石狩川河口の集落イシカリに存在する江戸時代からの建物である石狩役所、在住制により開発された数人程度のハッサムとシノロの村、さらに幕府の実験農場として御手作場がある元村、他に少数のアイヌが居住している以外、ほぼ未踏の原野だ。とても、従二位などの国家の最高権威者が住まわれる場所ではない。ともかく、本格的にロシアの脅威に対抗するため、一刻も早く本府建設の決定をしたといえる。

四　義勇、開拓使へ

明治二年は、西洋の近代制度を導入する人間への激しいテロが横行する。明治二年一月、横井小楠《しょうなん》参与が京都で暗殺された。暗殺者を裁く弾正台《だんじょうだい》の内部にも攘夷派支持者がおり、裁判も混乱を起こす。同年九月、士族を否定し、欧州を見習った徴兵制を構想する大村益次郎が京都で襲撃され、後日亡くなった。さすがの木戸や大久保らも、意見を控えたり公文書から名前を削除させたりした。

「五月御下問書」後、中央政府に蝦夷開拓督務（御用掛）が発足、同年五月二二日に会計官判事であった義勇が兼務を命じられ、同時に従四位と昇進して佐賀藩内でも実力者になっていく。義勇を中心に大久保や松浦武四郎ら大物クラスも任命を受けた。

蝦夷開拓御用掛と開拓使の関係であるが、本来の開拓使の業務範囲は、外国に占領されやすい伊豆諸島や、本州など全国の荒地の開拓も含まれていた。まず手を焼いていた乞食や失業武士、放浪農民らのはけ口として全国の荒地の開発を試みる。だが、江戸時代にもう開発されている土地以外で開墾可能な土地は限られている。蝦夷開拓督務総督の直正が開拓長官、義勇が判官にと、蝦夷開拓御用掛の人員が入ることで、事業範囲は徐々に北海道に限定されていった。その結果、やはり北海道しかないだろうとの流れである。判官は、長官、次官の次の役職だ。

開拓使は、機構上、最初は民部省内に設置された。だから、長州藩の重要人物で民部大輔の広沢真臣も開拓使を兼任した。だが、予想以上にロシア問題が切迫して来ると、今度は太政官の配下となり、各省と同じ権限を持つ役所へと格上げとなる。樺太領有問題を含む開拓使は、緊迫した国際情勢により、重要度を増していった。

＊明治二年六月に勅許された版籍奉還以降、旧武士階級を士族と呼ぶ。

五　開拓内容

開拓使発足時の大綱の要約である。

① 開拓使が蝦夷地一円を支配すること。
② 諸藩・士族・庶民への開拓の奨励。
③ 石狩に本拠地を建設して、長官と次官が交替で赴任すること。
④ その前に、判官島義勇の石狩への赴任。

が決定された。

だが、開拓使設置直後の七月二二日、「**蝦夷地開拓之儀、先般御下問モ有之候通ニ付、今後諸藩士族庶民ニ至ル迄、志願次第申出候者ハ相応ノ地割渡シ、開拓可被仰付候事**」との、太政官布告が出され、分領支配の開拓方法が選択される。

すなわち直ぐに、開拓方法は、分領支配か、開拓使が直轄し国家事業とするのか、二つの意見に分かれた。江戸時代、幕府が東北諸藩を中心に警備と支配を命じたが、開拓は進行せず、ロシアの南下も防げなかった。そのような過去から、国家事業とすべき意見が大半だった。木戸孝允は、「**大藩ノ被命候ハ如何哉、藩ノ力ニテ開拓ハ難カルベシ**」と、分領支配に疑問をなげかけている。ロシアと直接交渉にあたっていた樺太の丸山作楽や岡本監輔は、開拓を国家一大危惧として考えていた。特に、丸山は「**松前藩を転封し、請負の方を廃止し、其地をして天下の諸藩ニ御割渡しニ相成**」と、松前藩領も含め開拓使による一括の開拓推進を述べ、国をあげての大プロジェクトとすべきと強く主張する。しかし、新政府の権力はまだ確立していなく、さらに財政基盤も弱く、とても開拓使の北海道全域の統治は無理だった。

この分領方法は、中央集権化政策の逆行であり、見方では幕藩体制の再来を意味する。ただ、「**蓋し朝議北海道の開拓を急務と為し、全国の力を挙げて之れに当たらしめんとするなり**」と、『明治天皇記』にあるように、いつかは国家的事業にするとの表明は続けた。明治二年八月、新政府は、複数の藩をまたがって東北を管轄する「按察使」を設置する。この流れから、もしかしたら、初期の開拓使の役割は、開拓する諸藩の調整役と考えていたかもしれない。

分領支配で期待されたのは財政力のある雄藩などだ。雄藩の支配地は北見や天塩など、防衛の第一線に立つのを求められた。諸藩・士族・庶民から有志に土地を割譲して、開拓を命じる布告をする。開拓使の支配地は、八六郡中十六郡のみの、重要地域の函館のある渡島、石狩・後志・上川・根室である。民間の分領候補地は、兵部省の直轄地と松前藩領以外の苛酷な土地で、政府援助はない。

実際に分領地経営の条件は厳しかった。三分の一の藩は、分領手続きもせず返上を願い出たが、佐賀藩や仙台藩とその支藩の白石藩、会津から移った斗南藩、士族では徳島藩家老の稲田邦植《くにたね》らは熱心だった。ともかく、移住を促したい新政府は、百姓や町民なども含め移動や課税は自由としたが、多くは撤退を申し出て、成果は乏しかった。

他に、矢継ぎ早に問題が噴出する。まず箱館戦争後の旧幕府軍の失職者の対応だ。数百人の失業武士が、函館の町をうろつき不穏な空気に包まれた。明治二年十一月、「**士分を脱し、民籍編入の上は開墾地を渡すべき事**」と、農民になり開拓するなら土地を提供しますと、開拓使管内に布告するが、荒れた未開地の用意しかなく希望者はいない。

次に、幕末から在住制度で農業を営んでいた住民、大友堀を造り御手作場農場を開いた大友亀太郎などの旧幕臣ら有能な人材が、北海道を離れ二年以内にほぼ故郷に帰ってしまう。明治三〇年刊行『札幌沿革史』で、「**石狩詰の官吏は大抵去りて江戸に帰り、在住の士もまた、此地を棄てて帰国し…**」と記述されている。

さらに、分領するにあたり国防上重要な千島列島を諸藩に任せ、根室の一部も東京府に割り渡してしまう。特に、東京府は、東京の商人らが北方漁業に目をつけ出願し、その代わり、東京から移住民の募集を約束した。だが、ほとんどが浮浪者や犯罪人で、管轄責任者の松本十郎談話で、「**是れ、東京府知事、由利公正が、橋本町辺（今の千代田区東神田町）の乞食輩を集めて送りたつもの**」と信じがたい内容だった。松本十郎は、この東京府知事の不誠実な行為に対し抗議し直ぐに辞表を提出する。なぜなら、この様な方法を認めれば、いつかは開拓が崩壊するのは目に見えたからだ。

だが、見方を変えれば、分領方式は大きな問題を抱えているが、財源不足の新政府には、確実に北海道を確保したとも考えられる。ただ、

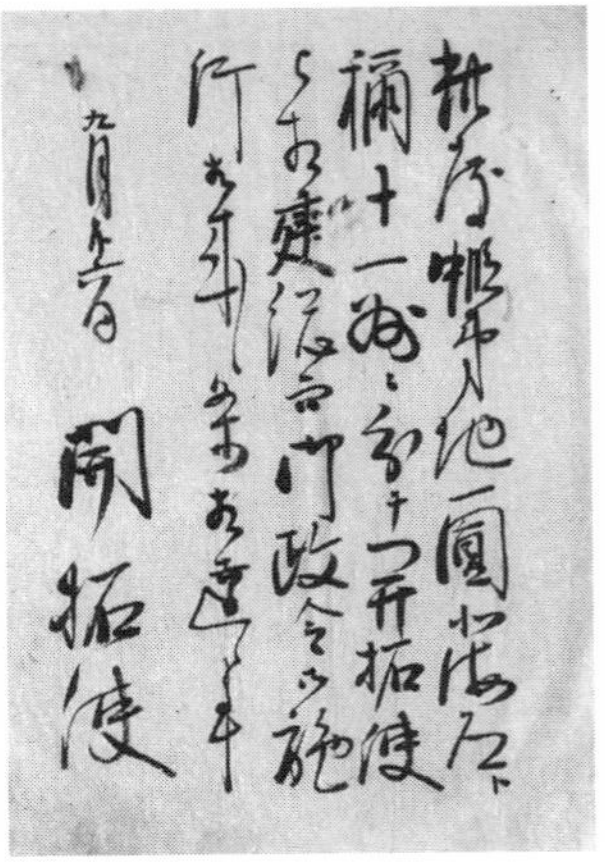

北海道命名と開拓使設置の布達。
箱館府の庁内で回覧された。
（北海道文書館展示室（複写）を著者撮影）

この開拓方法に関して、明治四年の新政府が行った廃藩置県で藩がなくなり一辺に解決する。農民の本格的な移住は、旧来の土地を離れることが可能になる明治六年の地租改正以降まで待たねばいけない。

松浦武四郎の選定から、同年八月十五日、太政官布告により、蝦夷地を北海道、北蝦夷地を樺太へと改名した。北海道は、第八番目の「道」で、十一国とその下に八六の郡が置かれる。直正は、その翌日、長官を辞任する。少なくも、鍋島長官時代の仕事で明確なのは、この蝦夷地名称の改定くらいだろう。

第十二章　流動する開拓使人事

一　鍋島から東久世へ

直正が開拓長官を辞めたのはいつか、どのような理由と手順で辞めたかは謎のままだ。いつのまにか東久世に変わっていたという印象だ。太政官の構成員は省の卿を兼務できない規則があり、直正が当時の武家で最高位である、太政官の「大納言」任命を受けた段階で長官を辞めたことになる。だが、これも不鮮明だ。長官という責任重大な職務に就いたことで、直正の持病が悪化すると、大久保らが反撃に出た。大久保は、内政と国内の軍制整備を優先に掲げ、樺太放棄を決断する。もちろん、この樺太放棄で、海外に弱腰な幕府を命をかけ倒した攘夷派士族のテロを含む強い反発は予想された。その対応のため、政府関係者に盟約書を取らせ、機密漏洩を防ぐと同時に、意思統一も促す。

そして、大久保は、大蔵大輔と民部大輔を兼ねた大隈重信と伊藤博文大蔵少輔を筆頭に、船越兵部権大丞や寺島外務大輔に開拓御用掛を兼務させ、開拓使内部に、「樺太問題のプロジェクトチーム」を結成させた。主に伊藤や大隈が、今までの直正中心の人事から主導権を奪っていく。このプロジェクトチームは、八月十六日に発足されたが、史料の少なさから、いつ解散したかは不明だ。

八月上旬、イギリス駐日公使パークスの意見を聞いて、八月十一日、樺太の実態を把握したいと、大久保自身が樺太への派遣を岩倉に要望する。この建言は却下されたが、政府部内は対ロシア政策をめぐり大きく揺り動いていく。

そして、長官の直正と次官の清水谷公考の石狩への赴任がなくなり、それにともない、本府設置目的の義勇の石狩出張も中止となる。政府の、石狩出張の取消しは、開拓のセンターになる本府の設置場所を、わざわざ「奥地」の石狩でなく、箱館で充分と判断したといえる。

＊今でも高齢の函館市民は、札幌市を「奥地」と呼ぶ人もいる。

八月十六日、直正が大納言に任命された。確かに大納言は空席で官位上の昇進はありだが、開拓長官でもあるというあやふやな状態となる。

八月十三日付の岩倉から大久保宛への書状である。

「**閑叟大納言開拓如元断然被仰付凡て開拓局にて評決而して被伺出候様被命度**」と「開拓如元」と述べ、大納言に任命されるが、長官も留任ともいえる内容を伝えている。そこには、岩倉の、樺太問題は直正に任せたいという本音が垣間見える。同時に、同じ書状で「**静謐を旨とし、条理を以て応接順序を追ひ、開拓心得にて、此地えは兵隊を不渡**」との決定を伝え、樺太派兵を推進する強硬派と離別する意思も吐露した。本心を貫けない岩倉の複雑な気持ちが見え隠れする。

井黒弥太郎著『黒田清隆伝』で、「大納言に昇任させることによって対ロシア強硬論者の鍋島を、開拓長官としての、その任を離れさす内定があったらしい」と書かれている。これが、実際の直正の更送理由といえそうだ。

八月二一日付の岩倉具視の覚書に、「沢宣嘉《のぶよし》を外務卿から開拓長官にさせ、直ぐに箱館か札幌に向かわせる。

開拓次官に黒田清隆を任命し石狩か樺太に出張させる」と書かれている。ここで、鍋島長官辞任と島首席判官の石狩出張の中止で、一旦立ち消えとなった「石狩」派遣が再浮上する。攻めの沢と抑えの黒田の調整だ。岩倉の心境を基に調整した人事といえる。開拓使は、沢長官と黒田次官の組み合わせで決定する。この時点で、鍋島直正は、完全に北海道と縁が切れる。長官の在任期間はわずか二ケ月半で、一度も北海道の地を踏むことはなかった。

八月二一日付『岩倉具視覚書』で、次のように述べる。

一、　沢外務卿被免、開拓長官被仰付、速に函館或石狩迄出張之事。但北海道庶務専御委任之事。

二、　黒田了介開拓次官被仰付、専沢卿輔翼、石狩或唐太迄出張之事。

三、　外務卿被免代わりとして吉井前橋等之内御登庸之義実測一応寺島へ打合わせ之事。

だが、両氏の北海道出張は実現しなかった。この時の黒田自身は、「**樺太赴任ノ内旨アリ、之ヲ辞シ**」と述べている。この案は、多くの反対者から潰されたのだろう。八月二三日の『大久保日記』から、「**参朝、御前評議有之候、蝦夷開拓種々紛説有之、段々勘考之趣有之建論いたし候**」から、政府内で潰されたのがわかる。沢の強烈な強硬派思考と融和派だが気性が激しい黒田の人格が協力し合うことに、不安があったようだ。

その代替えに、八月二四日、大久保は岩倉に、東久世道禧の長官のみを検討してくる。東久世が長官なら次官に黒田は必要ないだろうとの考えだ。このことは、少なくても東久世が大久保寄りの考えを持っていたのが推測される。東久世の名前は、以前に神戸事件で共に交渉に当たった伊藤博文の推薦だ。明治二年五月、高官入札の選挙から、参与の任命を東久世は受けた。これは人望があった証拠だ。それでは、東久世とはどのような人物だったのか？

二　東久世の半生

神戸事件

天保四年（一八三三）十一月二二日生まれ、島義勇より十二歳も若い。下層公家の出身で、幼少時童形として後の孝明天皇の遊び友達となる。朝廷内で、孝明天皇の侍従として尊王攘夷思考を唱えた。

文久二年（一八六二）、まだ幕府に実権があったが、京都の朝廷は二九人の皇族・公家を国事御用掛に任命、今後の国の方針を論議させた。上層公家は穏便な公武合体論、下層公家は急進的な尊王攘夷と分かれ、東久世の国事参政となる。東久世の人生を大きく変えたのは、八月十八日の政変で、攘夷派の長州藩が失脚し、三条実美とともに七卿落ちとなってからだ。第一次長州征伐の敗北で、幕府側に引き渡されそうになるが、福岡太宰府に逃亡し、九州の雄藩に倒幕を呼びかけた。だが、佐賀藩の直正から返答をもらえなかった。長崎に滞在することより、諸外国の情報や最新式の軍艦や兵器と接し、国際通になる。維新を迎え、戊辰戦争で新政府から参謀を任命され、政界復帰を果たした。

『大久保日記』から、「**東久世卿、沢卿（中略）戦地、悉く巡見にて、**

東久世道禧《みちとみ》（一八三三〜一九一二年）
（国立国会図書館所蔵）

幕時分帰る。途中、戦地の次第、屍末其ままにて、最も所々焼失、目も当てられぬ有様也」と、実戦に参加はしていないが、形だけの参謀ではなく、状況を把握するため、血なまぐさい戦地を巡視していたのが記載されている。決してお飾りではなかった。

維新後、新政府は直ぐに外交問題に直面し、海外から承認を得るため右往左往する。朝廷の意向を汲み、さらに海外情勢に詳しい人物は東久世しかいなく、外交の最高責任者となった。参与、議定、外務大臣に当たる外交事務総督に就任し、慶応四年（一八六八）一月と二月に起きた「神戸事件」と「堺事件」を解決していく。そして、外国事務局輔、外国官副知事と、外交畑を中心に、着実に業績を上げていった。

「神戸事件」は、一般的に知られてないが、対応を誤ればフランスと発足間もない新政府とで戦争になる危険性があった、外交史に残る重大な事件だ。戊辰戦争中に、新政府から兵庫港の警備を任された備前（岡山）藩兵が、兵の隊列を横切った言葉の通じないフランス水兵らと銃撃戦となる。どんどんエスカレートしていき、藩兵は外国人旧留地予定の土地調査していた欧米公使らにも威嚇射撃をするまで発展した。藩兵の行為に、兵庫港の開港を祝い、たまたま集結していたアメリカ海兵隊、イギリス陸戦隊とフランス水兵らが怒り、上陸して生田川の川原まで藩兵を追い詰める。さらに港内の日本船を拿捕し、神戸一帯を軍事的に占拠してしまった。当時、新政府の正規軍は、関東方面に進軍し近畿地方は空白で、清国の香港みたく神戸が半永久に占領されそうになる。まさに、最悪の状況に陥った。

当時、多くの日本人が新政府の成立で攘夷が実行されるであろうと思われていた状況での外交の舵取りは、一つ縄ではいかない。勅使として東久世は、六か国公使と面談し「**朝議の上、断然和親条約取り結ばせ候**」と、国際法に基づき外国と融和する和親の布告を発布する。その中で「**於幕府取結候条約ノ中、弊害有之候**

件件、利害得失広議ノ上、改革可被為候在候」と、攘夷主義は取らず、幕府が結んだ条約を広議で改定する新政府の方針を明らかにした。

東久世は外国人の要望を受け入れ、備前藩主に圧力をかけ、隊の責任者である砲隊長の切腹のみの手打ちで収める。この事件を通して、欧米諸国は、日本の外交権はまだ残存している旧幕府勢力でなく、徹底した対応をした新政府であると再確認をした。

翌月、「堺事件」が起きる。似たような事件で、現在の大阪府堺市に上陸し遊び歩いていたフランス兵に、土佐藩士が銃撃を加え、十一人のフランス人が亡くなった。フランス側の怒りは凄まじく、発砲した二九人の処刑を求めた。新政府はイギリスの駐日パークス公使に調停を求めるが失敗する。東久世、薩摩藩の小松帯刀《たてわき》と五代友厚が交渉し、隊長以下二〇人の切腹とした。該当者はくじを引いて決めさせたという。切腹時、藩士が自らの腸を掴《つか》み出し、見せつけられたフランス軍艦長は思わ

神戸事件を伝える挿画
『イリュストラシオン』誌により、
「ハラキリ」が欧州に伝わった。
（横浜開港博物館所蔵）

ず十一人で中止の要請をする。東久世はそこで手打ちとさせた。

開港した都市で起きた外交問題は、その地方の責任者が、迅速かつ穏便に処理をしなければいけない。東久世は、その中でも一番重要な神奈川裁判所総督を任された。そして、条約改正を目的に、遣英仏普伊露蘭使節を命じられる。だがこの時、戊辰戦争が北陸・東北地方まで波及し、積極的な外交活動は厳しかった。イギリス通訳のアーネスト・サトウは、東久世を「日本人としては小柄であるが、炯炯《きょうきょう》とした目を持っている。いくらかドモリ気味であったが、日本側の主張を強く述べた」と印象を述べている。

東久世は、少なくても外国と戦闘状態になることだけは絶対に避けたいと考えていた。いずれにしても、公家が、どうどうと外国人相手と交渉し、多数の日本人を切腹に追いやるが、その見返りとして外国に自分らを承認させる。この方針が、日本の独立を確実にしたのだ。

三　説得される東久世

だが東久世は、多くの日本人から外国と癒合していると見なされ、攘夷派士族からも非難や攻撃対象となる。

大政奉還から五箇条の御誓文で、新政府は開国政策へと大きく原則を変えていく。このまま攘夷を唱える者と政府を支持する者とに分かれ、新政府に登用される以外の大多数の下級武士は、武士の特権を失い将来への展望も描けなくなっていた。民衆も含めた世間の攘夷思考優勢の時勢に圧され、沢が外務卿に、逆に東久世は非難を受け無職となる。東久世の日記から、新政府内部からも「外国の犬」と言われていたのが分かる。さらに、薩長の下級武士により強引に推進される政治にも反対を唱えており、内心は堪えられない気持ちで一杯だった。そのような東久世に、同じ公家の岩倉が、開拓使長官を執拗に懇請する。さらに七卿落ちで共にした公家の三条実美も、右大臣という政府の最高責任者として依頼してきた。

八月二五日、東久世は開拓使長官に任命され、翌日に拝命を受けた。日記で、「**開拓使長官迎せつけらる**」と淡々と書かれている。政治的大躍進だが、以前に似たような役職に就いた公家の清水谷への扱いや、これからの重責に対する不安も加わったのか、喜びを全く感じさせない。政府は、ともかく東久世の就任でロシアとの戦争回避へ大きく方向転換していく。

＊樺太担当組の人物紹介

岡本監輔《かんすけ》

阿波国（徳島県）の医師の息子として生まれる。若くして故郷を離れ、間宮林蔵の『北蝦夷図説』を読み、松浦武四郎に会い、樺太を日本の北門と考え興味を抱く。文久三年（一八六三）、箱館奉行所の平山謙二郎の口添えで樺太に渡る。元治元年（一八六四）、幕府の許可を貰い、シツカ（敷香）川付近に居を構え、全島の現地調査を始める。樺太でロシアと国境を定めるには反対で、樺太全島の維持のためには、開拓の本拠地を石狩に移し、日本の国力が対等になるまで姑息的な対応を薦めた。箱館在住の山東一郎と組み、江戸でも活動をする。

旧北海タイムスに連載された河野常吉編『監輔伝』からの抜粋である。

戊辰戦争中、清水谷公考が、朝廷側の軍資金集めに比叡山延暦寺に献金をお願いする時に同行した。この時、「いま国内は紛乱しているが、いってみれば兄弟喧嘩みたいものだ。いまさら資金を集めたところでなんになろう。それよりも幕府瓦解後、蝦夷地は無防備の地になっている。この隙を狙ってロシアが来れば、我が国の独立も危うくなろう」と公考に説いた。監輔は二九歳、公考は二二歳と、公考に漢学を教授する子弟関係だった。

新政府は、明治元年六月、旧幕吏から箱館府（裁判所）権判事として、樺太全島を委任させる。その後、開拓判官に任命され、樺太開拓の政策に携わる。箱館戦争の詳細は、氷海が溶け渡航してきた漁船から聞いた。明治二年六月に起った「樺太函泊事件」から一段とロシアへの緊迫感が増し、現地報告のため、六月末に久春古丹から東京に向かう。この報告から政府内で開拓方針をめぐる意見の対立が始まった。明治三年、黒田清隆との政争に破れ下野し、東大予備門御用掛、台湾総督府国語学校教授や郷里の徳島中学校校長などを務めた。

「千島義会」を結成し、択捉島の開拓を試みるが、船が沈没し断念した。

岡本監輔（一八三九～一九〇四年）
（北海道大学附属図書館所蔵）

山東一郎（一八四〇～一九〇四年）

紀州和歌山の材木商の息子として生まれる。高野山で僧となるが、後にキリスト教を信望した。露《ろ》学を学ぶため江戸から箱館に向かい、宣教師ニコライにつきロシア語を学んだ。岡本と共鳴し「北門社」を設立。江戸でロシアの樺太侵略の現状を訴えながら、岡本と同じく幕府がロシアと交渉し、樺太で国境を設けることに反対する。参議院議員の山東昭子の曽祖父だ。

沢宣嘉《のぶよし》

姉小路公遂《きんすい》の五男として生まれる。「八月十八日の政変」で、長州藩に落ち延びる七卿落ちと言われた尊皇攘夷派の公家の一人だ。その後、但馬国《たじまこく》（兵庫県）生野で挙兵する（生野の変）など、攘夷派でも最右翼として対ロシア強硬派の代表者となった。明治維新後は、参与、九州鎮撫総督、長崎府知事を経て、明治二年七月に初代外務卿に任命される。ロシア公使就任前に、ロシアとの関係に決着をつける志半ばで、三八歳

沢宣嘉（一八三二～七三年）
（国立国会図書館所蔵）

の若さで病死。

丸山作楽《さくら》

江戸で、島原藩士として生まれる。幕末に、平田派国学を学び勤皇派となる。明治二年八月、外務大丞《たいじょう》となり、穏便にロシアと対応するようにとの指示を受け樺太に出張、交渉を続けた。だが、予想以上の侵略ぶりに即時の出兵を訴えるが却下される。大久保利通から、長州藩の重鎮である広沢真臣らの暗殺に関与したとされ、征韓論争で強硬派として政府に反乱も起こす。終身刑となるが恩赦にて出獄。明治二三年、元老院議官から貴族院勅選議員に就任。心疾患で死亡。

丸山作楽（一八四〇〜九九年）
（国立国会図書館所蔵）

第十三章　揺れ動く本府建設決定

一　本府に十五万両

明治二年七月十三日に鍋島直正が長官に就任する。そして二三日に長官と清水谷次官が「石狩本府」に交代で在勤する計画が決まり、同時に義勇に石狩出張が命じられる。この十日間で、石狩に本府を設置することが決まったと考えるべきだ。

『大久保利通日記』で、十六日に「**蝦夷開拓議事有之大綱相決ス**」との記載から、七月十六日の太政官内で、本府設置が決定したと推測できる。

実際の開拓使の予算はどのくらいだったのだろう。当時の予算は現金と米の二本立てだ。ただ、史料が乏しく、あくまでも予測であり大まかな額にならざるを得ない。

九月の『岩倉具視関係文書』の「開拓之事」から「**北方御入費三千石二拾万両ニては何事も所詮難被行也長官被置候上は中立も可有之尚厚御評議無之は不相済と存候**」、さらに『北海道史　附録』には「一二月金二〇万両・米一万石を函館開拓使出張所五年間定額とし」と記されている。

すなわち、開拓使の予算は、金二〇万両と米一万石（合計二二万両）で、そのうちの十五万両を本府設置に費やす。このことは、開拓使の初めの事業は、ほぼ義勇の本府建設だけだった。まだ樺太に緊急性を有する必要性を感じていないといえる。

しかし、同年六月に起こった「樺太函泊事件」を、急遽、七月二四日に帰京した岡本監輔判官から新政府は報告を受ける。

二　本府建設中止

ロシア人と雑居地域の樺太は、今までは民間人同士のトラブルで済んでいた。「樺太函泊事件」は、樺太南端の日本人の拠点場所に、ロシア軍がどうどうと基地を構築して、樺太全島の領有化を試み始めた事件である。

『大久保利通日記』に、七月二四日「**退出後岡本監輔入来樺太より今日着ニ而彼地之近状承り実ニ不堪驚駭候**」や、二六日の広沢真臣の日記は、「**唐太島より岡本健吉帰府同地雑居地へ魯人数人を軍艦を以て移し段々之趣告報に付議事有之**」と、岡本からの報告が大きく中央政府の情勢を変化させたのが分かる。

二七日の『木戸孝允日記』に、「**蝦夷地の開拓に付曾て詮議を遂げし論再御評議変せり依て余の旨趣を条岩卿へ論す**」から、七月二七日に開拓方針の変更された可能性が高い。

まず最も緊急を要する樺太対応に急遽十七万両の予算が回され、本府建設の予算から振り分けられた。直正は佐賀藩の賞典録の返納金を当て臨時費とするが、まず切迫している樺太を先に収拾したいと、石狩と樺太の両方に予算は組まれなかった。

明治二年は凶作で財政的に収入確保が厳しかったが、この時の大蔵省大輔は、佐賀藩士だが長州木戸派ナンバーツーの大隈重信、小輔には伊藤博文で、直正や義勇と対立しており決して協力的でない。

この段階で本府建設は中止となった。

しかし、八月十三日、岩倉は直正による開拓使で樺太問題の解決を図るが、十六日に直正は大納言に転身し実質長官を辞任する。だが、二一日には、直正と同じく対ロシア強硬派の沢宣嘉が一時期だが長官に推進される。八月二五日、対ロシア融和派からの推薦で正式に東久世が長官に就任する。すでに、八月末の開拓使が作成した「開拓施政要項」で、石狩府に関して記載も無くなっている。

このように、中央政府は、樺太を放棄するか領有するかで、融和派と強硬派で競り合っていた。もし樺太を放棄するなら、樺太への十七万両の投資は無駄となり必要ないだろう。その後の開拓使の予算編成は混沌としていく。

三　開拓施政要項

八月末、長官が東久世に代わり、開拓使の役人らが、東京から蝦夷地に向かう直前に、新たに開拓使の政策をまとめたのが「開拓施政要項」だ。

ロシアへの対応に関して、「**魯西亜、樺太に雑居致し居候一件等の就て、可成丈は穏便の取計致し、自ら皇国の御威光を相立候様可仕候得共、萬一彼の狡黠兵隊等を以暴烈に取掛り候節は、不及伺時宜次第詰合の人数は勿論兵隊等を以て総て打攘可申、彼縦令ペイトルピロク之常備兵等を繰出し攻来候共、臨機の計策も可有之候間、於大政府も兼て其御仕組有之度候事**」

「樺太の雑居地域で、ロシアと可能な限り穏便に対応します。しかし、ロシア軍が姑息な手段で攻めたら、開拓使役員はもちろん、兵隊も出し打ち払います。ロシアが、もし首都のペテルブルグから常備兵を繰り出しても臨機応変の策があるので、中央政府も心づもりをして欲しい」と、非常事態時に、開拓使は臨機に応戦するが、併せて政府も十分な作戦準備をしてほしいと要請をした。

開拓使幹部（判官と権判官）で、今までロシアと接触がなかったのは岩村判官と得能権判官のみで、義勇も含め竹田・松本判官らは対ロシア問題で蝦夷地に関わっていた。やはり、現地に向う役人に、鍋島長官時代の強硬派路線の考えは、現実的に放棄できない。

九月一日、その「開拓施政要項」が、大蔵省・外務省・刑部省で検討される。

その結果、外務省から可能な限り穏便な対応を求められ、最悪時に第三国の仲介を交え対応するとの指示が出る。ともかく開拓使による開戦を禁止した。九月三日に三条実美右大臣から論書として手渡され、これが太政官の意思となった。言うまでもなく「開拓施政要項」に、石狩本府設置に関し全く記載は無い。

九月五日、今度は義勇が、これまでの経緯を無視して本府設置の「伺《うかがい》」を太政官に提出する。

四　本府建設再開

一旦中止になった本府建設が、いつどの様な経過で復活したのかを推定する史料は、見つかっていない。ただ言えることは、義勇が太政官に本府設置に向け「伺」を出すと、直ちに許可が下りたことだ。その背景に強硬派の後押しがあったかもしれない。

「伺」の内容で、大事件は東久世長官の指示に従い、小事件は自分で処理をしたいことを提言している。では、義勇は、本府建設にどれだけの予算を獲得できたのか？

十一月十六日付の東久世の文書から、義勇の予算は、明治三年夏まで六万両であり、この額では、非常に不足であることを、東久世も認めている。

では実際に、義勇が在任中に、石狩本府開府に要した費用はどれくらいだったのだろう。部下の大主典十文字龍助が金穀係（経理）を任されていた。十文字が残した支出簿「御金遣払帖」からの内容である。明治三年二月の、「**此内金両二分：ニて金七万両之口遣払ニ相見得候事**」から、金額は七万両だ。この額は、「開拓使銭函方御蔵米御用金請払控　明治二〜三年」の「札幌銭函御用金請込高調」でも、裏付けが出来る。すなわち、七万両を判官が解任されるたったの三か月間で全て消費したとの内容だ。これらの史料から、義勇が、銭函に向かう時に持参した金額は、東久世が記した六万両よりも七万両の方が正しいといえる。

要約すると、岡本監輔からの「樺太函泊事件」の報告で、二二万両の開拓使予算のうち、急遽、予定外に十七万両が樺太関係に振り分けられ、義勇の本府建設は頓挫してしまう。その後、義勇の太政官への陳情や対ロシア強硬派からの意見もあり、本府建設は再開となる。この時、義勇は、七万両を獲得していたのだ。

明治三年三月の旧開拓使会計書類から、「**尤最初石狩府創建之積を以来壱万弐千八百八拾俵金拾五万六千百六拾両之入用積リニ候処開府不相成ニ付右之分不請取候儘又候開府相成既ニ金七万両分配相成候段承知いたし候処素同所は元立金無之場所ニ付惣躰三拾七万両之内より引落候訳を以樺太は七万両宗谷根室ハ弐拾万両ヅヽ之積リ各地出張之判官ト談判相済候儀ニ候哉**」の記録がある。

「石狩府建設に十五万両の予算を用意したが、本府建設は中止となった。その後、本府建設が復活したが、もう予算の分割が行われており、石狩の予算は総額の三七万両から用意をした。そのため樺太に七万両、宗谷根室に二万両となり残りは函館となる。十七万両の予定だったと残りの十万両を樺太責任者が要求しているが、函館出張所の関係者は了解しているのか」と開拓使東京出張所関係者からの問い合わせだ。

やや不透明な部分もあるが、このことは、大蔵省の確認もなく開拓使が、樺太の予算を十七万両から七万両に減らし、余った費用で本府設置の予算に振り分けたのが予想される。

樺太の予算を減らした経緯は不明だ。樺太を放棄する考えの東久世が、十七万両も投与するのは意味が無いとしたのか、強硬派から樺太維持のため、まず先に兵站機能を持つ拠点を石狩に設置すべきだとなり、圧力がかかったかもしれない。

ともかく、義勇に支給された七万両は、開拓使内部の調整で、樺太に振分けられる十七万両から捻出され、大蔵省は知らなかった。そうなれば、東久世長官の承認で、義勇への予算は獲得されたとなる。

樺太の情勢がどうであろうと、石狩本府設置が、政治・軍事的に緊急な要請から推進されているのは間違いない。少なくても、義勇から出された「大事件は東久世長官の指示を守る」との条件で、石狩本府の設置と建設は、東久世長官の承認を得た事業であった。

五　函館での義勇の大論

九月二一日、義勇を含む開拓使幹部は、東京品川から箱館に向かい船に乗った。

『岩倉具視関係文書』によると、岩倉の腹心である大橋慎は、義勇は、蝦夷地に着くと箱館港で本府設置に関し、大論を述べたという。義勇が、箱館で石狩出張の出発前、止まることなく本府について語ったとの話もある。残念なことに、大論の内容は不明だ。

ただ、『松前町史』に、「**石狩御開之上、王城同様主総督様御詰ニ相成、頓而東京より下之大名参勤ニ可相成、京都には上方大名参勤ニ相成可申哉**」と、歌棄（後志管内寿都）と磯谷（後志管内）の場所請負人佐藤家文書「函館出張御用留下控」に、佐藤家の一員が函館の出張時に聞いたとされる内容が、松前風説として記録されている。また、昭和初期に竹内運平が著した『北海道史要』の記述でも、「石狩を開発したうえ王城（京都）同様、総督様が御住みになり、東京付近の北の大名は石狩へ、京都には上方大名が参勤交代をする」との噂を書き残している。参勤交代とはその時代性を感じる。

簡略すると、政治的に東京や京都と同格の本府を作り、本府に東京以北の東北の大名を参勤交代させるとの内容だ。余りにも時代遅れで非現実的な話だが、義勇が、古代の国府級レベル以上の政治性を持つ都市を作ると述べたのを、地元の函館や松前の住民らが、驚きから尾ひれを付けて噂を流したかもしれない。

IV　本府開府

第十四章　島義勇、本府建設へ

主に、この当時を知る情報は、明治三〇年に発刊された『札幌沿革史』、明治四四年の『札幌区史』、戦後の昭和二八年に発刊された『札幌市史』、昭和四五年の『札幌百年のあゆみ』、平成元年の『新札幌市史』がある。ただ、『札幌沿革史』と『札幌百年のあゆみ』は民間人研究会から、それ以外は役所の編集だ。明治三一年から、深谷鉄三郎という民間人の昔話が新聞に記載され、後に、河野常吉編の『さっぽろの昔話』の一部として編集された。思い出し話なので、史料としては信憑性に欠けるが参考資料として十分可能だ。これらを中心に調べてみた。

一　住民の噂

明治二年（一八六九）十月十日、函館から島義勇一行の運送係として同行した佐藤金治は、余市に宿泊する。ここで、太政官日誌（今の官報）を見て、「**余市にて其夕、北海道十一国と改称相成りたりとて太政官日誌を示され、初めて開拓使という役所を設けられしことを承知せり**」と、後年に語っている。開拓使の一員でありながら、開拓使の存在をこの時に初めて知った。ましてや一般住民には、ごく限られた情報しかない。それでも石狩地方に本府を建設することに、色々な噂がたっていた。

二　銭函に仮庁舎設置

義勇は本府建設のため海路で物資を送り込む港として、銭函《ぜにばこ》が最適と判断する。通過時、兵部省管轄の小樽での扱いが酷かったからだ。同年十月十二日(太陽暦十一月十五日)、銭函に到着し、ここで漁民を雇い、直ぐに白浜園松宅に開拓使仮庁舎を設ける。白浜園松は三六歳だ。紀州白浜から渡道し松前藩の場所請負人だったが、明治維新後に駅逓を営んでいた。駅逓なので、十数頭のドサンコ馬がつながれ利用できた。園松は、駅逓制度が廃止された後、初代銭函郵便局長となり六四歳で没する。仮庁舎の場所は、今のＪＲ銭函駅の北側に位置する銭函郵便局の手前辺りらしいが、跡地を示す記念碑は無い。屋敷の大きさは、間口六〇間（約三三メートル）・奥行三〇間（約一六メートル）と大きな建物で、表座敷の床の間に、開拓三神の御霊代を安置した。

「箱館以北、実に世界第一ともいふべき悪路にて、人馬ともに足を入るる処もこれなきまで」と、後に語っているように、道なき道を踏み越え、やっとの思いの到着だった。船を利用して直接目的地に向かう、根室の松本十郎や宗谷の竹田信順よりも、明らかに困難な行程といえる。義勇と共に来た人数は、先ほどの佐藤金治の話では十四名だが、部下一人に妻子の四人の史料もある。

ただ、二〇〇人弱の大人数の可能性もある。津軽海峡における動物学的分布境界線の存在を指摘した、箱館のイギリス貿易商人のブラキストンは、三七歳の時に北海道を調査している。ブラキストン著『えぞ地の旅』によると、余市付近で義勇と出くわした。

「途中、偶然、島判官に出会った。新しい開拓計画で、石狩地方の知事に任命され、任地に行くのに大勢の随員を従えていた。大掛かりな旅行で、行く途中、どこでも迎えの準備をしていた。岩内と余市間の山を越えるのに、知事は馬一七頭に人夫一六〇人も連れていた」と記載がある。だから、実際の人数はわからない。

仮庁舎設置後、次々と人員が到着した。開拓使は、札幌への定住を推奨し、義勇以外にも家族を連れてきた役人もいる。家族は仮庁舎に住まわせた。

中央に銭函郵便局が見える。その手前の鉄道踏切付近に、仮庁舎を設置したと予想する。（著者撮影）

三　開府する

新政府から、石狩に本府を創設する許可が下っており、その中でサッポロと呼ばれている原野がふさわしいとの意見で一致していた。義勇の判断は、サッポロのどこの地点に建設するかだった。

『札幌区史』によると、まずサッポロに先発隊を行かせる。「新道掛」の林と長尾、「営繕掛」の阿部と富岡の少主典の四名だ。新道は道路建設、営繕は建物の建築と修理を意味する。この四名が、幕末に銭函から細々と作られていたサッポロ越新道を通り、五里半（二二キロメートル）の距離を馬に乗り予備調査に向かう。

『札幌市史』の記載では、彼らはサッポロ越新道の豊平川で渡し守をしている吉田茂八宅を宿とした。そして、同じく渡し守の志村鉄一に、コタンベツと呼ばれる丘に案内して貰い、ここからサッポロの地形の全体像を眺めたらしい。当時の原野で、唯一の人工建造物が「大友堀」だった。この堀は、三年前の慶応二年（一八六六）、幕臣の大友亀太郎が御手作場（実験農場）の農業用水路として開削したもので、伏古川を介し石狩川と通じている。予算が少ないなかで、大友堀を利用して建設をするのは当然といえる。この堀が、今の創成川の基盤となる。予備調査隊は、コタンベツから東へ約一里離れた大友堀の場所から、本府を作る構想をする。銭函とサッポロを往復しながら、現地の情報を次々と義勇に報告していった。この頃、義勇は、仮庁舎で「石狩国本府指図」と「石狩大府指図」を作成し、大まかな本府構想を練っていた。そして、将来に向け、移民や作業人夫の募集や派遣も進めていく。

十一月十日（太陽暦十二月十二日）、義勇と十文字龍介大主典がサッポロに入り、最終的な場所の選定をした。翌日から縄張りを始め、十四日に早くも建設を開始する。十文字は、庶務と会計を任され、現地で義勇の次に権限を持たされていた。仙台支藩の桶谷《わくや》藩士で、江戸昌平講に学び、義勇の勧誘で開拓使に入る。この時五七歳。

十文字龍介（一八一二～八二年）
桶谷藩士の三男。義勇が解任されると退職を願い出て郷土の寺子屋の師匠となる。コレラ感染で亡くなった。
（『桶谷町史』）

四　噂での場所選定理由

なぜサッポロが選ばれたのか、松浦武四郎の幕府への進言の他に、文献上、二つの記述がある。『さっぽろの昔話』からの抜粋だ。飛鳥時代、蝦夷地遠征をしたと伝えられている阿倍比羅夫《あべのひらふ》が本拠地にしたシリベシ山麓（ニセコひらふ）も、本府の候補に上がるが、石狩原野に決まった。そして対雁《ツイシカリ》（江別）か豊平（札幌）かとなり江別となった。だが、当時の測量者が江別川と豊平川を間違え、札幌の選定となる説だ。これは、義勇が蝦夷地の地理に無知との印象を与え、非常に見下した内容だ。義勇が去った後、開拓使役人がデマを流したかもしれない。もう一つは、間宮林蔵が蝦夷地探検時にサッポロに寄りホオズキが多く茂っているのを見て、伝説でホオズキの繁茂する場所は栄えた都市になるとの理由から、選定となる説だ。義勇の資料から、これらの説を参考にした記述は一切ない。両説とも作り話と言えそうだ。

五　コタンベツの場所は？

いつ、義勇はコタンベツを登ったのか？　札幌市役所にコタンベツからサッポロの原野を望む「島義勇のブロンズ像」がある。エアーダイブ発刊の漫画『島義勇伝』では、円山頂上から眼下のサッポロを眺めている。昭和四〇年頃、札幌市の小学生に使用された、井黒弥太郎著の『札幌のおいたち』で、「島判官は、志村鉄一さんや、吉田茂八さんにあんないさせて　円山のおかにのぼりました。（中略）そして円山のおかからまっすぐに、大友ぼりにむかってしるしをつけました。ごばん目のような　大きな都のすがたが、判官のあたまの中に　えがかれたのでした」と書かれ、挿絵も円山から眺め、大友掘までの最初の道路を思い描いている。

コタンベツは、アイヌ語で「集落・川」を意味し、留萌支庁苫前《とままえ》にも同名の地名がある。『札幌市史』では、その場所を、現在の北海道神宮の近くの丘としている。案内に早山清太郎も加わり、「**円山神社近くの岡の上って札幌の地形を視察し…**」と、それほど高くない二段の丘と説明されている。予想として、最初の道路となる、今の南一条通りに通ずる円山裏参道が見通せ、円山公園の北海道神宮に向かう階段を登った南一条駐車場の出口付近が一番有力そうだ。予備調査隊が来た時は、初冬で木々には葉は無く遠くまで見渡せたのだろうか。だが、実際に初冬に、この場所から都心部を覗いてみたがほとんど遠くは見えなかった。

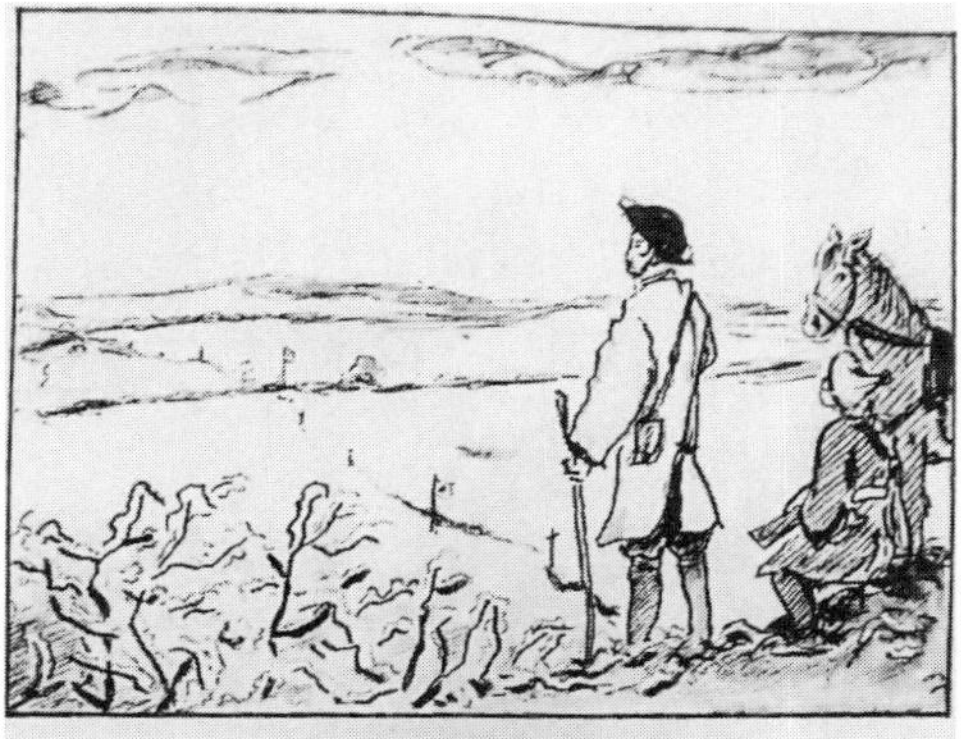

円山から　札幌をみる島さん

『札幌のおいたち』の挿絵。

『札幌区史』では、志村鉄一の案内で、「**円山岡**（コタンベツ）**に上りて、札幌の地形を視察…**」と、円山か三角山を連想させる内容もあるが、それなら近くの神社山か奥三角山もありだろう。結局、正確な場所は不明といえそうだ。この義勇が眺めるという内容は、平安京の造成前に、桓武天皇が東山の将軍塚から見渡して都の設置場所を確かめたとする挿話と重なる。実を言えばコタンベツの存在は、役所が発行した本からの記述で、義勇の漢詩にコタンベツの名

札幌市役所一階ロビー東にある、遠くを眺める「島義勇のブロンズ像」。（著者撮影）

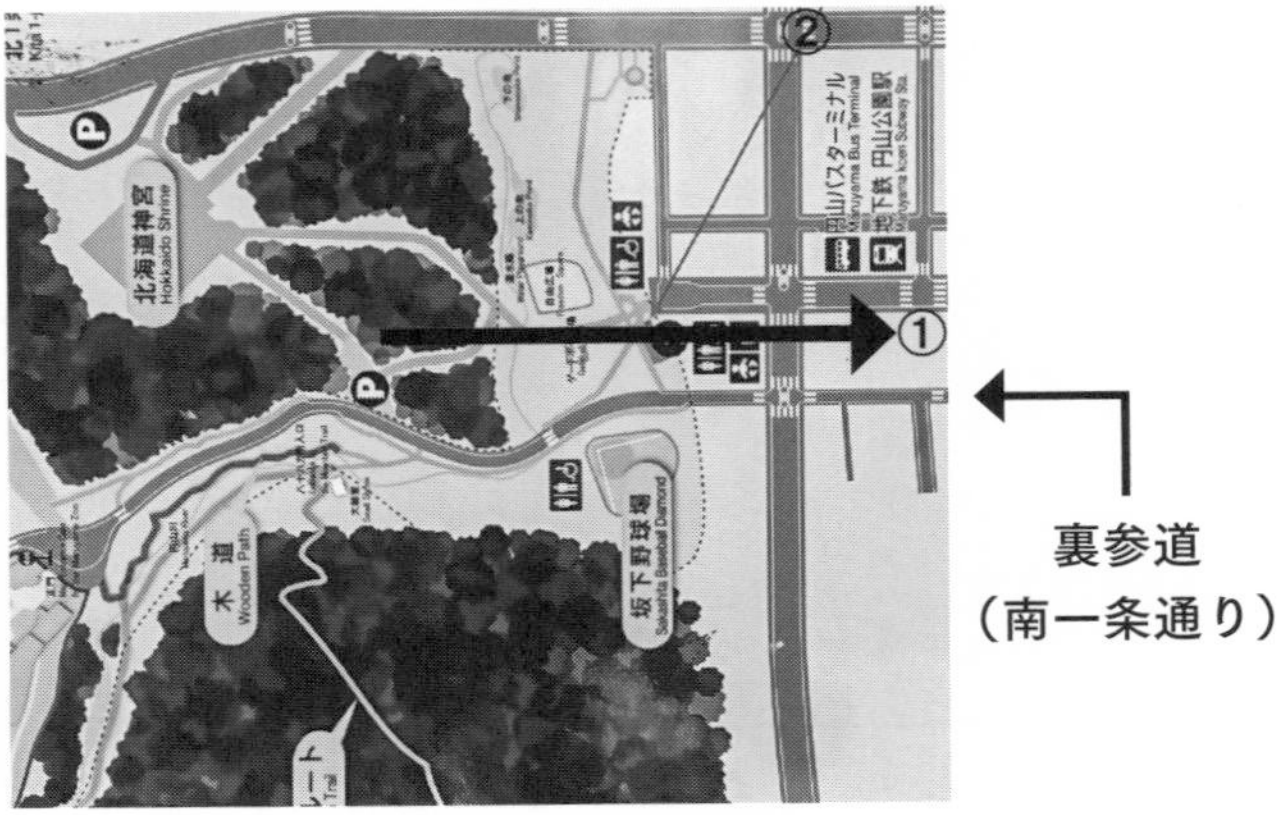

円山公園の地図。上が北である。①の矢印の方向で、コタンベツから覗いたと予想。②の細い矢印が指す場所は公園入口。（円山公園の案内看板を著者撮影）

称はなく、また深谷鉄三郎の話にも出てこない。すなわち、裏付ける史料は無いのだ。だから予備調査隊や島判官が、コタンベツから眺めたというのも、もしかすると創作かもしれない。だがもし、事実と仮定して、同じような位置関係で遠望できるのは、荒井山か大倉山の山頂だろう。想像が許されるなら、四人の部下が、そのどこかの山に登って選定したのを、再び義勇が登り、広大な石狩平

義勇が眺めた初冬に、予想した場所から都心部を見る。裏参道の十四階建てのマンションが、薄っすらと辛うじて見える。当時と樹木の条件が違うかもしれないものの、この高さからの遠望は無理だ。（著者撮影）

野を見渡しながら漢詩を詠み、最終判断をしたというのが妥当かもしれない。

六　この時の原野は

サッポロの原野がどのような状況だったかは史料として残されていない。ただ想像は出来る。『さっぽろの昔話』での早山清太郎の談話だ。「札幌は、広漠無人の原野地で、所々、樹林地があった。南二条から南四条の薄野までは一面の草原で、芽や芦《よし》の類が繁茂してキツネの巣だった。古川が、笹原の間を流れていた」との内容だ。全てが鬱蒼とした大樹林帯ではなく草原風の荒地も多くあった。サッポロの大地は豊平川の扇状地で、この川の伏流水が地下を流れ、扇状地の北端から湧き出てメム（泉池）となる。メムから流水が伏古川や琴似川へ流れていった。草を追うエゾ鹿やサケを食べに山から下りた羆《ヒグマ》、野兎を求め駆けまわる狼などの獰猛な野生動物が、メムを憩いの場として集まった。

当時のサッポロの原野を想像。人の手が加えられていない太平洋側の十勝平野を見て。似ているだろうか。（著者撮影）

七　サッポロのアイヌ集落

開府した時、サッポロの原野には、どのくらいの人数のアイヌが居住していたのか？

幕末から明治初期のアイヌ動向に詳しい加藤好男氏によれば、今の北区北六条西七丁目の偕楽園緑地にあった「サクシュコトニコタン」の三戸と、中央区北二条東一丁目のＪＲ病院南側にあった「上サッポロコタン」の一戸、御手作場がある元村の西側の東区北九条東九丁目にあった「フシコサッポロコタン」の三戸である。合わせて四五～五〇人のアイヌが先住していた。

かつてアイヌは、春に小樽や厚田の海でニシンを、夏は川でマスを、秋に石狩川でサケを獲りに、冬は鹿などのケモノを狩っていた。和人が進出し請負制の漁業や林業の末端労働者としてアイヌは扱われる。日本経済の一員になることで、コタンを中心とした固有の生活システムが壊された。さらに、アイヌには無縁の都市密集地に流行る天然痘や結核の感染症も加わり、大きく人数を減らしていた。それにともない、古い伝統や権威も衰えていく。義勇は建設にあたりアイヌコタンには影響を及ぼさないように注意をしながら、複数人のアイヌに協力をお願いしている。

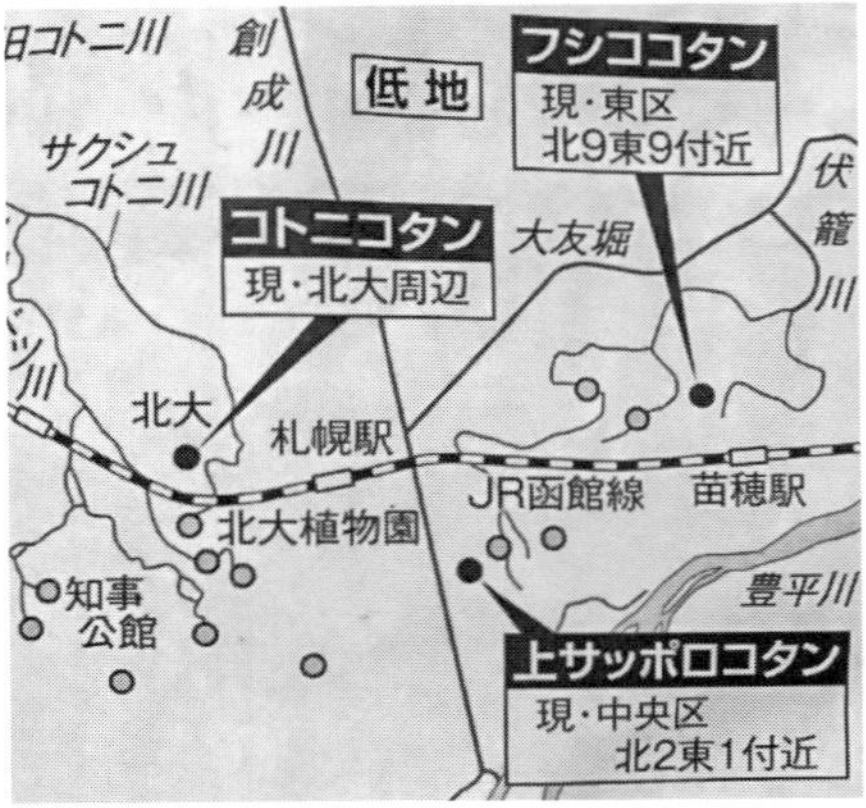

加藤好男著
『十九世紀後半のサッポロ・イシカリのアイヌ民族』から抜粋

八　協力するアイヌたち

コタンの指導者である、「サクシュコトニコタン」の琴似又市、幕末にイシカリで松浦武四郎が義勇に紹介した「上サッポロコタン」のモニヲマ、「フシコサッポロコタン」のエコリキナは、開拓使に期待を寄せ、義勇に協力する。和人の吉田茂八、志村鉄一や早山清太郎よりも、代々古くから住んでいたアイヌは、当時のサッポロの原野の情報を最も多く持っていた。義勇は、アイヌの案内を受け、アイヌの生活用の「踏みつけ道」を歩き回り、都市計画を練った。特に和語や和風文化を理解する琴似又市は、先住アイヌと開拓使との仲介者の役割を果たす。義勇の信頼を得て、十文字龍介宛の内密の書簡などを託されたりもした。

（北海道大学附属図書館所蔵）

琴似又市（一八四〇～九〇年代）

ウラシナイ（空知官内浦臼町）の生まれ。十代で石狩川河口のイシカリの幕府役人の世話役となり和語を覚える。明治五年（一八七二）、アイヌが東京の開拓使仮学校に学び始めると、そのまとめ役となった。将来、開拓使役人を希望していたらしい。また、日本の研究者にアイヌ文化を語り残した。

※　開拓使仮学校
黒田清隆開拓次官の主導で、東京で、アイヌ子弟に日本語・日本文化や農業技術などを教えた。札幌の若いアイヌが主体となるが、働き手を失うことで、逆にコタンの崩壊を促す結果となる。また、白米摂取による脚気や東京の暑い気候から、複数の死亡者や多数の帰郷希望者が出て、三年間で中止となった。琴似又市は仮学校の実態を上川アイヌに情報を流し、それ以降、希望者はいなくなる。当時の松本十郎判官はアイヌに理解が深かったが、「デマ」を流したとして、又市と対立した。

九　建設開始時の問題

① 箱館戦争が終了して半年後で、物資補給が進まず、現地(石狩)の場所請負人の米の備蓄はほとんど無い。
② 戊辰戦争で、北前船が機能してなく、本州からの米の補給が予測できない。
③ 移住者に給料を払っても買う物資がないので、米での受け取りを望んでいた。
④ 兵部省が、同年六月に多数の会津藩降伏人を、蝦夷地のイシカリ、ハッサム、小樽内に送り込み、現地の担当者である大友亀太郎が一部を当別に入植させようとしていた。

このように、ただでも米の備蓄はなく供給も不安定で、さらに真冬となる時期に、開拓使の役人や建設人夫・大工の職人など八〇人ほどが、一気にサッポロに入って来る。そして兵部省と食料の奪い合いだ。たとえ、佐賀藩と犬猿の仲の兵部省の助けが可能でも、食料確保の保証は全くなかった。冬に作業するメリットは、漁業などの出稼ぎ人が暇になり、現地の人員が確保しやすいのが挙げられるくらいだ。

義勇は、どんなに悪条件が重なっても、春まで準備期間を置き、雪が溶けてから建設を始めるという気持ちは一切ない。見切り発車で構わないので、突っ走るように建設を開始する。単に佐賀藩が早く北海道で主導権を握りたいという願望だけでは、ここまで自分を追い詰めないだろう。たぶん、北海道に積雪がある真冬は、さすがにロシアも軍事行動を起こせないと考えていた。迫るロシアの軍事的脅威から来る危機意識から、建設開始に一刻の猶予も許されなかったのだ。

十　北海道神宮と風水

江戸時代、蝦夷地に設置された神社は、場所請負人による神社か松前藩の影響による八幡神社が大半だ。札幌に神社を創設するにあたり、王政復古を宣言した新政府の神祇官《じんぎ》（神社に関わる行政機関）自らが設置に動き出す。義勇は「北海道新大社」を構想する。

義勇が詠んだ漢詩から

現在の北海道神宮が位置する円山社地の場所選定に関する史料は少ないが、明治二年十一月頃に、義勇が決めたと云われている。北海道神宮社務所発行の『北海道神宮』には、「明治二年十一月、早山清太郎が、開拓使から使掌に任じられ御宮地掛となり、義勇に、今の円山の社地を上申し、鎮座地が決定した」と書かれている。現地に詳しい早山清太郎の助言を聞いたのだろう。

早山は、文化十四年（一八一七）、現在の福島県白河郡西郷村に生まれ、この時は五二歳。嘉永五年（一八五二）、蝦夷地の松前に渡り城の修復に参加した。安政二年（一八五五）、オタルナイ（小樽）に移る。その後、ホシオキ（星置）を経て、安政四年にコトニ（琴似）に定住し農業を試みた。安政五年、石狩平野で初めて米作に成功し、その時の米は、将軍家茂に献上されている。安政六年、荒井金助の要請を受け、シノロ（篠路）村の開村に貢献するなど、サッポロの土地事情に最も詳しい和人の一人となった。明治四〇年に亡くなる。享年九一。

義勇が詠んだ漢詩集の『北海道紀行』に、「**将創北海道新大社、携富岡阿部両主典早山使掌等、以相社地、得之府下西南三十丁外、小芙蓉峰小瀑布泉間**」「今、北海道新大社を創設するため、早山の申す、本府外の西南へ三キロメートル強離れた、丘と小さな滝の間に理想の場所を見つけた」と書き、次の漢詩を詠んだ。

「**三面は山囲みて一面は開く**
清渓は四繞す二層の堆
山渓の位置豈に偶爾ならんや
天造応に社地を期せしなるべし」

「三面は美しい山が囲み、一方が平野に向かって開けている。清らかな渓流が二重の丘をめぐっている。この地形はまさしく北海道新大社が鎮座するに相応しい場所であり、山や谷の位置が偶然になったとは思われない。神が期して用意されていた土地に違いない」とし、「北海道新大社」をここに建設すると決めた。

平成三年に出版された『北海道神宮史』は、義勇が、十文字大主典、富岡少典、阿部少典と早山使掌を引き連れ、早山の意見を聞いて選定したと書かれている。義勇は、早山を強く信頼し、選定した場所を「神異」と絶賛するほどだった。『十文字日記』には、「**今ヲ距ル四年**（明治二年）、**巳十一月、積雪没馬腹ノ折寒葦枯棘ヲ侵シ此ヲト定セシカ、当日ノ渓水等モ容ヲ改メヌ**」と、「寒いなか、枯草や馬が腹まで埋まる雪を掻き分けながら選定した」と書かれ、この時の苦労が偲ばれる。見立てた場所は、義勇は「**丸山ノ下へ御建立可然**」と述べている。ただ、当時丸山と呼ばれていた山が、現在の円山とは限らない。そうなれば、北海道新大社の選定場所が、今の北海道神宮が位置する場所の確証はない。

明治二年十二月三日、御霊代は、銭函の仮庁舎から札幌の「第一番御役宅」に移転する。

明治三年三月、太政官から神祇官あてに、「**今般北海道石狩国札幌郡に於開拓神鎮座に付、祭祀社務等の義従其官出張執行候様被仰付候事**」と、神祇官の官吏が札幌に出張し神務をするよう仰せられた。

だが義勇の解任にともない、本府建設は中止となる。同年五月、「**未た石狩府処置方充分行届候とは難申折柄**」との理由で神祇官の出張も中止となった。札幌での神社創設は、本府建設を前提としていたからだ。

だが、水面下で動きは継続される。同月に今の北五条東一丁目に「一之御宮」が完成し遷座する。「一之御宮」は、一年後に「札幌神社」と名付けられると国幣小社に昇格した。

義勇が去った後、明治四年四月三〇日、東久世長官の指示で、岩村判官の下で本府の測量をする中田幸吉に、神社境内地の測量をさせ、札幌神社は円山の現在の北海道神宮の場所に移った。明治四年九月、仮社殿が完成し官幣小社に昇格する。この時、仮社殿の正面は真東を向いていた。

中田幸吉の記録は、「**往来丑二十五度、幅二十五間、往来坂迄百二十間、坂九間二尺二寸、坂下ヨリ卯十度**」とある。往来とは参道を意味しており、参道の方位は現在の参道と同じく北より四十度東を向きでである。明治中期まで社殿は複数回改築され、現在の北海道神宮の社殿の正面は、真東から参道の北北東方向に変更されている。

元北海道庁林務勅任技師の林常夫の語りでは、参道の方位は、千島列島最北端の占守島《しゅむしゅ》に向かっているそうだ。だが、実際に測定すると十度近くずれているらしい。

ともかく、ロシアも念頭に入れ、神社を作ろうとしたのは間違いないだろう。

北三条東二丁目の本庁仮本庁舎から西を望む。「一ノ御宮」が確認できる。遠くの山は手稲山だ。明治四年頃。
（『北海道神宮』北海道神宮社務所発行から）

十一　開拓三神は誰が決定？

明治二年八月下旬、神祇官から開拓使に、開拓神に関し意見を伺ってくる。義勇は、大名持《おおなもち》神と少彦名《すくなびこなの》神の二神に加えて、阿倍比羅夫《あべのひらふ》を推挙した。このことから、義勇が、飛鳥時代から平安初期に行われた、朝廷の蝦夷（エミシ）遠征に関心があったのが解る。しかし、神祇官は開拓使の案を採用せず、大國魂《おおくにたまの》神を中心とする三神を鎮祭した。大國魂神に決めたのは、明治二年五月に神祇官権判事となり、九月に樺太に赴任する丸山作楽と云われている。丸山は、外寇（ロシア）を鎮圧するのに最も威を発揚される神は、阿倍比羅夫より、さらに強力な大國魂神と考えた。

十二　風水から見える札幌

「河水遠く流れて山隅に峙つ
平原千里地は膏腴
四通八達宜しく府を開くべし
他日五州第一の都」

「遠く大きな河が流れ、一方の隅に山がそびえている。広々とした平原が彼方まで広がり、土壌は豊かである。北海道の各地に行くにも便利で、首府を置くには最適であろう。いつかは、おそらく世界一の都になろう」

コタンベツの丘から詠ったとされている漢詩だ。義勇の大きな希望と決意を感じさせる。この

大倉山ジャンプ展望台から、真東に向かい都心部を眺望。
手前の山が荒井山。その先の森林に神宮が位置する。森林の中央から、東に大通公園が真直ぐに伸びている。さらに遠方に、南北に豊平川が流れる。（著者撮影）

明治四年秋に円山に完成した札幌神社仮社殿。
背後の山の位置関係から、
社殿の正面は真東を向いているのが分かる。
（北海道大学附属図書館北方資料室）

ように詠んだ複数の漢詩から思い浮かぶのは、本府建設に風水思考を取り入れ、風水でも「四神相応」を考えて、神社や本府の設置をしたと推測されるのだ。

大谷修一著の『らくらく風水トラベル』によると、地球のエネルギーの流れを「龍脈」と呼び、大きな河を、山から流れる龍脈を止めエネルギーを貯める「水脈」と考える。そして、そのエネルギーが溜まる場所を「龍穴」と言った。風水学はこの龍穴を見つけ出す方法だ。「気」が風により散らないように北・西・東が山に囲まれ南は開け、それに合わせ、湖や川の水が配置されている地形を「四神相応の地」といい、最もパワースポットが集まりやすい。京都は、その「四神相応の地」に造られている。三方は山に囲まれ、南側は昭和初期に干拓され存在しないが、伏見に巨椋《おぐら》池という大きな淡水湖があった。

現在の札幌の地形を見てみよう。京都と違い軸の向きが北でなく東

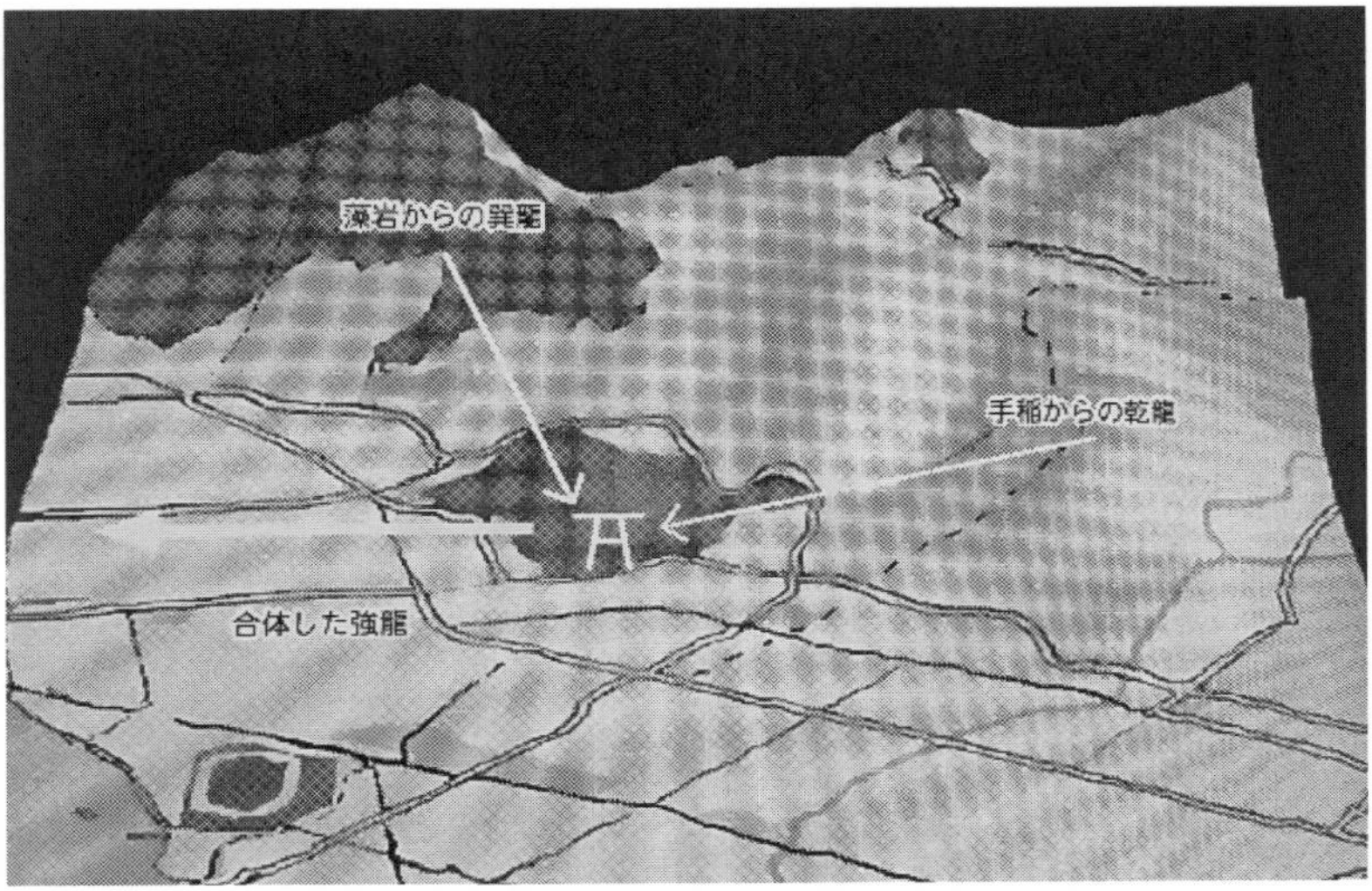

藻岩山と手稲山からの龍脈の流れ。二匹の龍は、北海道神宮で合体して強龍となり、大通公園を通って都心部に流れる。
（『らくらく風水トラベル』大谷修一著）

だが、手稲山と藻岩山からの龍脈が、今の北海道神宮で合流し、大通公園を介し東へエネルギーが流れ、その先の豊平川で遮断される。そして、札幌市都心部にエネルギーが溜まる。その都心部の場所が「龍穴」であり、ここに本府を作ったのだ。

大倉山ジャンプ台の展望台から都心部を眺めてみよう。円山麓《ふもと》に北海道神宮の森林があり、その中央から東に太々と真直ぐに延びる大路が大通公園だ。当時の神社の仮社殿は真東を向いていた。この構図は、平安京の大内裏の中央から延びる朱雀大路に似ている。実際の朱雀大路の道幅は二八丈であり、二八丈の幅は義勇が構想した広場（大通）の四二間と同じだ。偶然の一致で済ましてよいだろうか。少なくても、仮社殿と大通公園は、厳密な連続性を意識した構造なのは間違いない。

もしかしたら、義勇が、後に大通公園となる広大な幅の広場

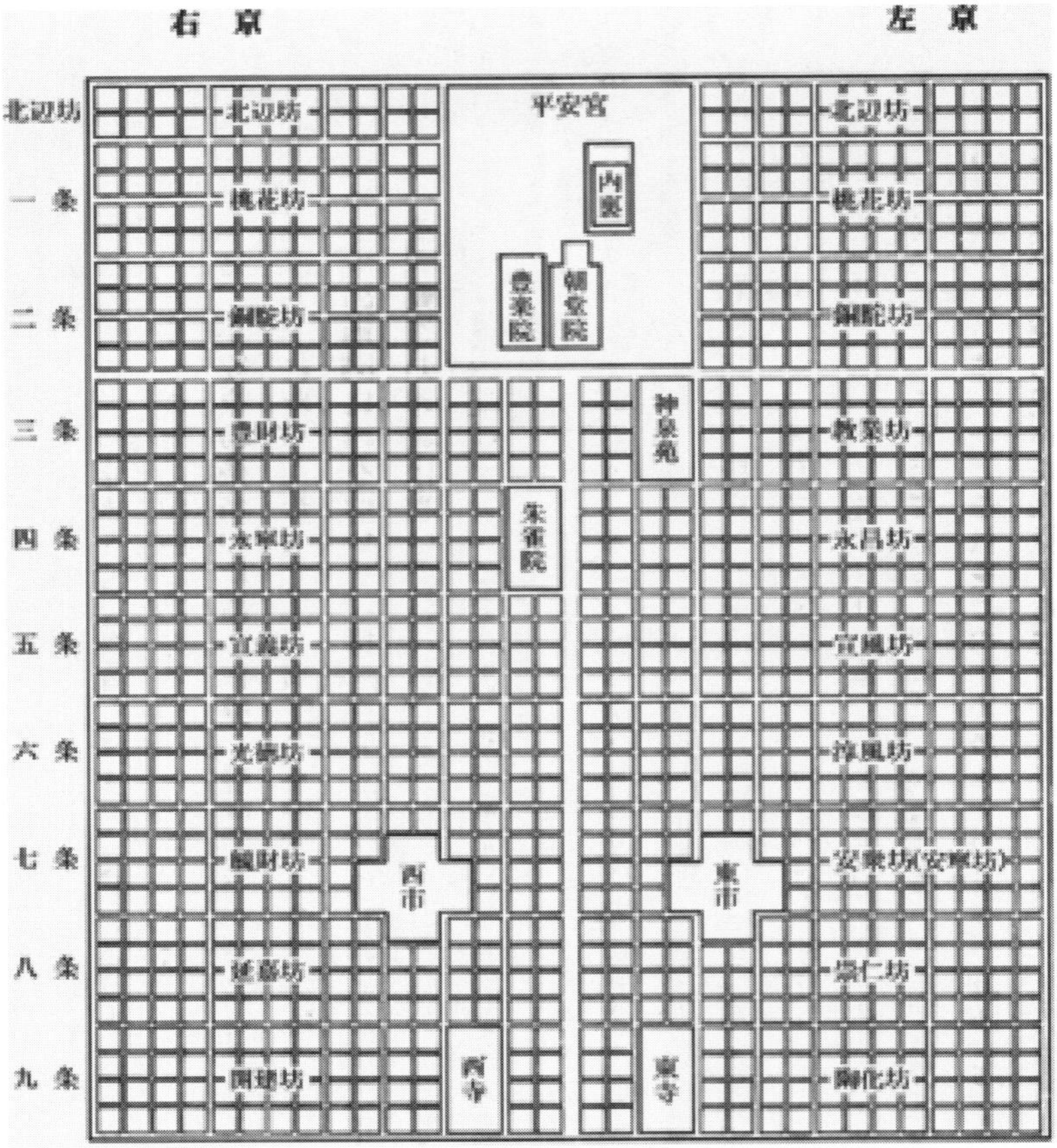

典型的な条坊制都市　平安京。
政庁の内裏が北端に位置する構造。
朱雀大路が南北に貫く。

（道路）を構想したのは、今まで云われている防御空間や火災防止よりも、風水的な思考によるものかもしれない。仮社殿は、複数回、建て替えられ、現在の北海道神宮の社殿は、参道の方向に合わせ、真東から北より四十度東に向いている。

十三　風水師・義勇

江戸時代、多数の人間が風水の慣習を持ち合わせていたが、義勇は陰陽師に近いくらいの知識を習得していたのかもしれない。もともと島一族は風水につながる経学で身を立てていた。また佐賀藩の教育改革をした古賀家の先祖が、古代の中国からの渡来人劉氏と云われている。

風水学が、中国から伝わったのは、七世紀の推古天皇の時代だ。北が「陰」で南が「陽」、都の軸は北を背にして南を向き、宮殿も南を向いている。平安京などの都は条坊制の都市といわれ、場所の設定や都市構造は風水の理論に基づいて計画的に作られた。義勇は、サッポロの大地を、手稲山や藻岩山と豊平川の地形の位置関係から、神から与えられた場所と考え漢詩を詠った。このことは、義勇の構想した本府が、条坊制の構造で作られた都市の可能性が示唆される。

北海道神宮にある島判官像。明治天皇増祀十周年記念事業として昭和四九年に制作された。（著者撮影）

北海道神宮西駐車場入口の六花亭神宮茶店
ここで、お餅の「判官さま」をプレートで焼く。食べると御利益があると云われる。（著者撮影）

閑話休題

北海道新大社と北海道神宮の場所は同じか。

厳密にいえば不明である。北海道新大社は、義勇が自ら歩き場所を選定した。深谷鉄三郎の話では、早山と美泉定山が案内人となり、吉田茂八も同行し六人の役人らで、義勇が見分した土地を選定する内容だ。最終決定に西村貞陽もいたかもしれない。だが実際は、先祖代々、伝承された精霊の場所を教えてもらうため、複数のアイヌの案内も受けただろう。

美泉定山は、備前国（岡山県）出身の僧侶で、嘉永六年（一八五三）、布教活動を目的に蝦夷地へ渡る。札幌市南区にある定山渓温泉の名称は、定山の名に由来する。

西村貞陽は、佐賀藩士で開拓使少主典として義勇に仕えた。

義勇が判官を解任され、明治三年七月、本府建設が中止となった。函館に戻った西村は、十一月に建設の再開を中央政府に伺い、方針を打診する。

開拓三神が祀られている仮殿の一之宮が粗末なので、義勇の構想に合わせ本殿だけでも建設をしたいと要望した。だが政府は、「**御神鏡安置所之儀ハ相応ノ地所相撰今一応可相伺**」と、別の場所を指示する。義勇の選定場所は、本府から遠く計画も盛大で予算が掛かり過ぎるとの理由だ。

同年十一月三〇日、西村は函館から札幌に到着、札幌で再度、西村自身が見分をして、政府に再び方針を

「石狩国札幌郡円山村風致官林ニ属スル円山一名神社山見取図」

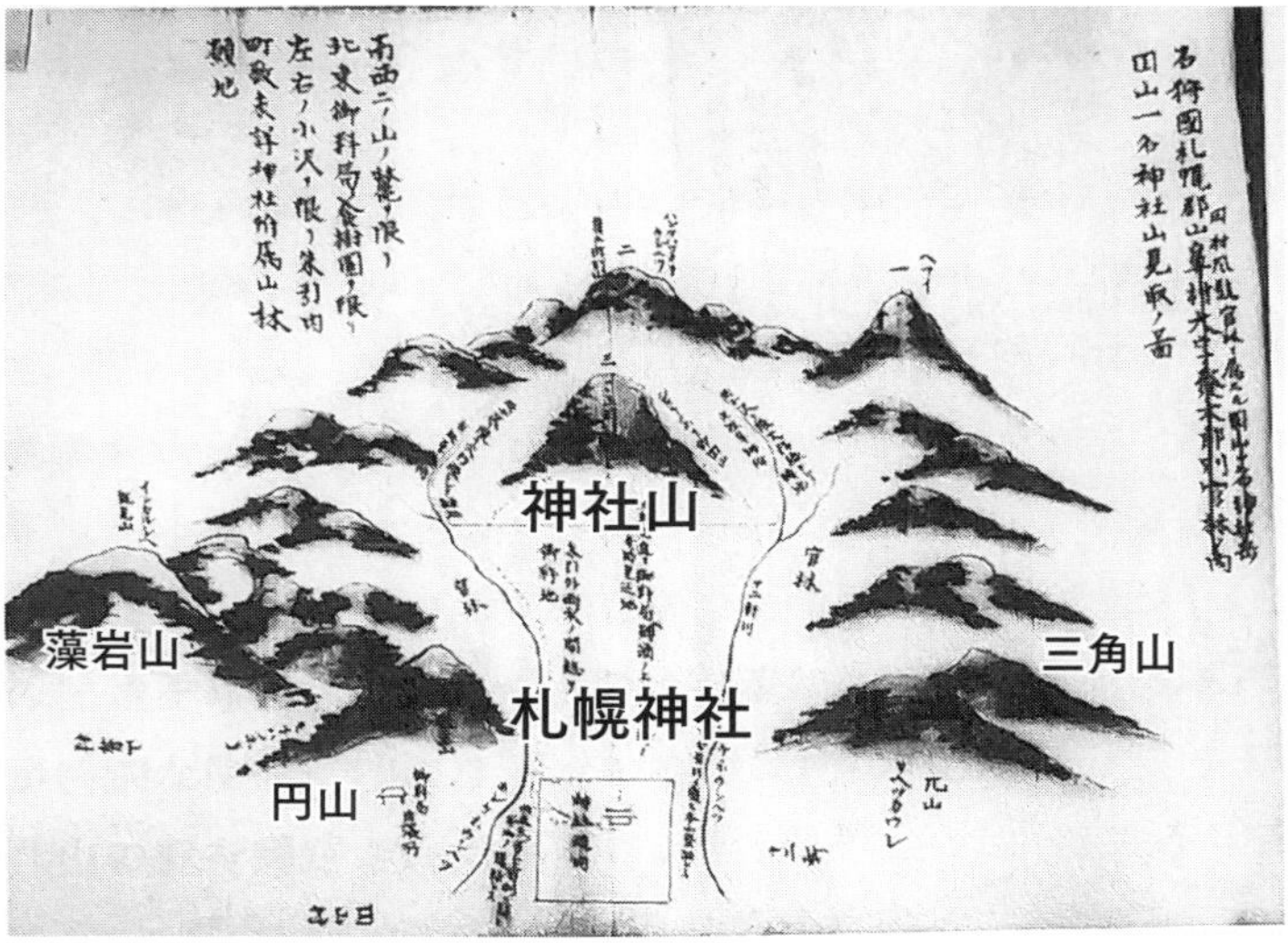

明治二九年頃の神社山見取図を見ると、札幌神社は神社山の麓に位置する。義勇が考えていた丸山は、現在の神社山と想定できる。

伺う。十二月の西村権監事伺で

「社地ノ儀最前丸山ノ麓見立相成居候場所本庁ヨリ西ニ当リ距離三十六丁目銭函往還ヨリ拾三丁目別図面欠ノ通ニ有之今日ニコソ少シ遠キ様相覚候得共後来盛大御開府候儀ニ候得ハ不相応ノ地所共不相見候間右丸山ノ下ヘ御建立可然ト存候事（略）可為伺之通事」と、選定場所を、より詳細に説明した。「政府は本府から遠いと認識しているが、開府に当り、決して不相応ではない」と訴える。その結果、義勇の選定場所に認められたという。

「石狩国札幌郡円山村風致官林ニ属スル円山一名神社山見取図」は、初期の札幌神社の図面だ。地図に記載されているインカルシペ山が今の藻岩山、藻岩山が今の円山だ。アイヌ語でインカルシベは、「いつも登って眺望する場所」で現在の藻岩山を指し、モイワは、「小さい山」で現在の円山を指す。山の命名時、和人が混同して間違えた。

右側のヲベッカウシ山は、今の三角山で、地図の中心にあるシカリノボリ御円山は、今の神社山を指す。すなわち、札幌神社は、両脇に円山と三角山に囲まれ、神社山を背景に構成を考えた。つまり、選定場所は、円山の麓ではなく神社山の麓を想定していたと思われる。

義勇が詠んだ漢詩の、「**三面山囲一面開、清渓四繞二層の堆…**」の「三面は美しい山が囲み、一方が平野に向かって開けている。清らかな渓流が二重の丘をめぐっている」から、北海道新大社は、円山と神社山と三角山に囲まれた場所にあり、平野に開かれた方向と同じ、要は現在の北海道神宮の参道に近い方向を持つ参道だと予想する。北海道新大社は出雲大社と同じく初めから官幣大社を考えたとすれば、明治神宮にも劣らない壮大な敷地の神社を構想しただろう。だが、北海道新大社の建設費用は、開拓使予算からで、まだ大蔵省の承認を受けていない。岩村判官の部下となった西村は、大蔵省から大幅な事業の縮小を指示され、渋々従ったに違いない。最終的に、現在の北海道神宮に規模が小さくなる。著者が作成した地図で、Aが現在の北海道神宮、Bが北海道新大社の場所と予想した。

コタンベツの丘を再考

今までの資料からコタンベツの丘は、作り話もありうると考えた。だが、日本建築学会計画系論文を多く発表されている柳田良造氏の「北海道開拓期における市街地形成の計画原理」では、網走市の桂ケ丘、中富良野町の清水山のように、明治以降に形成された市街地の近傍に必ず地域を一望できる丘陵や高台が存在することが記載されている。まず見晴らしの良い高台から国見と称して眺望し、市街地予定地や入植開拓地の

同じ尺度の明治神宮の内苑と外苑

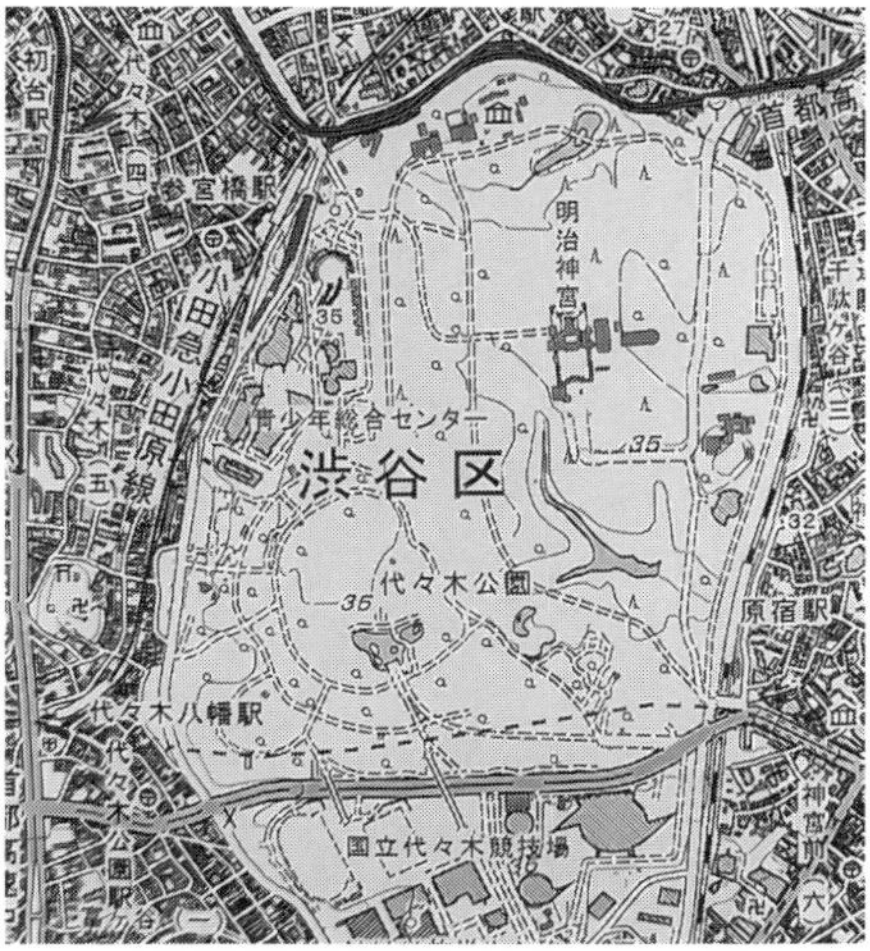

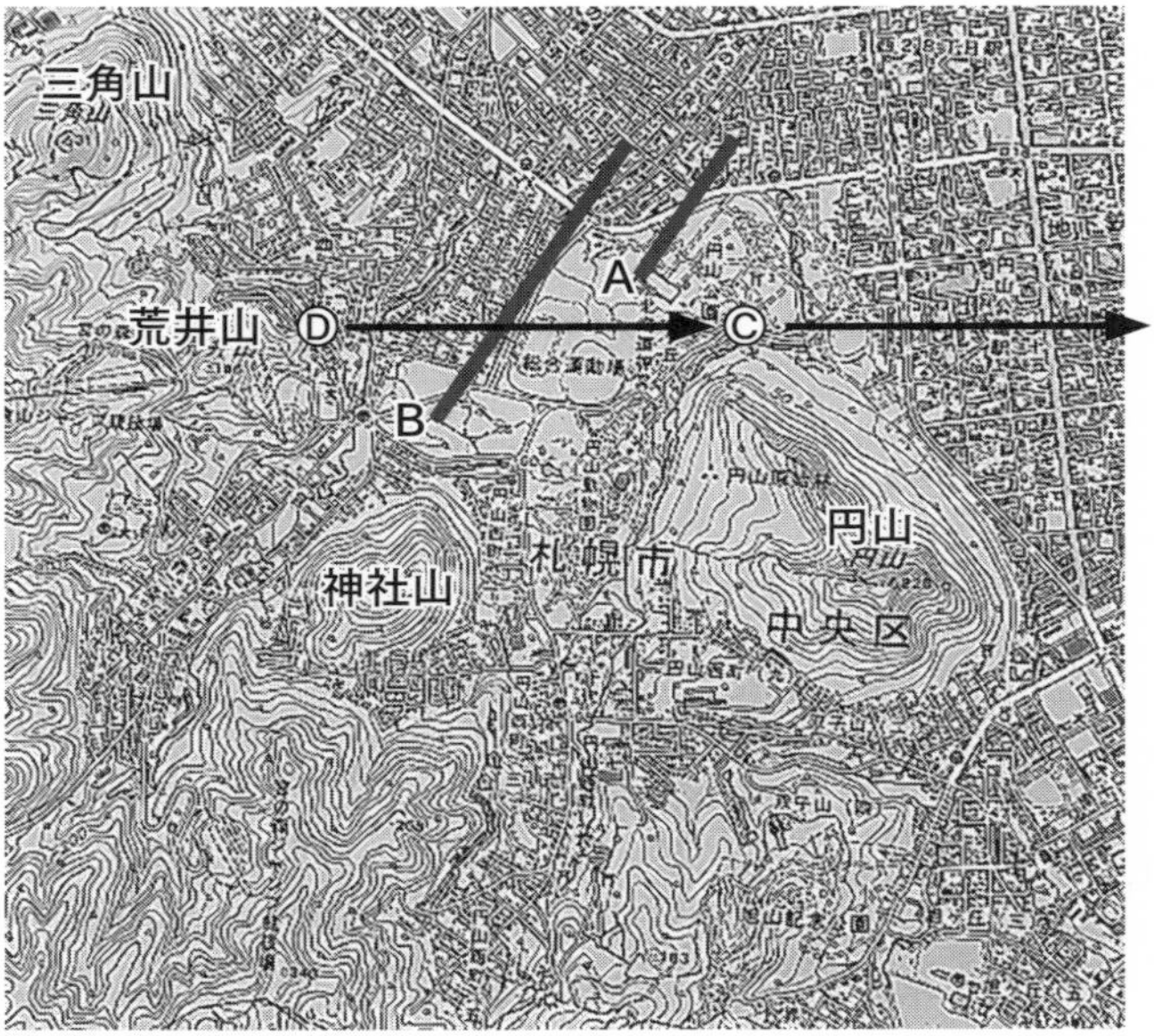

A　現在の北海道神宮
B　島判官が構想した北海道新大社
Ⓒ　伝えられるコタンベツの丘の場所
Ⓓ　義勇が実際に眺望した場所？
→ 眺望方向
━ 神社の参道

場所を選定していた。

　そうなると、義勇らも自ら国見をしたと思われ、現在の円山とする郷土史家や歴史家が多いが、円山山頂からは、市街地は真直ぐな碁盤の目状に見えない。円山は否定できないが、やはり他の場所の方が適格だろう。個人的見解だが、Bの位置に、北海道新大社を構想したら、眺望を臨んだ高台程度の二重の丘のコタンベツは、荒井山の麓で市立大倉山小学校付近のⒹではなかろうか。ここからは、大通公園を真直ぐに札幌都心部が一望可能だ。実際にⒹから写真を撮ったが、理想的な見晴らしだった。

Ⓓから札幌市都心部を眺望

・中心よりやや右側に、テレビ塔と真東に延びる大通公園が見える。
・森の中に、現在の北海道神宮が位置する。

神社山を背景に空撮した北海道神社。
参道と本殿が見える。
週刊『日本の神社』（デアゴスティーニ発刊）より参照

第十五章　どのような本府なのか

本府建設のため石狩出張（派遣）命令が義勇に出された時、本府は、開拓長官と次官が執務し居住する都市が念頭に置かれていた。江戸時代の感覚では、立派な御城と軍事的な館と付随する町民街が一般的だろう。では、義勇が構想した都市とは、具体的にどのようだったのだろう。数少ないが、残された史料から推測してみる。

一　石狩大府指図と石狩国本府指図

義勇は、自ら「石狩大府指図」「石狩国本府指図」を描いた。この図からおおまかな構想は想像できる。銭函仮庁舎で描写したと伝えられているが、実際にいつ・どこで作成したかは不明だ。

「石狩大府指図」は、石狩湾、銭函、石狩川の河口、札幌川が描かれ、大まかな東西南北の位置関係が読み取れる。石狩大府と書かれた本府が、図面のほぼ中央に置かれ、本府から南側へ延びる大町までの南北のメイン道路と、その道路沿いに多数の建造物の名称が、それぞれ認められる。本府は、街全体を指すのではなく政務・行政機関で成る役所群だ。北方向に、石狩川河口の集落である石狩から続く道路上に、幕末から開かれた開墾村（元村）と志野呂村（篠路村）がある。

南西方向の「丸山の麓《ふもと》」と呼ばれた場所に御宮が位置する。御宮の近くに社家数軒と記され、神官が十人以上もいる北海道の総鎮府に相応しい北海道新大社を考えていたのだろう。

西方向に銭函からの道路と、そこから分かれた道路に発三（発寒）村と琴二（琴似）村が、南方向に温泉（定山渓）が確認できる。南東方向に千歳・室蘭・有珠へ向かう道路が描写されている。道路は有珠江の道、室蘭江の道、千歳江の道と、義勇のいう「四通八達」となり北海道全域を結んでいる。札幌川は、現在の豊平川だ。

「石狩大府指図」は、松浦武四郎の大まかな計画案を具体的に地図化した。位置関係が現在の地図とも符合しており、現地の情報がなければ作成できないだろう。少なくとも、北海道に渡る前の東京で作成したとは考えにくい。理由として豊平村が記載されているからだ。明治二年十月中旬に豊平村が開村し、十一月中旬に、部下の山田一太夫大主典の公金使い込みで開墾が中止となり村は消滅した。このことから、この頃に「石狩大府指図」が作成されたのだろう。

「石狩国本府指図」は、中心部の本府と大町を拡大した計画図だ。北方向に一間（約一・八メートル）幅の掘りで囲まれた一辺が三〇〇間（約五五〇メートル）である正方形の巨大な本府が、正面を南向きに描かれている。本府の北側に東西に平行に三間（約五・五メートル）の土塁とさらにその外側に一間幅の掘が設置され、防御機能を持ち合わせていた。

本府の北側に本府を中心に、東に御馬屋、西に米穀蔵を設置する。本府中央の正門から、南北方向に十二間（約二二メートル）幅のメイン道路が南端まで延びる。メイン道路の両側に、北から長官邸と判官邸を、その南側には各役人の邸宅と農政・市政・刑部の役所、学校や病院などを配置した。

メイン道路の途中に、垂直に東西に交わる四二間（七七メートル）幅の広場があり、広場内に二層の土塁

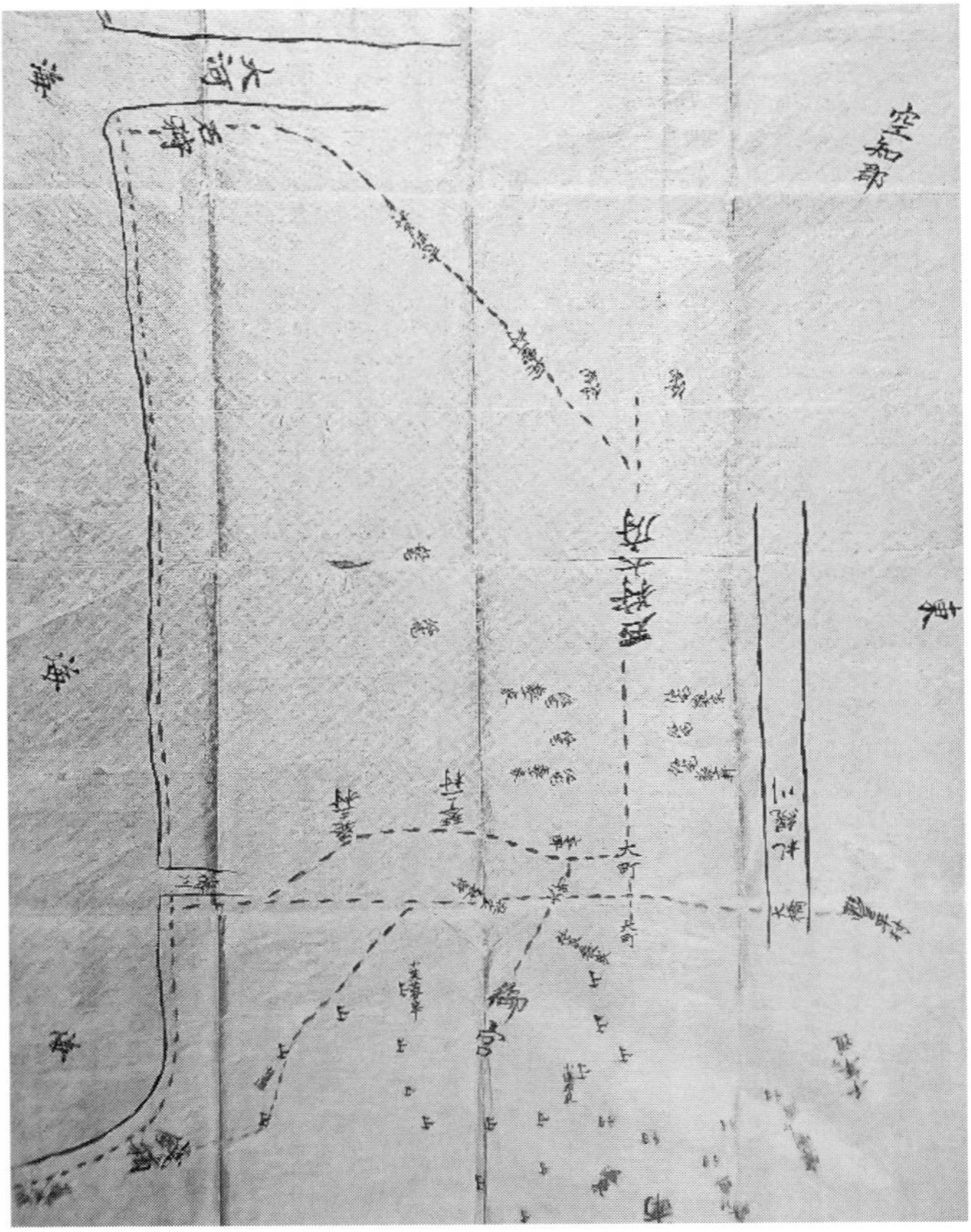
「石狩大府指図」
北を上にする。左側が石狩湾　中央に本府　その右側に札幌川（豊平川）。
（北海道大学附属図書館北方資料室）

が平行に走っている。広場の北側を「官地」、広場の南側は、本町と記され「民地」と呼んだ。民地は「石狩大府指図」で大町にあたる。「石狩国本府指図」から予想できることは、この広場は、土塁の設置から、民地から官地への直接的な侵入を防ぐ緩衝地帯を思わせ、城下町での堀の役割が想像できる。この時期は、戊辰戦争が終了した年で、民地に移住する住民のなかには、官軍により親族が殺されている可能性もあり、日本人同士で殺気だっていた。

正方形の本府と南北に走るメイン道路の配置は、やはり平安京の大内裏と朱雀大路を連想させる。

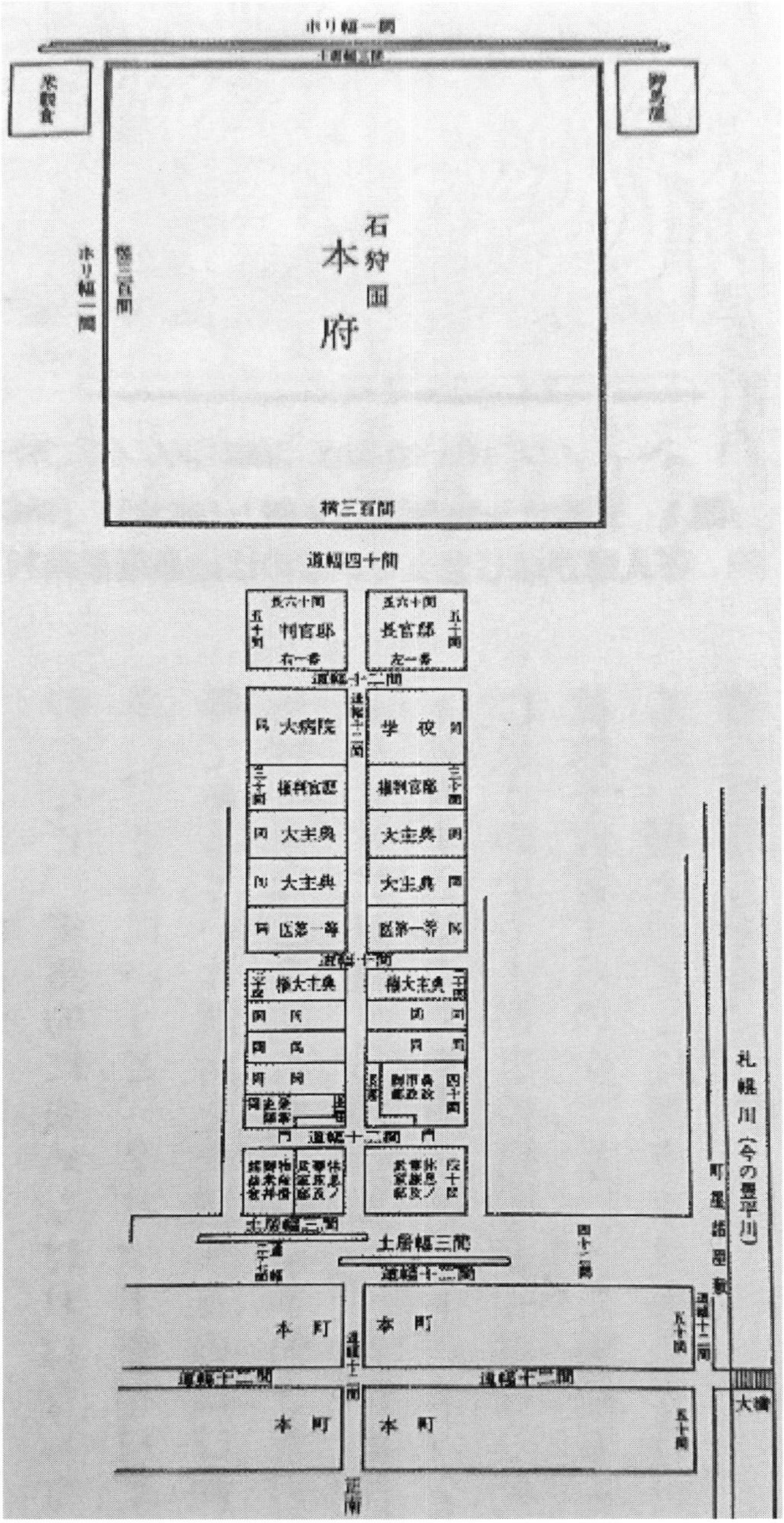

「石狩国本府指図」なぜか次官宅がない。（『新札幌市史　第二巻』）

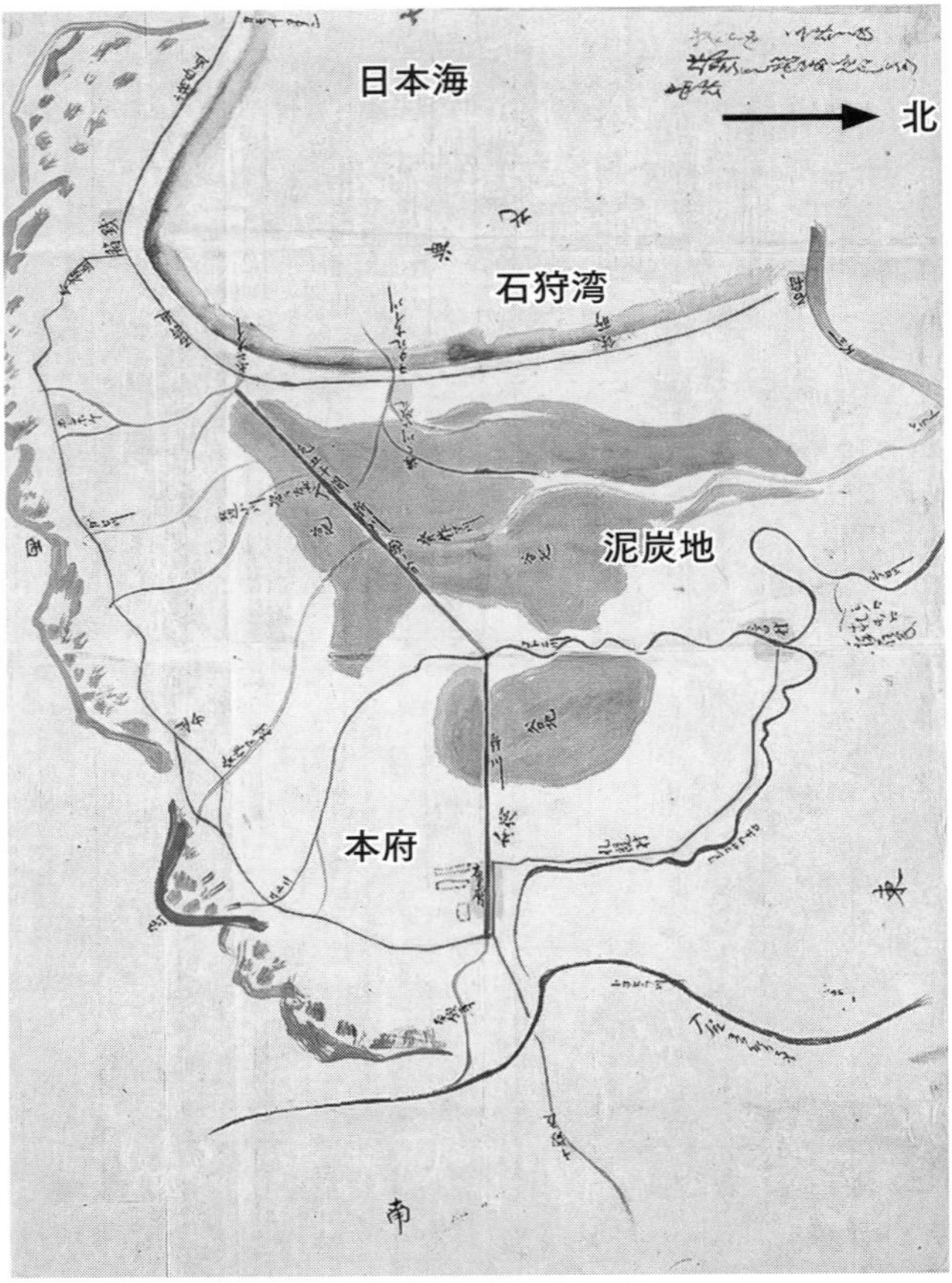

「札幌より銭箱新川迄の図」
石狩湾と泥炭地と本府の位置関係。大友堀が新川と名付けられ、銭函方面へ堀削する計画があったのが分かる。
（北海道大学附属図書館北方資料室）

二　札幌より銭箱新川迄の図

石狩湾からサッポロまでの泥炭地の存在は義勇も知っていただろう。「札幌より銭箱新川迄の図」から構想を推測する。

上部の弧状ラインが石狩湾で、左上部に銭函、右上部に石狩川、濃く広い灰色が泥炭地だ。その灰色領域の真下に本府を置いた。石狩湾から本府まで約十五キロメートルの、今のＪＲ鉄道より北側の石狩平野は泥炭地だった。泥炭地とは、冷温地帯で植物の遺骸が完全に分解されずに積み重なってできた湿地で、重いものは沈み水分を含むとドロドロになる。歩くにも一苦労で腰まで埋まってしま

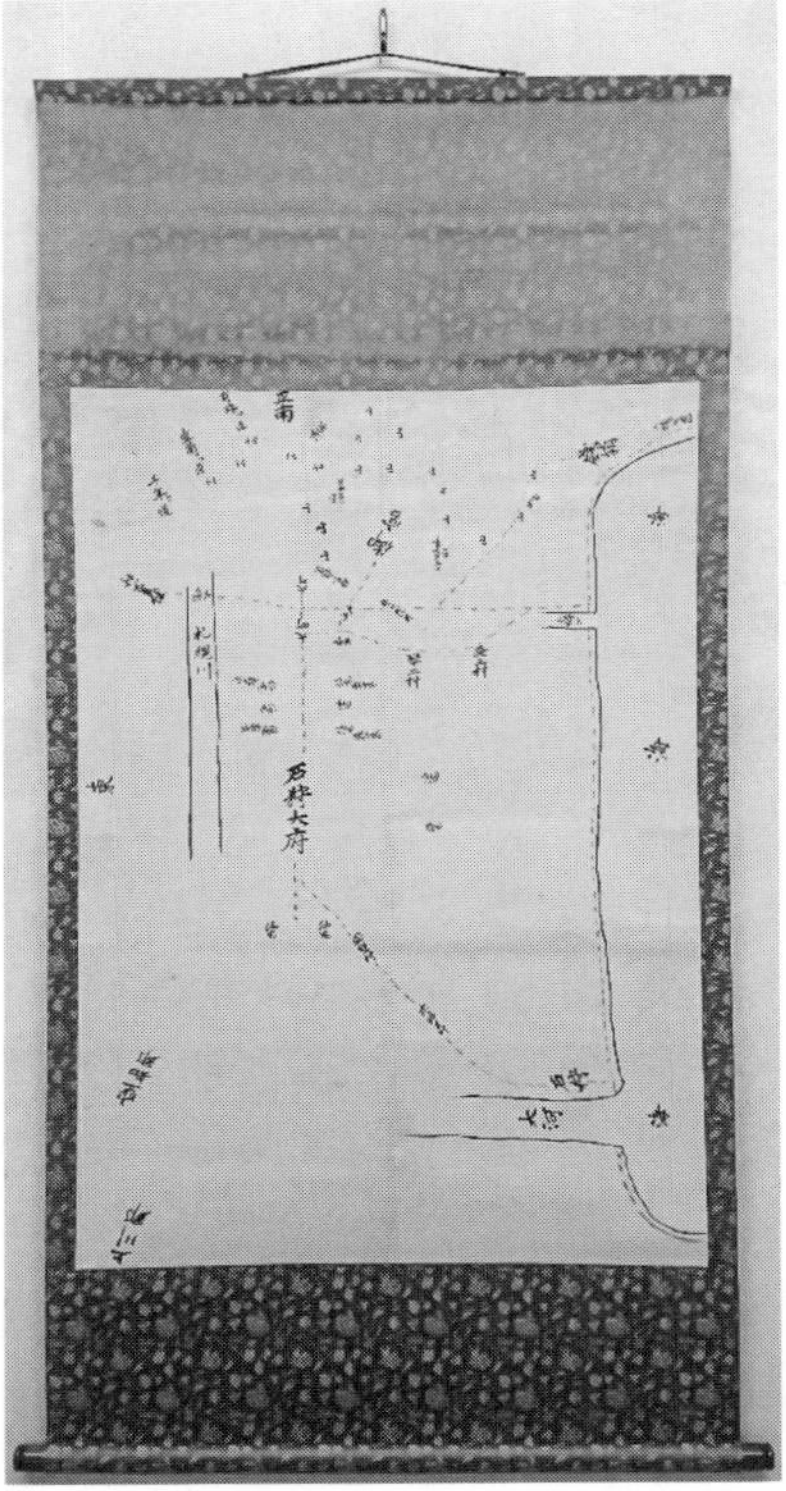

本物の「石狩大府指図」
（北海道博物館で著者撮影）

う。異国の軍隊が本府に侵攻するなら石狩湾の上陸が最も考えやすい。外国勢力の筆頭はもちろんロシアだ。もし、ロシア海軍の陸戦部隊が上陸に成功しても泥炭地がその侵攻を防ぐ。だから、本府の場所は外国からの防備も考慮していたと推察される。

本府内の東西に走る広場は民間人から、本府の北側に存在する泥炭地は外国から、それぞれ本府を守る防御機能だ。義勇の本府はまず防御を大優先に構想されたといえる。

三　義勇、建設開始

縄を張り、鍬《すき》を下す

銭函仮庁舎で義勇が指揮をして、予備調査隊として少主典の四名がサッポロの地に入り、まず吉田茂八宅に泊まる。その後、今の大通西四丁目あたりに事務所用の仮小屋を建てた。

その後、義勇がサッポロに入り、「降り積る白雪は野も山も埋めて林の樹間に熊の足あとをかぞえるばかり」

と、厳冬のサッポロを表現した。この年は、天候不順で冬の到来が平年より早かった。佐賀生まれで、夏の蝦夷地しか知らない義勇に、雪が覆い尽くすどこまでも広がる原野がどんなに心細く感じたか。でも、全く弱音を吐かずに、直ぐに仕事に取り掛かかっていく。

義勇が、サッポロに到着した翌日から、早速、縄張りをする。十一月十一日と十二日の二日間で、銭函から千歳を結ぶ「サッポロ越新道」の銭函通と大友掘が直角に交わる場所、すなわち、現在の南一条通と創成川の合流地の創成橋のある場所から縄張りを開始する。縄張りとは、区分けの敷地を示すため杭を打って縄を張る作業だ。札幌市の都心部で、最も栄えている中心地は、JR札幌駅と南一条通西四丁目交差点周辺なので、この場所はやや中心地から離れている。

現在の架かっている創成橋は、アンダーパス連続化事業の一環として、平成二二年（二〇一〇）に再生された。橋に隣接して、北海道の道路の基点を示す「北海道里程元標」や「札幌建設の地碑」がある。ここを原点として町が拡大していく。

現在の創成橋。
「北海道里程元標」と「札幌建設の地碑」。
右奥に見えるのは、さっぽろテレビ塔。
（著者撮影）

東西に走る銭函通は、ケモノ道を幅広くしただけだが、さらに拡張し直線化して整備する。この道路を境に、一時的に町を南北に分けた。そして、大友堀に接して東側に、堀に平行して南北に一本道を新たに作る。この道は、大友堀を通行する小舟の資材運搬用だが、将来は本府から延びるメイン道路の基盤にする予定だ。大友堀を境に町を東西に分けた。建物を新築する余裕はなく、とりあえず元村の大友亀太郎が住んだ旧幕府役宅を、同意を得て今の北二条西一丁目に移築し、義勇の居住宅とする。

さっぽろテレビ塔展望台から南側に見える手前の橋が創成橋。橋を左右に走る道路が南一条通。

（著者撮影）

同じく展望台から北側を望む。右側が創成川、中央の超高層ビルが「さっぽろ創世スクエア」。右上の複数のタワーマンションが立ち並ぶ場所が、本府予定地。

（著者撮影）

深谷鉄三郎の話では、「製麻会社（帝国製麻工場）の処へ、府を建てることとなった」との内容から、ＪＲ鉄道路線をまたぎ創成川を挟み、北六条から八条辺りまで、敷地三〇〇間四方の本府の設置を決定していた。ＪＲ鉄道路線は、札幌扇状地の北端を東西に走っており、鉄道路線を境に北側は泥炭地だった。だから、義勇が構想した本府の場所は、北方面は泥炭地が覆い尽くし、現在の道庁がある場所と異にする。

四　苦悩する事業

作られた小屋の床の高さは、昼は一尺だが、夜に一尺五寸まで高くなり、昼に再び低くなる。霜柱が夜に成長し小屋を持ち上げた。それ程、寒さが厳しく全てが想定外だった。

部下の、十文字大主典、小貫権大主典、富岡、阿部、長尾、林の少主典らが、作業員を指揮して樹木の伐採を始める。作業員の人数がとても少ないので、義勇は石狩や勇払のアイヌに協力を、他に冬季で漁期を終え故郷に引き揚げる予定の銭函の漁民を雇い上げる。さらに盛岡藩が募集し樺太に派遣する一〇〇人の職人も予定を変更して、なんとか五〇〇人程に増やした。

もちろん、幹部の少主典の四名も柱を立て穴掘りした。そして太い森林を一本一本と切り倒し、大地に根の張った切株を、馬力を使って抜いていく。義勇も含め一同、地位に関係なく泥まみれになり、朝から晩まで総勢で働いた。深谷が三〇年後に、「今の官員様が洋服召してすましこんで指図をしているようなものではなく、非常に難儀をして、土方の仕事まで自分でするということでした」と回想している。これから、さらにぐっと刺すような冷え込みとなり雪も深くなる極寒の時期へ向かう。北海道ならではの強い冬の季節風は、さすがに身体にこたえた。

大晦日の夜が明ける頃、久しぶりに風もなく日の出が拝めた。札幌が開府され初めての正月だ。底なしの静寂さが、大地に無限に広がっているのを、義勇は全身で感じていた。雪原を「眩しいほど美しい！」と称賛し、思わず息を吐き漢詩を詠む。

「**鳴鶴一声天明けんと欲す**
衣冠清整して皇京を拝す
府中閑静にして客の来ること少なし
笑って妻孥に対し巨觴を挙ぐ」

「当地に多い丹頂鶴の鳴き声で正月は明ける。衣冠をすがしく整え、遠くの東京を拝む。元旦の石狩本府は静寂で客も少ない。妻子と部下を相手に、にこやかに屠蘇《とそ》の巨杯を傾ける」

元旦の朝は丹頂鶴の鳴き声で目が覚めた。外を眺めると、雪煙を上げながら白鳥や丹頂鶴が舞っていた。妻と子供は、一緒に住んでいるのか、正月だから銭函から尋ねに来たのかは不明だが、苦労をかけてきた家族や部下に気をつかう様子が伺える。

「**寒郊雪を掃って幾宵か留る**
環く囲炉に臥して鹿裘を襲ねたり
道ふを休めよ此の中礼儀無しと
判官の足は土人の頭に在り」

「厳冬の荒野で、雪を掃いてどのくらい経ったのだろう。一同、囲炉端《ろばた》の周りに、鹿の皮をかぶり、弧を描くように雑魚寝《ざこね》をする。ここでは、無礼作法などは言わないでおくれ。私の足は、アイヌの人夫の頭にある。すまないが勘弁して欲しい」

義勇は、判官とはいえ、作業員やアイヌと一緒に、同じ家屋で寝泊まりしながら働いた。

「**荒原犬を伴ひて眠るを嫌はず**
寒を禦ぐ尚炉辺に坐すに勝る
半宵忽ち喜ぶ猟夫の到るを
酒を呼びて割烹すれば鹿肉鮮なり」

「この厳冬の荒原では犬と寝るのもよし。厳しい寒さを凌《しの》ぐには、炉端に坐っているより犬を抱いて寝た方が暖かい。夜になり一同が歓喜の声を上げる。猟師が鹿を捕まえてきたのだ。その肉が新鮮で美味しさに感動する」

夜は、狼の遠吠えや羆《ひぐま》の歩く音を聞きながら犬と抱き合って暖を取った。疲れ切った体を癒すためぐっすりと眠る。義勇は、精根を使い果たしていたが、作業員全員との達成感と一体感から、逆に感謝と幸福感で一杯だった。

この頃、札幌を訪れた米沢藩士の日記『磯谷日記』を読むと、本府に行くには「楢樹《ならのき》、いたや、白樺《しらかば》、しころ、胡桃《くるみ》、桑」の大密林を通らなければと書かれている。まさに、大原生林の中から人工的に作られた空間が突如として現れ、誰もが街が生まれる瞬間を実感していた。苦境に立たされた時、義勇は、直正から頂戴した紫金刀をじっと眺めながら、どんなことがあっても絶対に弱音をあげないと自分に言い聞かせていた。冬の風音に負けず工事の槌音や作業員たちの働く大きな声が、義勇に聞こえてくる。

五　高見沢権之丞の図

「札幌之図」と「見取図」

義勇が本府を開府して解任されるまでの約三か月間、家屋と役所の建造や、道路の整備をどのくらいしたのかは、実はよく解ってない。後任者が史料を破棄したかもしれないが、唯一探れる貴重な史料が残っていた。高見沢権《たかみざわごん》之《の》丞《じょう》が描いた「見取図」と「札幌之図」だ。

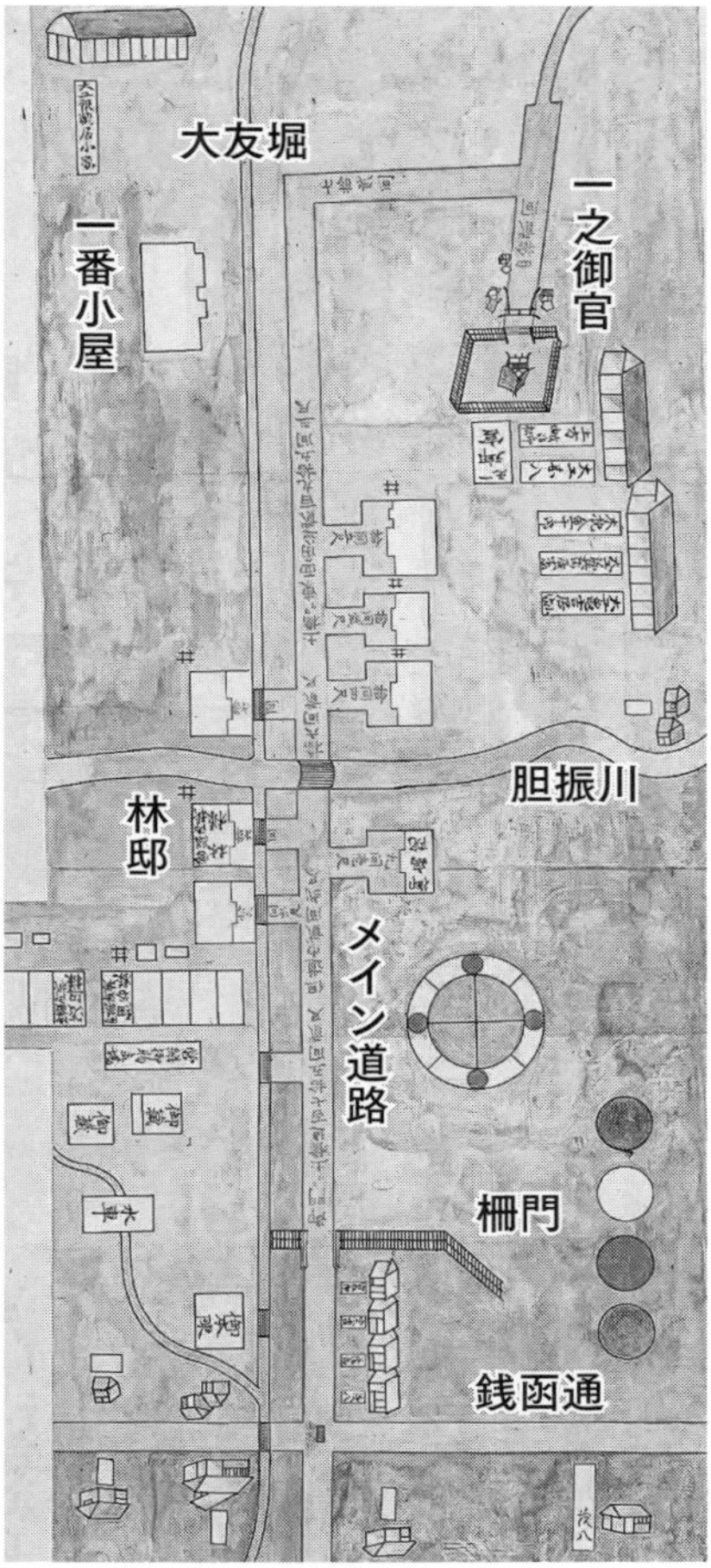

上を北にした「見取り図」。南北に流れる大友堀の東側に将来のメイン道路と、直角に交わる銭函道が描かれている。中央の東西に流れる川は、現在は存在しない胆振川。（北海道大学附属図書館北方資料室）

営繕掛に建築の経験者はいなく、函館から随行した請負業者に負うところが大きかった。高見沢は幕末に箱館で事業を営んでいたが、明治二年十一月、義勇と共に札幌に移り五五歳で開拓使営繕掛手代となる。「見取図」は、義勇が去る明治三年三月～五月頃の、大友堀を中心とした中枢部の地図で、義勇がどこまで建設したかが推測できる。大工の観点から建造物を地図に

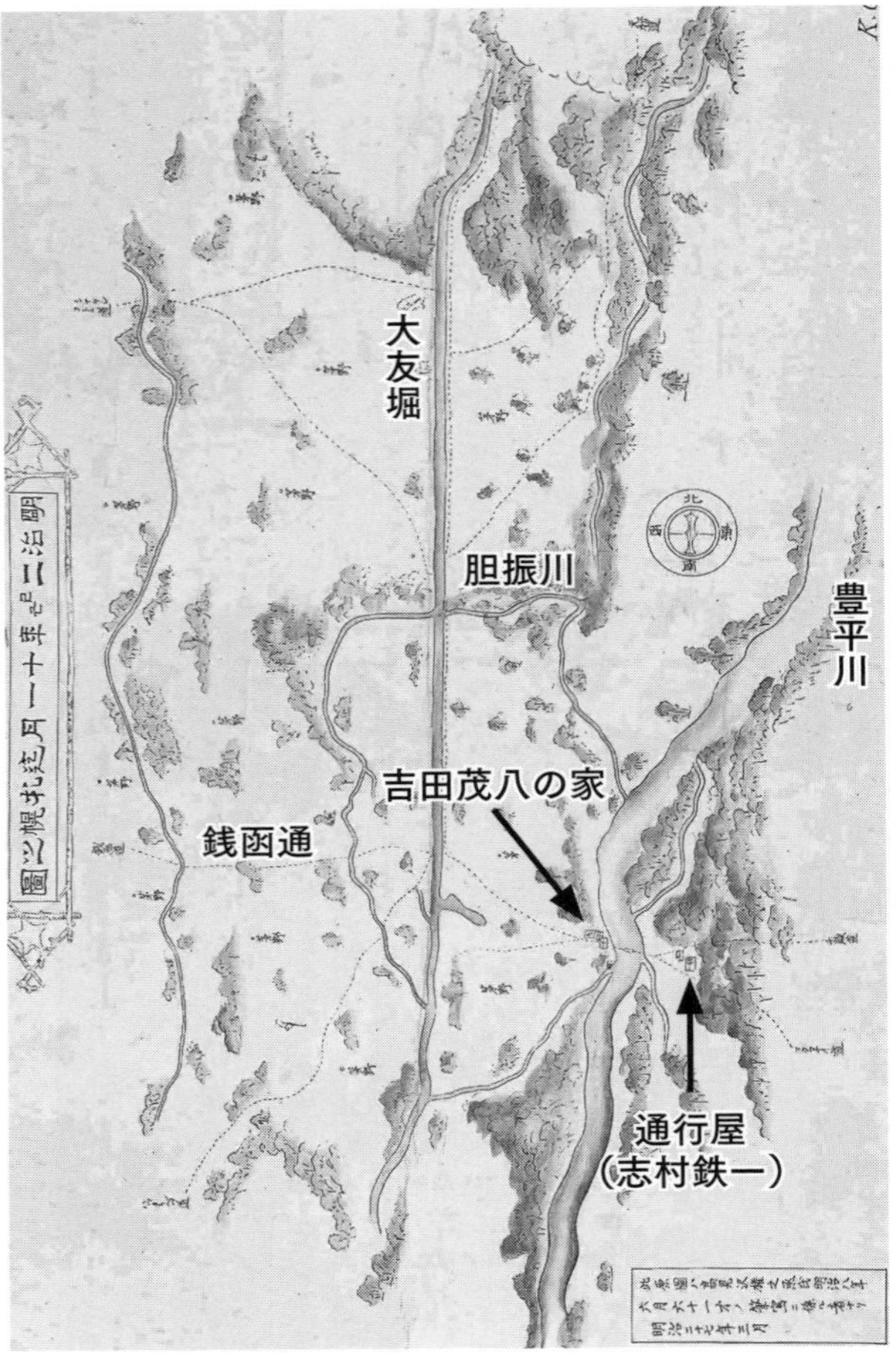

上を北にした「札幌之図」。
中央を南北に流れるのは大友堀　右下は豊平川。
アイヌが往来した多数の小道もある。
義勇が到着した頃のサッポロの原野だが、信憑性は不明だ。
（北海道大学附属図書館北方資料室所蔵）

残した。ただ、これらの図は、義勇が解任された六年後に思い出しながら描いたもので、その場でスケッチしたのではない。それでも信頼性の高い図といえる。だが、初めての宿屋で民間経営の秋田屋や、大工や人足の粗末な小屋などの一部は、描かれていない。

「札幌之図」は、豊平川や藻岩山も含めた開府直前の広範囲の地図だ。ほとんどが茅《かや》野《の》の原野で所々に森林が散在している様に見えるが、どこまで、正確に再現したかは不明だ。右下の人工の家屋は、豊平川を挟んで渡し守をしている志村鉄一の通行屋と吉田茂八宅である。

「見取図」を説明すると、現在の創成川を中心に、北七条から南一条の場所を中心に描いた。道路はほぼ直線状の大友堀に沿って、東側に南北に走るメイン道路と、直角に交わる銭函通りだけだ。

大友堀の西側に、北より「第一番御役宅」と呼ぶ集議局となる一番小屋がある。今まで旧幕府が建てた建造物を本府に移動させ改築していたが、十二月三日、初めて新築として間口三間、奥行五間の小屋が建てられた。それで一番小屋と呼ばれる。この建物は、島判官邸宅になり、集議所として会議をする官邸にもなった。南へ林権大主典役宅や御本陣が描かれている。御本陣は豊平川の渡し守である志村鉄一宅を移築したもので、南一条東一丁目に新築の本陣が建設されるまで、臨時の官設宿泊所として使用された。東西に長い長方形の建造物が、五戸長屋の使掌長屋という下級役人の宿舎だ。使掌長屋から御本陣の間が、現在の大通公園の位置になる。

大友堀の東側は、北から、円山に移転する前の仮宮「一之御宮」が位置する。開拓三神の御神体はいったん集議局で祭られたが、明治三年五月頃に一之御宮が造られそこに移動した。南へ三棟の官邸と病院が描かれる。その南側にメイン道路をまたぎ、木の柵と門があり、さらにその南隣に、移動した吉田茂八宅を含む数軒が位置する。木の柵は府前柵門といわれ、この柵を境に、官用地区と町家地区とを分け、検問も兼ねた。西二丁目通りを南北に流れ、途中東へ方向を変える胆振《いぶり》川は、埋め立てられ現在存在しない。義勇が実際に建設した本府はここまでだった。『新北海道史　第三巻　通説二』からの記述である。

「少なくても十四棟以上が建設され、費用は一万三八七両で、取りかかりの分として七九〇〇両をあげている。島判官は、大規模な工事を一挙に展開しようとしていたことは想像される」と、まさに突貫工事だった。

「今日は烈敷風雪に御座候処、御勤苛（勤めが苛烈なこと）奉レ察候、随分本府の雪見（雪景色）奇景にて御座候。諸君も一刻も御□□□と存候得共　拙寓の所さへ一昨日畳等も未だ敷揃居《しきぞろいおり》不レ申　何れも准（準）レ右不捌《ふさばき》にて、今日も雪防ぎの板杯も当て御座候。扨御沙汰の防寒薬に御持合のとふからし（唐辛）少々、両三日中御用便り之時御恵被レ下度奉レ希候。御一叱々々

五日

十文字兄

御内申　　義勇」

「十文字家文書」より、当時の非常に数少ない情況がわかる義勇から、部下の十文字への手紙である。本府建設時の義勇の正直な気持ちが吐露されている。拙萬とは一番小屋を指し、猛烈な環境下で、粗末な掘立小屋で人夫と合宿しな

手前の左右に走る道路がメイン道路。中心の家屋は北一条西一丁目の林少主典邸。家屋の手前に大友堀が隠れている。堀の橋を渡り道路に出た。右端の家屋は判官邸の一番小屋。右側の川が今はない胆振川、左後方は藻岩山。明治四年九月下旬か十月上旬頃と予想。
（説明は『北海道近代化の幕開け』から参考。北海道大学附属図書館北方資料室）

大友堀を、東北側に望む。
大友堀の東側にメイン道路が、左端に林少主典邸が見える。

『恵曽谷日記』から
明治三年の札幌。
遠方の山は、藻岩山である。
雪に埋もれ閑散とした寂しさを感じる。

中央に柵と大門が確認できる。川は大友堀。
柵の手前が官用地区(官地)、
向こう側が町家地区(民地)。

がら辛い気持ちを語っている。

十二月になると、札幌越新道の銭函と本府を結ぶ道路の拡張工事を行う。銭函方面からの物資供給が増えると踏まえたからだ。吹雪で見通しがきかないので、夜中に札幌と銭函の両方から烽火《のろし》をあげ、その火を目印とした。幅十間（十八メートル）の道を両側から切り開き伐採をしていく。

「雪を侵して連旬共に励精し
府中の第宅漸く将に成らんとす
相伝へて遠近の人争い到る
是れ治下の氓と為るを願ふなる莫からんや」

「積雪相手に、何十日も建設事業に励んだ甲斐があり、本府には次々と官邸が完成していく。噂に聞いた遠近の人々が我先にと見に来る。見に来た人は、新政府に変わったのを喜んでいるに違いない」

建設の進行に納得していたのが分かる。開拓使役人、兵部省役人、請負人、会津降伏人、商人や漁場関係者の一部が、見学に来たのかもしれない。後日、東久世長官が、初めて本府を見て、義勇を解任したのを悔やんだと伝えられている。もしそうなら、本府の建設状況の情報が函館まで届かなかったか、あえて長官に知らせなかったのかもしれない。

六　明治三年の札幌の気候

義勇が建設していた時、実際の札幌の気候はどうだったのか？

明治九年から札幌で正式な気象観測が始まっており、当時の詳細な天気の記録は見当たらないが、開拓使の公式日記や赴任中の役人の日記から、垣間見ることができる。

ただ、明治三年始めは、十文字が書いた日記しか資料がない。さらに、その日記は天気以外に個人的な感覚で表現された温度が記載されているだけだ。

明治三年一月は、九日に甚寒し、十日に晴烈寒以外は、二日は暖也、三日は夜に雨など、月の半分以上の十八日間が晴れ、二月一日は時々雨降の記録である。

現在の札幌市で、暖冬の季節に、一月から二月の間に雨が降ることもあり、この日記の記録では現在の平均的な気候と比べても、やや暖かだった印象を受ける。島義勇関連の本は、例年より厳寒と書かれていることが多い。十文字日記は、科学的根拠のない参考資料でしかないが、冬期に建設をした理由のひとつとして、一度、再考すべきだろう。

第十六章　兵部省の妨害

一　管轄を争う

兵部省は、明治二年七月の職員令により軍務官の名称から改称される。長州藩の木戸孝允が設立に関わり、実質の最高責任者である大輔に同じ藩の大村益次郎や前原一誠が就任した。現在の防衛省の役割を担うが、北海道では開拓の計画を立てた。そしてこの省から石狩国に派遣されたのは、大録《たいろく》である同じ藩で井上俊次郎だ。兵部省は長州藩の息がかかっていた。

井上は明治元年五月、蝦夷地に渡り箱館府参事となる。十一月、旧幕府軍の榎本が、新政府の箱館府を排除し「蝦夷地共和国」を宣言した。この時、箱館府出張所の石狩役所にいた井上は捕まるのを恐れ、銭函で漁業を営む西谷嘉吉の助けを借り、手稲山の木こり小屋に潜伏した。昼夜、生木を焚き続け一冬耐え、旧幕府軍が敗北すると、今度は、復活した箱館府の二等弁務から兵部省大録に採用され、再度石狩役所詰になる。明治二年八月二〇日、小樽・高島・石狩三郡が兵部省の管轄になると、石狩役所を本拠地に経営に当たる。

「**今般会津降伏人蝦夷御内発作部、石狩、小垂内三ケ所為開拓被移、右取扱方の儀は軍務官へ被仰付候条、彼の三箇所同官へ可引渡旨　御沙汰候事**」と、開拓使が設立される前の明治二年二月、兵部省の前身の軍務官は、「**会津降伏人始末荒目途**」を作成し、会津藩降伏人の一万七〇〇〇人のうち一万二〇〇〇人を蝦夷地に移住させる計画を立てる。ただ、兵部省に樺太の移住計画は無く、樺太確保に必ずしも固執していない。

この計画は、箱館府時代に兵事取締役に採用された、やはり長州藩出身の堀真五郎が主導した。北海道が分領支配となり、移住場所として、石狩・発寒・小樽内の石狩近辺一帯を願い出て、この一帯を「田城国」と勝手に名付けた。数千人が小樽に上陸し仮宅を作り、開拓するのにどこに向かうのかと待機した。

義勇が渡道前の同年七月二三日、開拓使は島首席判官に石狩へ出張を命じ、本府を設置することが決まる。兵部省は自ら翌日に「田城国」の開拓使への移譲を申し出て、急遽、石狩地方の当別、後志地方の余市と古平へ、会津藩降伏人の移住先を変更する。ともかく、政府は、開拓使と兵部省が管轄地を競合しないようにと話し合いを薦めていた。これは鍋島直正から新政府の最高幹部の三条・岩倉への働きかけと思われる。北海道を分領支配する各藩らは開拓使の指揮を仰ぐ必要があるが、兵部省は開拓使と同格位の中央政府機関なので、調整が必要だった。

しかし、この動きに木戸孝允が激怒し、大村益次郎に協力を要請し、誰の目にも明らかに妨害してくる。政府内で鍋島派と大久保派の覇権争いの結果、義勇の出張が中止となり、七月二九日、石狩は再び兵部省の管轄となる。八月十五日の北海道国郡画定より、五日後、正式に小樽郡・高島郡・石狩郡が兵部省の領地とされ、再度「田城国」となった。この時、内陸の発寒や札幌郡は何とか開拓使の管轄として残る。

二　兵糧攻め

同年十月十二日、義勇が兵部省管轄内の銭函入りをした時、前もって兵部省の許可と、さらに本府建設について話し合いが必要だったが、兵部省の石狩役所へ届けはしなかった。井上は、相談なく銭函入りをされたのがよほど気に障ったのか、義勇の協力者である銭函の白浜一家を、怒鳴り乱暴して傷をつけた。

ただ、義勇の大久保や副島への書簡に「石狩国銭函」との記載がある。確かに、銭函は石狩平野の一端にあり、地形上は後志地方の小樽からは山で遮断されている印象だ。現在は小樽市より札幌市の通勤圏内だ。松浦武四郎が作成した地図で、石狩国と後志国の境目が確認できるが、かなり不鮮明で、どちらに属しているか判然としない。兵部省を無視しあえて銭函を「札幌郡」にすると解釈したのか、うっかりと単純に間違ったかはわからない。確かに、義勇も余り細かい事にこだわる性格ではない。「**松浦君丹情《ママ》有之候絵図面函館表出立之砌於同所借受度旨に付暫相残し置候処猥に国郡境界の張紙を動かし候と相見へ甚暧昧と致し今般兵部省と之境界取調にも差支候に付同省詰合之内重立候井上俊次郎等江追々談判及ひ居候得とも何分偏論而已未決定不致**」

この文章は、「義勇が函館で見た地図に改ざんが加えられており、石狩現地の兵部省役人と境界争いとなった」と指摘している。しかし、義勇の書簡は、何度もしっかりと「石狩国銭函」と記述され、銭函仮役所に滞在中の十一月十三日の書簡に「**函館にて写取候節朱引等大に混乱相成候上現地と照合候得は少々不都合の場合も有之**」の内容から、兵部省と開拓使のお互いの認識の誤りが、一番に考えられそうだ。その後、井上と個人間で話合いをしたが物別れに近い状態で終わった。義勇は、「**心得違と相見**」と、井上に、偏見のみ唱えるなど惨憺たる評価をしている。

その後、兵部省小樽役所は、石狩湾沿いの厚田から銭函までの宿駅に通知を出す。現地の開墾者に、「軽物も含め全ての品物の販売を開拓使に禁止する、また開拓使所轄のアイヌには兵部省管轄内への移動を強制させ、従わなければ今までの保護を御破算にする」と脅しに出た。余りにも酷い通知である。兵部省より後から入ってきた開拓使は、明らかに不利な立場に陥っていた。

※軽物は、蝦夷地の特産物を表す。

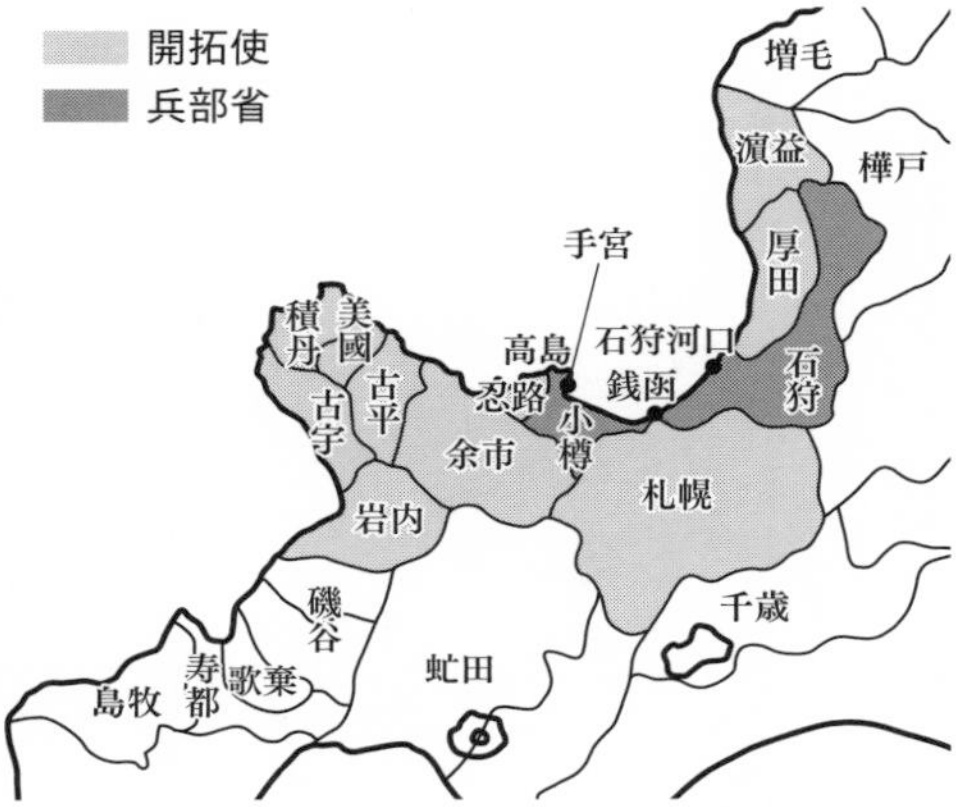

明治二年末　使省藩士族寺院管轄図
（『北海道史　附録地図』よりトレース）

当時の札幌方面への物資は、小樽からまず石狩川河口の石狩に陸揚げをして、石狩川を上り茨戸《ばらと》から伏古川、又は対雁《ついしかり》から豊平川を伝って、丸木船で札幌方面まで運んだ。この通知は、石狩川河口や小樽の海岸沿いの港が、兵部省の管轄内と考えると、明らかに兵糧攻めだ。義勇は、石狩川を利用する輸送を断念し、開拓使の管轄内の厚田・浜益や余市忍路《おしょろ》より、陸路で人夫に背負わして食料を運ばせる。そのため、雪の降るなか、急いで銭函道の整備もするが、たかが知れている。

また、以前に太政官から義勇に認可を与えていた会津藩降伏人の採用も、兵部省は拒否した。そのため本府建設の作業員として使えなくなる。

井上の言い分は、「最初は降伏人を札幌近辺に移住させる予定だったが、その場所が突然に開拓使の管轄となり移住先がなくなった。自分が何とか探しまわり余市へと変更とした。だが、降伏人を移住させる業務も、その後の食料供給も、本来なら開拓使の仕事のはずだ。それをないがしろにして、食料供給の協力なんてふざけるにも程がある」ということだ。

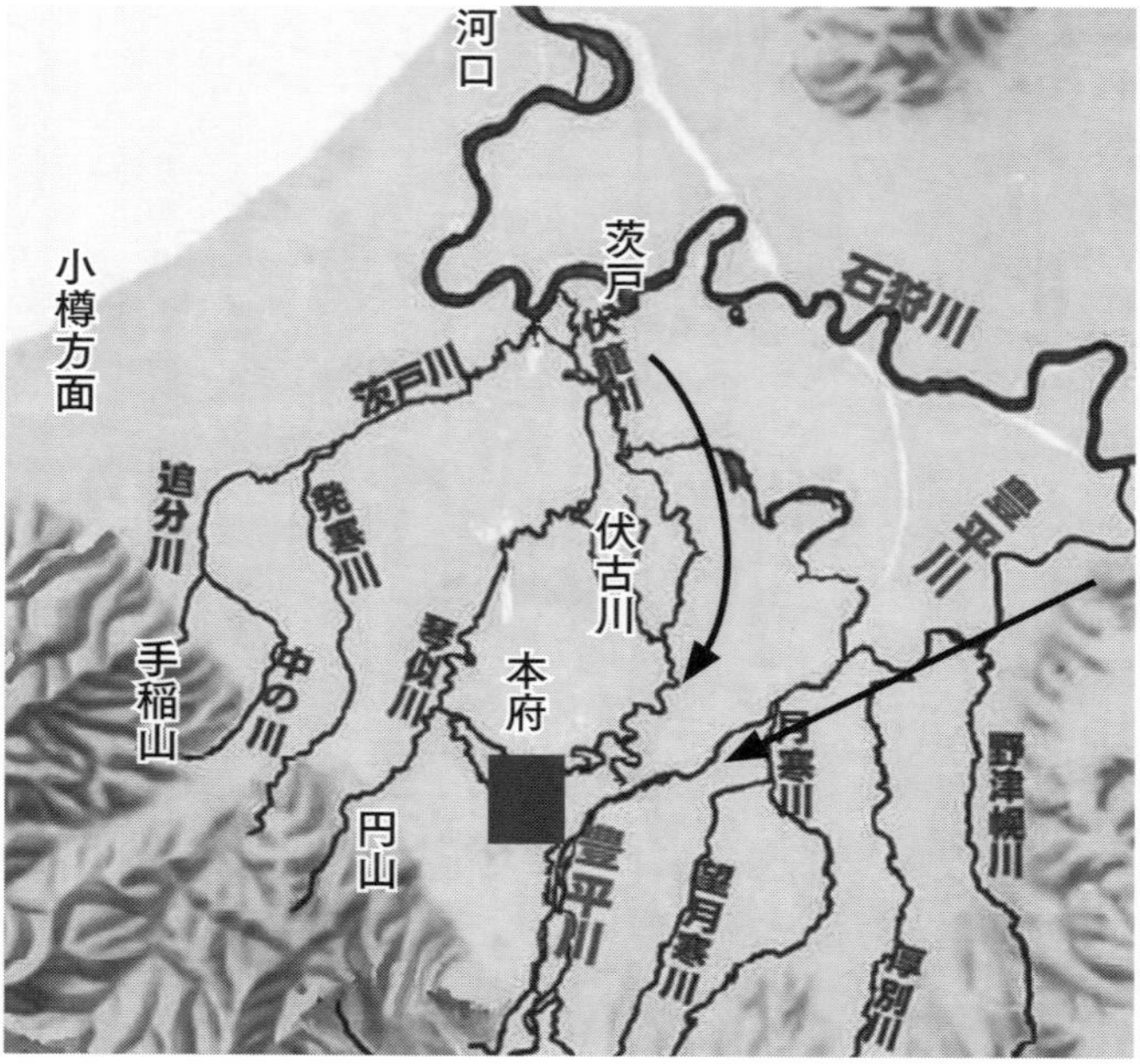

札幌への運搬経路

立て続く露骨な対応に、義勇は、どう考えても独善的だと怒りを見せる。そして、この兵部省の態度を、函館の東久世長官に報告する。しかし、その前に東京にいる松浦武四郎を通し、政府に開拓使の浜益《はまます》・厚田と、港がある兵部省の小樽と高島郡を、交換条件で開拓使の管理下に置けないかと嘆願書を送っていた。松浦が三条実美に、石狩の実情を訴える。明治二年十一月、松平容保の息子に家名存続が許され、下北半島に三万五〇〇〇石の斗南藩が設立された。北海道よりまだましだと考える会津藩降伏人は、新たな藩が復活することで戻って行く。明治三年一月、小樽と高島郡が開拓使直轄となり、兵部省の北海道に於ける役割はなくなった。

石狩地方で食料の争奪戦となるのは致し方がないが、逆に、明治二年十一月に兵部省が米二〇〇〇俵を開拓使に引き渡している史料もある。組織末端は、幹部の争いどころではなく、厳しい環境下からお互いに助け合っていた。

兵部省の井上の行動は、あからさまに義勇を敵とみなしており、北海道を取り巻く海外情勢を考えると、やはり常軌を逸しているとしか思えない。

確かに、榎本ら旧幕府軍が北海道を占領した時、井上自身がどんなに苦労したか、後から何も知らずに来た義勇らには、分からないだろうという気持ちはあっただろう。だが、根本的な原因は、個人的感情から来たものではない。

なぜなら、まだ井上と義勇が会う前から確執は起こっていたからだ。すなわち、開拓使と兵部省との軋轢は、義勇がサッポロに向かう前の、石狩地方の管轄をどちらにするかで、木戸孝允と鍋島直正の覇権争いから始まる。猜疑心が強い木戸だ。特に直正の行動に、幕末から不信感を募らせていた。この木戸の開拓使への嫌悪感は、維新前の佐賀藩と長州藩との因縁の中で生じたものだ。結局、義勇は、政敵の大久保一派以外に、木戸を代表とする長州閥とも確執し、孤立無援となっていく。

第十七章　物資補給に奔走する義勇

一　昇平丸の沈没

十月一日、義勇が函館からサッポロへ出発する時、大量の食料を積んだ昇平丸が、後から銭函に着く予定だった。昇平丸は、薩摩藩の島津斉彬が造らせた帆船だ。

九月二一日、米一五〇〇俵（一〇〇〇俵は函館、五〇〇俵が銭函）を積んで、東京・品川を出発した。丁度、東久世や義勇が品川から違う船で出発する同じ日だ。自分達が現地で仕事にかかれる頃には、到着するだろうと考えていた。途中、風に流されたりして、十月二四日にやっと函館まで着く。開拓使函館出張所は、ここで米を受けとらず早く銭函へ出発させようとする。出港前に、船を修理し、建築用木材と使途不明のミニエール銃百挺が積まれた。だが船長は、函館から日本海経由で銭函へ行くのを拒む。確かに、太陽暦で十二月頃の季節風が吹き荒れる海は、帆船の航海は厳しい。このままでは、石狩地方の食糧危機が予想され、開拓使函館出張所の役人は焦り、船長に強要するが無理だった。この間、銭函仮役所から督促が何回もなされ、函館出張所の役人は札幌の米不足を心配した。何とか船長を交代させ、十一月二八日（太陽暦で十二月二四日）に出港の運びとなるが、激しい季節風で、逆方向の安渡（青森県大湊）まで流され漂着してしまう。十二月二四日、銭函に向かうが、翌年の明治三年一月二六日、江差沖の上ノ国安在浜沖で沈没、船長ら五人と米一五〇〇俵が海の藻屑となった。

十月十二日、函館から来た義勇ら一行は銭函に着きここに仮庁舎を設置する。その後、同じく函館から続々と職人や人夫が到着した。彼らが携帯して持ってきた食料は微々たるものだ。兵部省からの兵糧攻めもあり、昇平丸が運んでくる食料は、現地の役人や人夫らの命綱だった。だから、義勇は今か今かと船を待ち望んでいた。その様な状況で、義勇がどんなに井上に懇願しても、兵部省から食料調達の協力をする気持ちは全くない。しかも、作業員はさらに増えてくる。

「こんな大切な時期に、昇平丸が…」

部下から報告を受けた義勇は、愕然となり思わず座り込んでしまった。深谷鉄三郎の話では、それから夜も寝むれないほど悩んでいたそうだ。

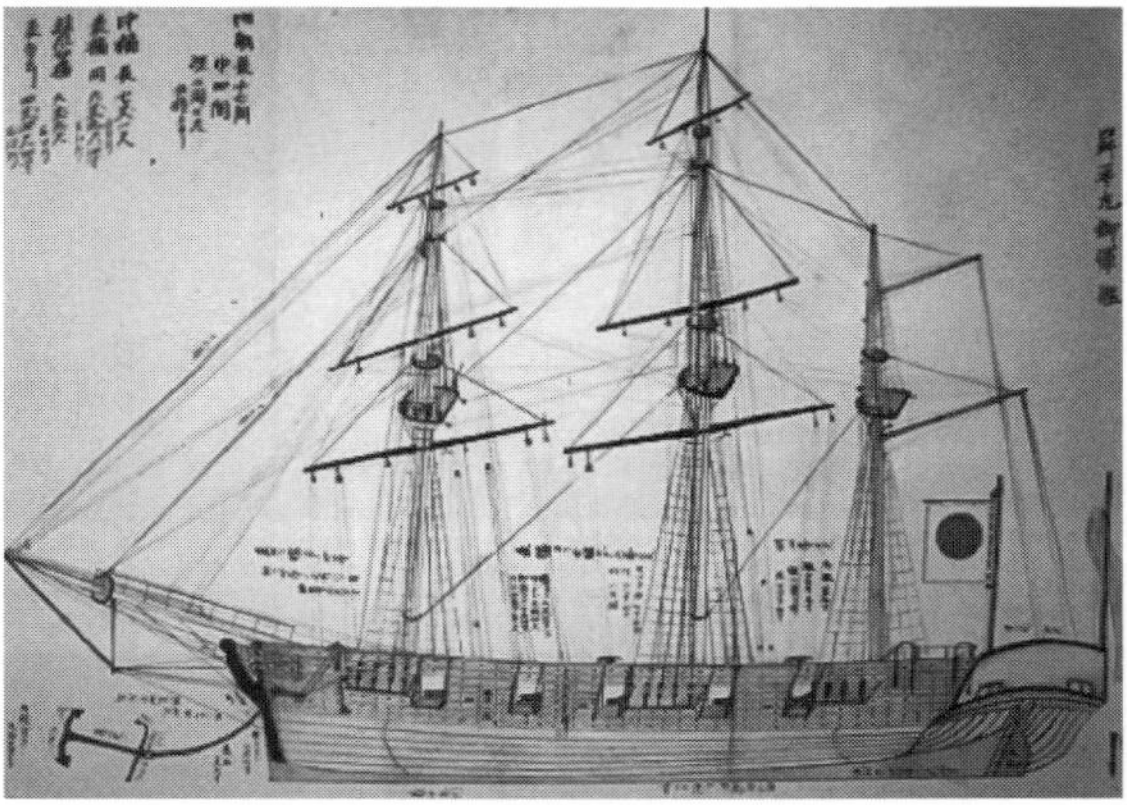

昇平丸
三本マスト木造帆船　三七〇トン。
咸臨丸と共に開拓使の所有船となる。
昇平丸の沈没は義勇に大打撃だった。

二　場所請負制廃止

決して、義勇は負けない。昇平丸が当てにできないとなると巻き返しにでる。別ルートから食料調達を考えた。まず、開拓使管轄内の十七人の場所請負人を銭函仮役所に呼び出し、十一月付で「**請負支配人断然名**

実共一時ニ相廃御直支配ニ取計申候条」と、場所請負制の廃止を申し渡す。そして請負人が所持していた味噌・塩などの食料や米を放出させた。他の判官を派遣している宗谷、根室、樺太にも、その旨を伝達する。場所請負制とは、松前藩がアイヌとの交易を商人に任せ運上金（税金）を取る制度で、この御用商人を場所請負人という。商人らは、冬季を過ごすため、またアイヌが反乱を起こした時の非常事態のため、備米は蓄えている。ただ、請負という商人だが、土地や住民を事実上支配しており、政府による開拓の障害となっていた。また、アイヌへの酷使は、アイヌが日本から離反する危険性を秘め、以前から廃止を説く者が多かった。

義勇は、場所請負人が協力する代わりに、彼らを少主典や使掌などの開拓使の役人にする。役人は十六段階に分かれ、少主典は十四等正八位だ。また、請負人に雇われている出稼ぎ人も開拓使が引き取り、職人や人夫（作業員）として再雇用した。

請負人からは、松前藩の影響力の事実上の消滅から、自分達の存在が危ぶまれていた時に役人に採用される。さらに、出稼ぎ人も餓死させることもなく札幌で雇用される。一石二鳥だと喜ばれた。備米の多くが銭函や札幌に送られ、本府建設事業の継続が可能となった。

余市の請負人である林長左衛門の『札幌昔話』では、食料運びのための馬車や荷車はなく、多数の人夫たちが銭函と札幌を往復して運んだらしい。八升入り（十四・四リットル）の醤油樽を背負った数人が、雪踏みをしながら道をつけていく。その後、二斗(三〇キロ)の米を背負った二〇〇から三〇〇人の人夫が続いた。だが、吹雪くと片道でも三日ほどかかり、人夫も背負っている米を食べるしかなく、札幌に着いた時に少なくなっている。途中のカラスの襲撃も苛酷だった。人力をもって食料難を乗り切ろうとしたが、それでも、供給は至って不安定で、義勇には、常に飢餓と不安との戦いとなる。

三　旧幕臣の協力

さらに義勇は知恵を絞り出す。今度は本府から近い、幕末から開かれていた篠路村や元村に協力をお願いする。篠路村を開いた旧幕臣の荒井金助の跡継ぎである由太郎を開拓使史生《ししょう》に任命した。人脈のある由太郎を買物掛とし農民の協力を仰いでいく。義勇の案内役だった早山清太郎からもアワを提供させた。

元村で、大友亀太郎を開拓使掌に任命しようとするが断られる。義勇は、大いに期待をしたが、すでに亀太郎は兵部省の石狩国開墾掛に採用となり、会津藩降伏人の当別への移住を任せられていた。その後、亀太郎は北海道を去り故郷の小田原に帰る。十二月、開拓使管轄外の勇払の役所が確保している物資も送り込ませた。越権行為だが背に腹は代えられなかった。

四　海官所開設

江戸時代、松前藩は、財政を支えるため、蝦夷地と本州との海の交易所を、松前、江差と箱館に集約し、沖ノ口という税関所を設置して収益とした。

明治となり、新政府は財源として、寿都（後志管内）、幌泉（日高管内えりも町）、手宮（後志管内小樽）にも設けた。沖ノ口の名称は海官所に改められる。

「**函館寿都手宮幌泉等之四カ所江沖ノ口御取建相成候在来之沖ノ口は御廃止相成候処今又江差江同様沖ノ口御取建相成候ニ付右掛り被仰付諸般処置御委任相成候条**」と、十一月初旬、義勇は、石山大主典を江差に派遣し、海官所設置の指令を出す。北海道の渡島半島南部は、まだ松前藩の支配領域だった。その松前藩の自治権を無視して、海官所として、交易の収益を開拓使に回すようにした（ただし、三分の一は松前藩の収税）。

また、兵部省から高島郡を管轄にした時、義勇は手宮海官所を確保している。だが、海官所開設の指令は松前藩に大打撃となった。

五　本州から調達

今度は本州からのルートも探っていく。

十一月末、小貫権大主典と平田少主典をそれぞれ山形酒田と新潟に、十二月初旬、松岡使掌を南部藩や伊達藩に、食料調達と移民募集も兼ね派遣した。義勇は手抜かりのないように、当時の東北の水原県、石巻県と登米県の知事に、部下が来県するので相談にのるようにと、指令を出している。だが、酒田では決して誠意ある応対はなく、米商人らは足元を見て値上げを企て、米を積む船の出港も雪解けでなければとやる気のなさをさらけ出す。それでも、翌年の四月下旬に食料は小樽に着く。盛岡と宮城桶谷《わくや》に交渉をしに行った松岡は、累年の凶作のため地元民ですら困窮している状況と言われ断られる。確かに明治二年は天候不順で大凶作だが、役所と粘り強く談判をして、明治三年七月に、調達した米が札幌に着いた。

六　非協力的な東北諸藩

義勇が直談判をして部下を派遣したのは、米産地の庄内・長岡・南部や伊達だが、つい最近まで新政府と敵として戦った旧幕府側の地域だ。しかし、決して当てがないわけでない。幕府時代に、酒田を含む庄内藩は、石狩浜益に護衛以外に開拓農民の移住も行ったが、幕府崩壊とともに引き上げている。今までこれらの諸藩が蝦夷地を防衛しており、北海道は支藩のような感覚だったろうと義勇は考えていた。

開拓使の予算は、現金と米の二本立てである。明治二年度の米として、南部藩から一万石の調達予定だった。大凶作との訴えで八〇〇〇石に是正され、なんとか六〇〇〇石は送ったと開拓使は報告を受ける。だが、実際は二〇〇〇石相当の六〇〇〇俵だった。俵と石の勘違いだが、考えようには、開拓使を見下した行為をしたとも取れる。もしかしたら東北諸藩なりの抵抗だったかもしれない。大凶作との理由だが、やませが吹く太平洋側の事で、実は日本海側は豊作だった。諸藩の多くは「**怠惰之習風、百事兎角因循而来己**」という状況で、明らかにサボタージュといえる。

明治時代となり、北海道を勝ち取った新政府だが、窮地に立たされた首席判官に、戊辰戦争の敗者はどの様な感情を抱くのか。義勇の行動は、ただ前進するのみだ。もちろん、建設の続行を望むなら、それしか選択肢がなかったかもしれない。それでも、部下たちは、義勇に根気よくついていき、嫌がる相手に困窮しながらも粘り強く交渉を進めていく。上司と元敵対者の相手に挟まれ、苦労が目に見えるようだ。ただ残念ながら、部下の努力による食料調達は、義勇が札幌の滞在時には間に合わなかった。

七　農業を模索

義勇は他の改善策として、本府の周辺地域を食料生産地にする計画を立て、管轄内の石狩・後志地方を中心に開墾を進めていく。明治二年十二月、南部藩に、翌年の二月中旬までに多数の人夫を送り込むように要請した。林木伐採や田畑切りおこしは募集した人夫に任せ、そこに新たに移民を居住させ、直ぐにでも農業活動が出来るようにと手順を整える。食料の調達に本州へ派遣された、小貫、平田、松岡らは移民の募集も行う。直接、義勇も山形酒田県に移民を申し込んだ。

「今般当使本府石狩へ御取建ニ付札幌辺追追開墾ノ積就テハ羽越国ノ内ヨリ農民男女三百人程移住為致度批段申入候也」

「今回、開拓使による石狩での本府建設にて、札幌周辺を徐々に開墾するつもりです。羽越国から農民男女三〇〇人を移住させたいので申し入れます」

移住希望者には応募しやすいように、引越し料や、故郷を出た初日からの食事の支給や給料の支払い、家屋と生活道具や農具の支給を行う。義勇は、本府から近い豊平川を東側に渡った場所に、豊平村を開村しようと試みるが、部下の金の使い込みとかあり、結局、予定通りにはいかなかった。

八　大隈重信へ借用を相談

八月、大隈重信は、大蔵・民部両省の合併により、双方の大輔を兼ねた実力者になっていた。大隈は、長州木戸派に属し、大久保とも親密な関係で、新政府では、義勇とは立場が違う。それでも、義勇は、十二月十七日付で、**「陳は先般御相談申上候金札十万両借用仕り、今度西地請負支配断然相廃し候上…」**と、同じ佐賀藩士の大隈に十万両の借用をお願いしている。そして、請負制を廃止して開拓に拍車をかける覚悟も伝える。だが、借用は実現しなかった。

九　義勇の書簡

十月十日にサッポロ入りしてから、義勇は、十月二三日付で東京在住の松浦武四郎、十月二九日付で岩倉具視、十一月三日付で大久保利通と副島種臣に、それぞれ書簡を送っている。この内容から義勇の心情が憶測できる。

まず、実質の国家最高責任者の岩倉に、サッポロの選定が間違っていなかったことを報告する。大久保や副島へは、サッポロを「天府之国」と述べ、将来的な展望として「世界中之大名都」になるだろうと絶賛した。また、大久保に、会津藩降伏人の引き渡しに、兵部省の井上が変な理由を付け拒否するとの苦情も伝えている。

松浦には、実際の本府の設置場所を、手宮から七里余、銭函から四里余、石狩から五里離れた所で、四方は広大な平原で、手宮（小樽）とは東京と横浜の位置関係となり、絶妙な場所だと報告している。

義勇は、手紙で「**地勢最も絶好、誠に松浦君御見込みの如く蝦夷地のうち此所を除き、またほかに求むべきの場所たえてこれなしと存じ候**」と、幕末に松浦が推奨した場所がやはり最敵地だと報告し、松浦自身を安心させている。このやり取りから、本府の設置場所の選定は、ほぼ松浦情報からと考えるべきだろう。さらに、松浦に、他の人物への書簡と違い、自分の辛い心境を正直に吐露している。食糧難と兵部省との確執、また昇平丸の沈没など、切羽詰った問題を、泣き言に近い内容だが切実に訴え続けた。苦しい心境を、ただ松浦のみ心を許し、解決の手助けを求めている。すなわち、鍋島直正の長官辞任後、松浦以外に頼る人間がいなかった。札幌での義勇の孤立感がひしひしと伝わってくる。やはり、義勇も人間なのだ。

第十八章　東京に呼ばれる島義勇

一　函館出張所（仮本庁）との軋轢

明治二年度の開拓使の予算は二二万両で、函館、札幌、根室、宗谷、樺太の五ケ所に配分される。分割して配分するのを、札幌は一括で七万両と厚遇された。日本史上、初めての冬季の大規模な建設事業であり、降りかかる問題は想定外だらけだった。その都度出費もかさんでいく。そこに、兵部省との物資調達の奪い合いだ。当然ながら現地の物価は上昇した。最低限の生存に必要な食料の確保も不安定で、多額の現金が必要となる。特に、管轄内の石狩・後志の請負制廃止で、請負人から持ち込まれた食料の買取り費と雇用した出稼ぎ人の人件費は膨大で、一年分の予算を一気に二ケ月で使い果たした。

「**雪中の営築心を費やすこと多し**
細人の小波を揚ぐるを怪しまず
燕雀焉んぞ鴻鵠の志を知らんや
暴虎と馮河と呼ぶに任せん」

「厳冬期の建設は容易ではなく、資金を始め心労の多い事業である。つまらぬ非難中傷をくだらぬ人間が言っているが、覚悟の上でなんとも感じない。私のことを血気粗暴で、私がやることを暴徒馮河《ぼうこひょうが》の勇《ゆう》と言うならそれで構わない。小物には理解できないであろう」

行き着くところまで行くという、やや開き直った印象を感じさせる。実際に、開拓使函館出張所の役人から資金の放出が乱暴過ぎるとして、幾度か苦情が伝えられた。義勇は、釈明のため、細かく説明をする人物ではない。現地の事情も知らないのにと、返事を跳ね除けた。だが、この様に突っぱねておきながら、東久世長官に、更なる資金と米の増額を求めてくる。その結果、何様だと、義勇の書簡を受け取った東久世が、激怒したと伝えられている。ここの部分は、『新札幌市史』を含め今までの資料は、どのように記載されているのか？

二　激怒する東久世長官

最初の記載は、明治四四年の出た『札幌区史』である。

簡略すると「東久世長官より決断力があり迅速なことから、開拓使の役人は、島に聞いてから決定していた。そのことから義勇の行動が独断専行と見られ亀裂があった。財政や食料調達の問題を、函館の長官を超え、直接に東京の太政官に相談しているのが、無視をされたと大いに憤慨する。そして、明治三年一月十二日に、函館を出航して上京した。彼の訴えは、島は勝手に石狩本府を作り、金を消費した。今後、島を解職するか、予算を増額にするかに決めて欲しい」との内容である。ここで注目すべき事項は、サッポロの原野に「石狩本府」を開府、そして建設したのも、函館の東久世の許可も無く、義勇が勝手にしたとしていることだ。義勇の独断専行が東久世の怒りをかったとされているが、根室に派遣された松本判官なども、予算の使い方では独自の判断で動いていた。なぜなら、当時の函館からの伝達能力から、現地の判官には、かなりの裁量権を任されていたからだ。

次は、昭和二八年に出た『札幌市史』である。

「薩長閥の兵部省と佐賀藩の開拓使の島には、感情上の対立に油を注ぎ、アイヌ対策の暗闘、開拓使への供給停止や、島判官の札幌経営が専断独裁乱費であると憤慨した東久世長官が上京し、島を処分するか資金調達を増やすかと決断を迫った」と、佐賀藩と兵部省の薩長閥との対立が追加されている。書かれた時期が、太平洋戦争終了後の昭和二八年で、薩長閥の大日本帝国が崩壊し、新しい民主的な日本に変わった時期であったのも、この内容に影響はあるだろう。

平成元年に出た『新札幌市史』である。

「義勇が行った事業で、独断専行といえば、場所請負人の廃止しかないだろう」との記述だ。「松前藩は、明治四年七月の廃藩置県まで存続していたが、戊辰戦争中に、旧幕府派と新政府派で内部争いもあり、もう北海道全域への影響力はなくしていた。この藩の独特な経済システムである場所請負制は、明治二年九月に、新政府により廃止されたが、各地で抵抗運動が起きていた。結局、明治二年十月、開拓使は、名称を漁場持と改めるのみとして、機能としての漁業経営は従来通り認めた。ところが、義勇は、自分の管轄内の廃止を独断で決定する。これは、仮本庁である函館出張所の方針と違うのではと、多くの請負人は納得できずに、本当に函館まで訴えに出た。改善が無ければ、東京の中央政府に直訴すると脅してくる」との内容だ。実際に、司法省の前身である刑部省に訴え出た。このことから、開拓使の組織として、統一性がないのが露呈され、北海道の統治能力も疑わせる大問題となっていく。この記述から、義勇と東久世が抱えていた問題が一段と具体性を帯びて来る。

三　請負人の直訴

『刑部卿嵯峨実愛の日記』から、明治三年一月二四日、「**表門張帋有之蝦夷地開拓使失人望に付土人嘆願書也**」

「表門に張り紙あり。開拓使が人望を失うことへの住民の嘆願書である」と記述がある。請負人らは総代を決め行動に出て、東京の刑部省の門に張り紙をした。

開拓使への抗議は三つである。

①　今までの函館・松前・江差の沖の口役所を廃止した。

松前藩は、交易を松前港と江差港と箱館港のみにして、沖の口役所から運上金などを徴収し莫大な利益を得ていた。開拓使は、それを全て廃止し、手宮（小樽）・寿都（後志）・函館・幌泉（様似）に海官所を設置し、開拓使に金銭が入るようにした。

②　島判官が、場所請負制を廃止した。

函館出張所の指令は、「漁場持《ぎょばもち》」と名称変更のみで経営は従来通りのことだが、島判官の指示は、廃止、開拓使への引き上げ、そして開拓使直営である。政府経営になるなら、自分たちはどのように生活しろというのか。

③　幕府からの借金の返済に関して

旧幕府より救済として貸された金を、新政府の開拓使が返済を要求するのは非道の極めつけである。仁政を求める。

この訴状への対応しだいでは、新たな行動に向かうと、脅迫的文言も入れている。『松前町史』では総代は不明と書かれているが、『田付《たつけ》家文書』から、西地場所請負人代表者の田付新四郎と松前商人の二人が、明治三年一月十三日に北海道を出発して、行動を起こしたのが確認できる。

松浦武四郎から、アイヌの扱いを含め請負人の品性の悪さは、江戸時代から幾度も訴えられていた。とはいえ、長年にわたり享受してきた既得権が、島首席判官により唐突に奪われ、大きな変革下で御用商人らも進退窮まった状態になっていたのは事実だ。

東京の木挽町（歌舞伎座がある銀座四丁目）で、帯刀した二人と酒を飲んでいる御用商人の話を、芸者と懇意にしている人を通して松浦に伝わり、松浦がその話を残している。

「天下に身の無帰処浮浪の奸吏悪党者共…」と、「場所請負廃止を進言した松浦らを片付けた。島判官は、井上俊次郎から広沢参議に十分申し入れしているから安心しろ。沖の口の廃止問題も元の松前藩の所属になる、と商人二人と武士二人が、酒を飲みながら密談していた」との内容だ。井上俊次郎とは、石狩で敵対した兵部省の井上で、同じ長州藩の実力者である広沢真臣を通して、義勇の追い落としをお願いしたとのことだ。「松浦らを片付けた」から、懇意にしている人が、松浦が暗殺されたと勘違いしたらしい。どこまで真実かは不明だが、いかにも時代劇に出てきそうな悪徳商人と悪代官の会話だ。

四　松浦、辞任

その後、松浦は開拓判官を辞任する。同時に、今までの功績を称える自分の従五位の位も返上する。樺太開拓の責任者の岡本監輔や丸山作楽の報告による最新の樺太情勢の変化や、ロシア情勢に詳しい最後の箱館奉行の旧幕臣杉浦誠が採用され、新政府から重要視されなくなったのは理由の一つと云われている。だが、それでも北方アジアの随一の情報通の立場は揺るがない。やはり一番の原因は東久世との確執だろう。三重県松阪市にある「松浦武四郎記念館」のホームページでの〝松浦武四郎の生涯〟からの説明は、「地元の御用商人は東久世に賄賂を送り、それにより松浦の意見が無視され、渡道も許されず開拓使内部で孤立した」との主旨だ。松浦は、開拓使役人が、北海道に渡る前、東京で合意に至っていた場所請負制を廃止とする旨の決定を覆したのは東久世本人と睨んでいた。もう、東久世のやり方に対する不満で爆発しそうだった。よほど憤慨していたのだろう。

しかし、請負人などの抵抗勢力の反撃を、義勇はどこまで想定していたのか。管轄内の後志の請負人は、秋冬は季節風による荒海で、仕込みは前年から準備をしていた。確かに、準備時期の十一月での突然の廃止令は大混乱を招いた。せめても上司の長官に事情を伝えるべきでなかったか。だが、東久世長官は御用商人と真っ黒な関係だったからと言われれば、仕方がないが。

五　東久世の言い訳

東久世の日記から、本府を建設する行為も義勇の独断と取れる文面がある。すなわち、自分が長官になり中止になった石狩出張を、義勇が勝手に再開させたという理屈だ。しかし、開拓使予算の編成から見ると、義勇の石狩出張への七万両は、東久世の承認付きであり、矛盾する内容である。

当時の日記は、他人に検証されるのを前提に書かれているので建前が多いが、少なくとも、石狩に本府を設置することには、賛同していた。だが、もしそうだとしても、東久世は限りなく縮小された本府を望んでいただろう。

さらに、兵部省との管轄地域の交換も、義勇が中央政府の太政官や松浦ら要人と直接交渉した。これも、

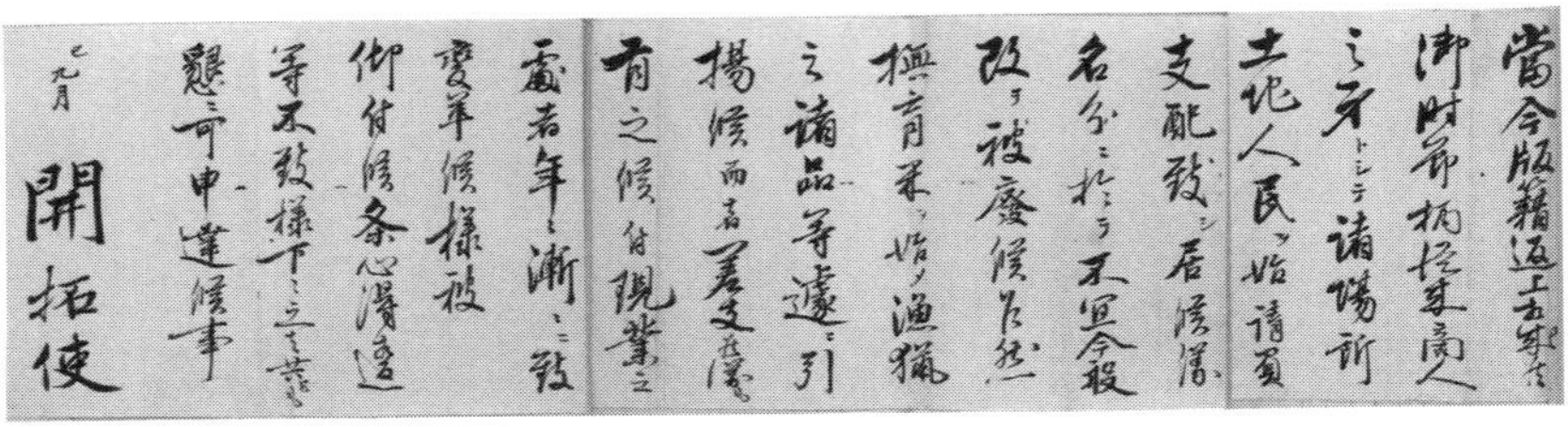

『開拓使布令録』
明治二年九月の場所請負人廃止の布達
（開拓使関係文書から著者が撮影）

東久世自身の存在が無視されたと怒ったかもしれない。同じく松浦の糾弾に対しても、御用商人への非難と廃止を新政府に訴え続ける姿に、同じ様に長官の許可なく勝手にしていると、義勇への感情と似た気持ちを抱いていたかもしれない。

六　東久世の対応

東久世の日記より、「**今度上京趣意ハ嶋判官在西地専独逞意見不応函館之下知独断本府建設金穀共空乏仍而資本金穀増額ニ相成歟嶋判官別段御所置有之歟伺定之為上京也**」の記述がある。義勇が、管轄内の場所請負制廃止や兵部省との管轄場所の交換も、やはり、東久世は長官を無視して行っていると認識している。

まず、義勇は、自分の管轄内の請負制の廃止を独断で行ったが、一五〇〇年近く続いた蝦夷地の場所請負制自体の廃止は、義勇の独断で決まったのではない。

明治二年九月、開拓使役人が北海道に渡る前に、東京で開拓使は廃止方向を決めている。ただ、現地の請負人の強い反発が予想され。どの様に進めていくかは意見の統一がなされていなかった。北海道へ出航直前に作成した「開拓施行要項」で、松本十郎判官は、庄内藩での経験上、開拓使直営は経営的に難しいと意見を述べ、東久世長官は、漁場持と、名称の変更だけに押し留め、制度の継続を認めようとする。ともかく、箱館に到着後は、しばらく様子を見るとした。この方針に松浦は納得できず、東久世が松前藩の御用商人らと癒着しているのではと糾弾する。

十一月十六日、東久世は、「**請負人名目を相廃候に付而は…当分漁場持相唱候様申聞候**」と、改めて長官名で、〝当分は廃止をしない〟と、再度命令を出している。北海道に着いて、一か月の間、請負人らの圧力があったのかもしれない。しかし、それよりも、松前藩転封も含む場所請負制の廃止は、前長官である鍋島直正の持論で、国家よりも自分たちの利益を優先とする請負人らは、ロシアと紛争するなど対峙する上で、不都合な存在だと考えていた。東久世は、その直正の政策に賛同はしていない。

東久世の命令を知りながら、義勇は廃止を決行した。そして、廃止した事を、根室や宗谷に向かった判官に報告しておきながら、東久世に報告しなかった。このことは、本府建設の再開の伺いを太政官にした時、「大きな事項は東久世長官の指示を仰ぐ」と約束をしていたが、なぜか、あえて東久世に報告しなかったとなる。単にうっかりと忘れたのではない。確かに、義勇が、現長官の命令より前長官の指令を勝手に重要視して、自分の政策が否定されたと東久世が激怒する理由はありそうだ。

それでも、義勇が独断で行った行為は、あくまで生命に係わる食料確保である。

義勇が、今か今かと待ち望んでいた昇平丸は、明治三年一月二十六日に江差沖で沈没、開拓使函館出張所への最初の報告は、一月二七日である。すなわち、一月十二日に函館から東京に向かった東久世は、昇平丸の沈没を知らないまま上京している。

この事は、東久世は、銭函に昇平丸が到着し物資が満たされているのに、義勇は、勝手に請負制を廃止したと考えていたのを意味する。だが、もし昇平丸の沈没を知っていたら、義勇の請負制廃止に賛同しただろうか？

東久世は、義勇が東京へ呼ばれた後に、昇平丸の沈没を知って大変に驚くが、沈没の件を知った後に、政府への義勇に対する陳述を変更する、または後悔をした等の記録は無い。やはり、義勇の解任理由は、もっと他の理由からと考えた方がよいだろう。

『新札幌市史』の編集者の榎本洋介氏は、自著の『島義勇』で述べている。

「以前は、島が独断で本府建設に資金をつぎ込んで資金不足になったことが理由とされていた。（中略）島は、自分が管轄した石狩後志地方の場所請負人を廃止する政策をとった。ちょうどおなじころ函館では、開拓使は場所請負人らが旧幕時代に産物会所から拝借した資金の返却を強く要求していた。このふたつの問題は、松前や江差などに住む場所請負人にとっては死活問題であり、そのような開拓使政策への不満を一月二四日に嵯峨形部卿へ訴え出た。

これは場所請負人など北海道での既得権益者らの新政府反対一揆といえるものだろう。東久世と島は弾正台に呼び出されて事情を陳述したようである。（中略）島の解任にも影響を与えただろうと思われる」

松前藩の御用商人の訴えから、東久世と義勇は、弾正台に呼ばれ糾門されることになる。明治四年に、弾正台は刑部省と合併し司法省と改称する。

義勇の場所請負制廃止はさておいて、廃止による開拓使の漁業直営に問題はなかったのか。確かに、一時的に政府に納められる資金は増えるかもしれない。だが、根室担当の松本十郎判官は、政府直営に反対をしている。松本は、幕末に蝦夷地の管轄を任された庄内藩が漁業経営を試み、請負人を宮使いとして働かせたが、資金投資や経営で多くの失敗を見てきたらしい。東久世もそこを懸念し、廃止ではなく名称の変更だけに押し留める理由の一つになった。必ずしも請負人の圧力だけではない。

榎本氏の解釈は、東久世の逆鱗から、さらに深く理由を突き詰める。政府から、請負制の廃止をめぐり長官の現地での管理能力が問われてきた。この事は、同じ公家の箱館府の清水谷の二の舞を踏むのを意味する。その結果、慌てたのは東久世であり、誰かが責任を取る必要性が出たため島を辞めさせたのだろう。東久世が御用商人から賄賂を受け取っていたら、なおさらだろう。事情を知り尽くした学術者の鋭い指摘だ。

七　後悔する東久世

明治三年（一八七〇）一月十二日、東久世は、英国船ハバス号に乗り東京に向かう。この時の目的を、日記『東久世道禧日録』に書いている。

「**今度上京趣意ハ、嶋判官在西地、専独逞意見不応函館本府之下知、独断本府建設金穀共空乏、仍て資本金穀増額ニ相成歟、嶋判官別段御所置有之歟、伺定之為上京也**」

「島判官が、長官の命令も聞かず、独断専行して財政の破綻を来たしたので、さらに財政を補充するか、島を処分するか、決定を政府に求めるため上京する」

この内容から、長官の命令に従わず、義勇の勝手な行動で財政を破綻させたと非難した。しかし、政府が財政補填をするなら、今までの義勇の行動を認めるとも解釈できそうだ。

根室地方担当の松本十郎から明治四三年四月、鶴岡にて聞いた話しとして、河野常吉は「松本十郎翁談話」の中で、「島判官は剛邁にして諸事を取扱い、一人にて北海道開拓を負担するの概ありき。東久世道禧長官となりし後（八月二六日長官任）も同様にて、松本判官の如きも東久世長官に相談するよりも直に島に相談する方諸事速に決定するを以て、多くは直に島に相談せりと云う」と記している。開拓使の業務を、判官やその部下たちは、東久世を超え、ナンバーツーの首席判官島義勇の判断を仰いでいた。これは、義勇の方が、東久世より年齢が上で、北海道の情報がより豊富だったのは確かだ。しかし、それよりも、他人から言われ、渋々長官を受けた東久世と、鍋島直正が志半ばで長官を辞任し、それでも北海道に残り、直正の未練を叶えようと必死になっている義勇の違いであろう。

兵部省権少丞北海道開拓掛から開拓使権判官になった大橋慎は、義勇を悍馬《かんば》、東久世を驚馬《おどろきうま》と評した。悍馬とは気が強く荒々しい馬、驚馬とはのろくて鈍い馬を意味する。大橋は、東久世に義勇を制御できなければ、やむを得ず義勇の処分が必要だろうと、一月十九日に、岩倉に書簡を送っている。

東久世も、上司として追い詰められていた。東京に行くと、義勇の解任か、資金の増額かの二者択一を迫る。政府は、東久世の顔を立て、とりあえず開拓使函館出張所に戻る得能権判官に十万三〇〇〇両を持たせ補充とさせる。そして、次に義勇を太政官に呼び事情を聞くことにした。この政府の対応から、今度は請負制を巡っての開拓使の政策の混乱を問う問題となると予期して、東久世は、あわてて義勇に押し付ける。

義勇を解任させた半年後に、東久世は、北海道各地の開拓状況の視察のため、途中札幌に寄る。明治三年九月二日（太陽暦で十月五日）、一行十六名、随従員十四名。馬八頭、写真器具など積めた荷駄六荷で石狩本府を初めて視察した。その本府への感想である。

「**昨年判官嶋団右衛門雪中所経営也、然て同人会計出入成算至て疎洩、不得止東上他官ニ転任、其成績規模之広大ナル所感賞也**」と、日記に書いている。

「真冬にも関わらず本府を経営したが、やむを得ず転任させた」と、義勇の解任を嘆き、巨大で正確に造成された本府を見て驚愕した。

「**学校・病院建設地割**」と、学校や病院の建設はまだだが地割はしている。「**本府之地割三町四方**」から、義勇が計画した三〇〇間四方の、内裏を想定させる北端の本府の地割も確認しており、政庁を含む建設が直前だったと詳細に検分している。

もっと早く自分が札幌を視察していたらと悔やみ、後任の岩村通俊に工事の続行を命じたという。部下に責任を押し付け、後で部下の有能さを知らなかったと後悔をしたのを認めている。

もしこれが事実なら、なんて器量の狭い無能な上司だろうか。榎本氏も含め多くの学術者や郷土研究家は、結局、公家生まれの東久世の人間的な限界だったのだろうと考えた。東久世の未熟さが判断を誤り、義勇を追いやり、北海道の開拓に大きな損害を与えてしまったとの見解だ。

しかし、東久世の半生を見てみよう。幕末の八月十八日の政変により、七卿落ちで辛うじて長州藩に逃げ、生き延びた攘夷派公家の一人だ。その後、新政府の外国事務総督となり、最も実績が問われる外交折衝に当たった。決して妥協せず粘り強く交渉し、海外に新政府の存在感を示していく。確かに公家の生まれだが、胆力・判断力は、第一級の政治家だった。そこには人間的未熟さはない。その人物が、義勇の政策や実直な人間性を見抜けないはずはない。

東久世に問題があると予想する榎本氏も、「いまだに明確な解任理由は見出せない情況である」と、素直に疑問を投げかけている。やはり、ここに何かが隠されているのではないだろうか。

八　建設中の国際情勢

樺太での動き

明治二年九月二二日、樺太担当の岡本監輔開拓判官と丸山作楽外務大丞らが、久春古丹に到着し開拓業務と対露交渉を開始する。

同年十一月に、丸山は樺太の所見の報告を、部下の開拓使大主典を上京させ政府に提出した。

① 樺太の風土は、予想より開拓に適している。
② ロシアの樺太経営は、北海道、日本、朝鮮、中国、印度と、アジアへの侵出の第一歩であり、重大な事項である。
③ 樺太に国境を設ける、または雑居状況を続ける交渉は、意味をなさない。
④ 至急に内地で不要の人間を移住させ、ロシア人を圧倒させる。
⑤ 樺太への航路と島内部の交通整備をして、農作種子を供給願いたい。
⑥ 西洋人の雇用と戸籍・税法の整備をする。
⑦ 樺太防衛に、まず北海道開拓を充実させ、石狩に本府を移して強大な雄藩に守らせる。樺太の敷香《しすか》に陸奥の鎮守府を移動して総括させ、東北の降伏人を農兵として軍団を編成すること。

すなわち、札幌に本府を設置して、軍政を司る国府とする。ここを薩長土肥のような雄藩に防衛を任せ、樺太まで睨みを利かせる。樺太の敷香に軍の拠点を築き、会津藩降伏人を農兵として派遣し、いざとなればロシアと戦端を開くつもりだとの内容だ。丸山の政策は、鍋島直正と同じく、樺太の全島領有化を前提として、戦争も辞さないという対露強硬論だ。

岡本と丸山は、樺太に着任前の明治二年八月に、最初の強硬論を提出しており、一ケ月後、その構想に対し、三条実美右大臣は、ひたすら自重を求めた。

明治三年一月五日、再び樺太の函泊にて、大きな事件が起きる。ロシア軍が軍港用の埠頭を勝手に築造し、止めに入った川島権大録ら六人を捕縛し幽閉するという暴挙に出た。この行為は、政治問題となり、新政府は、日米修好通商条約第二条で、日本と欧州諸国との問題が生じた時、アメリカが和平の斡旋をするとの条項から、二月二四日に、米国に仲裁を依頼する。これらの樺太で戦端が開かれそうな状況に、丸山の指示で上京した部下は、冬季は航行不能なので、非常事態に対応できるよう、樺太専務の開拓使長官の配置を要望した。このように、樺太は、常に一触即発で、唐突にロシアと全面戦争へ突入してもおかしくない状況で、そうした中で義勇が本府を建設していたのだ。義勇の耳にも、樺太の不穏な動静は、ある程度は入っていただろう。

九　諸外国の反応

サッポロに本府を新たに設置しようとする政府の動きに、外国も注目していた。明治二年十一月九日、在日米国公使デ・ロングは、函館住民の情報より、日本が北地（石狩地方も含め）に官民を派遣したのは、ロシア軍との戦争準備の噂があるとして、新政府に真相を求めてくる。

これに対し、政府は開拓目的であり、戦争準備説を否定した。米国は、樺太問題の仲裁の要請を受けていたこともあるが、捕鯨業の補給基地以外に、最大市場の中国があるアジアとの交流拠点として北海道に関心を寄せていた。米国西海岸の最大交易港であるサンフランシスコと清国の上海を、津軽海峡を通るのが最短距離である。だから、ペリー提督は、箱館の開港を強く求めた。それもあり、北海道の本府を札幌に設置する動きに、敏感に反応せざるを得なかったのだ。ましてや、函館で情報収集が可能なロシアが、これから日本が樺太やシベリアへの影響力を強めるため、サッポロに本府を設置するのではと警戒するのは当然であり、義勇の本府建設に、さらに敏感になっていたのではないか。一方で、フランスは日本公務理職モンブラン伯を通じ、「樺太の状勢から、ロシアは日本を侵略する意図を持ち、このアジアの動向は欧州の重大な関係にかかわる。仏英と協力して抗議し、日本も軍備を増強する必要がある」と、樺太問題は欧州の問題でもあると危惧した。だが、最も神経質になっていたのは、ロシアの南下政策を極度に警戒していたイギリスだった。

そして、直接パークス駐日公使が、強く新政府の政策に介入してくるのだ。

第十九章　島判官の転任

一　札幌を離れる義勇

明治三年の新年を迎え、義勇は、開拓使函館出張所の役人らが、非難している噂を聞いた。東京から召喚されると察していたのか、義勇は政府に呼ばれる夢を見た。

「叱咤駆馳す積雪の中
墾開日を期して成功を待つ
連宵何の兆ぞ京に還るの夢
親しく条公と岩公とに謁す」

「建設の作業員や人夫を叱咤激励しながら、雪のなかを駆けまわる。成功の日が近いことを期待する。ところが、理由は解らないが、東京に帰る夢を見る。そして、親しく三条公と岩倉公に拝見するのだ。この夢は吉なのか凶なのか」

もし呼ばれたら、三条や岩倉公は、自分を理解してくれるだろうか。義勇は不安を感じていた。

しかし、これが正夢となる。

「御用有之、帰京被仰付候事」

政府は、明治三年一月十九日付で、「用事があるので、東京に戻るように」と指令を出す。二月九日、その書簡を札幌で義勇は受け取った。

直ぐに札幌から出発した。数ケ月前に函館からサッポロに向かった道を、今度は逆戻りして歩いて行く。札幌から小樽へ向かう途中、自分の思いを詠った。

「既に期す北道に老いて茲に生くるを
何ぞ計らん特恩帝京に帰らんとは
遥かに昨来宦遊の地を眺むれば
惆然却って故園の情有り」

「北海道守護の判官として、老いても石狩の地に生き、骨を埋める覚悟だった。特別の恩遇を受け、帰京するとは思いもしなかった。小樽を出発しようとする時、遥かに札幌の地を望むと、官命を受けわずか半年であるが、生まれ故郷から離れる悲しみの情が沸く」

天皇と直正の期待を受け、首席判官として屍《しかばね》になるまで北海道から離れない決意で札幌を開府した。だから、帰京の指令が来た時、即座に解任を覚悟した。しかし、まだ自分が開いた都市が建設途上であり、やりたいことは沢山ある。それでも去らざるを得ない強い無念さを詠った。

だが、帰る途中、予想もしなかったが、いたるところで地元の役人や住民が温かく出迎え、別れを惜しむ人達であふれていた。二月二三日、函館に到着するが、開拓使函館出張所の役人は冷ややかだった。北海道は、まだ真冬で、和製の帆船の航行は危なく蒸気の外国便船を待ち、三月二一日、函館を出航する。三月二五日、東京の旧官宅に着いた。

二　東京に着く義勇

二日後、三条・岩倉両公と会い、見込書の提出を求められ、詳細に事情を説明した後、東久世にも面談する。

「**散々之評判ニ御座候**」と、東京では、義勇含め東久世や開拓使の評判は悪かった。特に、義勇に多くの誹謗中傷があり、長官や函館出張所の開拓使役人からも散々の評価だったが、朝廷は鵜呑みにはしなかったなどが、徐々に分かってくる。また、役人の不正を取り締まる弾正台からも、「**清実申上ニ相成居**」と、問題は無かったとの報告も知る。その後、自分の状況を理解した義勇は、十文字ら部下たちに、改めて感謝の意を表した。

最終的な処分は、同年四月二日付で布告された。「豈図《あにはからん》や一等御引挙け相成り大学少監に被仰付」と官位では一級上り大学少監に昇進する。だが、本望の開拓使は免職となり、北海道との係わりは許されなくなった。昇進か降格かよく解らない人事だが、義勇の意志は否定された。

三　政策の違いが明瞭に

一月には東久世が、三月には義勇が上京し、二人がそれぞれ意見を述べている。

東久世が、上京時のいつ申し立てたかは不明だが、樺太は、ロシアとの折衝で最重要地なので、開拓使の管轄から外し、外務省など他の政府機関に移管すべきと意見を述べ、融和政策を訴えている。二月十三日、政府は、東久世の意向を受け入れ、新たに樺太開拓使を設置して、本来の開拓使の管轄を北海道のみとした。

三月、同じく義勇も建言し、東久世と相反し、ここでも樺太と北海道の両島の支配と開拓のための、石狩の本府建設を主張した。さらにこう述べる。『副島種臣関係文書』からの内容だ。東海道線となる東京と小田原間の鉄道建設費が五〇〇万両かかるので、計画を縮小して、半分の二五〇万両を「**皇国之安危ニ相係候急務ナル樺太石狩府其外北海全州…**」と言った。すなわち、捻出した費用を、国の安全に直結し急務である樺太・石狩本府・その他の北海道に費やし、続けて主に東北の住民を移住させるのが仁政であろうと訴えたのだ。

四　丸山が上京

その次に、政府は、樺太担当の丸山作楽大丞を上京させ、最新の樺太情勢について述べさせる事とした。丸山らは至急に帰京を命じられ、四月に東京に着くや否や、政府に状況説明をする。「去年は、日本人の二六〇人に対し、ロシア人は十倍以上も急増し、今年もさらに増加中で、一段とロシアの脅威が押し寄せている。また開拓使函館出張所の指令では、改善も見込めず先が見えている」と、開拓の拠点が函館であることや現地（樺太）での交渉に限界を感じ、非難と危惧を訴えた。

東久世、島や丸山の三人の意見と、他からも多種の意向が出され、太政官レベルで樺太問題の再議論となる。『江藤家文書』の記載から、出された意見の内容が、一部だが伺い知れる。丸山の申し入れだ。

① 樺太を積極的に開拓するかどうかの有無。
② もし、開拓するなら三〇万両必要。
③ 樺太確保のため、ロシアとの開戦は免れないが、勝算があるかどうか。
④ その後の樺太経営は、堀基《ほりもとい》開拓権判官に一任する。

丸山の申し入れを聞いた後、新政府は実際にロシアと戦端を開いた場合の方向性も討議している。まず、勝つ可能性があるかどうかだ。ただ、誰もロシアに勝利する戦略方法は述べられず、場当たり的な戦術のみが検討された。

さらに、樺太が確保された時の統治方法も論議されている。例えば、「東京開拓局」として、東京に本府を置いて、直接的に樺太を管轄できるか吟味された。

ここで、丸山は、再度繰り返すように、

①　開拓使による北海道と樺太の一括支配

②　樺太確保を目的に、石狩国の本拠地建設と、樺太静香《しすか》の軍事拠点の設置

③　樺太確保へ強い意志を持った人間を任命し統治させる。

を述べた。この意見は、樺太全島を何としてでも確保し、石狩本府に強硬派の重要人物を在住させ、樺太の静香に軍事的拠点を置くという、丸山や岡本らの従来の構想である。

東久世と義勇に、本府建設や北海道の開拓方針への意見を述べさせ、その後の一ケ月間、丸山は東京に滞在を命じられた。三人の意見から、油に水を注ぐように、中央政府内に北方領域への政策論議が再燃した。ただ、驚くべきことは、島首席判官の解雇を契機に、ロシアと全面戦争まで、具体的に論議されている事だ。ともかく、東久世と丸山・義勇の方針は、ほぼ相容れない。結果として、同年七月中旬、義勇と同じく丸山も解任され、代わりに黒田清隆に樺太出張を命じられるのだ。

第二十章　憶測する解任理由

一　莫大な出費

では、具体的に何に使ったのか。もちろん、日本人として未経験の厳しい冬季での建設事業で、大きな出費もあっただろう。だが、多くの出費は、兵部省の妨害による食料確保だった。『十文字文書』の記録で、本府建設費以外に、管轄内の義勇に任された黒松内・雷電越・余市越山道工事準備費用や岩内炭山（茅沼《かやぬま》炭鉱）の運営経費などがあるが、突出しているのは管内の場所請負制の廃止に伴う請負人への支払金だ。少なくても、一万二〇〇〇両は、食料確保のため請負人に当てられた。この金額は、函館からサッポロに向かう時の義勇には、想定外の支出である。

もし食料確保が無理となれば、義勇は、即座に本府構想を大幅に縮小するか、又は停止するかの選択に迫られる。そのために、東久世に至急の予算の増額を求めた。今度は、東久世に選択が迫られる。

二　苦悩する東久世

上京後の東久世の行動である。『東久世長官日録』から、岩倉と佐賀藩の江藤新平と会い、「**参内、嶋判官御用召シ事相達得能権判官明日函館へ帰金子十万三千両を持参**」との記述から、鍋島派に近い岩倉と江藤に会うことで、心づもりの二二万両の約半額を得能権判官に渡して予算の獲得をしているのだ。これは、東久世自身の意志だ。義勇の解任か資金の増額かの二者択一に対して、義勇の政策を支持して、資金の補助を試みたと考えるべきだろう。この時の東久世の本音が見えないが、単純に義勇に責任を押し付け、一方的に解任したわけではない。

三　東本願寺からの貸入れ

明治三年九月頃、米沢藩士の宮島幹が札幌を通りがかる。藩命を受け渡道してきた。宮島が著した『北行日記』に、現地で聞いてきた島判官の解任理由が記述されている。

「島判官下役ニ命シ本願寺へ拾万両出金ヲ頼ム岩村東久世知之〇門シ白状ス急ニ東久世東京ニ参リ至リ申出為其島御呼出ニ相成免職ノ御沙汰ニ候処議論宜シキ為更ニ御役ヲ被命」

噂の範囲内だが非常に具体的だ。すなわち、義勇は、予算の獲得のため、自己判断で東本願寺へ十万両の献金を命じるのだ。江戸時代、仏教界は、幕府と一体となり民衆の生活を管理していた。新政府となり、神道を推し進める風潮の中で、廃仏毀釈運動が高まり、本願寺も存在価値を問われていた。特に多くの宗門徒を抱えた東本願寺は眼をつけられる。そのため、有珠の善光寺は、北海道開拓に協力せざるを得なくなる。胆振の有珠《うす》から中山峠を越え札幌までの道路の開削を、明治二年十二月に願い出て、明治三年一月に許可を得た。この道路は、本願寺道路と呼ばれ、現在の国道二三〇号の基礎となる。この時期は、義勇が財源探しに奔走しており、道路工事を延期させる代わりに、献金を求めたのだろう。

本願寺道路の開通は、函館から札幌までの人や物資の交通手段を改善するための国家プロジェクトだ。実際に、明治三年七月～明治四年十月にかけ、長さ約一〇三キロメートル、幅九尺（約二・七メートル）の道路を、所要経費一万八〇〇〇両で開削した。この献金と道路工事の中止を、長官を抜きに判官のみで判断をして、東久世を怒らせたとの仮設が成り立つ。しかし、義勇が、献金を頼むために部下を、本願寺のある東京や京都に行かせた書簡や記録は無い。

四　諸官省往復留から

だが、開拓使公文書の『諸官省往復留』から、義勇が、部下を関西に派遣をして、五人の大阪商人から資金調達を試みたという資料が見つかっている。

「**開拓使指令　今般浅川大主典西村大主典江御用之筋申合差越候条委細は同人共承知可有之陽猶又御用相弁候心得ニ而精精金調有之度此段深ク頼入候也**」と、浅川・西村（貞陽）大主典を、大阪に派遣し、資金の調達をお願いする内容だ。だが実際は、札幌から出発した彼らが、途中の函館で、開拓使函館出張所の役人に足止めをされ、中止となる。もしかすると、西村ら部下は、本願寺にも接触を試みる予定だったかもしれない。

五　暗躍する松浦武四郎

漁業で、場所請負制の廃止と開拓使直営は、経営の難しさから、東久世以外にも松本十郎ら反対している判官が多数いた。明治二年十一月、義勇は宗谷に派遣された竹田判官に、「**西地石狩府管轄之分請負支配人断然名実共一時ニ相廃御直支配ニ夫夫取計候条・・**」と書簡を送り、一先ず廃止は石狩だけの政策であることを伝えている。判官だった松浦が、明治三年三月に提出した辞表の中で、「**私共進退成行**」と、義勇の行動は、お互いに協力しあいながら実行したとの内容が書かれている。だとすると、場所請負制の廃止は、財源確保以外に、初めから松浦の政策を実現するためとも考えられそうだ。もし食料確保が可能で、兵部省の妨害がなくても、請負制の廃止をしていたかもしれない。すなわち、場所請負制の廃止は、アイヌへの扱いの改善が目的で、義勇も松浦も、将来の国策に、良好な影響を及ぼすと判断していたからだ。

松浦は、開拓判官になっても、東京のみに在住し、業績として北海道の名付け親としか伝わってこない。しかし、兵部省には、中央政府の三条や岩倉らに働きかけ、小樽などの補給港の確保と、最終的に兵部省を北海道から撤退させている。あくまで想像の範囲内であるが、東久世の訴えで得能権判官に十万両を渡させたのも、東本願寺からの資金調達計画や大阪商人からの御用金なども、東京に居る松浦が、影で活動していたとしてもおかしくはない。だから､義勇と松浦が､同時に開拓使から去ったのも偶然ではない。本願寺は、幕府時代から箱館奉行に出願し、信徒を蝦夷地へ移住させ開墾してきた。この時から、本願寺は松浦の情報に頼っており、個人的な関係は深い。そもそも明治になってからの、東本願寺の開削道路のルートは、元々松浦の構想を実現化させたものだ。松浦は、東本願寺の重鎮で本願寺街道の責任者の松井逝水元貞と文通しており、公家白川家の執政で、幕末に蝦夷地総鎮守の創建者の古川美濃守素平とも親交もあり、もとより上層部との関わりは深い。それでは、松浦武四郎とは、実際にどのような人物だったのか。

六　松浦武四郎の役割

松浦は武士出身でない。豪農だった庄屋の四男だ。先祖は肥前（佐賀）の松浦党一族で、南北朝以降に伊勢（三重）に移り住んだ。実は松浦と佐賀の関係は深い。学問は、十三歳から十六歳にかけ、地元の津の藤堂藩儒者平松楽斎に学んだだけである。だから、どのような過程で、多くの知識を得てきたかは不明だ。間宮林蔵亡き後、最も情報を知る蝦夷通となっていく。

『自伝』は、母の三回忌と父の七回忌を済ませるや直ちに、「**是より蝦夷が島の隅々まで探り何の日か国の為たらんことをとまた氏神貴船大明神の社に詣で‥**」と、伊勢神宮で環俗したのは皇国の民としての自覚と語り、北方の危機感から蝦夷地調査を志している。松浦の意見書や蝦夷地図が、幕府よりも先に、水戸藩主徳川斉昭に献上されていることから、水戸藩の強い後押しがあっての調査だったといえそうだ。

弘化二年（一八四五）、二八歳で初めて蝦夷地に足を踏み入れた。アイヌへの松前藩の圧政や場所請負人の酷い扱いを見て、当然ながら、いつかアイヌは離反して異国人になびくであろうという強い懸念を抱く。アイヌを仲間と感じ、大切に扱うことが、最大級の国益につながると考えた。その様な考えの松浦に、自分たちの利権を脅かすと判断した松前藩関係者からは、暗殺の対象者となり調査も違う意味で命がけだった。慶応元年（一八六五）、蝦夷地に積極的な策を講じるため、薩摩藩の西郷隆盛から雇い入れの申出があったが実現していない。

新政府が樹立して、最後の蝦夷地調査から十年経っていたが、清水谷から、ナンバーツーの箱館府判府事の要請があり、薩摩藩士井上石見と共に受諾している。そして、これまでの蝦夷地関係の著述を朝廷に献納した。

箱館戦争が終わり、開拓使が設立されると、鍋島長官から判官を任じられた。この時、松浦は、松前藩の転封、場所請負制の廃止、諸藩の分領支配の三項目を提言している。少なくとも、初期の開拓使政策に大きな影響力を及ぼしたのは間違いない。

だが、自分の意見が無視され、開拓使内で孤立しているのは、役所に出ず自宅で御用商人と密会ばかりして、賄賂を貰い請負制を再度復活させた東久世と確信する。

明治三年三月に、賄賂に関しては、「**北海道開拓も、何分例之松前家と、請負人と長官へ賄賂相遣ひ、島判官と僕の讒言《ざんげん》の…仕候間、如何にもむつかしく候、依而近日辞表さし出申候**」と、画家田崎草雲宛に、具体的な内容の手紙を出している。さらに、義勇の判官解任も東久世の陰謀と断言した。このような経緯から、松浦の活動が開拓使内部の激しい派閥争いに、大きく影響されていたのが分かる。

七　崩壊する鍋島人脈

松浦は開拓使に二回辞表を出している。一回目は義勇に慰留された。その義勇が解任されると、同時に辞任した。鍋島直正と義勇が去って行き、佐賀藩系人脈が力を失ったからだろう。

開拓使初期の人事は直正が行っており、義勇は首席判官、松浦は判官に任命された。設立時の政策は、佐賀藩の思考が強く反映され、義勇の本府建設も佐賀藩の北方政策実現のため、行われる予定だった。

樺太でのロシア人の所業は、余りにも理不尽で、多くの日本人が憤慨していた。そのこともあり、幕府がなんとか維持していた樺太を失う事は、過激な攘夷派志士以外の庶民レベルでも、維新の意義、すなわち幕府を倒した新政府の存在価値が問われる危険性を秘めていた。強硬派の直正は、樺太は絶対に日本が領有すべきと考える。融和派が思考する樺太放棄は、ロシアの主張を助長させ、さらに日本国内の分裂を誘発すると強く危惧した。確かに、ロシア政府は、新政府内に大久保らの融和派の存在を知ると、強気に交渉に出てきている。だから、直正はロシアに積極的に対峙することを政府に求めた。そのために、結果的に戦端が開かれてもやむをえないとの判断だ。

この時期のロシアは、まだシベリア鉄道は存在してなく、主たる軍事拠点をアムール川河口のニコライエフスクに置いていた。九年前に新たに獲得した沿海州は、地政学的に防備が難しい。そしてまだ、ウラジオストックの軍港整備はしていない。一方、日本は、戊辰戦争後の無役な武士らが多数路頭に迷っており、切磋琢磨した軍人の調達に不自由しない。確かに、全面戦争になっても、必ずしも日本にとり不利とは言えない雰囲気があった。

義勇が、禁じ手を使ってでも食料や資金の調達に奔走し、突貫工事のように本府建設を急いだのは、大胆な行動に出て来るロシアに対し、迅速な政治・軍事的対応を迫られたからだ。そうなると、義勇が建設する本府は、本格的な戦争も想定し、もしその場合に、十分に耐えられるように造られてなくてはいけない。だから、複数の防御機能に富んでいたのは納得できる。さらに、樺太やシベリアに、派兵可能な兵站機能も存在させただろう。また、禁じ手の場所請負制の廃止は、資金確保以外にロシアと対峙する上で、防衛上必要不可欠と考えていたかもしれない。

直正が去った後、代わりに、同じく東京に在住している松浦が、義勇を支えた。直正が長官を退任したのを機会に、中央政府内は政争が激化した。岩倉は、本音は直正を支持していたが、政府機関のトップとして立場上板挟みになっていた。対ロシア融和派の大久保一派からは、義勇の行動は大きく問題視される。義勇の行動とは、中止になったはずの札幌の本府設置の再開の伺いから始まり、建設を継続するために、兵部省や場所請負人と闘争し、東久世長官を無視して東京の松浦や岩倉と交渉した全てである。表面上は東久世から、勝手なことをした事を理由に、義勇は解任され、松浦は辞表を出した。しかし、その実体は、義勇をそのままにさせると、いつかは、融和派にとり危険人物になると恐れたからだろう。

八　政治的背景を失う

義勇の活動が可能だったのは、東京の直正と岩倉、そして松浦の政治力が背景だった。直正が長官を辞め、その後、大久保らの融和派に岩倉が引きずられ、松浦も万策尽きたことで、その政治的背景が無くなる。その結果、首席判官を継続できなくなったのが本当の理由だろう。

義勇を解任した後、東久世が、義勇の建設した本府に感嘆したのは、きちんとした設計と測量に基づいた建設に関してよりも、大久保より直正の意向に共鳴しつつあったからかもしれない。何故なら、東久世も一年半後に、直正や義勇と同じように、表面上、侍従長に昇進する形で長官を辞めさせられるからだ。直正人脈が崩壊すれば、もう東久世の存在意味がなくなってしまった。箱館府の公家の清水谷と同じように梯子《はしご》を外され消耗品扱いをされた印象は拭えない。その後、大久保の部下である黒田清隆が開拓使の実権を握り、人事は安定化していく。

東久世だが、内心は薩長の下級武士の行動に疑念を持っていた。『明治天皇紀』によると、版籍奉還の審議で、大久保や木戸の断行する主張に対し、猛烈に反対の意義を唱えている。元々は、沢宣嘉と一緒に、八月十八日の政変で「七卿落ち」した、強い攘夷意識を持つ公家だ。決して、初めから融和政策の持ち主でない。薩長が強引に推進する新政府に、本心は反発していた。だから、義勇の去就には、現状に身を置き、自分の意思よりも、中央政府の政治力学に任せ、義勇への予算を増やし継続か解雇かを委ねたとすれば、筋が通るだろう。

第二章　判官解任後の動き

一　東久世の解任以外の要望

東久世は、義勇を処分すると同時に、樺太を開拓使の管轄外にする要望も出す。開拓使公文録からの要約である。

① 石狩州札幌の本府の管轄は、石狩・小樽・高島などの諸郡と近くの便利の良い地域のみ。本府から隔絶した場所の根室や宗谷は、諸藩の支配とする。
② 樺太全州は、ロシアとの交渉が主なので外務省の管轄にする。
③ 職員は、妻子を連れている方が、帰郷の心配もなく仕事に励むだろう。
④ 職員の命令系統は、判官が監督、長官が裁決し、独断専行は厳罰とする。
⑤ 北海道の産物を扱う函館産物会所が東京、大阪、敦賀、兵庫、堺にあるが、資金源として民部省から開拓使に移管して欲しい。

この内容のポイントは、樺太を他の政府機関に任せ、北海道のみの開拓に専念することだ。さらに、石狩本府の支配領域を、石狩・後志地方の極めて狭い範囲に縮小して機能の削減を計っている。

二　岩村通俊判官の着任

義勇が、上京して札幌の不在時、本府経営を任されたのは岩村通俊判官と義勇の部下で経理をしていた十文字龍助大主典だ。明治三年二月二三日、岩村は、義勇が函館に着くと同時に、徒歩で函館を出発し、三月七日に小樽に着いた。そして、仮役所を、銭函から小樽信香町の元兵部省小樽役所に移す。そして、小樽から本府に入り、建設状況の確認をした。まず樺太に派遣される予定だったが、義勇の指示で本府建設に回された南部藩の職人を、四月五日に樺太行きの船に乗せ、本府建設の人員を減らす。

しかし、「**越後国新潟仕出自在丸江御廻米弁農夫積入今五日当港着**」と、義勇が判官の時、新潟で買い入れた米が届いたが、併せて農民も来た。「**羽州酒田港仕出政吉丸江御米其外積入移民乗組今七日当地着**」と、同じく義勇の時に募集した移住民が、四月上旬に、次々と小樽に到着して来る。岩村には、想定外の出来事だ。そして、「**取計振速ニ御下知被成下候様仕度**」と、義勇の後始末をする羽目になる。五月に岩村は巡見を終え函館に戻った。

三　本府建設の中止

『十文字日記』の記述では、明治三年三月上旬、岩村が小樽に着くと、十文字が呼び出され、岩村から「本府建設の中止が予想される」と聞かされた。そして五月中旬に、十文字に「**東京開拓議論紛紛之由、依御主意相伺候…**」と、早くも建設中止が伝えられる。

「**札幌建府ノ得失衆議紛紛ニ候ヘトモ何分当時ノ姿ニテハ官舎ヲ設且人民移住為致候儀一度ニハ御入費難相整候ニ先以人民を移住為致点々村落ヲ成候上建府可致**」と、七月に、岩村の巡視の報告をもとに開拓使から中止の方針を示す布達が出る。

布達の内容を読むと、開拓使函館出張所の内部で「**札幌建府ノ得失衆議紛紛ニ候ヘトモ・・**」と、本府建設の意義が話し合われ、中央政府でも意見が分かれ混沌とするが、七月に着手した工事以外は、本府建設は中止と決まったのが分かる。七〇〇人以上の作業員が一気に居なくなり、札幌は閑散となった。九月に岩村は上京し、今後の方針を太政官と話し合う。

本府建設について「**札幌建府の儀、何分急速目途難相立候得共、先般許多の人民移住為致候間、戸口蕃殖の上漸次相運ひ可申候事**」と、岩村は義勇と異なり積極的でなく、緩やかな方向性を示した。次に岩村は、「**札幌へ移住民の義に付官員へ達、来未年札幌へ農家五百軒移住申付右取扱次第**」と、自分の考えを伝える。まず本府の周囲に移民を入植させ、村落を形成させる。すなわち内陸部の開拓方針を、先に農民を移住させ、食料確保を確実にさせた。そして、人口が増えてから本府建設とするという堅実な考えに変更する。本府周囲に位置する、苗穂、丘珠、円山の土地を割譲して開村させた。この様な方法で、本府が建設されるのは数年先となり、実質上の中止といえる。開拓使の業務は、もう樺太を含まないことを岩村は知っていた。他方、同年二月に樺太開拓使が設立され、四月に黒田清隆が就任する。しかし、「十月の建言」と呼ばれる、半年後に提出された「黒田清隆建言書」で、再び本府建設と一八〇度方針が転換するのだ。

四　閑散とする本府

十文字を主任官とし十一月の西村貞陽権監事着任まで、整備程度となる。だが実際は、義勇の計画に沿い、細々と新規の建設事業は行われていた。十文字は義勇に賛同していたし、西村は佐賀藩出身だ。例えば、松前の商人を、本府の民地へ移住させるに当たり、「**本府前面南ヘ豊平川且銭箱道両方ニ続キ市街羅列ノ見込ヲ付ケ開店為至可申事**」と、義勇の描いた「石狩国本府指図」を参考に計画を立てていた。集議所、大主典邸各一棟、少主典邸各一棟、使掌長屋二棟、板蔵二棟、病院、仮宮、営繕物置、本陣各一棟の合計十四棟が、明治三年秋までに作られる。

米沢藩士の宮島幹の『北行日記』の記述から、明治三年九月頃の札幌の雰囲気が伝わる。

「**…夕方漸く札幌本府に至る。役宅七軒、本陣一軒、其外旅宿屋一軒、小屋がけの家十軒ばかりあり。所々棒ぐいを立て、町割屋敷割をなし、追々家作するものあり。高札其外、二本立柵等至て立派なり。本陣へ止宿す。此本陣は元勇払詰の通行屋を移し建てたる由。至て小屋にして粗相なり…**」と、確かに建設は細々と継続していたが、街全体は閑散とした印象が受け取れる。

五　樺太開拓使設立される

この頃は、約一年前の開拓使開設時と比べ、大きく国内政情も変化していた。樺太領有を巡り、派兵も辞さない対ロシア強硬派は劣勢となり、樺太放棄の方向に向かっていく。明治三年二月十三日、樺太開拓使が設置された。だが、この時は強硬派からの意見が通ったのか、年額一二万両と米五万石の予算がついた。

同年四月二四日、大久保利通参議は樺太開拓使の人事に動き、黒田清隆が登場する。そして、黒田は、今までの義勇と丸山の政策を真っ向から否定する。だからか、黒田の樺太で行った仕事は、久春古丹にある公議所の名称を樺太開拓使庁としたのみで職制も制定されず機構も確立されなかった。黒田の消極的な行動に反発した岡本監輔は、黒田の登場と同時に辞任する。しかし、その後人員派遣も無く、明治四年八月に、一年余りで樺太開拓使は廃止となった。

六　黒田清隆の登場

黒田とは、どのような人物だったのか。薩摩藩のわずか四石取の下級武士の長男として生まれた。薩英戦争で実戦を体験し、その後江戸で砲術を学ぶ。討幕運動に奔走し、薩長同盟の密約にも参画した。明治元年二月、戊辰戦争で、奥羽征討参謀に任ぜられた後、北越征討参謀に転じる。明治二年五月、箱館戦争で参謀を務め、旧幕府軍を降伏させた。榎本武揚を死罪から救ったのは黒田だ。戦功として永世七〇〇石を下賜される。

黒田自身は軍人志向だったが、新政府で希望外の外務大丞に就任した。寺島宗則外務大輔から対馬・釜山《ぷさん》浦《ぽ》の探索を任され、その後、岩倉から東京府知事の要請を受ける。だが、大久保から別の考えもあるとの申し入れが来る。明治二年十一月、勝海舟と共に兵部省大丞に付いた。半年後、暗殺された大村益次郎の後任となる長州藩の前原一輝大輔と、海軍整備の件で大論争となり、どちらかが辞めなくてはいけない状況となった。この時の黒田の態度は、前原に殴り込む荒々しいものだった。両者は、戊辰戦争の北越戦から意見や性格が合わず、長年の遺恨が一挙に爆発したらしい。前原とのトラブルは、黒田の烈火のような軍人気質の性格を物語るエピソードだ。

七　黒田、開拓次官に

明治三年五月九日、開拓使次官で樺太開拓使専務に任命される。樺太開拓使の次官ではない。

だが、「**全体事ニ臨テ不能制黒田之気質**」とか「**小臣ヲ始メ薩人之頑陋ハ実ニ御困リノモノ**」と、黒田の激しい性格から開拓長官の東久世が拒絶するのを恐れ、岩倉にも弁明し、大久保自らが非常に恐縮しながらの採用だった。樺太専任となるが、今までの開拓使と樺太開拓使との関係が曖昧である。

「黒田清隆履歴書案」で、丸山の樺太出兵論に対し、まだ新政府は数藩のみで支えられ、統一された国家体制が確立されてないのに、海外の強力な国家に対抗するのは無理と記述され、対ロシア強硬派へ強い疑問をなげかけている。

丸山と一緒に上京した人物が記した『土井豊築日記』から推測するには、黒田の就任に、樺太赴任組一同が、不平を超え一気に絶望感に陥っている。同じ日記から、丸山一派が巻き返し工作に出るのが分かる。

明治三年六月十二日、丸山は岩倉邸を訪ねた。丸山の言い分を要約する。

① ロシア以外に中国も樺太の所有権を訴えている状況で、幕府時代の仮条約を根本的に改定するための交渉をする。

② 樺太に、非常時にも対応できる長官クラスの人物を派遣。そのためには、北海道と樺太の開拓使を合併し、本府を静香《しずか》に設置して長官も在住する。

③ 樺太問題に、幕府の目標であった北緯五十度で南北を分ける案は、イギリスや米国の意見を聞く行為であり、ましてや仲裁を申し込むなどは、非道である。

④ 箱館戦争の降伏人の移住を進め、本願寺にも開拓の許可を与えるなど、自由に居住や商売を出来るようにする。

樺太問題は、日本独自で判断して海外の意向は聞く必要性ないと牽制した。

この意見に対し、岩倉の反応は決して悪くはなく、三条公に相談する流れとなる。だが、黒田側から、資金不足と軍事制度が未熟なのを指摘され、時期尚早と反論された。他方、丸山一派内部からも計画が壮大過ぎや妄想に近いとの非難も出てくる。特に、丸山が唱えた、幕府が結んだ条約を天皇親政の時代になったから無効とするのは、新政府は決して認めるわけにはいかなかった。それを認めれば、国際社会から信用を一気に落とす危険性があった。

同年七月十九日、黒田は、「**全権ヲ以テ臨機適宜処分可有之事**」と、全権委任され樺太出張を命じられ、八月十三日に品川を出航、八月二〇日、函館に到着してロシア公使と面談。次の日に出航、八月二三日に久春古丹に着く。半月の樺太の滞在中、確かにロシア人は威圧的に対応してきた。一部丸山の忠告を認め、対ロシア政策の難しさを認識している。樺太だけならロシア人の追放は可能だが、その後の展開が想像つかないと、書簡を大久保に送っている。

その後、北海道に戻り陸路で函館に向かうが、途中、場所請負人らの動向を探る目的で、水野権大主典の下郎に変装して視察もする。十月六日に函館に着くと東久世と会談を行った。十月十七日、函館を出航し、二十日に帰京した。以降、黒田は、樺太・北海道の情報収集に慌ただしく動く。そして、有名な「十月建言」という北方の開拓に関する本格的な建議書を、政府に提出した。「公文録樺太開拓使伺」の内容を見ると、「**内政ヲ斉理シ基礎を固フシ、国力ヲ充実シテ富強ヲ十年ニ期ス**」と述べている。主旨は、樺太の維持はこれから三年が限度だろう。これから十年間、国内の強化を優先とし、樺太を放棄して北海道の開拓に重点を置くべきという方針だ。

まとめると、次の四点である。

① 政治の中心を石狩地方に置き、適任の大臣を呼び総括させる。
② 開拓費は、一五〇万両を歳額とし、費用は薩摩藩の賞典禄十万石すべてと鉄道建設費を当て、不足分は官員の減禄分より充当すること
③ 「風土適当の国」から「開拓に長する者」を雇い、移民計画、器械の精査、鉱山開発、海岸測量等の任務に当たらせること。
④ 海外に留学生を派遣し、「事情を偵探」させること。

と、外国人技術者の指導も含む長期に渡る具体的な展望を語り、内政の充実を優先させ、ロシアとは融和の方向を試みる。開拓予算は、一気に一五〇万両を提示した。

「**宜ク鎮府ヲ石狩ノ国ニ置キ大臣ヲ選ンテ総括ニ任シ：**（中略）**石狩ハ全道ノ中央ニ在リ四方ヲ控制スルニ便ナルヲ以テ鎮府ヲ此ニ建テ全道ノ事之ヲ総括シ：**」と、「十月建言」に、軍事拠点として全道を総括可能なのが石狩と書かれている。まだ、北海道に軍隊は駐屯していないが、ここで、大久保の息がかかった、樺太抜きの黒田清隆流の石狩本府が登場する。黒田流とは、対ロシア融和派の大久保の忠実な部下だが、元々は軍人志向を内心に持つ黒田の独自の考えである。要するに、屯田兵設置と、岩村判官により中止となった本府建設の再開である。

明治三年十一月十一日、開拓使の西村貞陽権監事、広川信義大主典らが、「札幌開府ニ付当使一般会計の目途」を太政官に提出する。ここで、札幌の本府建設の再開が決まった。薩摩藩の政治的背景もあり、「十月建言」は直ぐに新政府に採用される。さらに、黒田は、開拓事業調査のため、欧米へ派遣と決まった。開拓使は、今までの鍋島時代の方針から、大転換を向かえる。

東久世が長官を退任後、鍋島も死没し、義勇が政界から去り、明治六年二月、黒田が開拓使次官として最大決定権を持った。その時、樺太の函泊で出火する事件が起きる。堀基《ほりもとい》最高責任者の家にロシア人が土足で上がり込み、漁具倉庫から火災が起きると、消火活動の妨害や他の家屋を壊し始めた。堀は現地人の保護のため、至急に三〇〇人程の派兵を要請する。しかし、この要請とは逆に、黒田は樺太の現地日本人の北海道への定住を薦めていく。ただ、樺太を領有するのか放棄するのかの最終決定は、明治六年の征韓論以降に持ち越された。

その後、黒田は、政治家として大久保の舎弟に近い部下として行動をするが、本来は西郷隆盛に近い軍人気質の持主である。黒田により、札幌の本府建設が再開するが、本心は大久保の政策内だが、可能な限り義勇と似た理想を描いていたかもしれない。このような本心と矛盾した行動が、黒田を酒浸りにさせたかといえる。開拓使長官時の明治十一年、東京で泥酔して遅く帰ってきた黒田が、浮気を疑った妻を、自らの日本刀で斬殺したとの噂を流されてしまうほど酒癖は悪くなった。

黒田清隆（一八四〇〜一九〇〇年）
後に北海道開拓の主導権を握る。
（北海道大学附属図書館北方資料室）

第二二章　岩村通俊の本府建設

一　建設の再開

「十月の建言」で、「政治の中心を石狩地方に置き、適任の大臣に総括させる」と黒田流の石狩本府建設の再開が述べられた。それに合わせ、明治三年十一月、函館で西村貞陽権監事らが作成した「**札幌開府に付当使一般会計の目処**」を、太政官に提出し、本府建設の予算が獲得される。この中には、「金三〇〇〇両札幌神社建立入費」や「米五〇石　神社取建入費米」があり、金三〇〇〇両と米五〇石で、開拓神を祭る札幌神社の建設にも予算が組まれた。次に、本府の経営方針として「**札幌表御用取扱向等伺書**」も提出し許可された。同年十一月下旬、西村は札幌へ赴任する。

明治四年一月九日、岩村通俊は、東久世から札幌出張を申し付けられ、一月十五日に函館を出発し、二月十一日に札幌に到着した。

同年五月頃から、本格的に建設工事を再開する。現在の六月だ。これから暖かくなる初夏を選んだのは、義勇みたく厳冬期の建設を避けたのと、岩村自身、それほど建設に緊急性を感じていなかったからだ。岩村による本府建設は、義勇が解任されて一年半、黒田の「十月建言」から半年弱後に再開する。当然ながら、岩村の本府構想は、樺太放棄を前提とした黒田の影響を受けざるを得ない。明治四年一月から五月まで、黒田はお雇い外国人の招聘も兼ね、欧米諸国に出国している。黒田の代わりに、岩村が本府建設を引き受けた。

西村貞陽《さだあき》（一八四六〜八六年）
明治十三年撮影　佐賀藩士。
（北海道大学附属図書館北方資料室）

西村貞陽は佐賀藩士である。佐賀藩の農家出身で、後に藩士となった。明治二年八月、鍋島直正から開拓使少主典に任命され、首席判官の義勇を支える。義勇が解任された後、東久世に中止となった建設の再開を強く進言した。その後、岩村判官や黒田次官に仕える。岩村の部下として、行政上、本府全域を四キロ四方の正方形とし、この正方形は初めての都市としての札幌の領域となった。さらに、琴似新川を運河にして、運搬が可能な物量を一気に増やした。元老議員までなるが四〇歳で病没。

義勇の部下だった十文字や西村は、自分の主張を優先せず、決して相手とぶつかる性格ではない。だが、黒田の政策に合わせ、岩村の部下として働いても、何とか義勇の構想を残そうとし、全力で本府建設に力を注いだ。この二人は義勇を敬慕していた。

二　碁盤目状の道路

明治四年年末の札幌の地図を示す。「札幌区劃図」から、町割は、現在の都心部のような十一間（約二〇メートル）の幅の道路を東西南北に交差させ、一ブロックを六十間（一〇八メートル）四方の正方形となる碁盤の目の区画になっているのが確認できる。民地の領域では、六間（約十一メートル）幅の東西に走る仲道を付けた。仲道の造成は、商業的に土地を活用しやすくするためで、有名な仲道として現在の狸小路が挙げられる。

町名は北海道の国郡名を付ける。この碁盤目状の道路は、江戸や姫路などの城下町でも見られた。城下町以外に、平安京が有名だが、現在の京都は正方形ではなく短冊形だ。これは室町時代の「応仁の乱」後に、焼け野原となった京都を豊臣秀吉が再建した名残である。その後、徳川家康が江戸の建設を始めた時、秀吉により改造された京都の町割りを引き継いで、長方形を積み重ねた区画を取り入れる。これが、江戸の都市構造の原型となった。だが、札幌の区画は、豊臣時代

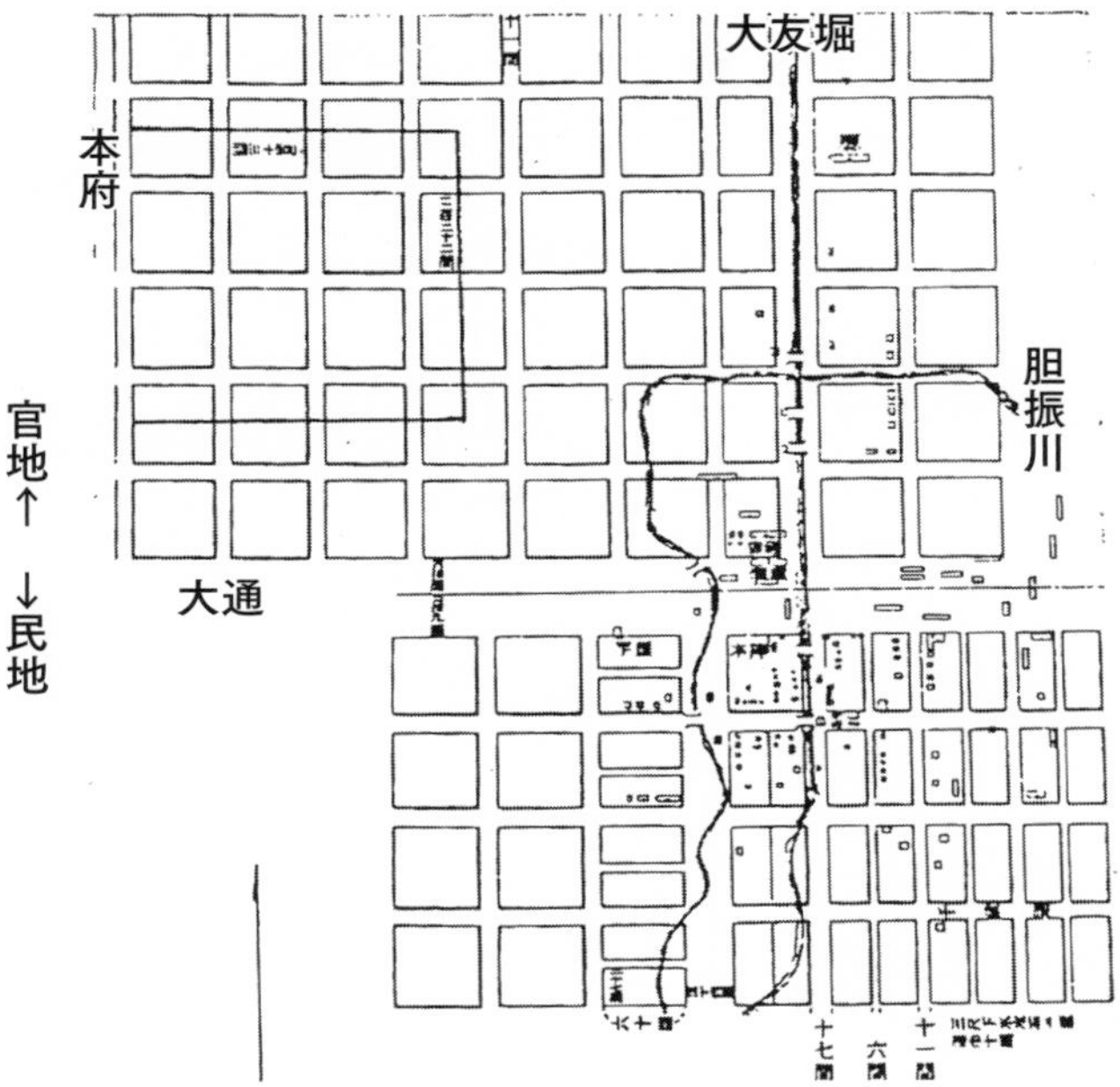

「札幌区劃図」
岩村が建設を再開した頃。碁盤目状の構造だ。
北西側の枠が今の道庁が位置する新たな本府予定地。
横軸の空白地が今の大通公園。メイン道路はまだ無い。
小さな枠は、実際に建てられた建造物。
垂直に伸びている川が大友堀　西二丁目通りを流れ東に曲がる川が今は無い胆振川。
（北海道大学附属図書館）

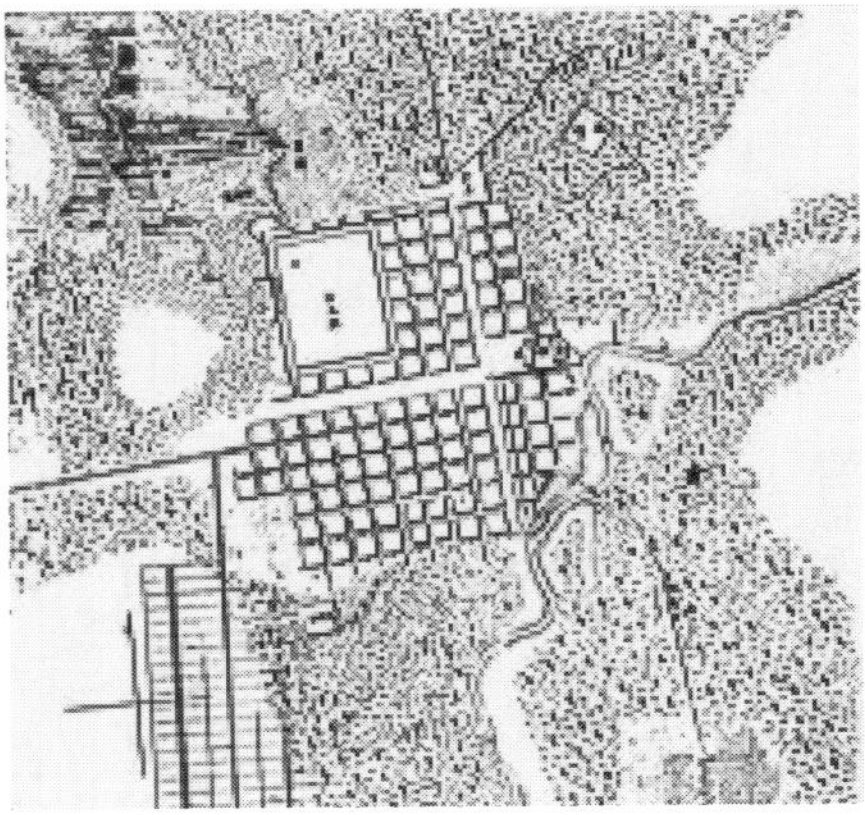

突然、原生林の中に都市が出現した。
山鼻にも道路が作られ始め、後に屯田兵が移住してくる。
「明治六年北海道札幌之図」
（北海道大学附属図書館）

以前の古代の平安京の一二〇メートル四方の正方形の方が近い。一般的な米国の都市中心部も、同じように碁盤の目の基本構造で、広大で平坦な大地を効率よく造成するには一番都合が良いからだ。

『新撰北海道史』は、「島判官によって、若し區劃の完成を見られたとするならば、おそらく碁盤割の街衢《がいく》が出現したであろうことが想像される（中略）岩村判官は、部下の中田為信をして主として市街の區劃に當らせた」とのみ記載され、現在の都心部の碁盤目状の構造は、決して義勇の構想とは書いていない。岩村が来る前、すなわち「札幌区劃図」が描かれる前の、西村権監事が構想した「札幌表御用取扱向等伺書」には、もう似たような区画割が登場している。これらの時期は、まだお雇い外国人のケプロンが来日する前だ。だから、お雇い外国人は、碁盤目状の構造には全く関与していない。もちろん、幕末に、勝海舟や小栗忠順らの遣米使節が米国を訪問しており、米国の都市構造の情報は、人伝えに当時の日本の知識人が知っていたかもしれない。史料が見つかれば別だが、日本の他の都市では見られない道幅とブロックで形成された札幌の構造は、どの都市を参考にして、誰がどの考えに基づいて作られたかは、未だ不明なのだ。

三　都心部の基盤を作る

岩村の業務は、みやま書房出版の『北海道のいしずえ四人』に詳しく載っている。元箱館奉行所の請負人の子、中川源左衛門を大工棟梁に任命し工事を統括させた。明治四年春、函館、東京や東北から千数百人の職工人を募集し、三〇〇戸強の木材が送り込まれる。

岩村が札幌に到着して本格的に仕事に取り組む前の三月に、早速部下達は、現在の北三条東一丁目のＪＲ鉄道病院辺りに本庁仮庁舎の建設を始めた。一ケ月で完成した本庁仮庁舎は、屋上に太鼓楼が設けられ、毎時に太鼓を打ち住民に時刻を報じた。さらに、開拓使本庁舎の計画も立てる。計画では、箱館府として使用された五稜郭内の旧奉行所の建物を移築予定とした。だが、箱館大野の建築請負人だった福原亀吉に見積りをお願いすると、函館から小樽まで十三艘の船で運搬し、小樽から石狩川を経て篠路川へと元村まで運ぶと合計九万二〇〇〇両と、新築費の七万五〇〇〇両より割高となるのが分かり、中止となった。結局、新たに

本庁仮庁舎
刀を持った侍の姿が見える。
真ん中の人物が岩村通俊と云われる。
正面左側に置かれたのは「目安箱」。
（北海道大学附属図書館）

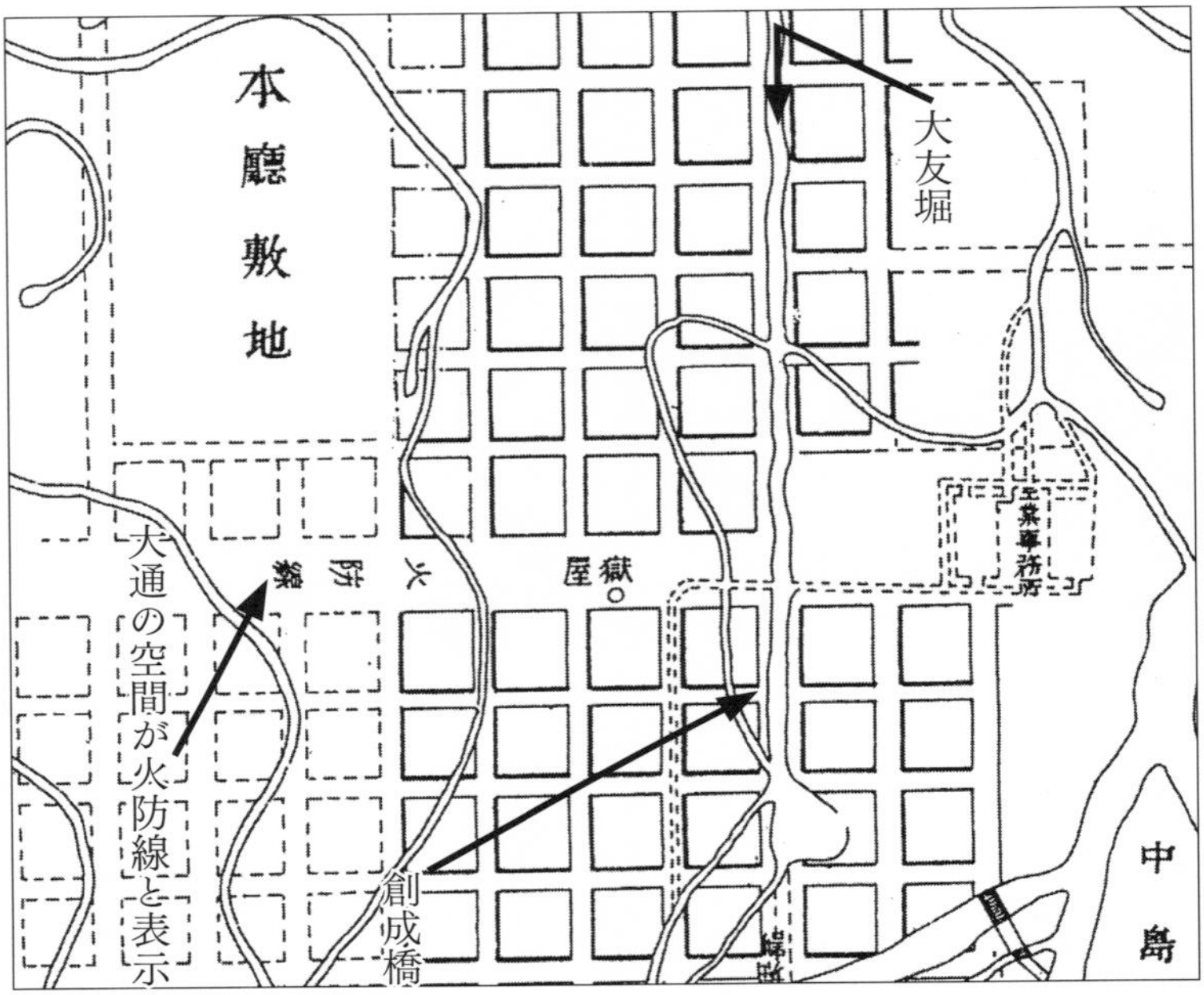

「明治四年及五年札幌市街之図」（『札幌沿革史』）

新築と変更する。

明治四年五月、営繕掛詰所、用度掛詰所、本陣、倉庫、牢屋などが完成する。『新撰北海道史』第三巻から、「大友堀の開門の南を市街地、北を官地となし、中間に六〇間(実際は五八間)の大通を置き(下略)」とある。ここで、大通という呼称が初めて出る。この大通を境に、北を主に官僚が住む官庁街の官地、南を民間人が住む繁華街や歓楽街のある民地に分けた。この思考は義勇の構想を継承している。

「明治四年及五年札幌市街之図」を見ると、大通を火防線と称している。中田為信史生が測量をして、東西に伸びる幅五八間（約一〇五メートル）の空間を設けた。義勇の構想である四二間より拡張となるが、この五八間は計画通りなのか誤測なのかは不明だ。だが、本州の城下町にも、大火災後に防火帯と称した広い街路が作られたが、せいぜい十五間に過ぎない。幅五八間は、やはり広すぎる。官地は、戊辰戦争に勝った新政府の関連施設が占め、民地は、敗者である失業武士や、地元に残れない利にさとい商人らが集まった。大まかに、官地は勝ち組、民地は負け組と言える。ただ、負け組の恨みは、現在の我々の想像以上のものだった。だから、表向きは火防線としたが、民地の住民からの攻撃を抑え込む、朝鮮半島における三八度線の非武装中立地帯のような軍事的防波堤だったのだろう。明治八年に琴似で屯田兵制が発足すると、その防波堤機能は不必要となって公園施設に変わり、現在の大通公園になる。

大友堀は、北方面に流れると伏古川に注ぎ、小舟による貨物運搬機能を持っていた。大友堀の名称は新川に変更となり、明治七年に創成川となる。「創成」の意味は〝人が初めて作った〟である。民地にある創成橋は、丸太を並べ上に板をひく簡単な橋から、手すりのついた本格的な木橋となり「佐宇勢以橋」と名付けられた。この付近で、舟で運ばれて来た物資が陸揚げされ、橋の西側の南一条通りに、民間業者の風呂屋や呉服店などの商店街が形成されていく。そして、多くの単身者が送り込まれることにより、多数の酌婦つきの料理屋や旅宿業者が集まり始めた。その結果、風紀が乱れ、取り締まりも難しくなる。

開拓使は、それら盛り場を歓楽地として南端の一角に集約させた。同年六月から道路工事が始まり、七月に「薄野《すすきの》」の名称が決まり周囲に土塁を築く。この名称の由来に諸説があるが、工事監督の開拓使監事の薄《うす》井龍之《いたつゆき》からだろう。新政府が、人権上海外から指摘され、急遽制定した「芸娼妓解放令」をあえて無視し、岩村が単身赴任者のこともあったのか、「東京楼」という官立遊郭を作った。官営遊郭は珍しくないが、官立遊郭は薄野だけかもしれない。

本府の四方向に公園設立も計画する。西の円山、東の苗穂、南の中島を予定し、北には、今の北区北七条西七丁目にあった窪地に士族や町民など誰でも楽しめる、四民偕《とも》に楽しむという趣旨で、「偕楽園《かいらくえん》」を造成し札幌初の公園となった。「偕楽園」の北側に、果樹菜の試作場の官園も作り、今の北海道大学の敷地となる。まさに札幌市都心部の基盤が、この時期に一気に形成された。岩村の構想は、現在でも目に見えぬ形で継続されている。例えば、条例規制があるのかもしれないが、都心部は、大通公園の北側のＪＲ札幌駅周辺やオフィス街に風俗店舗は無く、南側のススキノ周辺に集中しているのは、その影響だろう。

四　神社や寺の建設

明治天皇の聖旨《せいし》により、義勇が苦労して運んだ「開拓三神の御霊代」は、北六条東一丁目の「一ノ宮」と称した仮宮に安置される。社地は、義勇により丸山麓辺りと選定されていたが、明治三年十二月、岩村が円山近辺を検分し、明治四年四月に、東久世が実地視察をして正式に決定した。「札幌神社建立入費」として、金三〇〇〇両と米五〇〇石が計上される。これは、義勇が計画した「北海道新大社」を、規模を縮小して再現したものといえよう。もしかしたら、黒田の要請だったかも

新築の創成橋。明治四年頃か。背後に見えるのは、南一条東一丁目の本陣。（北海道大学附属図書館）

本庁仮庁舎（北三条東一丁目）より西南を望む。明治六年と予想。遠くの森林が今の植物園あたり。本府と思われる場所は土塀が囲んでいる。
（北海道大学附属図書館）

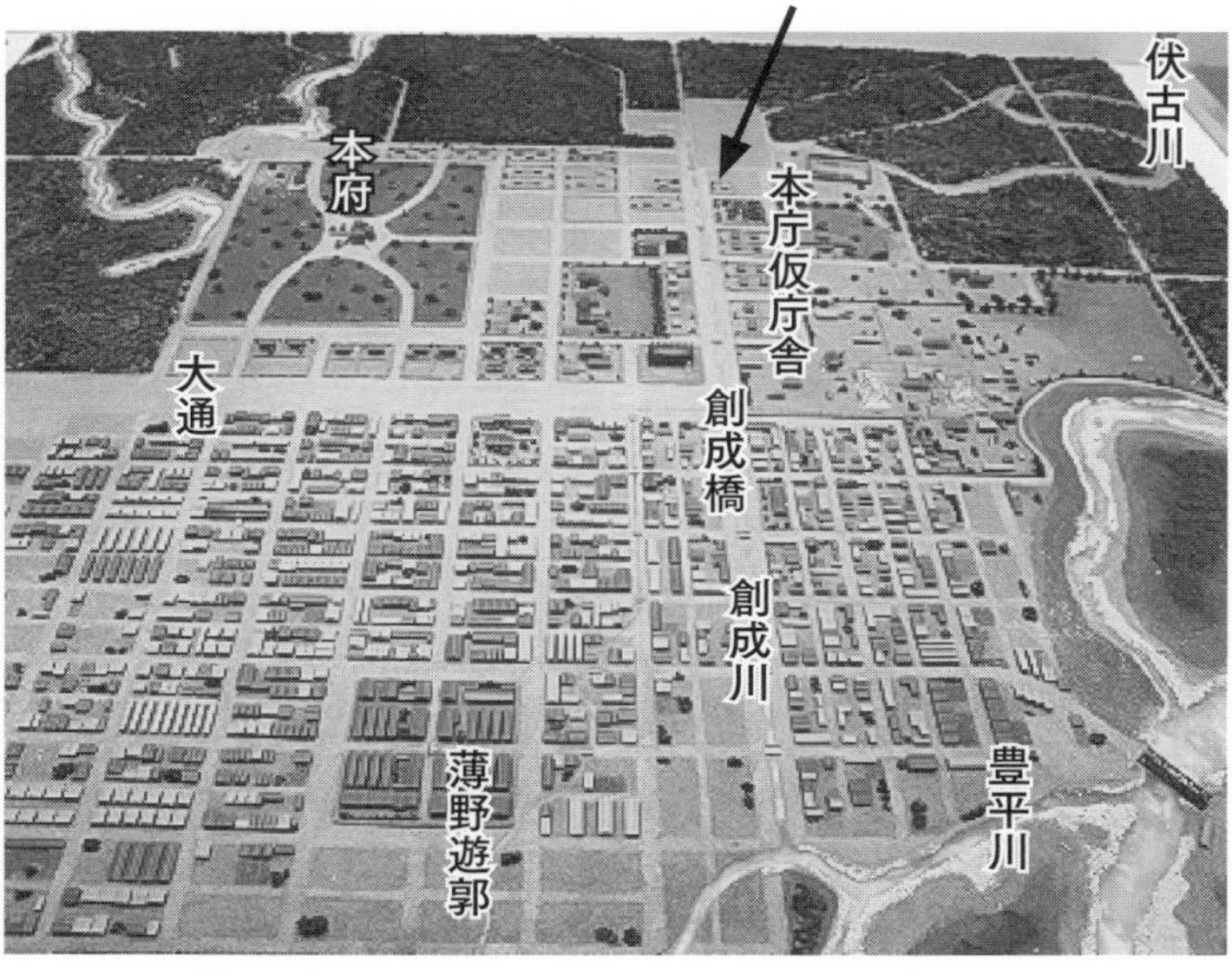

明治六年頃の本府のジオラマ。
（旧道庁赤れんが館内の展示物を著者が撮影）

しれない。すぐに社殿を造営し遷座式を経て、六月十五日、北海道神宮の前身の札幌神社と命名される。明治三年七月、東本願寺の現如法嗣《げんにょほうし》が来錫《らいしゃく》して、本府の南端に敷地を下付され、東本願寺も造営された。

五　長官の札幌赴任

明治四年四月十九日、東久世は函館を出発、五日後に札幌に到着する。翌日から本庁仮庁舎で執務をした。長官を辞任する約半年後の十月まで滞在した。長官が在住することで、名実とともに、札幌の本府機能が始動する。

本庁仮庁舎の六〇〇メートルほど西側の現在の道庁が位置する場所に、開拓使本庁として新しい本庁舎の建設が始まった。すなわち、本府の場所が変更される。本庁仮庁舎は義勇が構想した本府の場所の近くに位置していた。もしかすると、仮庁舎を建てた西村や十文字は、まだ義勇の本府にこだわっていたのかもしれない。義勇の構想より縮小されているが、それでも本庁舎がある本府の敷地は、現在の道庁の敷地の約一・五倍と広大な規模だ。函館、浦河、宗谷、根室、樺太に各支庁を置き、本府がそれを統括する機能を持つ。この時、まだ本府は樺太も管轄した。

開拓使札幌本庁舎
（北海道大学附属図書館）

樺太を専門とする樺太開拓使は、黒田の「十月建言」の発表後、新たに高官が任命されることなく、明治四年八月に廃止となる。

明治六年十月、米国人技師ホルトの設計と伝えられる開拓使札幌本庁舎が完成した。ハイカラな作りで白官邸と呼ばれ、窓はガラス張りだった。明治十二年一月、失火から焼失。道庁旧本庁舎（赤レンガ館）の北隣にその跡地がある。

六　御用火事

火をつける岩村判官
（『札幌百年のあゆみ』）

開拓使は、民地への移住者に、家作料を給して、耐火防寒の家屋の建築を推奨する。だが、多くは出稼ぎ気分で浪費し、安易な草小屋程度で間に合わせていた。そのため、野火が発生しやすく官邸が焼失することもあった。

移住民への見せしめもあり、草小屋を焼いて一気に本府建設を進める必要性に迫られた。明治五年三月、ついに、岩村自ら馬に乗り、装束に身を固め陣頭指揮に立ち、街を焼き払ったと云われている。江戸時代は放火は重罪だ。岩村とともに行動したのは、中川源左衛門に結成させた消防団で、草小屋以外の周囲の延焼防止も兼ねていた。この消防団が札幌市消防局の始まりで、政府による放火の後始末が最初の仕事となる。

七　岩村の義勇への回想

岩村は、男爵になった後に、『大日本地名辞書』続編の「序」において、札幌の地区の町名を付けた経緯を述べている。その一部に義勇について語っている。

「明治二年十月、島開拓判官は、雪を冒して札幌に至り、本庁設置の計画に着手す。しかるに積雪のためその設計蹉跌し、百事意の如くならず、翌春ついに官を罷め、京に帰る。余それに代りてもっぱらその事に任じ、すなわち先ず札幌の市区を制定す…」と、前任者の義勇を語っている。厳しい冬に建設をしたから、計画が思うようにならず撤退したとの内容だ。その当時の開拓使の大変さを伝えたかったとも解釈できるが、なぜ悪条件下で、あえて義勇が建設を強行したのかは、岩村からは全く述べられていない。

第二三章　島と岩村の構想の違い

一　本府の構造から

義勇の構想からの変更として、北端に位置していた本府が西端に移動、メイン道路も南北軸から東西軸の走行となる。これは都市構造を根本的に変える大きな修正だった。西村権監事時代に変更を示唆させる記録はなく、岩村の時代になってからの手直しだろう。少なくとも、西村は義勇が描いた「石狩国本府指図」を参考に構想を練っていた。明治四年四月に竣工した本庁仮庁舎の場所も西村の意向と考えられ、西村が、本府を現在の道庁の場所と考えていた史料は無い。だから、修正は、岩村が札幌に到着し腰を据えた五月以降だろう。

この東西軸の道路が、現在の北三条通り（通称　開拓通り）だ。本府も五〇〇×三〇〇メートルと縮小、その後財政難から土地が切り売りされ、現在の二五〇×二五〇メートルの道庁の敷地となる。

本府の位置の移動は、一説には、雪が解けて土地の性状がわかり、北端の泥状な土地でなく、やや小高い場所に設置したとも言われているが、詳細は不明だ。メイン道路の軸の九十度の変更も全く不明である。ともかく、大きな変更は、義勇の部下だった西村や十文字でなく岩村の指示で行われたのは間違いない。

義勇の建設が、志半ばの途中で終了したので、最終的にどのような都市が完成したかは、新たに史料が見つからない限り解らないだろう。東京大学工学部大学院の都市工学で有名な西村幸夫教授は、以下のように述べている。

「実際の札幌はこのようには（島義勇の構想）建設されなかった。本庁は南向きから東向きに九十度方向

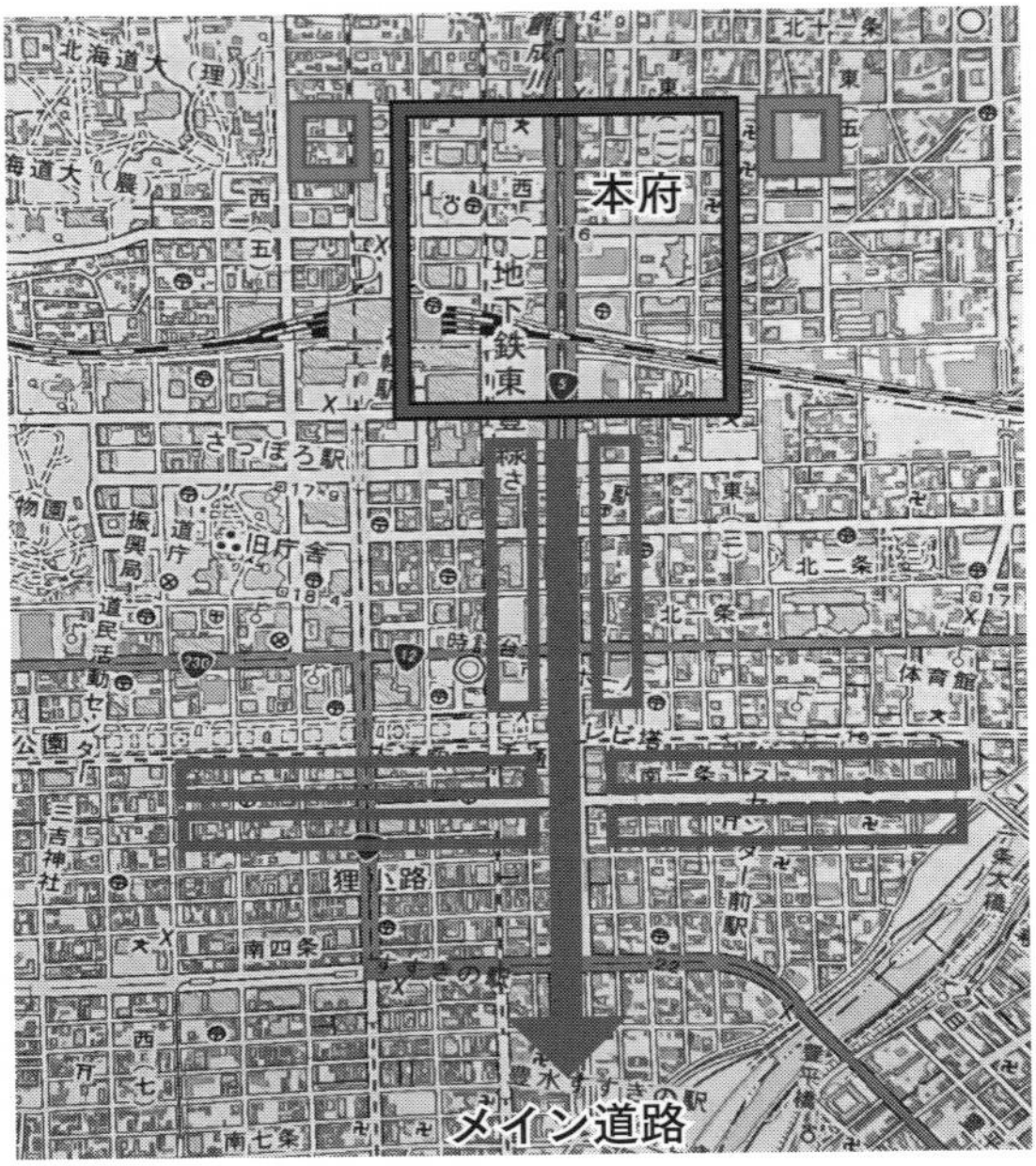

島義勇の本府構想

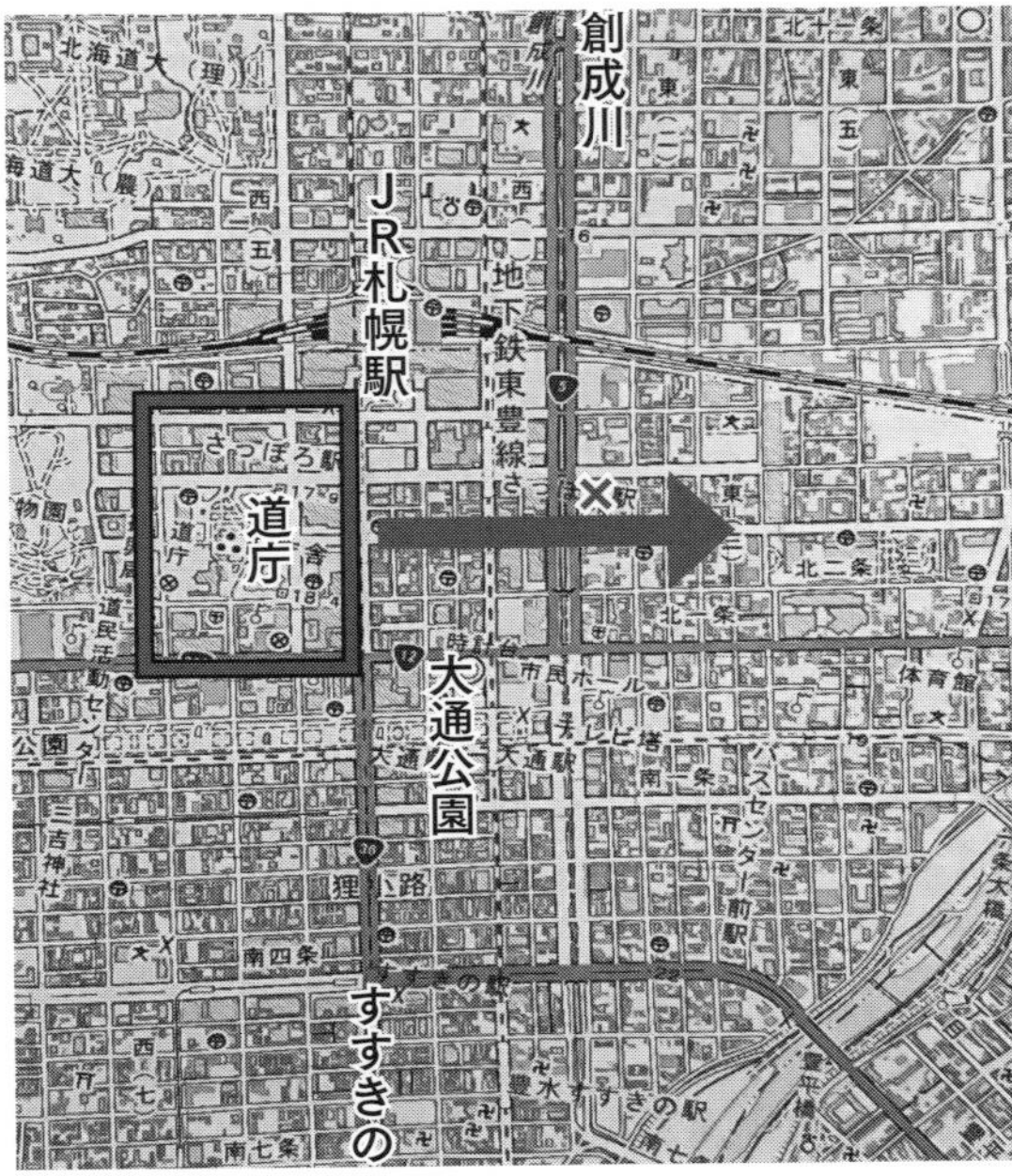

岩村通俊の本府構想
現在の国土地理院二万五千分の一の地図に、島と岩村の構想を合わせてみた。
大きな方形が本府、矢印がメイン道路。
×が本庁仮庁舎の場所

が変わり、規模も縮小された。一八七一年、都市建設の実質的な責任者である開拓使判官が、島義勇から岩村通俊に交替した段階で設計が変更されたのである。なぜメインの軸線が途中から直角に折れ曲がるような変更が行われたのだろうか。その理由は書き記されているわけではないので、想像するしかない」

義勇時代に作られた建造物は、岩村も引き続き利用した。しかし、構想の大変更は、義勇の構想を引き継いたというより、遮断したという方が、正しいだろう。

今まで日本で作られた歴代の都市の機能から考察してみたい。そのような観点から見ると、大方、義勇は京都のような条坊制の都市、岩村は戦国時代以降の江戸時代の城下町に近いといえそうだ。

二　条坊制か城下町か

条坊制の都市構造

朝廷の中心は「宮」だ。宮は、天皇の住まいである内裏と、政庁の大極殿と朝堂院で構成される宮殿である。宮が存在する都市を「京」と呼ぶ。条坊制を基盤に京を造成したのは、飛鳥時代の藤原京からだ。この計画都市は、平城京から平安京へと続く。

元来の条坊制は、長安など中国の首都（都城）に見られる都市計画のことだ。北端に日本の内裏にあたる宮城を含む「皇城」、南北中央にメイン道路である朱雀大路を配し、左右対称の正方形の都市だ。東西方向に走る「条」と南北方向の「坊」の道路で、碁盤の目の区画で構成される。中国は、異民族の侵攻を防ぐため周囲を城壁で囲んだが、島国の日本は必要なかった。

大化の改新後、律令国家となった大和朝廷は、国郡制下で、地方のため「国府」を各地に、辺縁地域に軍事・行政上の拠点として「城柵」を設置する。この国府や城柵も、京と同じく条坊制に基づいた都市構造だった。ただ、城柵は、蝦夷（エミシ）や熊襲《くまそ》への攻撃や防御のため周囲に城壁を形成する。
紀元前五世紀頃、大陸から北部九州へ稲作農耕を中心とする文化が伝わり弥生時代が始まる。列島全体を覆っていた縄文文化に入れ替わり弥生文化が東側に広がって行く。その頃、東北から北海道に、蝦夷(エミシ)と呼ばれる人々が住んでいた。彼らは、民族としてアイヌなのか倭人なのか不明である。ただ、どちらにしても文化や生活習慣は、縄文時代のままの「化外《けがい》の民」として、朝廷支配から独立して暮らしていた。朝廷が、城柵を、蝦夷（エミシ）との軍事境界線の荒野に突如として建設したように、義勇も、ほぼ未踏の原野に、いきなり本府を設置する。そして、本府から支配可能な境界領域を広げていき、本州以南の住民を移住させ、数年後に農耕地も人口も増えているという方法だ。

城下町の都市構造

城下町は、領主の居城を中心に形成された都市だ。戦国時代は、都市に防御機能を求められた。織田信長は、兵農分離の意図から、城下に武士を住まわせ、市街に楽市楽座を設け自由に活動させ、商工業の発展を促した。江戸時代となり平和になると、城主の権力を誇示するためや、政治・経済活動がしやすい町の形成となる。そうなると、封建制の身分で機能的に分割した配置となり、堀で境をつけた。

義勇が描いた「石狩大府指図」や「石狩国本府指図」を見てみよう。政庁がある本府を北端中央に置き、そこから南北に走るメイン道路の構成は、やはり条坊制を連想させる。岩村の本府地図の「明治四年及五年札幌市街之圖」を見てみよう。後に大通公園となる火防線と呼んだ空間を、大きな堀に見立て、北を官地とする。官地では、開拓使本庁舎を御城として、その周囲を侍屋敷が囲むように、役所や官邸を配置した。南を民地として、民間人が住む商業地区や歓楽街、さらに創成川をはさんで東を工場地区と、町を機能性で住み分けた。この構想は、明らかに平和な時代の城下町的な発想だろう。岩村は、まず農民を移住させ、周囲を食物生産の可能な土地にして、その土地に、消費都市も兼ねた政治機能を持つ町作りを考えた。岩村の開拓方法の順番は、義勇と異なる。それは、根本的に、都市を作る目的が違っていたからだ。

岩村通俊（一八四〇〜一九一五年）
（北海道大学附属図書館北方資料室所蔵）

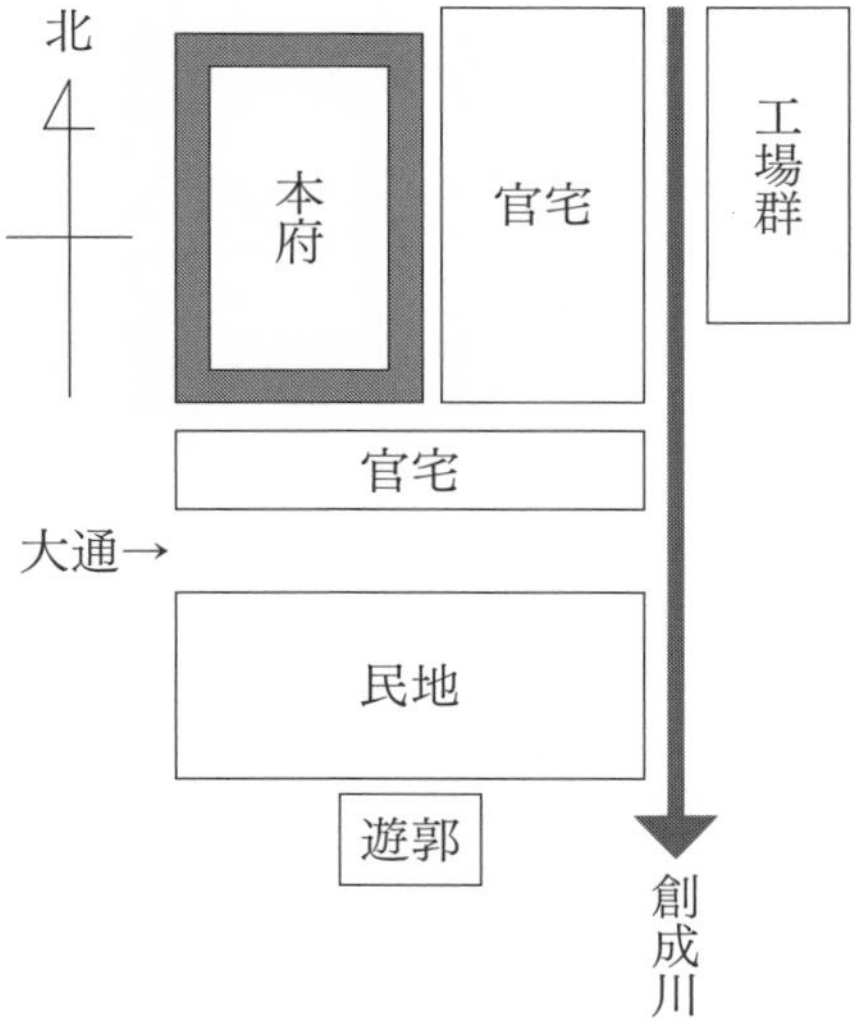

岩村の構想した本府。機能性で町を分割した。南端の正方形は薄野遊郭。

第二四章　お雇い外国人の建設

岩村が本府の建設を再開してから、北海道開拓は、黒田が招聘した「顧問兼頭取」のケプロンに委ねられていく。そのため、本府構想もケプロンの影響を強く受けていった。なぜ米国人なのか。多分、軍事的に、北海道に最も影響を及ぼすイギリスとロシアを牽制するには、南北戦争が終了したばかりの新興国の米国が、最も適任と判断したからだろう。

一　ケプロンの招聘

新政府は、北海道の開拓と近代化を進めるため、「御雇《おやとい》外国人」の採用を決める。人選は黒田に委任した。

「**昨九日黒田次官より三月朔日出書状至来同人米国ワシントンおゐて農工業所長之人物探索いたし候処よき都合にて同国第一等一等之先生カプロンと申仁と内決且又当六月中にハ是非帰京可致との趣右は長官殿江可申上様申越候間此段申進候也**」と、明治四年四月の訪米中の黒田は、ワシントンで農工業専門のケプロンの内諾を得る。六月に訪日をするとの書簡が開拓使へ届いた。書簡での長官とは東久世である。この時点で、ケプロンの採用が決まった。

二　北海道を巡視する

明治四年四月、まず米国から四人のお雇い外国人が招聘され、アンチセルとワーフィールドの二人が北海道を巡視する。八月十三日に東京を出発、九月二九日に札幌に到着した。十一月五日に帰京した両者は、ケプロンに報告する。この二人は、黒田次官から今までの開拓使の行った事業の再検討をお願いされていた。一八〇〇年代の米国の教育は、専門技術者の養成より、幅広い応用技術の習得に向けられる。アンチセルは、本来は化学者だが、鉱物、植物、土地処分法や地政学的なことまで言及した。十一月二二日、その報告書を黒田に提出した。

まず、北海道の首都として札幌が適しているか、再検討されている。最初に、二人の米国人は、冬季に積雪が多く、石狩川が五か月間も使用不可となり、その間、本府への物資輸送ルートが確保されないと懸念を持った。当時の輸送ルートは、小樽港からサンパ船で石狩川を上り伏古川を通して篠路まで、そこで小舟に乗り換え、篠路から大友堀を経て本府までである。次に、日本海側に、首都を位置させることは、最も脅威であるロシアから、直接的に攻撃されるのも予想され、防御上の問題も懸念された。

「アンチセル氏札幌開府健言写」に、アンチセルの意見の概略が述べられている。

① 寒冷で食料生産に限界があり、陸路も途絶し近傍に良港はなく供給も不安定。その事で、食料欠乏危機や建設に費用がかさむ。
② ロシアに近接する場所であるが、天然・人工の要害に不足している。砲台を備える場所や軍艦の停泊地が不足。
③ 海陸運輸の便が十分でなく、孤立する恐れがある。

等だ。米国人の報告書を見ても、行政中心地の本府が、防衛のための軍事的機能も課せられていたのが分かる。

義勇の本府の設置場所に疑念を感じ、太平洋側に適地を求めたが、札幌に勝る場所を挙げることが出来ず、多くの障害を抱えているが、最終的に札幌と判断した。

報告を受けたケプロンは、札幌を防御する軍事上の立場から、また、冬の輸送ルートの障害から、小樽港の価値は少ないと判断し、不凍港の室蘭港を拡充させ、札幌と室蘭間の道路と鉄道建設を提言する。この道路と鉄道は、国道三六号線とＪＲ千歳線の基盤となる。そしてさらに、本府も米国風に、エキゾチックにアレンジされていく。その結果として、札幌市は、「虹と雪のバラード」を作詞した、札幌医科大学整形外科初代教授で詩人でもある河邨《かわむら》文一郎の言う、「北海道の開拓精神は、東京の精神では開拓されていない。札幌の都市計画は、アメリカの一部の小都市の長所をとって独自のもの」となっていく。

ケプロン（一八〇四～八五年）
米国政府の農務局長で大統領と近い関係にあった。

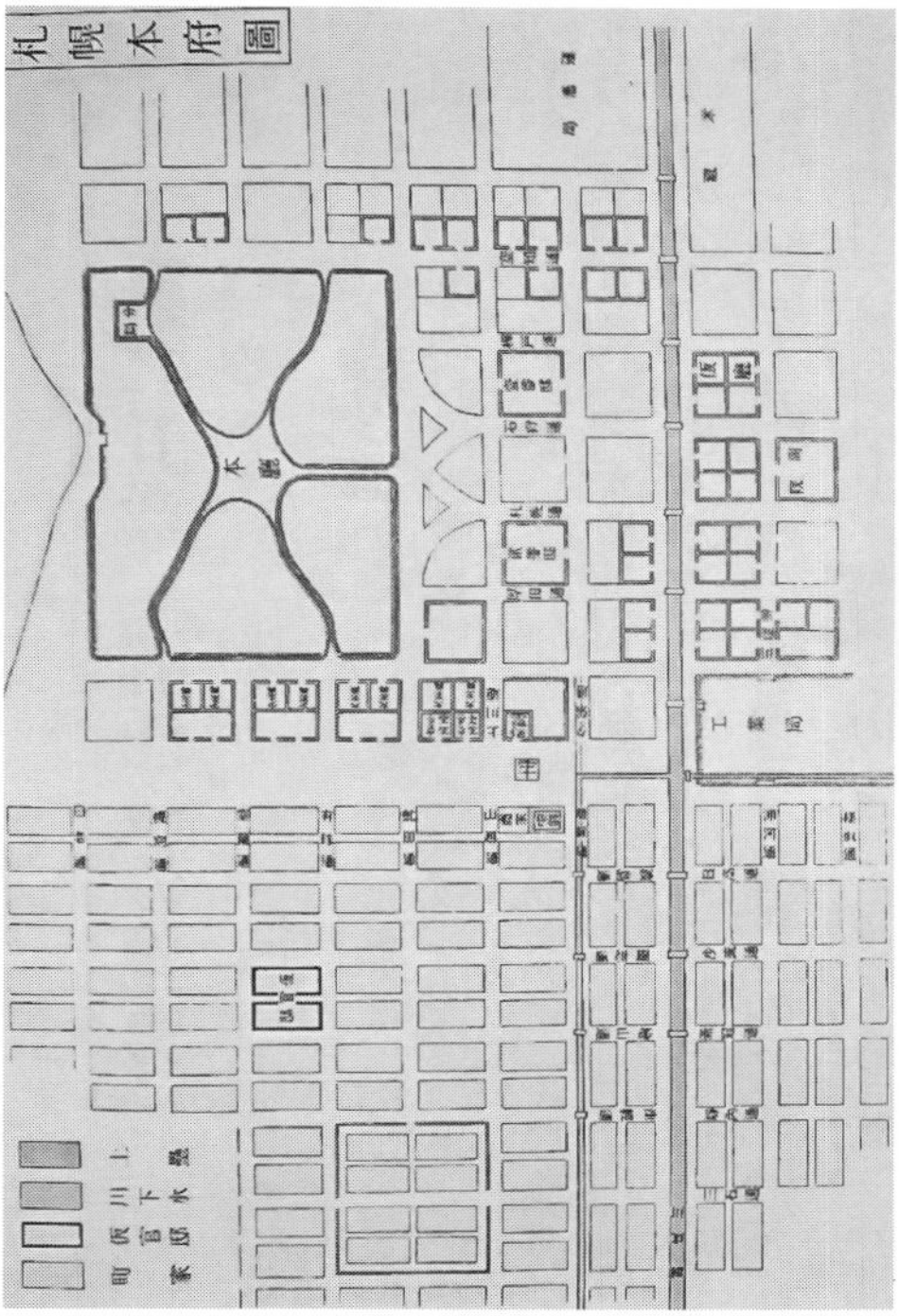

黒田次官時代の本府
本庁東側のアーチ状の道路と小広場のブロックは、お雇い外国人の発想と思われ、街並みも変わっていく。

北

第二五章　解任後の義勇

一　大学少監へ

義勇は、開拓首席判官を解任された後、明治三年（一八七〇）四月二日、直ぐに文部省の前身となる大学少監になる。役職的に一階級昇進だ。大学別当《べっとう》（文部省大臣にあたる）の松平春嶽と直正が懇意で、直正の推薦かもしれない。次期世代の教育を担うこの役職は、新政府にとり重要で、教育方針をめぐり主導権争いが激しかった。今までの藩主と藩士の関係を重んじる漢学と朱子学、天皇制を位置づける皇学教育、近代化を図るための洋学教育の方針争いで、抗争が抑えきれなくなる。その結果、大学の部門が廃止され、義勇は、判官と同じく約三ケ月で解雇となった。その後、約一年間の浪人生活を送る。

二　侍従となり東久世と再会

西郷隆盛の推薦で、明治四年七月に、明治天皇の教育係である侍従《じじゅう》を勤める。公家とは違う勇ましさを教えるため、剣術と相撲で大いに天皇を鍛えたらしい。決してわざと負けたりしなかった。天皇も、そんな純朴な義勇を非常に愛したらしい。だが、着任の三ケ月後、義勇を解任した開拓長官の東久世が侍従長となり、再び上司として転任してくる。予想されるのは、義勇は、天皇に伝統的な国学的漢学的国体論に基づく帝王学を教え、大久保や木戸から不満が漏れていた。そのため、再度、東久世が上司に迎えられたのかもしれない。もし東久世と個人的な感情のもつれで、義勇が開拓判官を解任されたなら、再度上司になる東久世に、恨みの漢詩を詠むなどの、何らかの行動があってもおかしくない。少なくとも、示唆させる史料は見つかっていない。そうなれば、両者に個人的な歪み合う感情はなかったのではないか。義勇も東久世も、大きな流れの中で動いており、それをお互い理解し合っていたと思われる。

三　東京に尋ねに来たアイヌ

侍従を務めていた時、佐賀郷土史で有名な千住代之助が、たまたま東京の義勇の邸宅を訪ねている。この時の出来事を漢詩で書き残していた。「**石狩州民名又一者…**」と、複数のアイヌが上京した際、失意の義勇を訪ねに来た。義勇は酒宴でもてなし、アイヌも島邸内の庭で歌ったり踊ったりしたらしい。

本府建設時に知り合った、琴似に住むアイヌの又一らが、アイヌ学校の事で上京時に、義勇を慕ってはるばる訪ねに来ていたのだ。

細川十洲曰習時艸開拓事宜數十條讀之不堪神往又曰陣服恐別有佳字

山中信天曰宛知見松浦竹四所摸寫畫圯南曰起首畫出毛人肖像約而盡

信天曰說出中華壯麗體裁愈妙

圯南曰毛人安知有仙闕者

信天曰結末高渾典贍大有力是人之所不及也

毛人歌

石狩州民名又一者、來東京、寓開拓使舊判官島氏、
蓋謝其恩也。余一日、訪島氏、又一在庭、飲酒甚樂。乃
服島氏所與陣服起舞。蓋所謂鶴舞者。島氏請余作
歌。時庚午八月二日。
被髮及肩毿毿然長髯過乳耳垂鐶執簪擎椀仰飲酒醉後鳴
鳴舞蹁躚自言身生絕荒域天地日月未曾識一朝判官傳恩
令蟲蟻始戴瑞穗德航海千里來大都我聖天子之所居金殿
玉樓連雲出錦綺奪目爛盈衢恍疑眼望貝宮偉更怪夢觀瓊
殿美判官況賜服與刀持之歸家傳孫子君不見十劦之東千
島浮又不見北道之極黑龍流安使我皇鶴齡千歲不厭世德
化長自敷荒裔。
奔馳錯落、矢口成詩、敬服敬服。末段點出鶴字妙。
細川習批
寫來一個毛人舞。筆墨亦如歌舞、雄壯奮躍、有渾脫嚠離之

四　秋田県初代権令（知事）

義勇は、戊辰戦争中、「慶応四年四月健言書」を提出している。「奥羽御鎮撫」を「至急第一之御処置」

とし、「北辺御鎮撫」を構想した。すなわち、ロシアを念頭に、奥州地方を開拓して、青森に「大鎮府」を置く。「大鎮府」には宮様が入り、蝦夷地と樺太まで差配する。さらに、樺太に鎮台を置き、「御国体後武威」を強化するという内容だ。かなり以前から、北海道以外に、ロシアに近接する北東北にも関心を寄せていた。

　明治四年七月、廃藩置県が断行された。十二月、義勇は初代秋田県権令（知事）になる。この経緯はよく分からないが、戊辰戦争で、秋田藩は東北で珍しく新政府側となるが、本来は倒幕派より公武合体派だった。佐賀藩と同じ思想を持論としており、佐賀藩出身者を知事にしたのは、新政府との関係で妥当と考えたのかもしれない。また、奥羽越列藩同盟の最も精悍といわれた庄内藩に攻められ、窮地に追い込まれる秋田藩を助けたのが佐賀藩兵だった。地元住民も恩義を感じていたのだろう。任命を受けた義勇は、直ちに仕事を開始し、臨時に設置された東京築地の秋田県支庁で、県の役人の採用など準備を始める。

　明治五年二月、義勇は秋田県入りをした。この時の物々しい行列は、今でも県民に語り継がれている。駕籠に乗った義勇は、烏帽子と直垂《ひたたれ》の古式扮装で、右手に白扇を握っての出で立ちだった。駕籠の前に、鎧と「御賜《みたま》　従四位　島義勇」の立て札を立てた台を従者が担ぎ、後に槍侍と四〇人の役人が従い、最後尾に八頭の荷駄馬《にだうま》が続く、まるで大名行列のようだったと伝えられている。やや時代錯誤の印象は否めないが、この派手な振る舞いで、新しい天皇家の威光を、地元民にアピールしようとした。

　同年三月十四日、城内に県庁を開設した。その後、人事に大変に苦労する。県庁に、五〇人以上の元秋田藩士がいたが、東京で採用した幹部候補の「他国人」に反発して多数が辞めていった。義勇は、懐柔策として藩主一族の佐竹義尚を権典事に、地元の藩校明徳館学長の根元通明や秋田勤皇派の後藤敬忠を採用する。

　佐竹義尚はそれでも不満を述べたが、徳島県を例に出し、蜂須賀藩主の息子でも、役職として低い書記に就いていることや、今までの慣習を一新するため、参事以上は他国人を優先せざるを得ないことを、順々に説明をして納得させていった。さらに、佐竹一族を権令官邸に招待し、高価な有田焼茶碗を持たせたという。このような気遣いから、義勇の性格が、決して気短かでなく、逆に武士道精神の徳を感じさせるのだ。

五　大改造計画を打ち出す

開庁の数日後、八郎潟の視察に向かう。幕末、秋田藩砲術所頭取の吉川忠安が、八郎潟の築港計画を藩庁に提出したのを聞き出し、吉川を呼んだ。その計画内容は、県内の有数な雄物川と米代川を八郎潟に流し、その八郎潟の海岸側の土地を掘削し、海と交通可能にして、潟内を一大貿易港とする壮大な事業だ。

義勇が述べるには、「ロシアが、日本を併合する目的で南進する勢いだ。日本海は福井県の敦賀港以北は良港がない。東西十二キロ、南北二〇キロにおよぶ八郎潟を掘り、軍事拠点も含んだ港湾に作り直し、県庁も移転させたい。干拓事業も着手して食料生産を増やし、秋田県を、対ロシアの拠点にする」提案を掲げた。石狩本府の設置時、食料供給を止めら

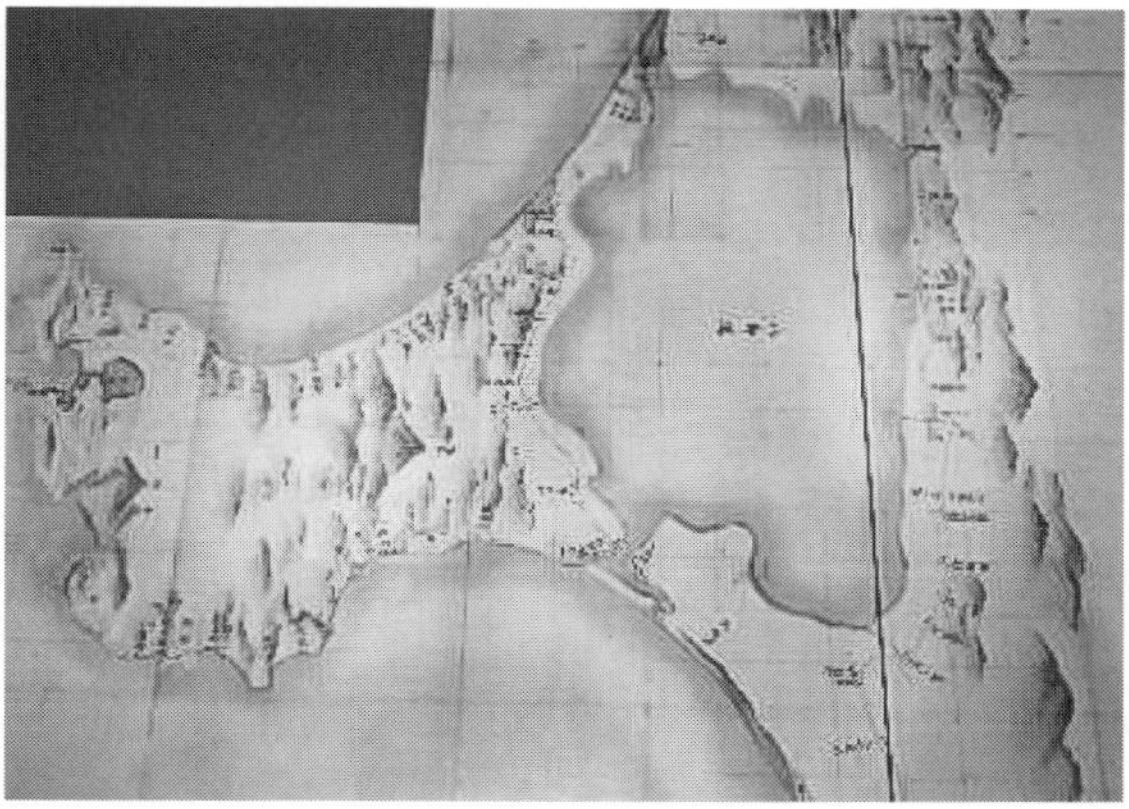

伊能忠敬が測量して作成した「大日本沿岸輿地図」。江戸中期の八郎潟が描かれている。

れた苦い教訓から、八郎潟の干拓を考案したかもしれない。義勇は、佐賀藩時代から有明海の干拓事業の内容を知っていたので、決して素人ではない。

もし、八郎潟を大改造する計画が実現したら、義勇が初めてになる。土木事業に十五万両、蒸気船二隻に八〇〇〇両、外国人技術者の雇い入れに二〇〇〇両と、合計予算を十六万両と換算する。この予算額は、開拓使の経験を踏まえて算定した。四月八日付けで、富裕者から募金、志ある者は申し出るようにと訓辞する。だが、県民からの協力はほぼ皆無だった。それではと、新政府にこの予算を認めて貰うか、難しいなら「仮切手八郡限通用」の県債の発行の許可を求める。返済は、開港時に入船の諸税をもって当てるとして「伺書」を中央政府に送った。ともかく採算が取れる事業にする意思表示をした。この迅速な行動は、札幌で果たせなかった、対ロシアの拠点を作るという鍋島直正の構想を、秋田で実現させたいという義勇の強い意気込みを感じさせる。しかし、選択肢が限られているのは分かるが、莫大な計画を立て、その資金を地元民から徴収、無理なら政府からの協力を要請する筋書きは、開拓判官時代と同じ繰り返しである。

六　秋田への直正の思考

新政府から直正は、京都からの遷都について問われ、東京以外に、秋田にも大きな拠点を設置したい意向を述べている。奈良から平安時代にかけ、海岸沿いに秋田城と呼ばれる城柵があった（秋田市中心部の、秋田藩主が住んでいた久保田城とは違う）。最北端の城柵で、この地域の統治と、沿海州に存在した渤海国との外交の役割も担っていた。

渤海国とは、六九八年から九二六年（日本では飛鳥から平安時代）に、中国東北部を中心に存在した、ツングース系民族の国家だ。この国は、中国の柵封体制に組み込まれ、当時の唐国の律令制度と仏教文化を積極的に受け入れた。渤海使は渤海国の外交使節団である。大陸から樺太と北海道そして津軽と、日本海の交通路を利用して秋田城に訪れた。秋田城は、大陸の北方民族や樺太や北海道の先住民族との交流拠点だった。この城跡に、福岡市近傍にあった大宰府の、迎賓館の役割を持つ「鴻臚館《こうろ》」と似た施設が掘り起こされている。小規模だが、大宰府と同じく秋田城は、アジア大陸に影響力をもたらす拠点といえた。直正は、このような歴史を持つ秋田に強い感心があった。北海道を追放された義勇は、今度は秋田で直正の想いを成し遂げようとしていたかもしれない。

とはいえ、新政府では、大蔵省が大きな権限を持ち、地方の事業費用の折衝で衝突が多く起きていた。なぜなら、大蔵省も新たな財源確保に苦労しており四苦八苦していたからだ。幕府時代から、佐賀藩が行った事業は、他藩と比べ物にならないほど大きかったが、それでも、義勇の事業は、構想そのものが余りにも巨大過ぎるとはいえないだろうか。

七　権令を解任される

義勇の中央政府への「伺書」が、太政官にどのように提出され、どのように処理されたかは不明である。ただ、予想として、当時の大蔵卿大久保利通と大蔵大輔である長州藩出身の井上馨《かおる》により握りつぶされた可能性が大きい。大蔵省は大久保一派の権限下にあった。

分かっているのは、明治五年六月二日に義勇が秋田を出発し、東京の井上と大激論した後、就任して約四ケ月後と開拓首席判官とほぼ同じ期間で、権令（知事）を解任されたことだ。義勇は出発時、覚悟を決めていたのか官舎を引き払い、家族も東京にもどしていた。ただ、札幌時代と違い秋田県に残した業績は皆無に近い。地元では、解任理由として、莫大な予算請求に中央政府が弱腰となったとか、西日本と比べ遅れている秋田県民を、権令が「頑固不逞《がんこふてい》」と愚弄《ぐろう》した等が述べられているが、開拓首席判官と同じく、詳細は不明だ。今村氏著『秋田県の歴史』では、解任理由に、中央政府の政策との対立のみと書かれている。

同年七月二〇日付で、長州藩出身の三七歳の杉孫七郎が、二代目秋田県知事として赴任する。杉は約一年間の任期で、その後宮内大丞として転出した。次に、また長州出身の二八歳の国司仙吉が、三代目秋田県知事となる。この二人は、県内の教育制度や裁判制度の確立化などそつなく業務をこなして、秋田を後にした。

権令を解任された後の同年九月、義勇は石狩本府を「北京」と名称を改め、天皇の避暑地として離宮にしたい要望を、建白書として太政官宛に提出した。その後、義勇は官職とはいっさい無縁となり表舞台から立ち去る。その反対に、他の元佐賀藩士らは、新国家形成のため、中央政府でさらに政治力を増していった。

V　開拓使とロシア

第二六章　樺太の位置づけ

一　歴　史

樺太は、北海道の北に位置し、南北約九五〇キロメートル・東西約一六〇キロメートルと南北に細長い島で、面積は北海道よりやや小さい。元々蝦夷地と呼ばれたが、蝦夷地とは、ヤマト朝廷の統治外の地域を示し、範囲を明確にしてなかった。要するに日本人に興味が薄い場所といえる。文化六年（一八〇六）、北蝦夷地と名称され、明治二年（一八六九）、松浦武四郎の考案より樺太と改称した。

樺太と北海道以南との関係は、七世紀頃の飛鳥時代から始まり、阿倍比羅夫が樺太まで遠征した説もある。十三世紀の鎌倉時代、樺太南部にアイヌが進出し和人も渡ったらしい。本格的に関与するのは、鮭や鰊《にしん》の好漁場として注目した松前藩による樺太経営からだ。安土桃山時代の豊臣秀吉から、松前藩は樺太支配権を付与されるが、北海道・樺太の情報は、松前藩以外に漏れないように隠密にする。

漢民族の進出記録は無いが、紀元前四世紀に編纂《へんさん》された『山海経』という地理書に、樺太に関する最古の記録があるという歴史学者がいる。モンゴル帝国時代、元国は樺太南端まで侵出して砦を作り、四〇年間に渡り現地アイヌと戦争状態になる。一三〇八年、アイヌが、元国に毛皮を朝貢する形で終了した。江戸中期の安永九年（一七八〇）、探検目的で二隻のロシア艦隊が樺太沿岸を調査、ロシア人に初めて認識される。嘉永六年（一八五三）、ロシアは、北端クエグト岬に国旗を掲げ、久春古丹に哨所を築き、全島の領有を勝手に宣言した。一八六〇年、清国と北京条約を結び、外満州（沿海州）を領有することで、さらに樺太に介入してくる。

二　幕府の認識

安政二年（一八五五）、日露和親条約の交渉時、幕閣の川路聖謨《かわじとしあきら》は、プチャーチン提督に「**日本人並蝦夷アイヌ居住したる地は日本領たるべし**」と述べている。アイヌの勢力範囲は、樺太全島と全千島列島、カムチャツカ半島南端まで含まれるとロシア側に伝えた。川路は、アイヌの広大な生活領域を漠然と日本領内と認識する。すなわち、近年になり東北アジアに現れたロシアに、領有権の主張は認めないとの主張だ。

その後、幕府は、箱館奉行所の役人をアニワ湾に派遣して日本人移住を試みるが、気候的に定住化は難しく、季節労働者の出稼ぎ場所のままだった。だが、ロシアは、自国の流刑地として次々と囚人らを送り込み、次に軍隊を派遣するなど実効支配を進めていく。

安政六年（一八五九）七月、東シベリア総督に就任したムラヴィヨフ・アムールスキーが、軍艦七隻で日本に来航した。まず、箱館で奉行と交渉後、四隻が江戸の品川沖に現れ、威嚇するように樺太全島の領有を主張してくる。軍事圧力を加えて交渉するという六年前の米国のペリー提督と同じ行動にでた。

前年に清国とアイグン条約を結び、アムール川一帯を領有したので、サハリン（樺太）も含まれていると解釈する。その主張である。

「**第一　樺太と蝦夷地との間は海を境に取極候心得に御座候。第二　アニワ樺太に漁業の者は、いつでも被差置候而も差支無之候。第三　日本人貴賤無差別アニワは不及申黒龍江満州境の方へも自在に住居致し候**

而も宣敷事に候。」

すなわち、日本に樺太領有権の放棄を迫り、その代わり、漁業は今まで通り認め、身分関係なく満州国境まで自由に住んでも構わないとの内容だ。以前の日露和親条約を無視した、紳士的に交渉に臨んだプチャーチン提督を否定する傲慢な態度に変わる。江戸の虎ノ門天徳寺で、幕府は外国事務掛を交渉に付かせ、完全に拒絶した。その翌日、横浜で、ロシア艦隊乗組員二名が殺害され、犯人不明という不穏な状況となるまで、両国の関係が悪化した。その後、幕府は、樺太の警備を秋田藩だけから仙台・会津・庄内藩にも命じる。

お互い国境画定の必要性を感じ、文久元年（一八六二）、北緯五〇度で交渉をしたが、ロシアが北緯四八度を主張し決裂した。仕方なく箱館奉行所小出秀美は、遣露使節としてロシアの首都ペテルスブルクまで行き、皇帝に謁見して久春内が位置する北緯四六度付近で交渉を開始する。すると今度は、ウルップ島と樺太島の交換を提示して、樺太全島支配を要求してきた。小出は拒否する。

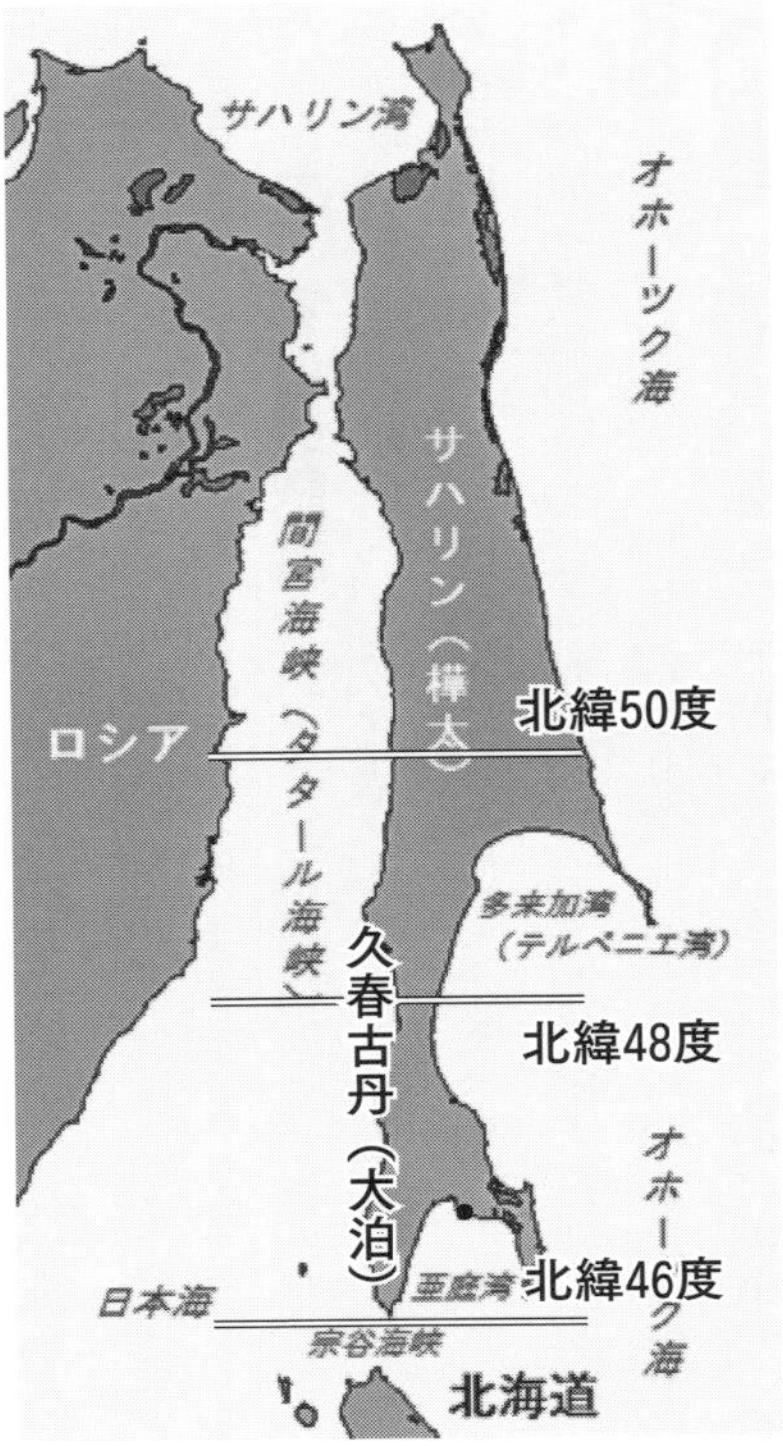

慶応三年（一八六七）、最終的に「樺太島仮規則」となり持ち越しとした。

条約の内容として、

① 日露両国の共同管理とする。
② 両国民は誠意を持ち睦ましく交際する。
③ アイヌは本人の自由に任せる。

である。

三　ロシアの認識

幕末からロシアの樺太領有への執着が際立ってくる。それはなぜかというと、日本との関係以外に、別の要素も絡んでいたからだ。嘉永五年（一八五三）、ロシアとイギリス・フランス（英仏）連合の間で「クリミア戦争」が勃発する。主戦場は東ヨーロッパだったが、東アジアでも行われた。

一八五四年八月、兵隊二六〇〇人と軍艦九隻の英仏連合艦隊が、シベリア攻略のため、カムチャツカ半島のペテロパブロフスクの町を砲撃し上陸を試みる。

この町は、高緯度だが不凍港で天然の良港でもあり、極東ロシアの軍事・行政の、また太平洋への進出拠点だった（まだ沿海州は清国領である）。一旦、上陸を許したが必死となり防衛する。一時的だが、千島列島のウルップ島も、英仏海軍に占領された。ペトロパブロフスクは、陸の孤島で、海上輸送が必要だった。このことから、シベリアを英仏連合艦隊から守るには、兵站線としてアムール川に着目し、その河口のニコライエフスク（尼港）に拠点を移すことにする。

極東ロシアの拠点は、最初のオホーツク沿岸のオホーツク港からカムチャツカ半島のペテロパブロフスク、そしてアムール川の河口のニコライエフスクと移っていった。このニコライエフスクの太平洋側に位置して、南北に伸びている島が樺太だ。地理的に、ニコライエフスク軍港と新たに獲得した沿海州を防衛する防波堤的な役割を担った。樺太を所有する国は、アムール川の「鍵」も握れる。だから、絶対に他国には渡せなかった。もし、妥協して南樺太でも日本に引き渡したら、将来的にイギリス・フランスへの譲渡や海軍基地の設置を許可する可能性が出てくる。だから、樺太全島領有化は、日本よりも欧米諸国との争点と考えていた。

日本は面子の問題かもしれないが、ロシアは沿海州・シベリアの維持と防衛に関わり、国家としての取り組み方が違っていた。

樺太の問題は、米国と安保条約を結んでいる現在の日本の北方領土問題と同じ構造である。もし、返却した北方領土に米軍基地でも設置される、または設置すると宣言されるだけで、条約を結んだプーチン大統領の政治生命は奪われるだろう。だから、一島でも返却できないのだ。

北海道・樺太・沿海州の地図。

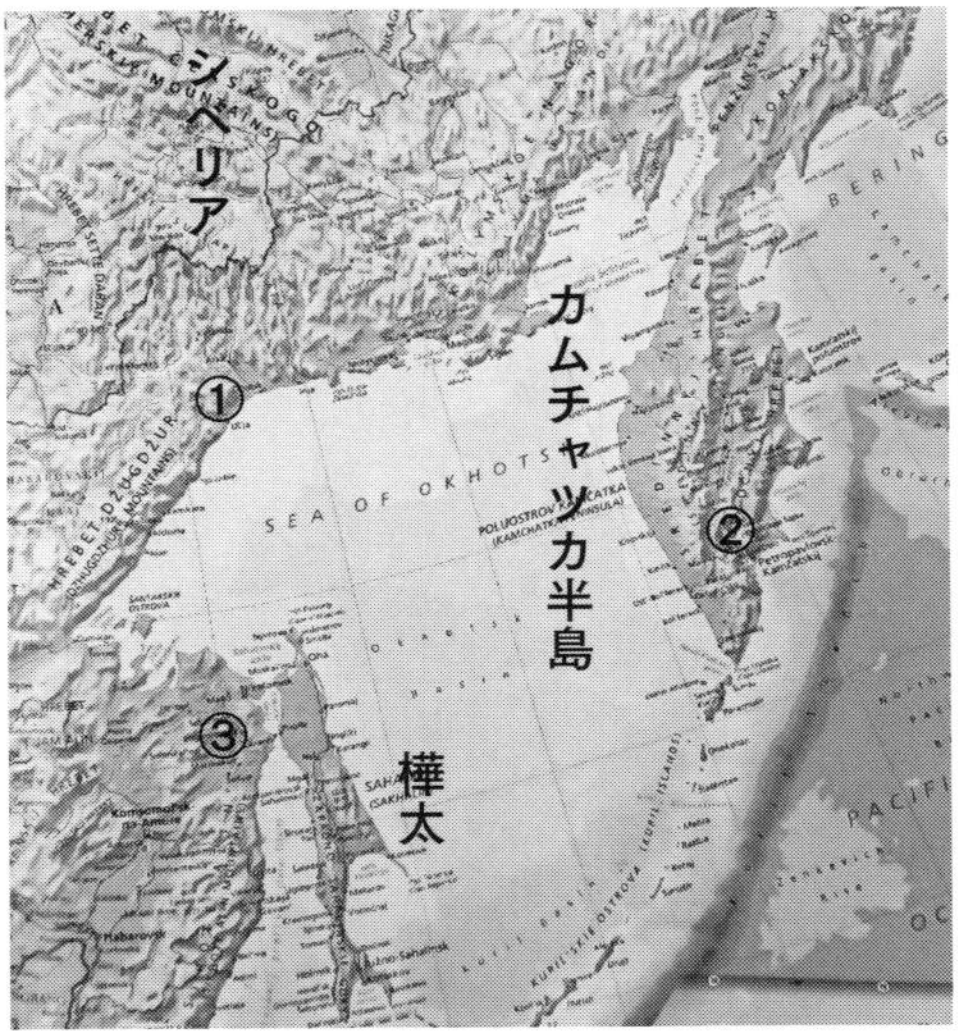

極東ロシア　①オホーツク　②ペテロパブロフスク
③ニコライエフスク
この順番でシベリア経営の拠点が変わった

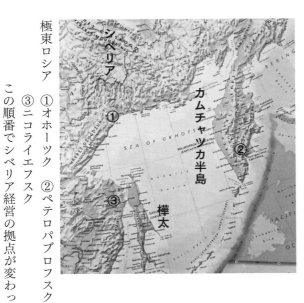

第二七章　新政府の樺太問題

一　あやふやな国境

慶応三（一八六七）年二月、幕府は「樺太島仮規則」を決め、日本とロシアの民間人の雑居地域とした。十二年前に締結した「日露和親条約」で、千島列島の択捉島とウルップ島の間で国境は画定されている。ロシアの樺太進出は年々拡大していくが幕府は無策の連続だった。しかし、新政府に切り替わっても、樺太を担当する箱館府は地方政庁の扱いで、中央政府でもロシア交渉担当はどの省が責任を持つのかも一元化はされていない。そのため、日本の対ロシア政策は右往左往で場当たり的な交渉で済ましていた。その上、幕府が締結した仮規則を順守するかも、新政府の見解は一貫してない。その間に、樺太の日本人生活圏内にロシア人が移住し、ニシン干し場を荒らし墓地までも破壊する等、多くのトラブルが生じる。この時、日本とロシアの間に、切羽詰った問題が二つあった。

① 樺太南部の日本人が発見したオチョボカ（落帆）炭鉱の所有と採掘権を、明治元年八月、お互い主張していた。

② 明治二年五月、「チベシャニ（長浜）詰所使用人抑留事件」という、饗宴で詰箱館府従事が態度の悪いロシア兵を殴打したトラブルがあり、自国の法律で抗議し合っていた。

これらの事例は、箱館府権判事の岡本監輔が対応するが決着は難しく、最悪の場合、即時の戦争にまでなる可能性を秘めていた。対応を間違えれば、新政府が成立したとたんに樺太の領土を失うという、スタート地点で大きく出鼻を挫かれ、慎重な対応が求められた。

箱館府権判事から開拓判官になる岡本監輔は、明治二年六月二三日に起きた「樺太函泊《ハコドマリ》事件」に直面し、さすがに限界を感じ七月二四日に緊急に帰京する。日本が戊辰戦争などで国内が混乱している隙を見計らい、今までの民間人の移住ではなく、輸送蒸気汽船に乗った多数のロシア陸軍兵が函泊に上陸し、本格的に侵略を開始したからだ。この段階になって初めて、新政府は、樺太で大問題が生じているのを知った。

同年八月上旬、樺太の領有問題に、自国の情報を持ってハリー・パークスイギリス駐日公使が、新政府幹部と懇談を申し込み、イギリスの思惑を伝えてくる。この時点で、新政府の北方政策と開拓使の人事が、大混乱となる。では、パークスと懇談の前まで、新政府高官らは、どのような考えを持っていたのか？

二　新政府高官の考え

岩倉具視の考え

「**魯西亜人ヲシテ恣ニ蠶食セシメ**」と、開拓を積極的に推し進めることがロシア人の侵略を阻止する唯一の方法と述べた。太政官の最高位である三条と岩倉公を比較すると、岩倉は明らかに強硬派で、義勇の本府構想のサポーター的な位置づけにいた。しかし、鍋島直正が同じく強硬論を述べ、政府全体の政策を調整する上で、岩倉自身は意見を表立って述べられずにいた。そのため、政治力学に順じせざるを得なく、ジレンマに陥っている。

初期の大久保利通の考え

岡本監輔は、上京時、情勢報告のため、まず大久保利通邸を尋ねている。この時の岡本は、大久保を一番信頼に値する人物と考えていた。新政府内で、岩倉と共に樺太問題を重視していた一人が大久保参議だったからだ。大久保日記で、「**岡本監輔入来唐太より今日着ニて彼地之近状承り実ニ不堪驚駭候**」と書かれ、軍隊が函泊を占領しているとの生情報を聞き驚愕している。七月二六日、即座に政府内で大議論となり、大久保は樺太の領有維持のため強硬策も致し方がないと進言する。

木戸孝允の考え

明治元年六月頃の『木戸考允日記』には、「**カラフト・カムチャツカ元より我威を伸んと欲す**」と記され、岩倉に、宗谷辺りか樺太付近に一府を建てと、直正と同じく樺太やシベリアへの北進を望んでいた。しかし、明治二年の会津藩降伏人の石狩移住計画は、長州藩の傘下にある兵部省の管轄だが、会津藩降伏人の樺太移住は考えていない。そして、この計画が直正の開拓使との権限争いの原因となる。ただ、木戸自身はこの争いは、挙げ句の果てにロシアを利するとして心痛した。

江藤新平の考え

佐賀藩を代表する江藤は、早くも安政三年（一八五六）に、『図海策』の拓北の章で、「**若し鄂羅斯《ロシア》と隙を生じ已むことを得ず戦争に及ば、我開拓する蝦夷より軍兵を出し、直に進て彼が頼みとするカムチャツカを攻抜き、勢に乗じてオホッカを攻取**」と、ロシアと戦争になれば、佐賀藩が開拓しようとしている蝦夷地を拠点に、軍を派兵し千島列島を伝ってカムチャッカと、あわよくばオホーツク海も攻略すると述べている。だから、蝦夷地は、直ぐにでも開拓すべきだと説いた。ロシアに相当の強硬派である。江藤の考えは、義勇の蝦夷地情報からの影響が強く、義勇自身の考えも想像出来そうだ。

この様に、多くの新政府高官の考えは、今までの幕府の無策を非難しながら、ロシアに侵略され放題だったカムチャッカ半島やシベリアまでは、日本の範疇と認識して、可能なら再び手に入れたいと見解を示している。

三　日本人の国境に対する考え

幕末から明治新政府に変わり、日本人の世界観が大転換する。

幕末まで、中国の「華夷秩序」の思考が受容されていた。この秩序は、世界を文明化した中華と文明化されていない夷狄に分け序列化し、文明の中心である中国皇帝は、周辺の集団と君臣関係を結んだ。すなわち、集団の首長に爵位を与え、その集団が持つ地域の支配権を認めた。

釧路公立大学の中山大将氏によれば、華夷秩序に重要なのは、どの範囲を支配しているかより誰を支配しているかとなる。だから、住民を服属させるのに関心を持ち、その住民の国家的な支配は関心を持っていなかった。そのため、東アジアは、国境という概念が不鮮明のまま近代化を向かえることになる。

華夷秩序思考で、松前藩がアイヌを服属させていると考える日本人は、アイヌの行動範囲を日本の範疇と認識していた。そのアイヌの広大な活動地域に、ヨーロッパ型の国境思考を持つロシアが進出し、多くのトラブルが生じ、軍事的緊張感まで発展することになる。

幕府時代から引きずっていたこの問題に、新政府は、国民各層からより強固な解決を期待された。政府内の対ロシア強硬派は、ロシア人を追放するか、無理なら可能な限り日本に有利な国境を引こうと試みる。

四　イギリス駐日公使の警告

当時、イギリスとロシアは地球規模で覇権を争っていた。イギリスは、極東アジアに於けるロシアの南下の現状を知るため、樺太南部や千島列島に、頻回に艦隊を派遣し情報収集を行っていた。さらに、明治元年（一八六八）、外交官のアーネスト・サトウを樺太へ派遣する。サトウの著した『一外交官の見た明治維新』によると、他のイギリス人にもロシア人の占領状況を探るため、樺太に旅をさせている。特に樺太南端アニワ湾の探索から、パークスは、より重要な多くの情報を得ることになる。

明治二年八月一日、外務大輔寺島宗則と会見する。パークスが、「**昨日、箱館より音信ありたり。貴政府には何事も不申越哉…**」と、ロシアが年々勢力を強め、今や樺太より北海道を狙っている。事態は切迫し、イギリス政府も黙視し難いと伝え、日本に対策を求めてきた。

同年八月九日、東京運上所にて、岩倉大納言、鍋島従二位、沢宣嘉外務卿、大久保参議、寺島宗則外務大輔、大隈重信大蔵大輔と懇談する。

パークスから、①「函泊事件」の処置と、②樺太への方針の二つの質問がきた。日本側からの回答は、まず一、二万人を樺太に移住させて開拓をする。それから本格的に北海道開拓へとの意見を述べた。すなわち、開拓は北海道より樺太を優先した。具体的に、まず樺太の久春古丹の開港と、北海道の最北端の宗谷から開拓すると言う。

パークスは、「**唯今に至り唐太を御開き被成候は御遅延の事と存候**」と、「樺太に集中をして開拓をすれば、その間に北海道が奪われるであろう、もう樺太の開拓は時期を逸した」と述べた。加えて、「**サカレンへ御心配被成候内、蝦夷は被奪可申…**」と、「樺太南端までロシア軍が進出しており、さらに南下するが撤退することはない。樺太の確保は犠牲も多く、失敗すれば北海道にまで進出する危険性もある」と強く警告する。そして、樺太絵地図を出して、ロシアの進出状況を説明した。今度は、「**御国内之儀を御存知無之筈は無之事と存候…**」と、「日本が樺太の最新情報を持っていないため正確な判断は出来ない」と危惧する。「これでは、樺太を国内と認識しているとは思えない。日本政府の判断は、情報不足から信用できない」という、パークスの見解を示した。確かに、新政府高官は、岡本監輔が七月下旬に帰京して、初めて樺太に大きな問題が起きているのを知った。だが、六月にもう既に函泊が占領されていたのだ。麓慎一著の『維新政府の北方政策』の内容では、パークスは、さらに衝撃的な事実を日本側に提示する。ロシアに雇用されていたイギリス船ジョリーの船長からの情報だ。ジョリー号は、大陸のニコライエフスクから樺太のブシー（遠淵）まで、食料、大砲や砲弾の武器類を輸送していた。

船長のウイルソンがロシア人から機密情報を手に入れる。

① 樺太で日本は軍事的占領をしていないので、日本側の権利は一切認めない。

② 樺太の所有国はまだ無く、いかなる国にも領有する権利が開放されている。

③ 日本と戦争となれば、港として箱館を要求するので、蝦夷地を領有する企てがある。

特に、③の情報だ。

「**日本人兵站を開候得ハロシアニ於而箱館ハ必要之港ニ付早速蝦夷ヲ取リ可申候**」

「日本が樺太へ派兵するなら、ロシアは箱館がある北海道を確保する目論みがある」と、新政府はロシアが北海道まで割譲させる意図を持っている事を、初めて確認して衝撃を受ける。

また、パークスは、樺太を日露の雑居にする「樺太仮規則」は、現在では外交権が消滅した幕府が勝手に結び、だから、その条約を認めないと主張する岡本らが、ロシア人の排除を訴えている。だが、この仮規則は、すでに国際条約として確立しているとの意向を示した。

維新直後の新政府内の樺太への対応は、対ロシア主戦論が多数だったが、樺太の領有は時期を失ったとの意見に、一同動揺を隠せなかった。岩倉は、最後まで反対を表明する。しかし、パークスの意見に、一番強く関心を寄せたのが大久保利通だ。なぜ大久保が、イギリスの意向に大きく傾き、国内では反対が多かった樺太放棄の方針を取り始めたかは、後に述べたい。大久保とイギリスの関係は、六年前の薩英戦争から始まり、最先端の本陣で大砲を撃つ作戦指揮をとっていた。鹿児島の錦江湾に浮かぶイギリス艦隊の視察のため屋根に登ったが滑り落ち、思わず腰を抜かして部下に笑われてしまう。

八月十五日、岩倉は、パークスと二回目の会合を持ち、松浦武四郎と岡本を対面させた。

①　クシュンコタン（久春古丹）とシラヌシ（好仁村《こうに》）には、二、三百人程の移住で兵隊は送らない。

②　開拓使と外務省からそれぞれ出張させる。

③　ロシアには、ひたすら静粛に対応し順に開拓とする。

④　北海道では、宗谷と根室に兵隊と役人の派遣。

⑤　石狩を重要な土地とする。

と、兵を派遣せず樺太の雑居を認めることを提示すると、パークスは「**至極可然**」と、最高の対応だと一先ず安心する。

もう新政府は、函泊のロシア兵上陸に対し、樺太派兵などの実力行使を断念し、八月十一日には、融和政策を指示して、あえて丸山作楽を外務大丞に任じ、樺太への出張を命じている。

九月一日、朝廷は、開拓使が作成した「開拓施設要項」の建議書に対し、大蔵省、刑部省、外務省から、各意見を聞いた。パークスは、宇和島藩士で外務省の城山静一をイギリス軍艦に乗せ、九月三日に箱館から樺太へ向かわせた。この時の調査で、日本人とロシア人の住居状況を綿密に調べ上げる。日本人は南部に限られ定住し、多くて三〇〇人でお互いの地域の交通はほとんどない。ロシア人は、アニワ湾沿岸だけで兵隊四〇人を含む合計一〇〇〇人にのぼっていた。九月四日に、外務省から久春古丹の開港の反対意見が出され、大方、政府の主流意見となる。樺太での日露雑居に関しても、事を誤ればいかなる事態が発生するか計り知れないと、可能な限り穏便に対応し、第三国の援助を待つと、かなり弱腰となっていく。この流れで、右大臣三条実美から訓令が開拓使に発せられたのだ。この廟議の決定に従うしかない丸山と岡本監輔は、四七名を率いて、九月二二日に久春古丹に到着する。

十月以降も、パークスと複数の会談が行われた。しかし、十月二三日の会談で、岩倉から逆に、先の融和政策を破棄し強硬策が伝えられる。すなわち、樺太全土か南半分を領土にするため、開拓に力を入れる。明治三年春までに、兵器の充足を十分にしてロシア人に対処する。もし戦争が勃発したら、天に任せるつもりと、パークスに伝えた。この強硬策へ変換した理由として、いつもの丸山・岡本らの樺太派遣組の圧力もあるが、明治二年頃の攘夷派士族や、さらに多くの民衆の軟弱外交への厳しい政府非難もあった。丁度、義勇が銭函で開拓使仮役所を設置した頃だ。

ハリー・パークス（一八二八〜八五年）
幕末から明治初期にかけ、イギリス駐日公使を十八年間勤めた。

それを察したパークスは、一年半前の米国へのアラスカ売却の経緯を教え、樺太売却や、ウルップ島など千島列島との交換を求める政策を提示し、決して弱腰外交ではないことを伝えた。実は、パークスは、ロシアは樺太を離さないが、代わりに賞金提供するか千島列島の一部を譲渡する情報を、イギリス政府から受けていた。

千島列島との交換は、イギリス政府にとり国策上好都合だった。樺太防衛より千島列島の防衛は、周囲が海なのでイギリス海軍が防衛しやすい。それもあるが、もし全ての千島列島を日本が所有すれば、ロシア海軍を極東の地中海と呼ばれるオホーツク海に封じ込め、太平洋への進出を抑えることが出来る。この思考は、大久保が政権を握った明治八年に締結される「樺太・千島交換条約」に結びついていく。裏を返せば、万が一でも、ロシアが北海道に侵略するのを許したら、イギリスは、極東アジアの国家戦略を根本的に見直さなければならなくなるという最悪の状況に陥る。すなわち、パークスの忠告は、日本をイギリスの極東戦略の片棒に担がせたいというのが本音といえる。

五　警告後の新政府の動き

新政府の北方政策と開拓使の人事は、樺太の情勢変化とイギリスの意向により、混沌とした様相を呈する。

パークスの警告前は、新政府内の一部が唱える今までの幕府と同じく軟弱外交への強い非難から、対ロシア戦争を前提にするのが大方だった。元来、沢宣嘉《のぶよし》外務卿や樺太派遣組の岡本や丸山は、軟弱外交に異議を唱える攘夷派士族らが支持する人材だ。

まず樺太派兵の目的は、頻発するロシア人の暴挙に鉄槌を下し、新政府の強い意思を示すことだ。それだけロシア人の態度は、多くの日本人の怒りをかっていた。当然ながら、国家同士の全面戦争まで拡大する危険性は十分に秘める。だが、肝心な丸山らの戦略は、まず戦端を開くのが目的で、その後の戦略は、状況に任せるという貧弱な内容だった。短期的にロシア人を樺太から追い出すことが出来ても、それ以降の長期的な展望はない。

直正は開拓使長官として、どのような意見を述べ、行動したかは不明である。ただ、『鍋島直正公伝』の記述では、沢や丸山と考えが近く、岡本の訴えに「廟議出兵」に傾き、直ぐにロシアへ宣戦布告して、樺太出兵の方針を促したと書かれている。直正は、樺太を新政府となり失うことへの、朝廷の存在価値の失墜を最も恐れていた。このことで、旧幕府の回帰を願う不満分子を助長させ、国内の混乱を招き、外国に隙を与えることになるかもしれない。この様な考えから、直正は最強硬論者になっていた。もちろん、義勇も同感だっただろう。

その後、各藩の他の政府高官らは、各自の動きを見せ始める。

沢外務卿の意見

明治二年八月、パークスの警告後、明治天皇も出席した御前会議が続いた。政府は動揺していた。大蔵省、外務省、兵部省、そして開拓使から義勇が首席判官として出席し、沢宣嘉が中心となり書簡を提出する。内容は大きく三つだ。

① 箱館で勤務する全体の総括者の決定。総括者とは鍋島長官の補佐である。その他に、副長官として沢自身や伊藤博文や黒田清隆の名前が挙がっている。

② 箱館戦争の降伏人を、樺太・宗谷・根室にそれぞれ五〇〇人を移住させ、屯田兵として配置する（担当する兵部省で、会津藩降伏人を同じように移住させる計画があり、最終的に廃止）。

③ 対ロシア戦を前提にした軍備強化をする。

これらの内容から、沢の思惑が大きく影響した政策といえる。総括者の設定は、外務省からの意向だ。強硬な手段も厭わない直正の監視でなく、直正の体調の悪さからの補佐を考えたのだろう。よく分からないが、沢が意地で考えたのもあるのか、最終的に廃案となる。少なくとも義勇は、軍備強化でロシアへの派兵を述べていただろう。

丸山外務大丞の意見

「丸山作楽意見書」からの抜粋だ。

松前藩の廃止（転封）と、開拓使函館出張所の役割の縮小、場所請負制の廃止を述べ、「**彼卿を長官とし石狩表へ御出席無之ては、凡庸之人物のみにて同等の判官数人出張候とも子来臣服之報功無覚束事実は、岡本谷元より御聞取可被下**」と、大久保に書簡を送った。とても凡庸な長官ではこの難局を乗り切れないと持論を述べ、長官に沢外務卿を暗に推奨したと思われる。直正の健康状態を考えての、次期長官人事への布石だろう。また樺太支配のため、長官が札幌に在住しなくてはいけない必要性も訴えた。

大久保の視察要望

沢と丸山の意見を聞き、大久保は三条・岩倉に申し入れを行う。パークスの情報から、ロシアが樺太の久春古丹ばかりか、千島列島の択捉《えとろふ》島の領有も窺《うかが》っているのが分かった。だから、いつかは朝廷がロシアと戦端を開くのは確実だろう。しかし、箱館戦争が直前に終了して、列藩や人心が疲弊しているこの時に、イギリスと樺太の岡本の情報のみで、戦争を開始するのは判断を間違えかねない。その準備として政府の重鎮である自分（大久保）が現地に赴き実地調査をしたいと要望を出した。対ロシア戦が回避できないとの二律背反の発言は、攘夷派士族の非難をかわす狙いもあった。目下のところ、直正や岡本ら一派の「即時の派兵」の訴えが主流だが、大久保は、パークスの意見から、現段階でロシアと開戦するのは、日本の存在そのものを脅かす大失態に繋がると考え、この流れを変えたいと考えていた。だから、開拓使のトップが、鍋島・沢のラインになることには強い危惧を抱く。だが、新政府の現状が、大久保に派遣を許す余裕を与えられず、この要望は却下となった。

伊藤と大隈の意見

『岩倉具視文書』からの史料である。

八月十二日、伊藤と大隈が、岩倉・三条公に提出した内容だ。

①　樺太のロシア領有を認め、北海道だけの開拓とする。

②　方針が決定すれば、実行可能な人物を選ぶ。東久世通禧、井上聞多（馨）、陸奥陽之助を総括として副官に任命、蝦夷地のことは全て閑叟公（鍋島直正）に委任する。

③　薩摩・長州・土佐の三藩の兵隊を、実戦の経験豊富な士官に指揮をさせ、宗谷と石狩に出張させる。軍事的拠点として石狩を想定する。

④　このような具体案に、大蔵省も予算を出さざるを得ないだろう。額として、年間五〇万両と三万石の米穀が必要とされる。

人選は大物揃いで意気込みを感じる。直正に気を使いながら、派兵する軍に最強の佐賀藩兵を除くことで、直正の影響力を削ごうとする。大隈は、幕末から多くの佐賀藩士と距離を置いていた。その後、大久保の主導で開拓使内部に、伊藤と大隈に「樺太問題プロジェクトチーム」を作らせ、この二人が、直正が決めた強硬派人事を切り崩していく。このプロジェクトチームがいつ解散になったかは、史料がなく不明である。

この時期の動向を解明する史料は、後から検証されるのを前提に書かれた個人的な日記以外、公文書等は、意図的にあえて残らないようにされており、後世に解らなくしている。

この様に、パークスの忠告後、強硬派が優位だった政府の方針は、大きく揺れ動いた。ひとまず対ロシア戦争は回避されたが、樺太領有の放棄は、まだ宣言していない。

この流れは、次に開拓使の政策にも影響を及ぼす。八月の上旬に、長官と次官の石狩赴任の計画がなくなり、義勇の本府設置のための石狩出張も中止となる。そして、直正が長官を辞し、さらに政局は大きく変わっていく。八月下旬に東久世が就任し、九月中旬に清水谷が次官を解任された。開拓使内部で、義勇は孤立するが、太政官に直接お伺いを出し、意地でも石狩出張を復活させていった。

六　米国による仲介斡旋

もしロシアと紛争になる非常事態時も含め、新政府は、ロシアと中立的立場にある米国に、仲介役を求めていた。

明治二年十月、米国前国務長官ウイリアム・シワードが来日した時に打診する。ウイリアム・シワードは、アラスカ購入の立役者でロシアと太いパイプがあった。

同年十一月、米国公使ディロングから沢外務卿に詳細な質問状が届く。明治三年二月、「樺太問題プロジェクトチーム」の伊藤や大隈らが公使を訪れ、樺太を北緯五〇度で国境を引くことを提案した。

しかし、同年十月、駐清国露国代理公使ビュッツオフが日本に立ち寄り、米国の仲介に不快感を示した。日露の条約は幕府時代からの流れで、これに基づいて日露だけで交渉するのが筋道と伝え、新政府は米国の仲介を諦め、直接的に交渉する方向とする。

そう考えると、義勇が本府建設に邁進している時期は、紛争となった場合、米国の仲介の可能性があり、対ロシア強硬派の意見も決して暴挙でなかったといえる。米国の仲介が無理と判断した後で、黒田清隆が、樺太は三年しか維持できないと「十月建言」を出しており、米国の仲介の有無が、開拓使政策に影響を及ぼした可能性はあるかもしれない。

第二八章　ロシアとは

地球規模で植民地獲得を競い合っていた欧米諸国にとり、蝦夷地を含む北方アジア周辺のアイヌの生活圏は、最後の空白地域だった。幕末、イギリスに遅れを許していたロシア、フランス、プロシア（ドイツ）、米国は、この空白地域に狙いを定める。例えば、米国は、当初は捕鯨船の、その後はアジア交易のため、燃料や食物などの船舶の補給基地として、日本でも蝦夷地の箱館に注目した。交易上、地理的に箱館は好位置にあり、また、蝦夷地に船の動力源となる石炭や木材が豊富に存在することは知っていた。アジア進出に遅れをとったプロシアは、侵略の足がかりとして蝦夷地に最後の望みをかける。

ただ、欧米諸国なかで、ロシアは異質だった。アジアへ東方進出を開始してから、ヨーロッパから陸伝いに隣国を、自国の帝国内に包み込んでいく。そして、日本に近い大陸の東端である沿海州まで領有化を完成させせた。海を隔て、その先の樺太は、既に日露民間人の雑居地域となり、このままでは蝦夷地も、ロシア帝国の辺縁として内包化される危険性があった。幕府から新政府となり、日本の北方開拓事業とロシアの東方進出は、樺太、千島列島、北海道をめぐり、お互いに衝突し合うのは時間の問題だった。

では、ロシアとは、そもそもどういう国なのか、また、なぜアジアに進出してきたのか。北海道開拓を述べるには、どうしても、この国の本質を探っていかねばならない。

一　東ローマ帝国を継承

ロシア人は、スラブ人でも東スラブに属する民族である。一一一三年（平安時代末期）に記述した『原初年代記』が、八五〇年（平安時代初期）からの歴史を、知る唯一の書だ。ウクライナ北部の「ルーシー」と呼ばれる地域に住む民族を、ギリシャ人はロシア人と呼んだ。八五〇年頃から国家を作り始めたが、収拾がつかず北ヨーロッパのヴァイキングを呼び統治して貰う。そして、キエフを中心とした「キエフ公国」を形成した。九八八年、東ローマ帝国よりギリシャ正教を、ギリシャ文字が原型のキリル文字も導入し、現在の正教徒でロシア語を書く民族となった。文化も含め、東ローマ帝国の首都ビザンチンの影響を強く受けている。

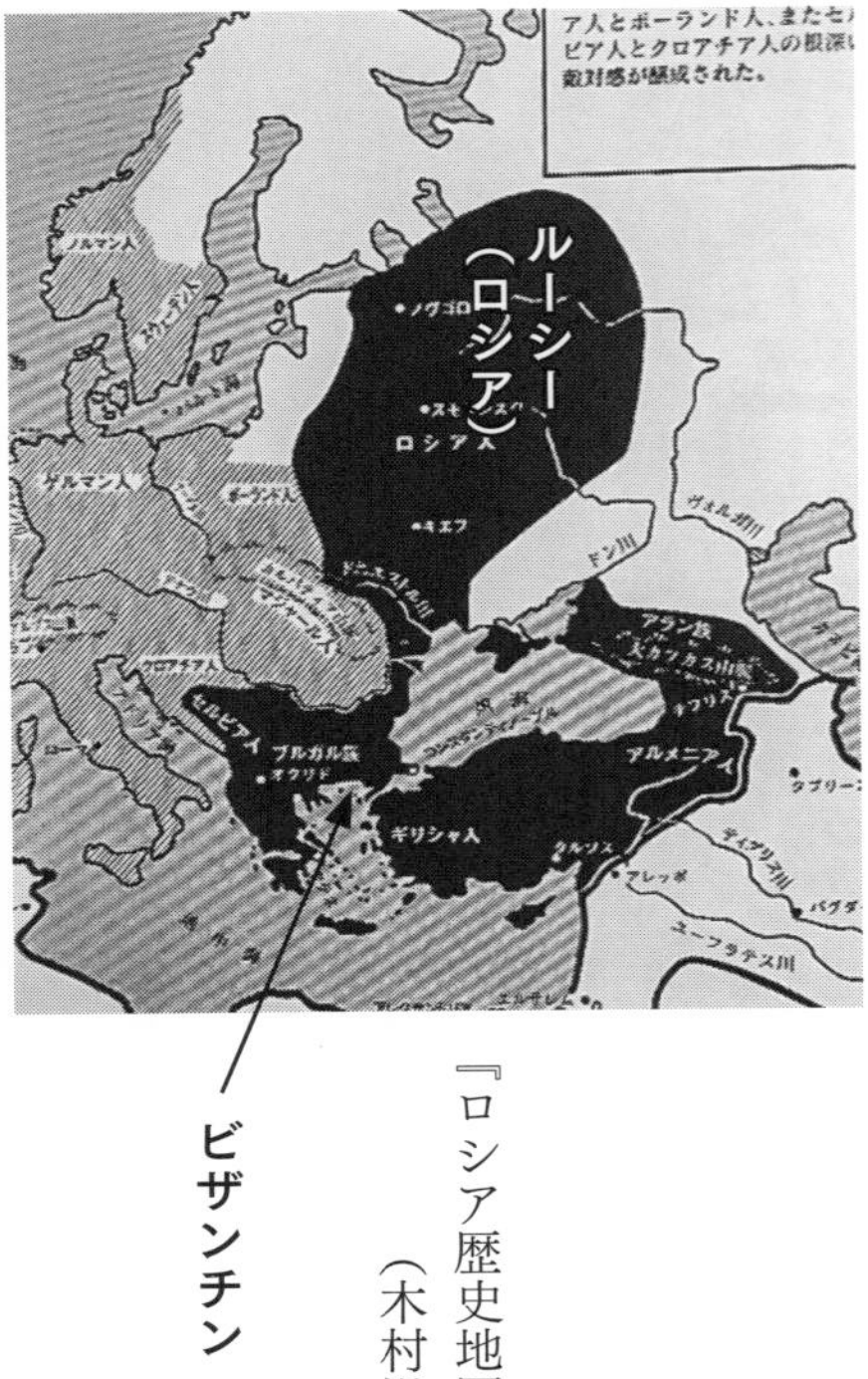

『ロシア歴史地図』（木村汎監修）

ロシアに大きな危機が訪れる。一二二三年からモンゴル帝国の襲撃を受け、チンギス・ハーンの長男ジョチの次男バトゥの大西征により、キエフは徹底的に破壊された。それから、モンゴル人によるキプチャック汗国の支配を余儀なくされる。俗に言う「タタールのくびき」の時代だ。

一四八〇年、ルーシー地域で辺鄙な北東にあるウラジーミル・スズタリ公国が「モスクワ大公国」に移行し、モンゴル人への反乱を抑える尖兵になるなど、キプチャック汗国の信頼を勝ち取ると、徐々にその支配から独立していく。モスクワ大公国は、キエフからルーシーの中心になることで、東ローマ帝国が滅亡した後、ギリシャ正教の擁護者の意識を高めていった。この大公国の皇帝イワン三世は、最後の東ローマ皇帝の姪を妻としたのを契機に、東ローマ帝国の後継を宣言して、巨大なロシア帝国へと変貌していく。だから、キエフを中心とする現在のウクライナ人は、辺鄙な場所に在る傍流（モスクワ大公国）が、モンゴル帝国を背景に膨張して、ロシア帝国になったと認識しているらしい。そうなると、ギリシャ正教の文化にモンゴル帝国の文化が加わった民族がロシア人といえる。ロシアとウクライナの問題は、歴史的解釈の違いからくる、根の深い争点から起きている。

黒色の地域が、モンゴルの征服を受け、分裂したルーシー諸国。
矢印のウラジーミル・スズタリ公国がモスクワ公国となる。
『ロシア歴史地図』（木村汎監修）

二　アジアへの東進

一五八一年（室町時代末期）、八〇〇名のコサック（ストロガノフ家の私兵）がウラル山脈を越え、シベリアに侵入する。ロシアの侵出方法は、最初にコサックが乗り込み、その後を冒険商人が続き、軍が追認していくというパターンだ。明治以降、陸軍が先頭となり大陸に進出した日本とやや異なる。

一六四〇年代から、正規の軍が送り込まれた。東進して、シベリアのエニセイ川の沿岸のエニセイスクやヤクーツクに軍事拠点を設けていく。一六五〇年、シベリアから東アジアへ南下し黒竜江方向に到達すると、清国軍と衝突し「ネルチンスク条約」が結ばれた。その結果、これ以上の南下をはばまれ、北に転じ、さらに東進してベーリング海に向かう。

一六九七年、カムチャツカ半島の西海岸で、先住民族のアイヌと戦闘が起こるが、九年後にカムチャツカ半島を領有、シベリアを完全に制服した。日本は、富士山が噴火する、将軍が徳川綱吉の宝永時代である。

なぜシベリアを征服しようとしたのか。シベリアには、「走る宝石」と言われた毛皮となるクロテンやキツネなどの小動物や、燃料となる木々の森林が無限にあった。この時代は地球規模で寒冷で、中世

ピュートル大帝の夏の宮殿。
噴水の庭園が有名。

ヨーロッパ諸国に非常に高価に売れ、国家財政が潤った。莫大な外貨を得て、首都のペテルブルグに、ロマノフ王朝を象徴する建造物として、後にエルミタージュ美術館になる冬宮殿、避暑用のエカテリーナ宮殿や噴水庭園で有名なピュートル大帝の夏の宮殿など、多くの豪華な宮殿が建てられた。

ロシアの東進
中央アジアよりシベリアへの拡張が先だった。
日本へは、カムチャツカ半島から南下する。

クロテンが乱獲されると、ラッコ猟を目指しアルーシャン列島へと向かう。さらに新大陸に渡りアラスカへ進み、一七九九年に領有化した。食糧確保のため北米大陸の西海岸を南下し、一八〇六年、ロシア人の砦「FORT　ROSS」を、現在のサンフランシスコ市郊外に造設し、ここでロシア人の進出は止まった。もう一方で、カムチャツカ半島から千島列島を南下して、蝦夷地へ向かう。この時、ロシア人は初めて日本人と接触した。

一七四〇年、シベリア進出を強く推し進めたピュートル一世皇帝は、二〇年にわたる広大な東アジア戦略を立てた。一つは、アラスカを含めた北アメリカと東アジア沿岸周辺の北太平洋の探検、二つ目は、日本と中国への航路開拓のため日本沿岸の探検である。北東アジアや北米のロシア人は、ロシア皇帝の特別許可状を得た猟師（山師）が中心で、彼らの食料や、必要な生活用品の供給を、日本との交易で補おうと考えた。まず、千島列島のウルップ島に住むアイヌを介して、蝦夷地から供給を試み、さらに、幕府に強く開国を迫った。エカテリーナ二世の時代にラクスマンが、アレクサンドル一世の時代にレザノフが派遣されるが、結果的に日本の開国は不成功に終わる。

三　南下政策と清国の動き

ロシアと清国との国境は曖昧だった。江戸前期の一六八五年、ロシアは黒竜江（アムール）川の沿岸のアルバシンに城壁を築く。清国の四代目皇帝康熙帝《こうきてい》がこの城壁を攻め、四年後、ピュートル一世と「ネルチンスク条約」を結び、国境線を確定させた。江戸中期の一七二七年、徳川吉宗が活躍した時代、こんどは中央アジアで再び清国と接触する。五代目皇帝雍正帝《ようせいてい》が、「キャフタ条約」を結び、国境線を確定させた。これらの時代は、清国の方に軍事的の強さがあり中国側に有利な国境線となる。それでもなお、ロシアはアジアの不凍港を求め南下に躍起となる。

アヘン戦争が終了した五年後の一八四七年、ムラヴィヨフ・アムールスキーが、ロシア皇帝ニコライ一世の任命を受け、外交権を持つ東シベリア総督になる。この頃から、ロシアは、イギリスとの戦争で疲弊した清国に圧力をかけていき、中国とロシアの力関係を逆転させた。

一八五三年、クリミア戦争が始まる。東欧のバルカン半島をめぐり、イギリス・フランス・オスマントルコと覇権を争ったが破れ、南下を阻止された。その後、ロシアは、南下政策を東アジアに集中させた。一方で清国東北部の外満州が、清国内で勢いをつけているイギリス・フランスに領有される危惧が高まり、ロシアは戦々恐々とする。まず、東アジアの拠点をペテロパブロフスクからニコライエフスクに移す。ムラヴィヨフが、ニコライエフスクの防衛のため、樺太へ探検隊を送り調査を開始した。

クリミア戦争は、産業革命を経て活動性の高い艦隊や安価な武器を持つ英仏連合軍の方が、圧倒的有利となる。ロシアは近代化の必要性を痛感し国内改革へと進んでいく。この戦争は、日本の「黒船到来」と同じ意味をロシアに与えた。産業革命の芽生えと農奴解放令の国内改革が進められ、東アジア方面などの新しい辺境へ、大規模なロシア人の移住が始まる。

清国内で、イギリスはさらに権利を獲得しようと侵略を進め、その反動で白人排斥運動が激化する。一八五六年、この排斥運動を潰そうと、ついに英仏連合軍は、アロー戦争を企てた。太平天国の乱の鎮圧に消耗していた清国軍は撤退を重ねる。この隙にロシアは、外満州のアムール川西側一帯を割譲させ、アムール川南側の沿海州を中国人とロシア人の雑居地とする「アイグン条約」を結んだ。沿海州は樺太と同じ雑居地域となる。火事泥棒のようにロシアは、不平等条約を結んでいく。

一八六〇年、英仏連合軍は北京を占領後、皇帝咸豊《かんぽう》は逃げ、弟の恭親王《きょうしんのう》と「北京条約」を結ぶ。この「北京条約」にロシアが介入し、雑居地域だった沿海州の領有化を完成させた。そして、その南端に、ロシア語で「東方を支配する町」を意味する待望の不凍港であるウラジオストックを建設する。沿海州を得たことより、ニコライエフスクから、軍事拠点をウラジオストック、行政拠点をハバロフスクに移動させることが出来た。たいした戦闘もせず、外満州の広大な土地をたった四年間で領有化に成功する。ともかく沿海州獲得により、ぐっと日本に近づき、隣り合わせとなった。それにより、ロシアの脅威は一気に増大して、日本人を強く刺激することになる。

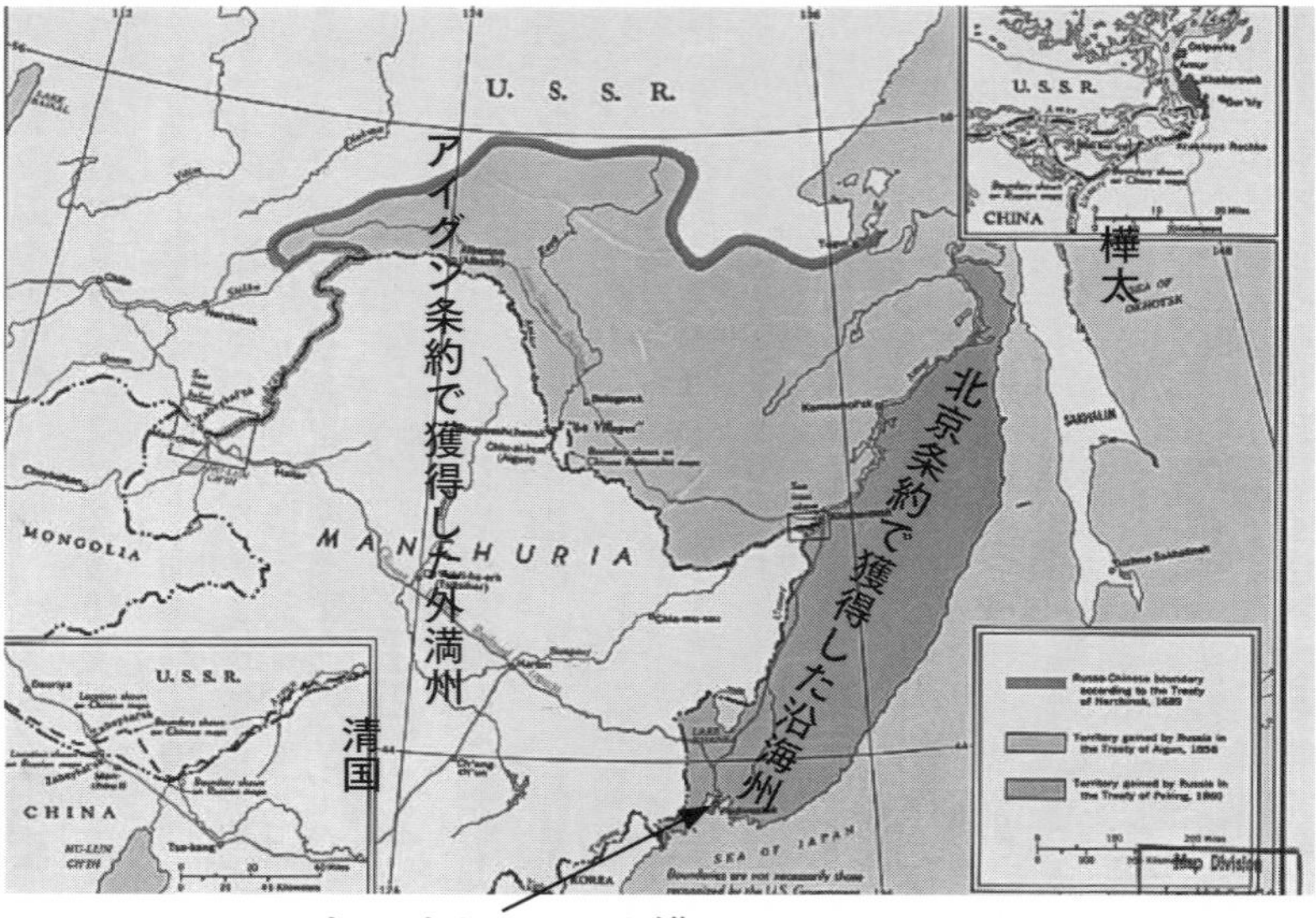

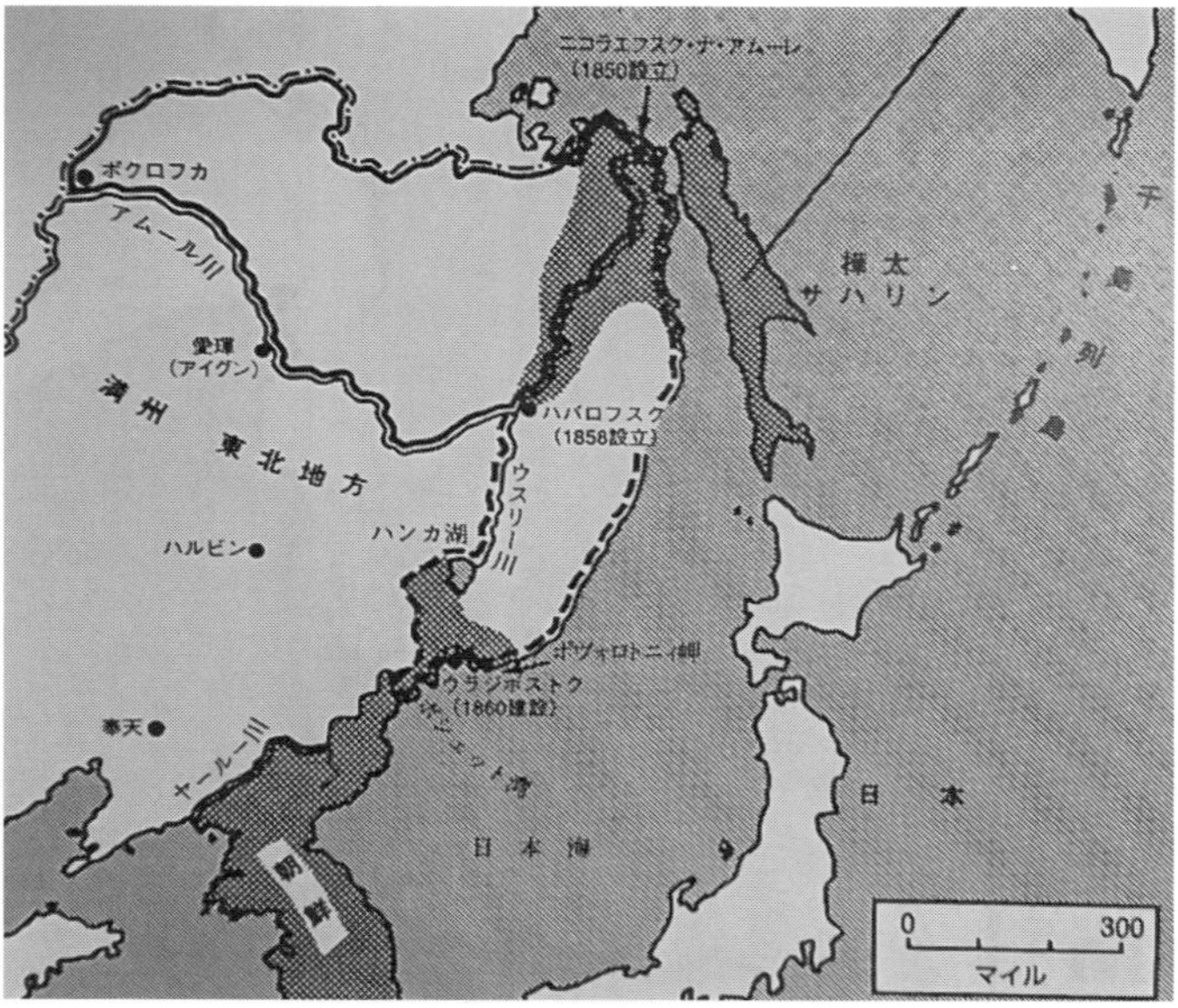

灰色の場所が、ロシアがイギリスの侵略を懸念した場所の、樺太とアムール河口付近と朝鮮半島。

（『ロシア歴史地図』から）

四　幕府との関係

ロシアを初めて認識

江戸中期の天明元年（一七八一）、仙台藩の工藤平助が『赤蝦夷風説考』を刊行する。ロシアの南下と蝦夷地の無防備を訴え、その後、自著を老中の田沼意次に提出した。赤蝦夷とはロシア人の別称だ。

田沼は、蝦夷地をロシアと交易しながら開拓をして防備する構想を立てる。天明五年から二年間、幕府として初めて蝦夷地調査を行い、三七人を派遣した。そのうち、最上徳内《もがみとくない》が、釧路から根室までの東蝦夷地の地理とアイヌの風習を調査する。さらに千島列島のクナシリ・ウルップ島に渡りロシア人と接触し、多くの貴重な情報を得た。その最上を推薦したのは、経世家本田利明だ。号は北夷である。この時代では珍しい欧化主義の信望者で、イギリス・フランスのように植民地を持ち商業活動で国に富をもたらすべきとした。ペリー来航より一〇〇年も早く開国政策を先取りしていた。本田は、蝦夷地開発も強く幕府に訴える。まず蝦夷地を開国する政策を立てた。朝倉有子著の『寛政改革における蝦夷地対策とアイヌ認識』では、本田は、「松前藩は、アイヌに耕作を許さないが、ロシア人が教えれば恩義に感じるだろう。ロシアの範疇に居るアイヌから農耕を教え、徐々にロシア領にする。ロシア人は領土的野心を持ち南下している」と強く警戒する。しかし、天明七年に田沼は失脚した。松平定信の寛政改革で、財政緊縮の方向となり本田の案は消滅した。

松平定信は、蝦夷地を開拓すると、かえってロシア人から標的にされるとして、荒地のまま放置とする。すなわち、農耕を許さない土地にすれば、ロシアから外堀（緩衝地帯）になると判断した。言い換えれば、定信は蝦夷地を国内と認識していない。防備は、「北国郡代（奉行）」を設置して南部藩と津軽藩で警備するという、長崎防備と同じような体制も構想したが、流れてしまった。結局、幕府は、蝦夷地を松前藩に委任させる。

寛政元年（一七八九）、「メナシ・クナシリの戦い」が、道東の羅臼《らうす》・標津《しべつ》・根室を中心に起き、松前藩の御用商人「飛騨屋久兵衛」に雇われた和人七一人がアイヌに惨殺された。その頃、ロシアは、千島列島を島伝いに南下をしていた。争いの情報を知った幕府は、蜂起したアイヌの背後にロシア人がいるのではと、強く警戒し、独自に調査隊を送っている。松前藩は、蝦夷地の管理能力を、幕府から疑われるのを避けるため、直ぐに鎮圧隊を派遣して、飛騨屋久兵衛に責任を押し付け、隠密に解決しようとした。

公式に交易を求めてくる

アイヌ蜂起の三年後の寛政四年（一七九二）、第一回遣日使節としてラクスマンが、遭難した大黒屋光太夫の送還と、通交条約交渉のため根室に来航する。

幕府は交易を拒否したが、公式にロシアが求めて来たことに、驚きと恐怖感を抱いた。この来航をきっかけに、林子平が『海国兵談』で、江戸湾の無防備状態の危険性を訴えている。

寛政十年、危機感を持った幕府は、松前藩のままではロシアの南下を抑えきれないと判断し、東蝦夷地を直轄して幕臣の近藤重蔵を北方に派遣する。最上や近藤は、価値のある情報を幕府に伝え続けた。しかし、その情報は、松前藩に都合の悪い内容もあり、命の危険を感じさせるほど邪魔を受けたこともあった。蝦夷地を歩き回っている間、藩からスパイ扱いにされ苦労するが、松前藩にとって、他人には決して見られたくない自分の家の中に、土足で踏み入れられた気分だった。近藤は、千島列島の択捉《エトロフ》島に「大日本恵土呂府《えとろふ》」の木柱を立て、海外に向けこの島の領有を主張する。

東蝦夷地直轄に伴い、近藤から依頼され、箱館商人の高島屋嘉兵衛がクナシリ／エトロフ航路を開拓する。クナシリ／エトロフのアイヌを保護すれば、ロシアとの交易の必要性は無くなり、自然とロシア人はウルップ島から退却すると考えた。

近藤重蔵の錦絵
択捉島に上陸。ロシア語の木柱を棄て、日本語の木柱を置く。
（函館市北洋資料館のパネルを著者撮影）

ラクスマンとの交渉が不成功となり、今度は、文化元年（一八〇四）、ロシア皇帝アレクサンドル一世から派遣されたニコライ・レザノフが長崎に来航する。半年間粘り、紳士的に幕府と交渉するが、交渉はオランダ人からの忠告もあり決裂する。さすがのレザノフも焦りだした。

文化二年（一八〇五）、ロシア艦隊二隻が、小樽高嶋岬から石狩湾を調査するため、蝦夷地中央の石狩に姿を現した。ヨーロッパ人は、初めて見つけた場所に、勝手に自国の名前を付け、それから植民地にしていくのが常套手段だ。石狩湾を「ストロゴノフ湾」と勝手に命名する。

露寇《ろこう》とゴローニン事件

文化三年（一八〇六）、レザノフは紳士的な態度では交渉は進展しないと考えた。その結果、「文化露寇《ろこう》」という樺太・択捉島を襲撃する強硬手段をとる。

まず、部下に艦隊を派遣させ、樺太東海岸に上陸し、松前藩士やアイヌから食物を奪い放火し、運上屋の番人四人を連れ去った。そして交易を認めなければ、さらなる大規模な攻撃をすると威嚇する。一年後、幕府の命令で駐屯していた択捉島の南部藩警備所へ、突如として艦砲射撃を加え襲ってきた。幕臣の間宮林蔵が、たまたま同地を調査中で滞在しており、即時の応戦を進言する。だが、長年の平和が続いていたため、南部藩の兵器は火縄銃のままで、とても反撃など無理だった。そうして三〇〇人の藩士は、敵前逃亡の状況に陥り、責任者が自害をするという大失態を演じてしまう。

この事件は、浮世絵師写楽が活躍し、江戸文化に華が咲いた「化政文化」の頃だ。御威光が揺らぐのを恐れた幕府は、露寇を扱った読物『北海異談』を書いた大坂の講談師永助を死罪、関係者も島流しにするなど厳しく取り締まった。それでも噂は広まり、庶民にも国防意識が沸きあがるまでの大騒ぎとなる。この事件は、幕府に強い衝撃を与えた。さらに西蝦夷地の直轄も加え、松前藩も転封して蝦夷地全島と、千島列島と樺太の一部が幕府直轄地となる。この事件を契機に、北方域が全国の関心を集めるようになった。

幕府は、樺太の実態を探るため、急遽、間宮林蔵を派遣し、樺太が大陸の陸続きではなく、島である証拠の「間宮海峡」を発見することになる。この海峡の発見は、樺太領有する上で、日本に有利になる。しかし、幕府が間宮に調査させた真意は、アイヌの生活圏がどこまでなのかを確かめることだった。すなわち、華夷《かい》秩序に従いロシアにアイヌの生活圏までが日本の範疇と主張できるからだ。そのため、間宮は鎖国の掟破りをしてまでも樺太から大陸に渡り、アムール川沿いの徳愣《デレン》に着いた。徳愣は先住民族と朝貢儀礼のための清国の役所がある場所で、ロシア人の影響力がまだ及んでいないことを確認する。

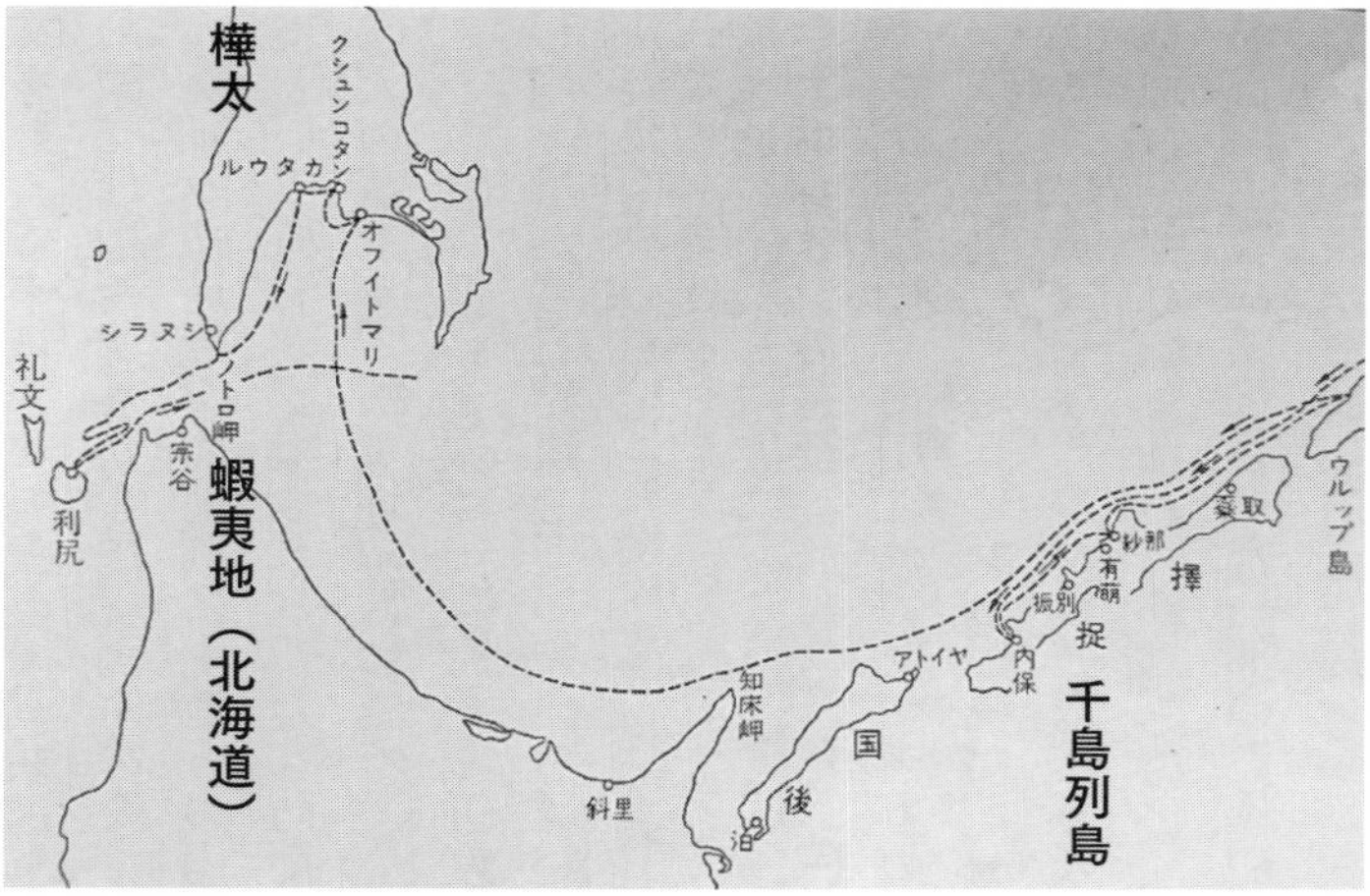

露寇時のロシア艦隊襲撃経路。
樺太の松前藩居留地と択捉島の幕府軍を襲撃した。
（『新札幌市史』から抜粋）

幕府は文化四年（一八〇七）、「ロシア船打ち払い令」を出して、強く対抗処置を取ることにした。文化五年、長崎で佐賀藩の落ち度から、イギリス船によるフェートン号事件が起き、幕府はさらに外国に警戒心を強める。その結果、文化八年に「ゴローニン」事件が起きた。

根室沖で測量をしていたディアナ号艦長ゴローニンが幕府に捕縛される。副艦長のリコルドは、奪還しようと砲撃戦となったが、諦めてオホーツク港へ撤退した。リコルドは怒り、偶然に国後島近くを航行していた高田屋嘉平を捕縛し、シベリアの拠点のカムチャツカ半島ペトロパブロフスクに連行した。「露寇」というレザノフの攻撃が、ロシア皇帝の許可すらも無いことを幕府は知らないと考えた嘉平は、ロシアの謝罪で解決できると判断する。リコルドに謝罪文をもって来日させ、その後、共に生還となり事件は解決した。この事件をきっかけに、幕府は、ロシアとの国交は拒否するが、国境画定の交渉に応じる。択捉島までを日本領、チルポイ島までをロシア領、その間のウルップ島は緩衝地域にするとの内容を決定する。この交渉で、初めて日本人にヨーロッパ人が考える国境という概念が認識され、新たな防衛意識が芽生えた。その結果、東北の津軽藩・南部藩・庄内藩の三〇〇〇人の藩士が、蝦夷地防衛に就く。

この頃、近藤重蔵は、幕府から五度目の蝦夷地調査の使命を受け、利尻島から蝦夷地北部の天塩川を南下し、上川から石狩川を下っている。将軍徳川家斉《いえなり》に御意見を許され、人口が多い南端の箱館や松前でなく、新たに中央の石狩（札幌周辺）に本府を置く構想を、将軍に訴えた。

ナポレオンの遠征

ロシアに徐々に圧されていく一方の幕府だったが、突然、その脅威が、潮が引くように消え去っていく。フランス皇帝ナポレオンの出現だ。一八一二年、ヨーロッパ征服を目論むナポレオンが、最後まで抵抗するロシアに制裁を与えるため、六〇万人のフランス連合軍が、モスクワを目指し侵攻する。その結果、モスクワが占領され焼き払われた。その後、ナポレオンは撤退したが、「デカブリストの乱」というフランス革命の自由主義に感化された一部の貴族が、農奴解放をめぐり皇帝に反乱を起こし、ロシアは混沌状態となる。もう、極東アジアの日本に構うどころではなくなった。それにともない、文政四年（一八二一）、蝦夷地は幕府直轄が解かれ、松前藩に還付される。

アラスカ売却

ペリー艦隊の黒船来航を迎え、動乱の幕末が開けていく。日本は、再び海外勢力との緊張が高まり、安政二年（一八五五）、蝦夷地は再び幕府直轄となる。慶応三年（一八六七）、新大陸のロシア領の維持が困難と判断し、ロシア帝国は、アラスカを七二〇万ドルで米国に売却した。ここで、カムチャツカ半島を中継として、新大陸に物資の補給を求められた日本の役割は消滅する。ロシアの東進の流れは消え、今度は南下の方向に向かう。そして、アラスカの売却した資金を基に、領土拡大を進め、なおいっそう、日本と対峙していく。直正が開拓使長官時、開拓使政策を大きく左右させた「樺太函泊事件」は、このアラスカ売却後に起きた。

モスクワでのナポレオン。
ロシアは焦土戦で抵抗する。

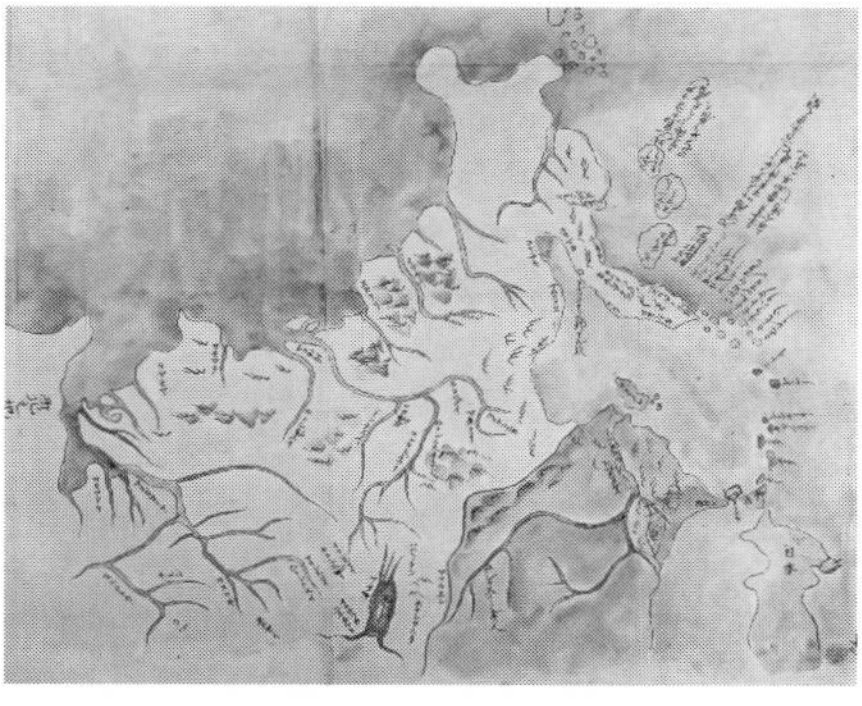

江戸中期の東北アジア地図
右下に日本が位置する。シベリアや千島列島・樺太も確認できる。
当時の日本人の認識は、想像以上だ。
岐阜県立文書館所蔵
（飛騨屋久兵衛が所有していた地図を著者撮影）

第二九章　佐賀藩の北方防衛の構想

一　直正の北方思考

江戸後期、直正は義勇から蝦夷地情報を得て、北方防衛にいち早く取り組んでいた。では、具体的にどの様な思考をめぐらしていたのか。

史料はないが、幕府の大老井伊直弼を含め幾人かに本心を吐露している。直弼とはお互い北方政策を話し合う仲だった。幕府直轄地の九州天草に佐賀藩の軍港を造成し、軍艦の訓練と蝦夷地開拓の予行演習をしたいとの許可を伺う。千島列島の色丹島《しこたん》にも同じような許可を求め、それぞれ認可された。

明治末期に起稿された『鍋島直正公伝』の記述から、直正が、新政府に述べた意見を抜粋する。

「蝦夷地を皇国の北門の鎖鑰、長崎を西門の鎖鑰とした。日本を守るには、長崎港の警備と同等に、蝦夷地の防衛もしっかりとしなくてはいけない。

始まったばかりの新政府の、優先されるべき政策は、北門の防備と南洋への拓殖である。北門の防備への非常時に、即時に出兵しても構わないとの意見を持つ、岡本監輔や丸山作楽らの官僚が、率先して樺太に移住民を送り込んだが、ロシアに追い返されてしまった」。このことに、直正は以下のように言及した。

「鎖国時代に慣れ親しんだ者達が、対外交渉が直ぐに戦争になると恐れてしまい、朝廷が優柔不断となったのが樺太を失う原因となった。交渉は長期に渡るもので、その間に、少しでも有利な方法を探っていかねば」と。

「鎖国時代に慣れ親しんだ者達」とは、外国への融和政策を唱えた薩摩の大久保一派だろう。直正はあくまで外国に強気だ。大久保らの様に対応すると、逆に相手に足元を見られる。ロシアに、決して此方から戦争を仕掛けるのではなく、いざという時も想定し、強気で臨み交渉することが大切だと述べた。必ずしも、派兵はするが直ぐに開戦するとは言ってはいない。

北海道開拓の方法は、ロシアのやり方に合わせ、国境に迫る場所に官庁と要塞を築き、常に強気に前に向かい合うことが防衛に繋がるとした。しかし、同じ様な者達（対外融和派）に、「逆にロシアを挑発し難しい状況を作り出す」と反対される。この意見に対し、直正は、「対外融和派には経費が不足しているからと言い訳をして、中止した」との記載で終わっている。

外交上、直正にとり樺太の確保は第一優先事項だ。しかし、強硬政策を行うことに、直正から資金不足で中止しましたと弁解する記述は、予算を使い過ぎて資金不足になったと東久世の島判官への表向きの解任理由と似ており興味深い。だが、確かに大蔵省の財政状況は厳しかった。

アイヌには、「北海道や樺太に合わせた物を開発して産出するので、宝として扱い保護する義務がある」と言う。さらに、直正は日本人の影響力を、シベリアやカムチャツカ半島を含む北方アジアまで押し広げ、ロシアを排除していきたいと述べた。

義勇に関しては、『鍋島直正公伝』から、「戊辰戦争の内乱で疲弊したと判断して、北海道との交通の要である樺太南部の大泊《おおどまり》にロシア兵が侵入し、家を焼き払い漁業を略奪し兵営を築く行為に、島は強い怒りを感じた。直ぐにでも大兵を送りロシア兵を粉砕して、前の状態にしなくては」と建言したと記述されている。

この内容から、思考は直正と同じといえる。ただ、この伝記は必ずしも裏付けがない書物だ。

明治二年のロシアは、北京条約で沿海州を領有化して九年と、まだウラジオストックは建設中で、ニコラエフスクから海軍が移駐するのはさらに九年後だ。シベリア鉄道はなく、南北に突出した沿海州の維持は地政学的に難しい。もし樺太を失えば、ロシアは非常に不利となる。

もしかしたら、短期戦で、日本が沿海州を獲得するのも可能かもしれない。鍋島・岡本・沢ら強硬派は、ロシアとの関係を一気に解決したがっていた。しかし、長期戦となれば、誰もどうなるのかの戦略を持っていない。ここが、強硬派の一番の弱点であり、無責任とも言えるわけである。だから、パークスとの会見後、イギリスの意向に沿い樺太放棄を決めた大久保一派は、対ロ強硬派の進める義勇による本府の設置を認めるわけにはいかなかったのだ。

二　佐賀藩の遷都提唱案

江戸時代の文化文政、学者の佐藤信淵《のぶひろ》が天皇を江戸に移す遷都を唱えた。幕末に前島密《ひそか》が、この時の提唱を蒸し返す。大政奉還や王政復古がなされた京都は政治の中心地となるが、新政府内部から、新たに天皇親政を行うにあたり遷都の要望が上がった。

まず、戊辰戦争の鳥羽伏見の戦いが終わった慶応四年一月、大久保利通が、「**数百年来一魂シタル因循ノ腐臭ヲ一新**」のため遷都の必要性を説き、長い因習を打ち破るため、京都より経済の中心である大阪が適していするとした。だが、京都の公家や新政府保守派の猛反発を受け廃案となる。

同年四月、佐賀藩の江藤新平と大木喬任が率先し、佐賀藩論として「東西両都」の建白書を岩倉に提出し、江戸への遷都を訴える。

今まで朝廷の恩恵が少なかった東日本や幕府の保護を失った江戸住民を治めるには、江戸が最適所で、名称を東京と改め、京都と東京の両都を鉄道で結ぶ案である。この案から、現在の東京としての歴史が始まる。

しかし、直正の本心は、北方アジアの覇権を握るため、蝦夷地開拓の嚆矢《こうし》となる決意を持つ佐賀藩にとり、東日本に首都を置くのは必須と判断していた。

三　直正と秋田城

直正の独自の考えから、維新後の首都の候補地の一つに、秋田も推奨している。

平安初期、京都に遷都した桓武天皇は、東北の蝦夷（エミシ）の内国化を試みる。延暦十六年（七九七）、征夷大将軍に任命された坂上田村麻呂が征討を命じられ、五年後に最高権力者アテルイ（阿弖流為）が京都に連行され斬首された。

その後、政務を取り扱う政庁と軍事施設を兼ねた朝廷の拠点、すなわち「城柵」を多数、蝦夷（エミシ）との境界地に設ける。その一つとして造られた秋田城は、出羽国の国府機能も兼ねた城柵である。国府とは、祭祀・行政・司法・軍事の全てを司る国司が在住する都市だ。国司は中央の朝廷から派遣された。秋田城は、蝦夷（エミシ）の支配と交易以外に、大陸の渤海国とも交流していた。だから、秋田城の影響力は沿海州まで及んでいる。この古代の歴史から、直正は、これから日本が、東北アジアの沿海州やシベリアに影響力を持つには、秋田が重要な拠点の一つとして思索する。義勇が、北海道の札幌に本府を開府したが、志半ばで中止となった。次に、初代秋田県権令（知事）として秋田に赴任して八郎潟の大改造を試みる。この足取りは、

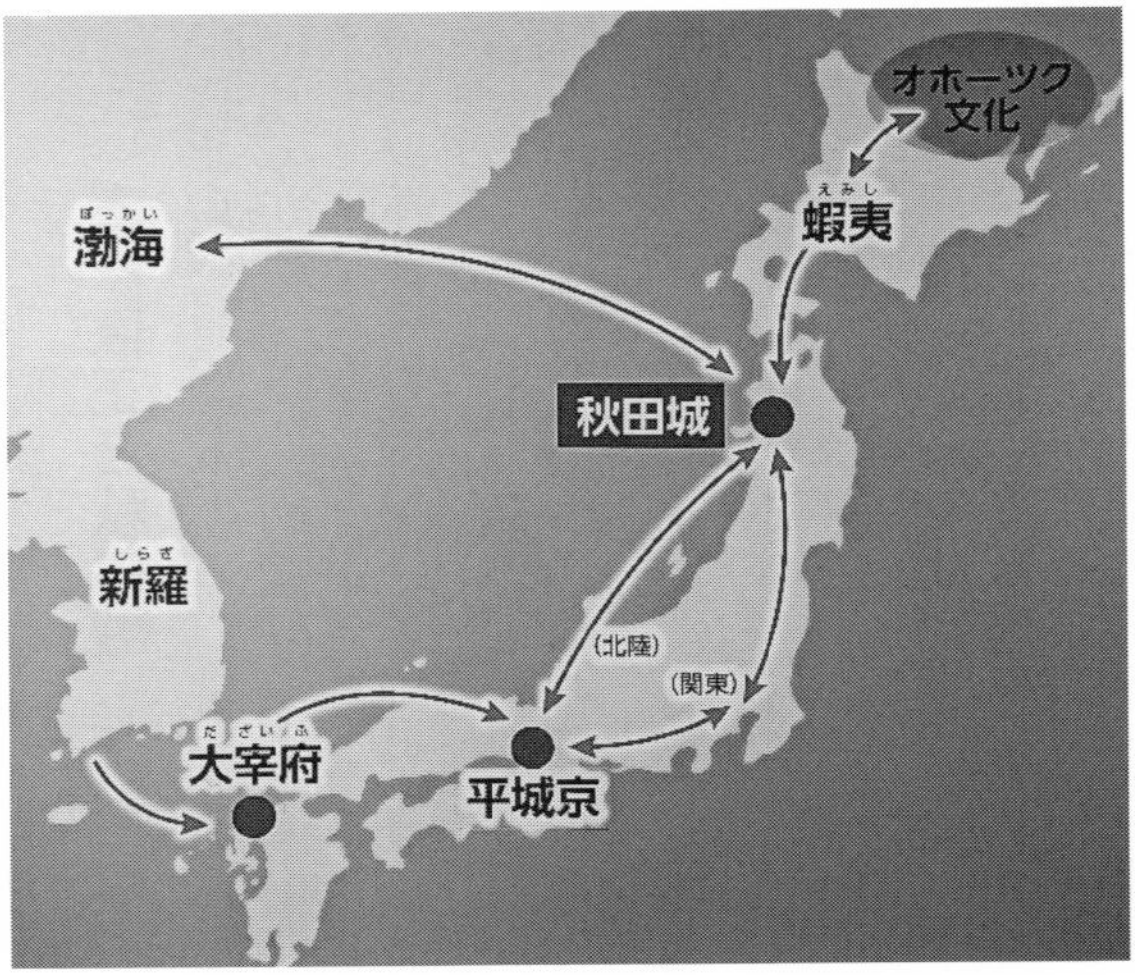

七五八年～八一一年に城柵だった秋田城の役割。
直正は、北方アジアの拠点として秋田を推奨する。
（秋田城跡歴史資料館のパネルを著者撮影）

直正の思案と、決して偶然の一致ではないだろう。

四　アイヌ生活圏への考え

アイヌとは

原始時代の日本列島に、狩猟採集民族の縄文人が住んでいた。その後、紀元前十世紀頃から、主に大陸から渡ってきた人々と混血をして弥生人が成立し大方の日本人の祖先となったと云われている。北海道の居住者は、縄文人の特徴を残したアイヌの祖先となった。

交易民アイヌ

アイヌは、狩猟採集民族の印象が強い。だが、平安時代から、羆《ひぐま》の毛皮や鮭や海藻の地元産物を本州に送り出していた。サハリンアイヌは、その後、アムール川を中心とした大陸の東北アジアや、千島列島からカムチャツカ半島まで進出し、大陸と日本との交易中継者として経済活動もしている。十三世紀には、この積極的な対外活動に、樺太の覇権をめぐりモンゴル・元朝と衝突した。

大モンゴルとの戦争

モンゴル帝国の「元」は、アムール川河口に東征元帥府を設置し、影響力を樺太（サハリン）まで伸ばす。『元史』では、一二六四年、元に服従していたサハリン先住民のニブフが、宗谷海峡を渡ってアイヌが侵略してくるとの訴えを起こし、助けを求めてくる。それを受け、兵一万人と船一〇〇〇艘で、攻撃を加え戦争となった。撃退されつつもアイヌは反撃し、なおかつ大陸に渡り、村々を襲い略奪をするなど、元軍と対等に戦った。四〇年間も続いたこの戦いは、最終的にアイヌが毛皮を貢納する形で終決する。この戦争を「北の倭寇的類似行為」と呼び、アイヌは、決して戦闘能力の弱い狩猟民族でなく、幅広く交易をして、経済的に自立する人間もいた民族と評価する歴史家もいる。

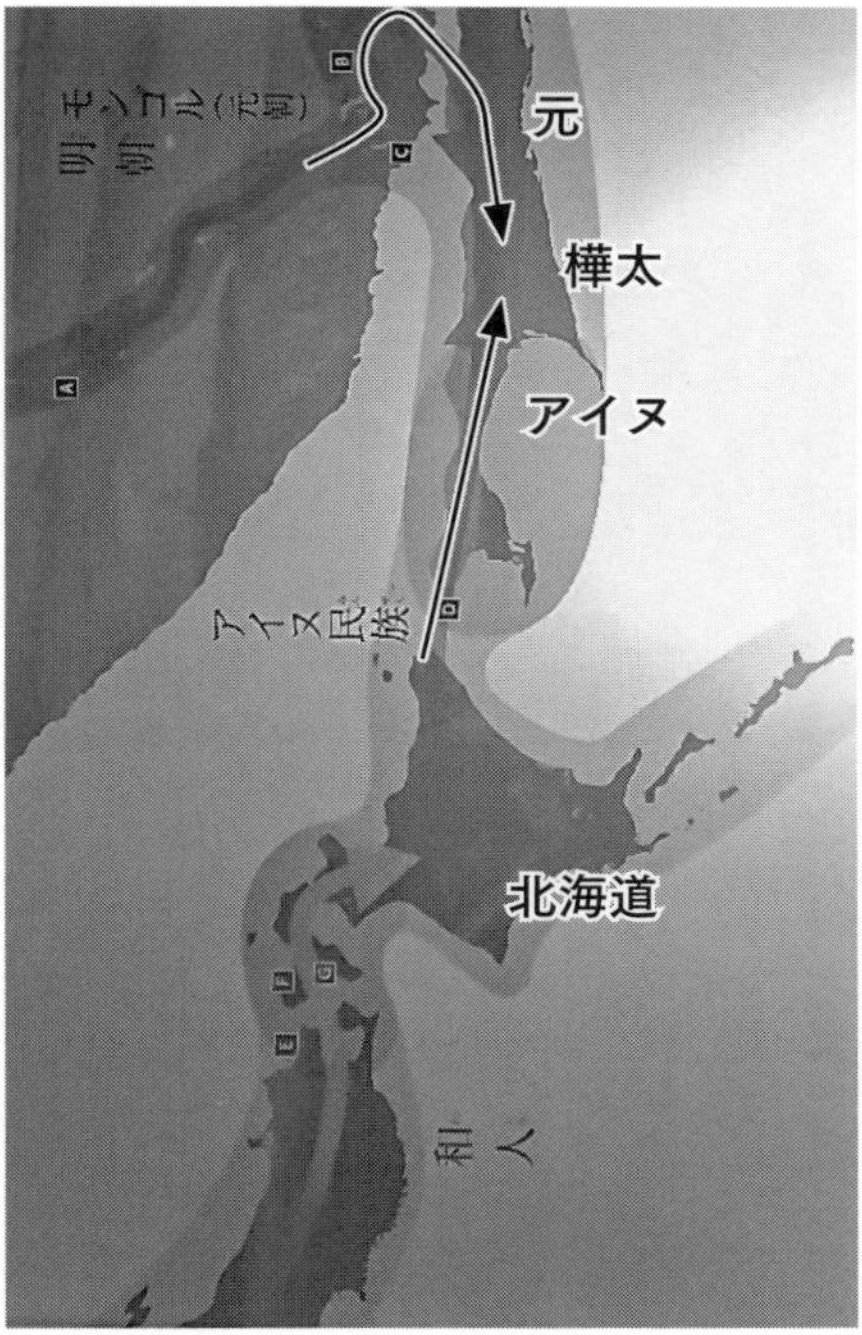

樺太で衝突したアイヌと元
（北海道博物館のパネルを著者撮影）

交易民サハリンアイヌ

江戸時代、サハリンアイヌは、沿海州の民族を介しアムール川から樺太を通じて交易をしていた。中国産絹や清朝官服を蝦夷地へ持ち込み、松前藩が「蝦夷錦《えぞにしき》」として本州に送った。最終的に、流通品は松前藩が仕切るが、鎖国時代、北方交易の重要な役割を、アイヌが担っていたのは特筆すべきことだ。

蝦夷錦（「留萌市海のふるさと館」で著者が撮影）

江戸時代のアイヌ

江戸中期に活躍した飛騨国（岐阜県飛騨地方）出身の飛騨屋久兵衛が興した材木業から、和人は蝦夷地へ本格的な進出を開始する。アイヌは和人の経済活動の枠組みに入れられ、コタンを中心とした本来の生活パターンが壊された。そして、末端労働者として、不当に過酷な扱いを受けるアイヌも多数となる。さらに大きな集団形成をしないアイヌは、和人から持ち込まれた天然痘や結核への免疫力は無く、それらの感染症からも人口が激減していく。

直正の思考

江戸中期からロシアが進出し、アイヌの生活（経済）活動圏を一方的に領土化していく。調査のため、蝦夷地に渡った松浦武四郎らの幕臣は、和人のアイヌへの扱いが酷ければ、多民族国家を経営するロシア人に上手く感化され、日本を見捨てロシアになびくだろうと強く警告した。アイヌがロシアに加担すれば、北方アジアの主導権はロシアが握る。だから、蝦夷地の和人代表である松前藩のアイヌへの扱いの酷さは、松浦には断罪すべき対象になった。

幕末まで、多数の日本人の北方領域への思考は、アイヌの生活（経済）活動範囲まで自国の範疇と考えていた。だから、アムール川河口や樺太、千島列島やカムチャツカ半島の南端は、自国の影響力を行使すべき場所と認識する。少なくても、ヨーロッパ人思考の国境を求めてくるロシアには、少しでも日本に有利な国境の設定を行使すべきと考えた。

佐賀藩の直正も同様に考えていた。この思考は、初期の開拓使政策の骨幹となり、その政策を基に、本府の設置と建設をしていく。アイヌの生活活動圏を、勝手に侵略し領土化していくロシアは、まさに征伐の対象となる。新政府となり、直正は、今までの弱腰の幕府とロシアとの関係に決着を付けたいと願っていた。少なくても、積極的に対峙して強い意思を示しながら、北方を開拓すべきと考える。ましてや、元々日本の範疇である樺太や千島列島の放棄や交換を持ち出す、大久保一派の思考は、相手に弱みを見せ隙を与えるだけで、ありえない行動と受け止めていた。

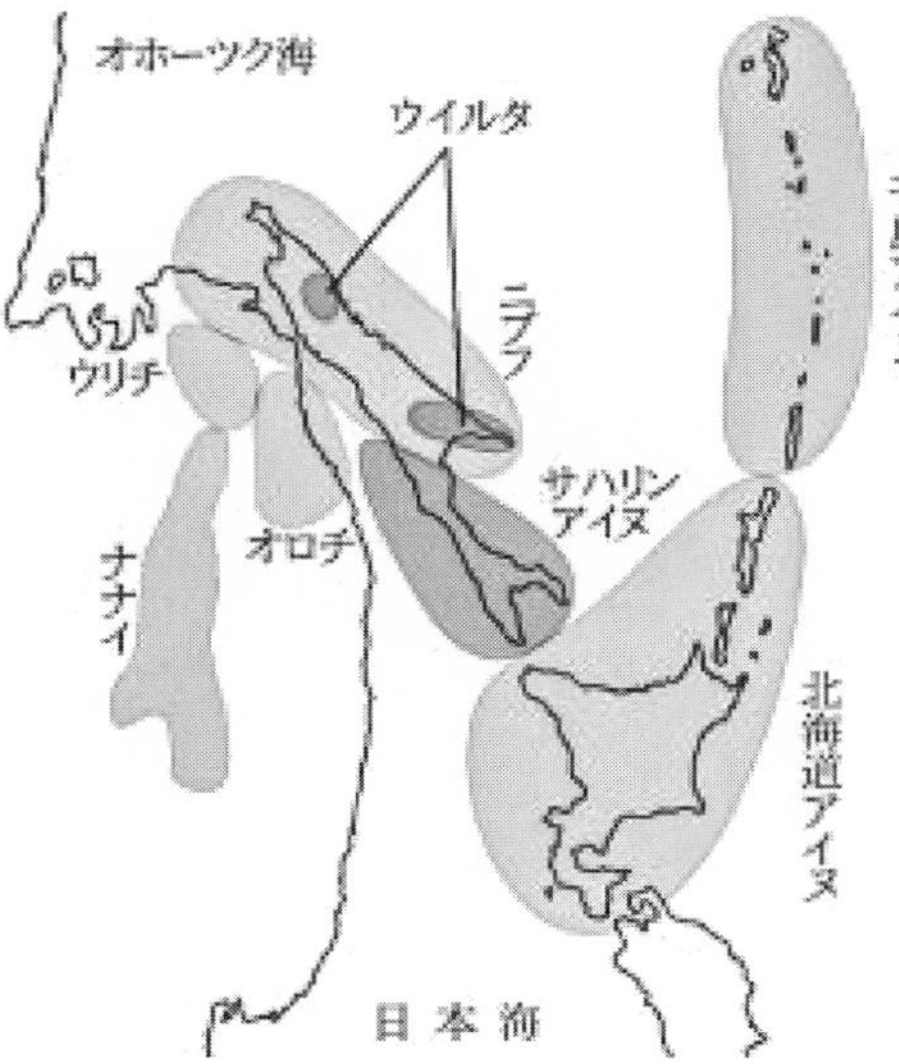

アイヌの居住地
樺太全島、沿海州、カムチャツカ半島南部まで、活動範囲だった。

第三十章　島義勇の構想の真髄

一　多賀城と石狩本府

直正の意志を受け継いだ義勇が、建設しようとした本府はどの様な都市だったのか。直正の思考から予想されるのは、平時は広範囲な東北アジア全域を統括する政治拠点としての「国府」、非常時はロシアに対抗するための派兵と防御も兼ねた軍事拠点としての「鎮守府」である。

だから、札幌に作られた本府は、古代に、東北の蝦夷（エミシ）を支配するため、人口密度が希薄な原野に、突如として設置された城柵が参考になるだろう。城柵は、朝廷と蝦夷（エミシ）の間で緊張した政治環境下で作られ、大規模の城柵は、国府と鎮守府を兼ねていた。

佐賀藩は、北海道が宝の山であると察知していた。だから、幕末に蝦夷地の防備と交易を目的に、いち早く進出していく。さらに、将来を見据え、直正は、北海道は広大な未開地と多くの資源があり、近代日本の発展に不可欠と認識する。それ故、明治になると、直正自ら責任を持って開拓をする意志を、誰よりも早く示した。日本のため北海道を経済的に繁栄させたい。それには、長年に渡り幕府が解決出来なかったロシアの脅威を一掃しなくてはいけない。だから、佐賀藩の開拓方法は、イギリス駐日公使パークスの忠告に合わせ、妥協の末に、北海道だけの開拓にしようとする大久保と黒田の政策とは、根本的に違っていた。北海道開拓を、日本独自でやり遂げるには、まずしっかりした防備から始まる。その開拓センターが「石狩本府」

で、義勇が詠った「五州第一の都」だった。

　義勇の完成した本府のモデルとして、予想されるのは奈良時代から平安時代に、陸奥国府や鎮守府を兼ねる、東北の仙台平野に設置された城柵の「多賀城」が挙げられる。その理由の一つとして、義勇が描いた「石狩国本府指図」は、「多賀城」の都市骨格と、非常に酷似している。二つ目に、義勇は、開拓三神に、東北

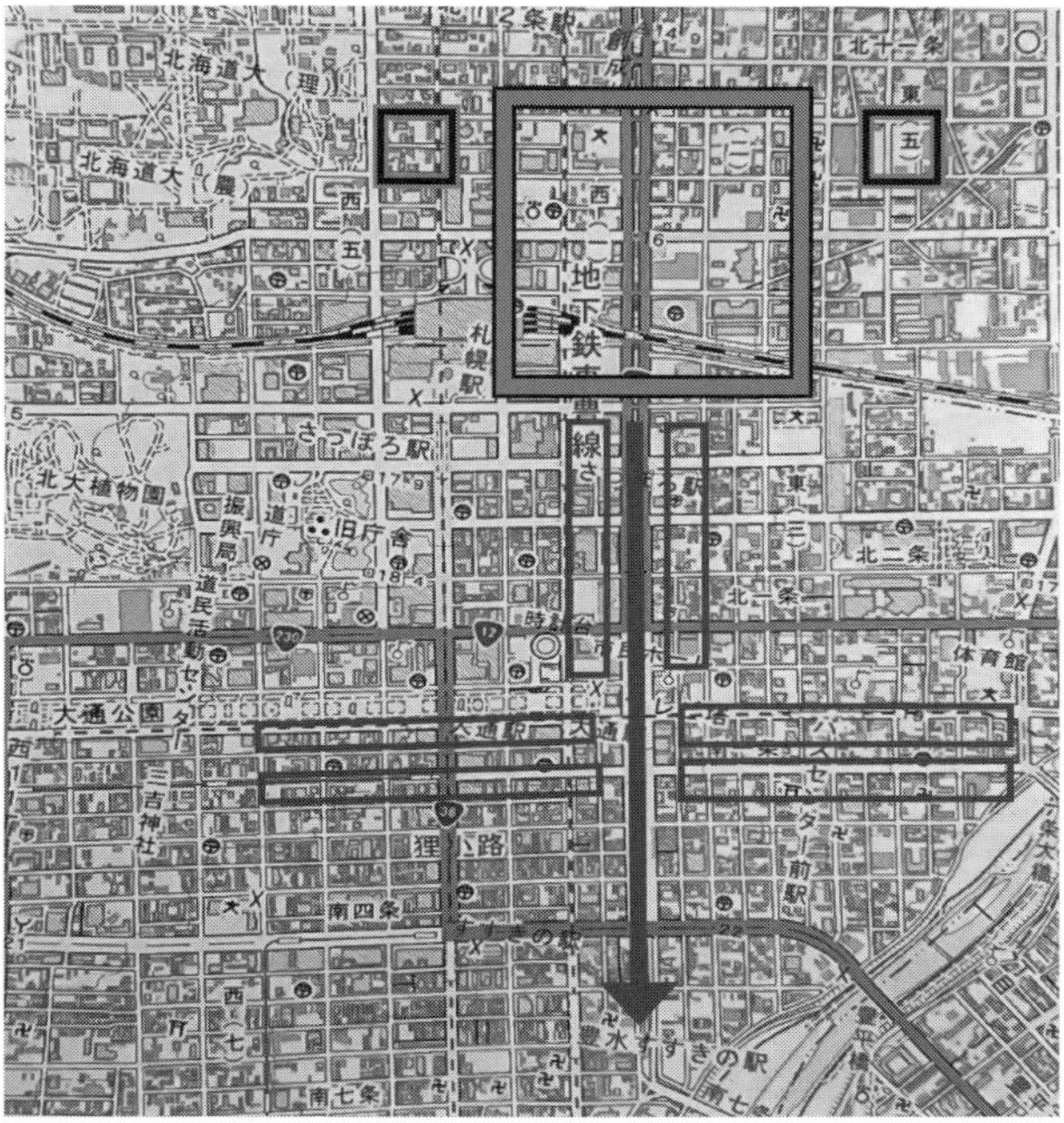

現在の地図に合わせた義勇の本府位置。
多賀城と骨格が似ている。
石狩国本府指図は一九五頁参照。

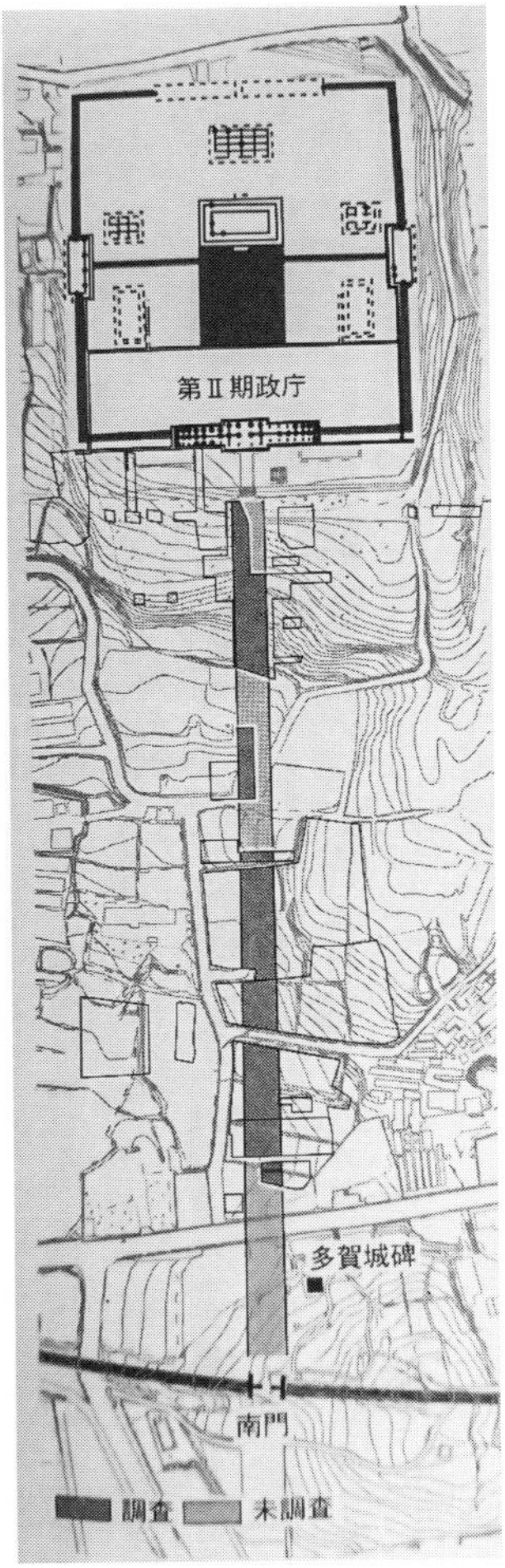

東北の城柵「多賀城」の構造。政庁と南北に走るメイン道路が軸である。

の蝦夷（ヱミシ）征伐を開始した阿倍比羅夫を推奨している。このことからも、義勇自身も、直正と同じく、北方開拓の任務に、やはり古代朝廷の東北遠征が、強く影響を及ぼしたに違いない。

二　城柵とは

ヤマト（大和）朝廷の東北支配域の拡張は、蝦夷（エミシ）との摩擦を深めた。『日本書紀』は、城柵の造営目的を「以て、蝦夷に備える」と記述されている。すなわち、蝦夷（エミシ）に律令制を浸透させる拠点である。

今までの見識は、白村江の戦いで日本を打ち破った唐・新羅連合軍から母国を防衛するため、西日本で相次いで築城した「山城」と同じ構造とされた。外敵の襲来を想定し、周囲を木柵塀や土塁の城壁で囲ませた、単なる軍事拠点だ。しかし、最近の発掘調査研究で、城柵は国府に近い機能も付随した〝政治と軍事的機能を兼ねる都市〟と理解されてくる。朝廷は、城柵の周辺に柵戸《きのへ》と呼ばれる多数の移民を、北陸・関東から強制的に移住させ、そして、境域を北に拡大させた。鎮兵という常備兵が駐屯し、その指揮官として国司の一人が城司として常駐した。多くの城柵は、国郡制の未施行地域すなわち蝦夷地（エミシの領域）やその境に設置され、常備兵や臨時の征夷軍により、相手からの攻撃や反乱を鎮圧する。

例えば、現在の岩手県盛岡市郊外に設置された巨大な城柵の志波城は、一辺の長さが一キロメートル四方もあった。都市構造は、平安京と同じく条坊制を基盤として、政庁と外郭の二重構造だ。一般の城柵は、北端又は中心部に政庁が置かれ、政庁の南端中央に門があり、この門からメイン道路が南北に走る。内部に、日常生活用具や兵器を作る生産工場があり、職人も住んでいた。また、城柵の内部と外側に、兵隊が常駐する鎮兵の宿舎を設置した。この古代城柵の機能は、実は黒田清隆の本府構想にもつながっている。黒田は、有名な麦酒醸造所（後のサッポロビール工場）の他、開拓に必要な生活用品や道具の生産工場、開拓研究センターとして札幌農学校など、開拓に必須な機能を全て本府内に設置した。そして、ここから全道に影響力を広げていく開拓方針をとる。また、外側の鎮兵の配置も黒田の屯田兵構想につながる。

三　城柵の歴史

大化の改新直後の史料に、初めて城柵の名称が確認できる。ヤマト朝廷の東北経営は、飛鳥時代の六五八年、阿倍比羅夫の北征から始まる。史料の解釈により異なるが、奥尻島や石狩川河口まで遠征したと推測させる記述もある。それが事実だとすれば、もう北海道中央〜南部まで蝦夷（エミシ）の勢力範囲だった。

朝廷の軍勢は、まず日本海側から北上する。そして、奈良時代の七二一年、現在の東北地方の拠点都市である仙台市の郊外に、最大規模の城柵となる多賀城を建設した。同時期に、秋田にも城柵（秋田城）を作った。

多賀城には、最初に福島県から岩手県にまたぐ陸奥国を治める国府を置き、兵士を管轄する鎮守府も併設して、東北全域を統括する按察使《あぜち》がいる最高行政機関となる。七七四年に大反乱が起き、略奪と放火をされるが再建された。平安時代になると、同地を拠点に、桓武天皇は三度の蝦夷（エミシ）征討を計画、征夷大将軍に坂上田村麻呂を抜擢する。長期戦となるが、田村麻呂は、蝦夷（エミシ）の最高指導者のアテルイを降伏させた。その後、さらに岩手県に、胆沢城や志波城の城柵を造り、ここを北東北の拠点とする。そして蝦夷（エミシ）との戦争が終了した。

四　阿倍比羅夫《あべのひらふ》

義勇は、北海道の開拓神の一人に阿倍比羅夫を推奨した。『日本書紀』に、日本海を二〇〇隻前後の船団を組んで、東北北部から北海道に遠征したことが記されている。飛鳥時代の斉明四年（六五八）から三回、遠征が行われた。蝦夷（ヱミシ）の進言を受け、後方羊蹄《しりべし》に政庁を設置する。後方羊蹄とは、海外資本のリゾート開発で有名な羊蹄《ようてい》山付近のニセコ・ヒラフ辺りとも伝えられる。ヒラフの名称は比羅夫《ひらふ》からだ。この場所に政庁が置かれたという伝承を松浦武四郎は紹介している。

二回目の遠征直後、男女二人の蝦夷（エミシ）を遣唐使に乗せ、唐国皇帝に面会させる。日本は異文化の民族も支配下においているとのアピールだった。

三回目の遠征で、「粛慎国《みしはせ》」と渡島の大河の河口で戦う。場所は、石狩川河口との説もある。この遠征の目的は、北方の蝦夷（エミシ）との関係を築く他に、当時の緊迫した東アジアの国際情勢の下、日本の同盟国である高句麗に至るルート開発とも云われている。義勇は、この男を、強く北海道の開拓神の一人に推奨した。飛鳥時代、阿倍比羅夫が北海道まで軍を派遣するのは技術的に無理だという歴史学者はいるが、二年後に白村江の戦いで、四万人を率いて朝鮮半島に上陸し、百済救援のため戦っているのは事実である。だから、距離的には十分可能と考えられる。

＊粛《みし》慎《はせ》

蝦夷（エミシ）でなく、三世紀から十三世紀まで、アムール川下流から樺太や北海道のオホーツク海沿岸で生活していた海洋漁猟民のオホーツク人といわれている。現在、樺太（サハリン）に住むニヴフの祖先と考えられ、アイヌの樺太進出の訴えを元国皇帝フビライに報告し、元国とアイヌの戦いの発端となった。

＊阿倍比羅夫（生誕・死没は不明）

七世紀中期の飛鳥時代に活躍した武人。『日本書紀』に、斉明四年（六五八）から越国守として蝦夷（エミシ）と粛慎征伐を行ったのが書かれている。天智元年（六六二）、白村江の戦いに参加して敗れる。その後、太宰府長官となり、唐や新羅の来襲に備え、軍事経験豊かな比羅夫に、九州の防衛責任が任せられた。

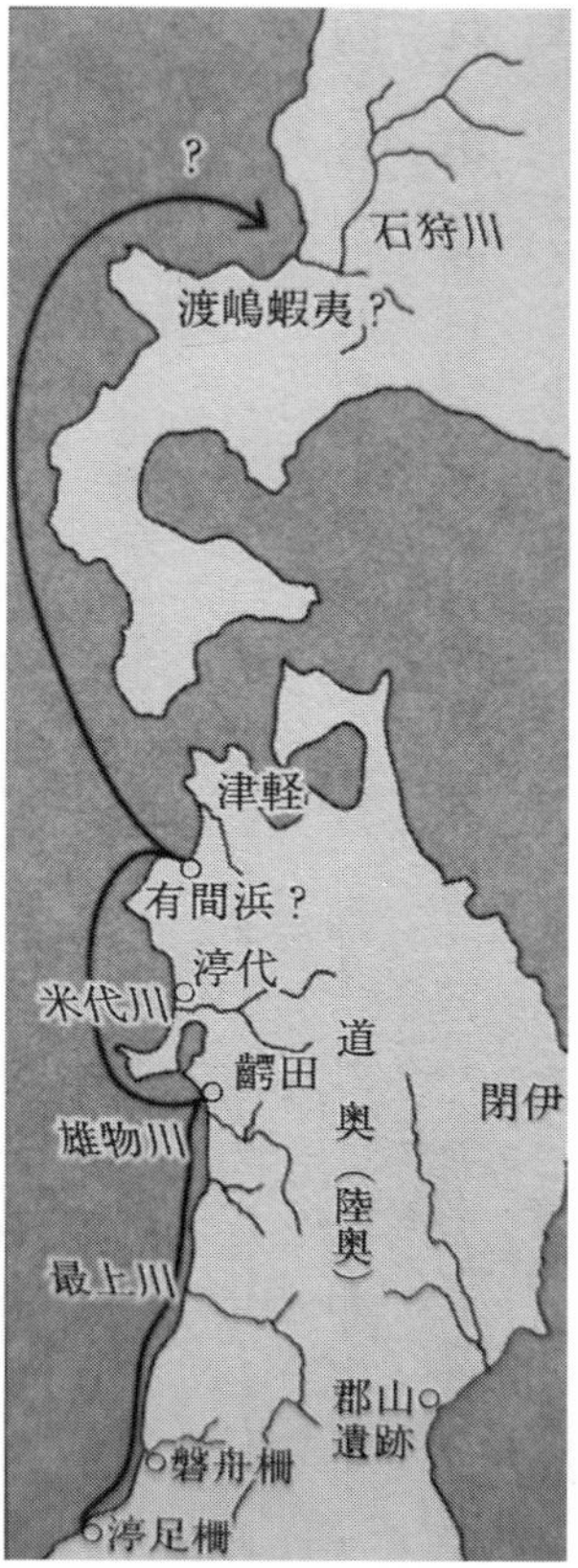

阿倍比羅夫の遠征路
『蝦夷と城柵の時代』から抜粋。

五　東北の拠点　多賀城

多賀城は、政庁・曹司《そうし》域・国府域の三つの領域に分かれ、大改造が四回行われている。政治を司る殿舎がある、一辺が築地で区画された約一〇〇メートル正方形の「政庁」を中心に、周囲に実務を司る「曹司域」が位置する。政庁から、南に向かい南北軸のメイン道路である南北大路が延びる。

曹司域の外郭は一辺が六六〇～一〇五〇メートルの不整な方形で、正方形でないのは、高低差のある丘による地形上の影響だ。外郭の壁は、高さ四メートルの土を固めて屋根をかけた築地塀が基本で、低湿地は木塀で作られた。塀の外側に大溝がめぐる。

南側には、「国府域」と呼ぶ多賀城を支える生産都市が形成される。住宅や生活物資工房があった。その範囲は、南北八〇〇メートルと東西一五〇〇メートルに及ぶ。外郭南門から延びる南北大路と、ほぼ直角に交わる東西大路を基準に、碁盤目状の道路網で構成された。石狩本府の民地に相当する。南北大路の幅は二三メートルで、東西大路は京都につながる東山道の延長である。合計で約三〇〇〇人が活動していた。

平安時代の貞観十一年（八六九）、平成時代の北日本大震災と同規模の地震が起き、一〇〇〇人規模の死者を出している。

全体として、北側の官庁街、南側の民間地域に大きく分かれ、政庁か

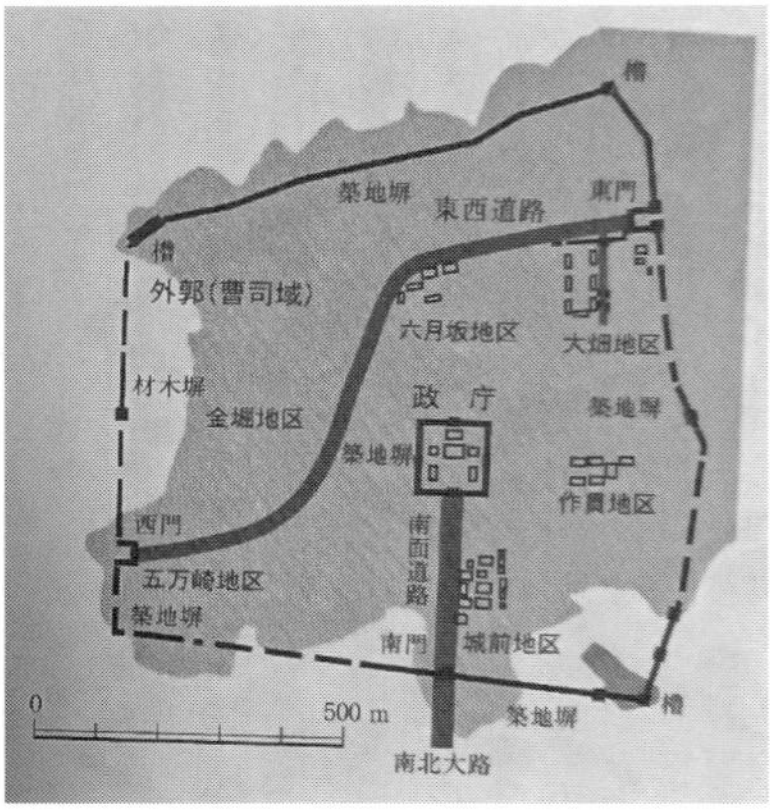

石狩本府の官地に相当する曹司域。
外郭は正方形に出来なかった。

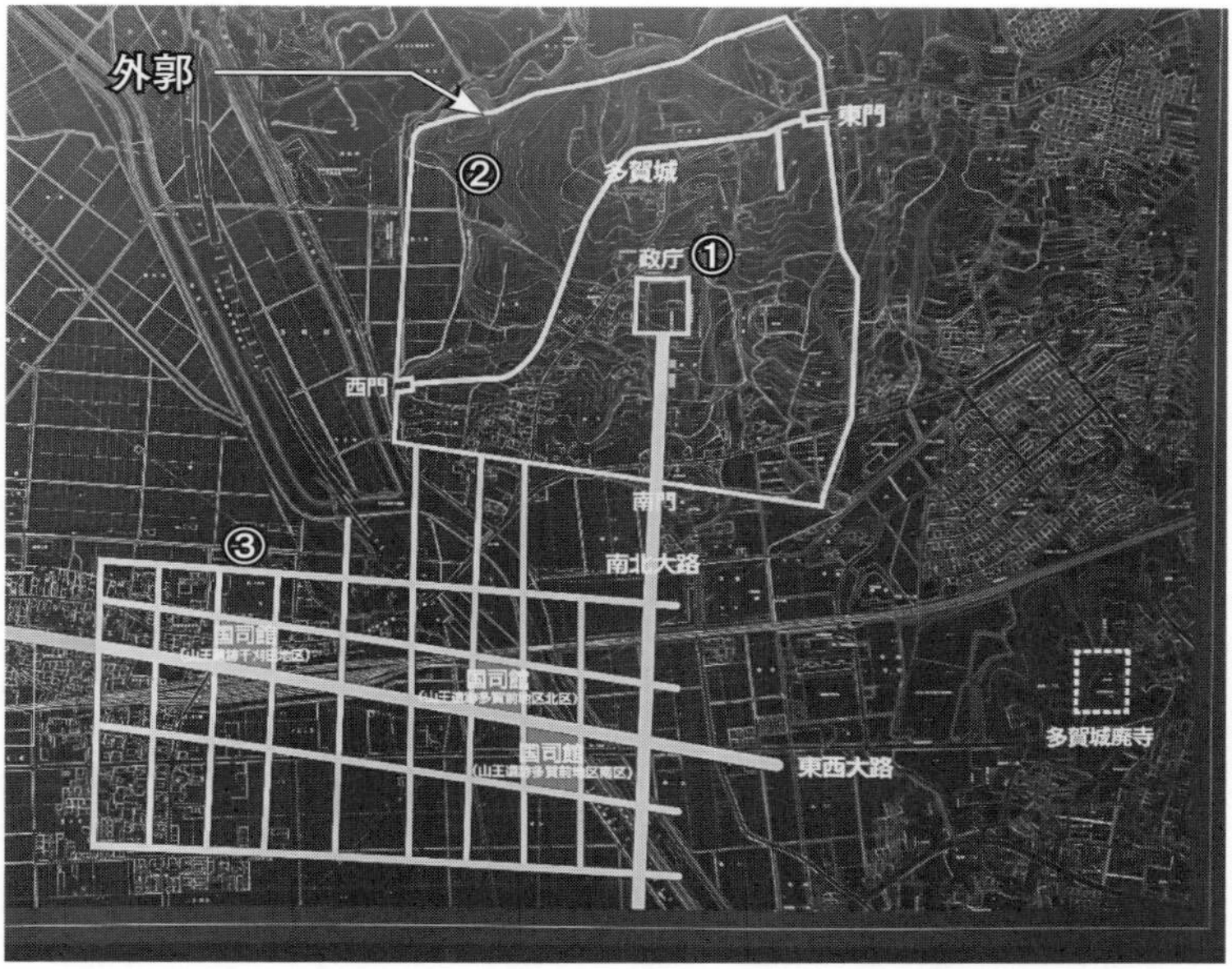

①政庁

②曹司域

③国府域

完成された多賀城全域
南北大路の幅は、義勇が石狩本府で構想したメイン道路の幅とほぼ一致する。
右下に孤立して多賀城廃寺が位置する。
徐々に都市が付け足されるように発展し、一般の城柵と異なる。
（東北歴史博物館のパネルを著者が撮影）

ら南北軸のメイン道路と、ほぼ垂直に交わる東西に走る大路、碁盤目の構造は、義勇が構想した石狩本府と類似する。義勇が途中まで建設した本府は、南北軸のメイン道路周囲に官舎が作られた。初期の多賀城と比較すると、さらに似ているのが分かる。

　多賀城から東南側に、離れて多賀城廃寺があり、この位置関係は、方向は異なるが本府と北海道神宮の関係と似る。すなわち、義勇は、北海道の拠点を、古代に造られた多賀城を想定して、ロシアを相手とするさらに巨大で近代化された本府を建設しようとしたのではなかろうか。

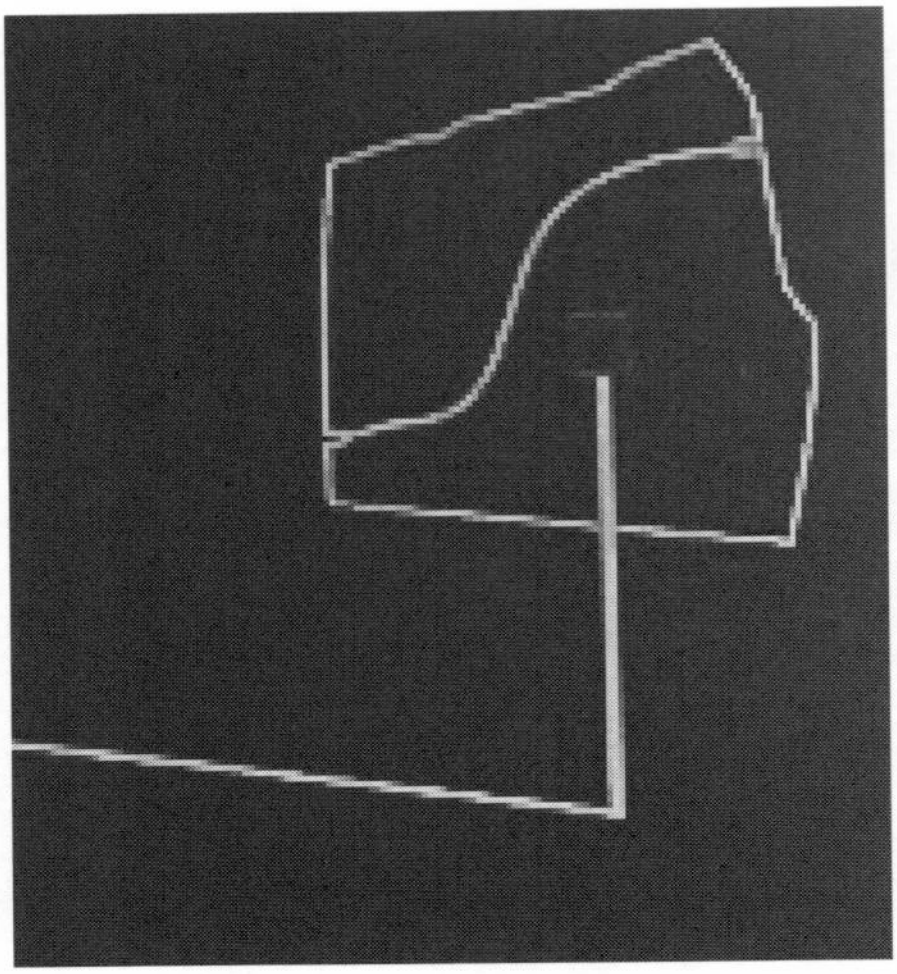
初期の多賀城
（東北歴史博物館のパネルを著者が撮影）

多賀城碑は、七二四年の創建と七六二年の改修を伝える碑。平成十年（一九九八）に国の重要文化財に指定。円山公園にある島判官紀功碑は、昭和四年（一九二九）に建てられ、義勇の功績を謳っている。多賀城に隣接した宮城県石巻市の石工により刻字された。多賀城碑を意識して作られたと予想する。

多賀城碑

島判官紀功碑
（円山公園内で著者撮影）

復元された南北大路。
曹司城外郭の南門から南側を望む。人の大きさから大路の幅が予想される。政庁は丘隆部に造成されたので、道路は少し傾斜している。（多賀城跡内で著者撮影）

古代東北では、多賀城と出羽柵（秋田城）は、密接な関係だった。秋田地方の重要性が理解できる。（東北歴史博物館のパネルを著者が撮影）

六　胆沢城とは

平安初期の延暦二一年（八〇二）、造営された胆沢城は、東北の北半分を管轄する城柵で、建設に関東諸国の四〇〇〇人の浪人が駆り出された。大同三年（八〇八）、鎮守府が多賀城から移される。北上川と胆沢川の合流付近に位置し、地理的に川で防御されていた。主軸を南北にとり、一辺が六七五メートルの築地塀（土塀）で区画される外郭と、内部に九十メートル四方の大垣で区画された政庁から成る。塀には「やぐら」が設置された。政庁内部は、正殿、脇殿などの政治を司る建物群で構成される。外郭の外周に幅五メートルの大溝と、内周に幅三メートルの溝がめぐった。外郭南端中央に、瓦葺き重層構造の南門が、ここから路幅十二メートルの南路が真直ぐに延びる構造だった。

胆沢城の地図
外郭と中央に位置する政庁の構造
（史跡「胆沢城跡」のパンフレットから）

胆沢城の航空写真
大きな川が北上川、北側に胆沢川が流れる。川が防備機能を持った。この防備機能は、石狩本府と泥炭地の関係を想起させる。
（史跡「胆沢城跡」のパンフレットから）

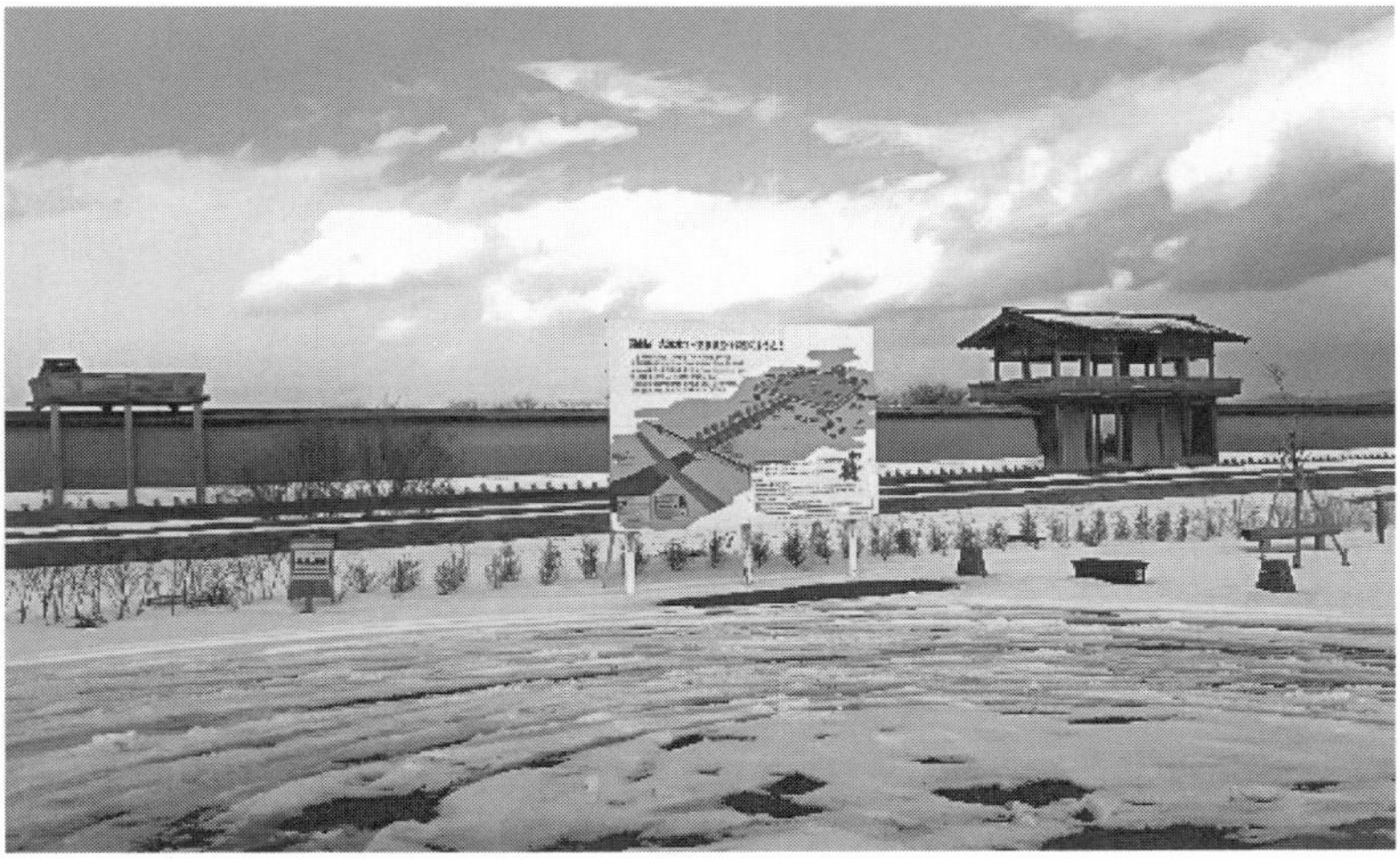

復元された最大規模の城柵だった志波城の外周の土塀。中央に門と、塀にやぐらが見える
（盛岡市郊外で著者撮影）

真中部分は、エミシと和人の混在地域。その南端の点線沿いに、城柵は建設された。
（旭川博物館のパネルを著者撮影）

七　城柵に似る本府地図

義勇が札幌を去った後の明治三年十月、開拓権監事の西村貞陽が札幌赴任となる。西村は行政区域として、川や丘などを無視して、人工的に本府を一辺が約四キロメートルの正方形にした。この正方形が初めての札幌の都市としての区域となる。西村は岩村判官に仕えるが、義勇を慕っていた佐賀藩士だ。

「明治六年の札幌郡西部図」に、その行政区域が描かれている。竹内運平著『北海道史要』(昭和八年刊)に、「島判官の計画に府の境界のことは見当たらない。岩村判官に交代した後の明治三年十二月、西村権監事の伺いに札幌府内を方一里くらいとしたい」という意見があり、許可を得ている。またそのように実施した証拠が「開拓使事業報告」に見ることができる。北海道庁所蔵の「札幌郡西部図」には、「本庁を中心とした一里四方を区画する」と記載がある。義勇が解任されなかったら、そのまま具体的な計画案となっていたと思われる。

この地図を見ると、岩村が設置した本府を政庁として、周囲の正方形を外郭とする巨大城柵に見える。だとしたら、志波城より一辺が四倍の城柵となる。義勇の場合、蝦夷(エミシ)でなく百倍以上の破壊力を持つロシア人が、防備対象だ。だから、これくらいの巨大規模の城柵を構想してもおかしくはないだろう。

沈んだ昌平丸には、ライフル銃のミニエール銃が一〇〇丁詰め込まれていた。さらに最新のライフル銃を購入しようと計画があったかもしれない。いざという時の軍事行動に使用を考えていてもおかしくない。なぜなら、義勇は、有事の際は樺太派兵を想定していたからだ。樺太に在住のロシア兵の数から、急場しのぎなら、一〇〇丁でも対抗は出来そうだ。

だが、現在まで確認されている史料で、義勇が、本府周囲に防御のため頑丈な塀らしき機能を作ろうとした形跡や計画は無い。ただ、義勇の構想を残した図面や事業計画書はまだあるとも云われ、もし発見された

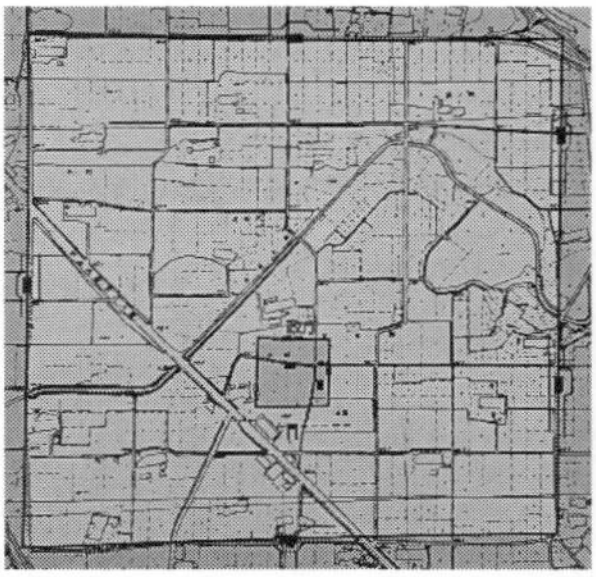

胆沢城

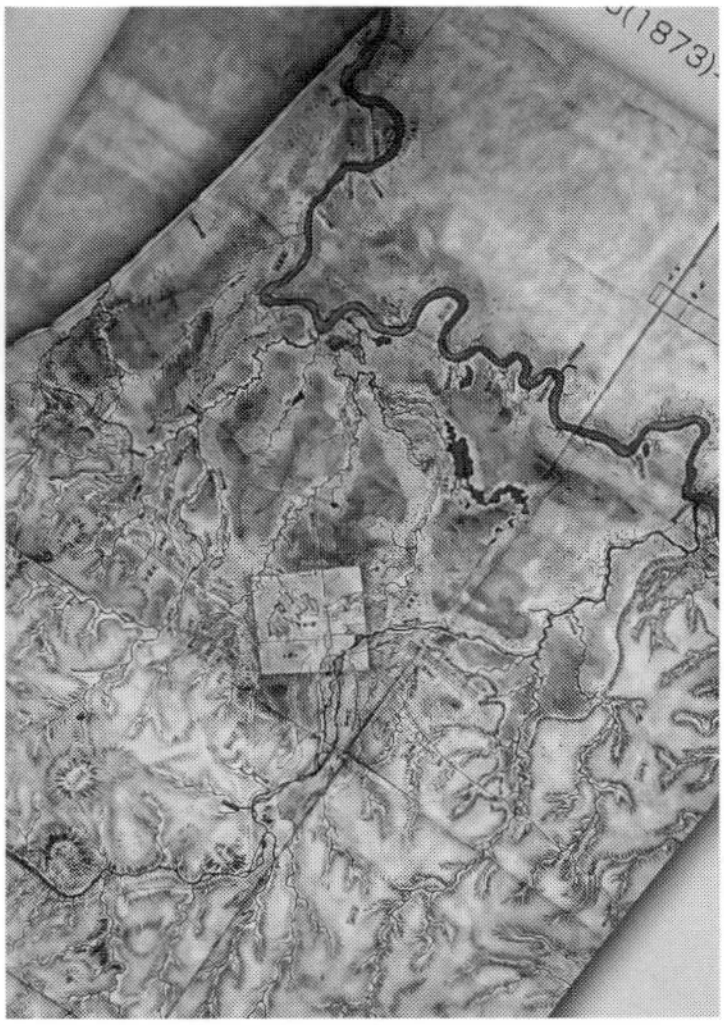

「明治六年の札幌郡西部図」
北に石狩川と石狩湾。中央の正方形が行政上の本府。
（札幌公文書館で著者撮影）

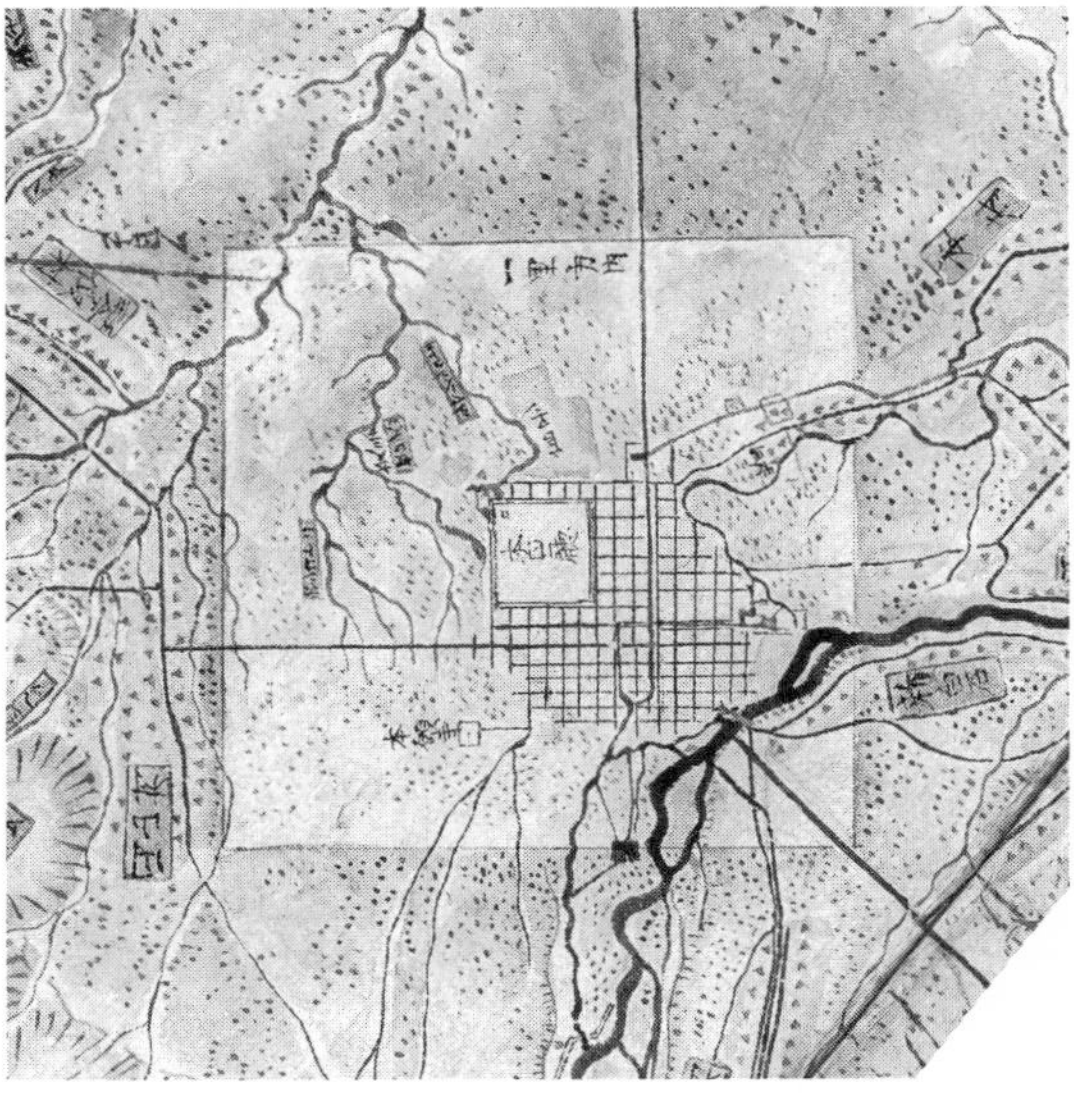

拡大すると、中央に現在の道庁が位置する岩村の構想した本府が置かれている。
これを政庁、正方形の線を外郭とすると城柵に見え、胆沢城と構造が似ているのがわかる。

場合、何かしらの解明につながるだろう。

八　西郷の鎮台設置計画

明治二年七月、開拓使が設立された時、北海道内の軍事力として、わずかに箱館府兵一中隊を引き継ぐのみだった。同年八月、府兵はフランス式の函衛隊と改称され、総員一七四名となるが、函館港のみの防衛力にしか過ぎない。

石狩に本府が設置され、より一層の防備の必要に迫られる。義勇の解任後の明治三年十月、開拓使は太政官に要請をした。

「**札幌郡へ常備兵一小隊兵部省ヨリ被差出、開拓使得指揮候様御沙汰有之度、且軍艦式艘為海防平常北海道全島樺太ニ懸ケ廻航致シ、開拓之援備ニ相成候様仕度事**」と書簡を出す。だが、明治四年一月、太政官から「**手薄ニ候節ハ近傍諸藩へ出兵可申付**」（開拓使日誌）と達しがきた。すなわち、札幌に常備兵の設置は許可しなかった。理由が二つあり、財政上の余裕がないこと、海外諸国からロシアへの攻撃の野心があると疑われるのを避けるためである。海外諸国とは、主にイギリスとロシアだろう。

しかし、政府の政策は一枚岩ではない。明治四年七月、北方の警備を憂う薩摩藩の西郷隆盛は、桐野利秋陸軍少将に指示を出し、札幌の警備状況を視察させる。九月六日付、「**村地御見分ニ付、権之丞御案内ニ被仰付、マクマ井ヨリ川西炭小屋ニテ御弁当、同七日山岸ヨリコトニ迄御案内致ス**」と、桐野の記述である。川西は札幌の豊平川の西側を指す山鼻南部、山岸は藻岩山麓の旭ケ丘である。

桐野は、真駒内、山鼻南部、琴似を歩き回った結果、真駒内に鎮台を設置する計画を立てた。九州の鎮台は熊本城を使用したが、北海道の鎮台は、新たに構築しなくてはいけなかった。桐野がどのような鎮台を構想したかは興味深い。西郷は自ら鎮台長として、北海道に移住する覚悟だった。だが、新政府は、鎮台の設置場所を、東京・大阪・東北・九州の四か所に限定して、北海道は見送った。ただし、桐野に選定された山鼻と琴似は、四年後に黒田清隆の主導で、屯田兵の移住先となる。

明治四年七月の廃藩置県後、明治四年十一月、岩倉・大久保・木戸ら岩倉使節団が欧米に出発する。明治五年二月、残された人員で構成された「留守政府」は、兵制を整備し、兵部省を分離して陸軍省と海軍省を設立した。

明治五年七月、西郷は再び札幌に鎮台設置を計画する。西郷自身が札幌鎮台に、篠原国幹《くにもと》を樺太分営に着任させたいと、黒田開拓使次官に申し出る。同年十一月、西郷は帰郷し、鹿児島から開墾用具として斧・鋸など携帯し、さらに具体性を持って政府首脳に訴えてきた。これらの行為は、直ぐにでも移住をするとの西郷の意志表示だが、黒田は大久保らが留守であることを理由に、許可を与えなかった。

西郷は、直正と同じく樺太出兵を訴えていた。そうなると、札幌に軍事拠点を設置することは必須となる。

この様に、義勇の本府建設が中止と決まると、今度は西郷が率いる薩

桐野利秋（一八三九～七七年）
西南戦争では、西郷の参謀として戦う。城山で戦死。　（国立国会図書館所蔵）

摩藩系の北海道鎮台計画が持ち上がった。だが北海道の計画が御破算となると、次に西郷は征韓論に傾倒していく。西郷の鎮台計画は、丁度、岩村通俊が本府を建設している時期に、平行して提出された。言い換えれば、西郷らは岩村判官の本府構想を認めていなかったといえる。この事からも、岩村の本府は、海外からの防御や派兵の軍事的要素は、二の次だった。明治六年七月、黒田と論争となり岩村は開拓使を去った。黒田は西郷に尊敬の念を抱いており、征韓論者に擁立された西郷に北海道屯田兵創設を任せ、朝鮮半島問題から西郷を遠ざけようとする。同年九月、黒田は樺太出兵論を唱え、自説を曲げてでも西郷を守ろうとするが、十月の「明治六年の政変」で、西郷一派は敗れ下野した。

明治七年、太政官に提出した黒田の案が採用され、「屯田兵例則」が定まる。そして、明治八年五月、琴似に屯田兵の入植が始まった。琴似は、外国軍が上陸すると仮定された石狩湾と本府の中間に位置する。ここで初めて札幌に、本府を防御する部隊が設置された。

九　北方アジアの拠点

佐賀藩の直正にとり、沿海州やカムチャツカの一部を含むアイヌの生活圏は、日本の影響下である。義勇の構想した本府は、その影響下にある広範囲な領域を管轄する、政治と軍事の一大拠点だった。ロシアが進出するまで、北方アジアに国境という概念は無く、ただぼんやりとした大まかな領域だった。

サッポロに本府を置いた時は、樺太にまで、小規模の紛争が頻発し回数も増え、樺太の領有すらも怪しくなる。まずそこから解決をしなくてはいけない。直正は、早急な樺太派兵を主張し、ロシアとの長年に抱えていた問題を解決しようとした。もしかしたら、本府の建設途中にでも紛争が拡大し、意に反して突如と本格的な全面戦争となるかもしれない。義勇の構想した本府は、その流れにあった。

後述となるが、北方アジアの大久保の政策は、日本は大きくロシアに妥協し、広範囲なアイヌの生活圏を見放す方針をとる。だから、黒田のアイヌ対策が、アイヌに心ない扱いに受け止められるのが多かったのは、ある意味、当然だったかもしれない。

十　義勇が解任されなかったら

義勇が本府建設をそのまま継続していたら、どのようなことが予想されたか。

ロシアは警戒し、その本府に対抗するため、シベリアか樺太に本格的な軍事拠点を設けるだろう。そうなると、欧米諸国は、近いうちに北方アジアの覇権をめぐり、日本とロシアとで戦争状態になると憶測するはずだ。戦端が開かれたら、情勢は混沌し、最終的な結果は誰も予想がつかない。もし北海道の一部、ましてや全島でもロシアに領有されれば、イギリスは、今までのロシアの南下に対抗してきた政策を、根幹から変更をしなくてはいけなくなる。また函館港をアジア貿易の拠点として、また北海道の埋蔵されている石炭に関心を持つ米国も、同じく大きく変更を迫られる。だから、特にイギリス政府は、自国の海軍から沿海州や樺太南部のロシア軍の動向、さらに外務省からロシア政府の意向など、各情報を収集しながら、パークス駐日公使を通して、義勇による本府の建設に圧力をかけて来たのだ。

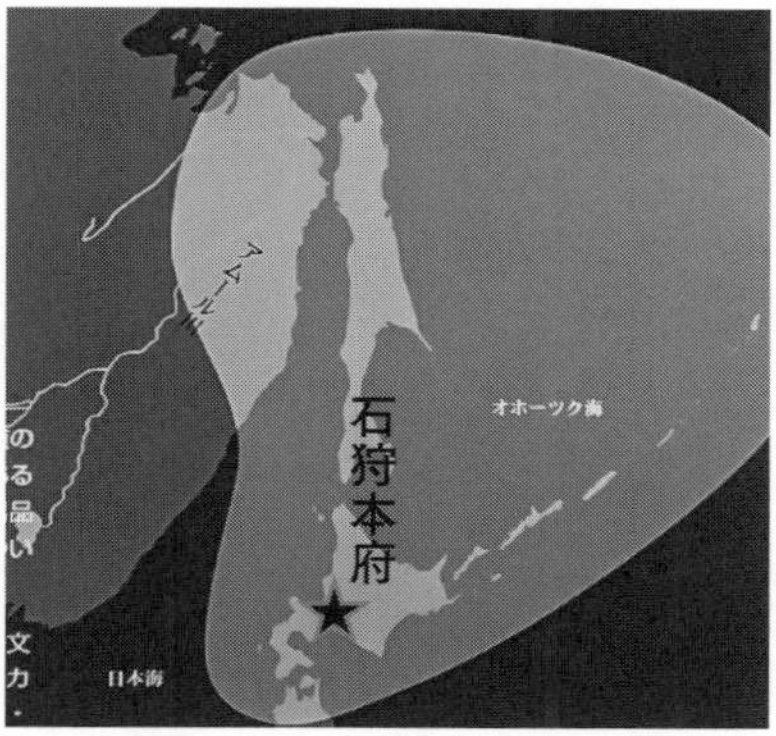

北東アジアでの、アイヌの生活圏

第三一章　義勇解任に関する総括

明治二年五月、箱館戦争が終結し戊辰戦争は終わった。その後、開拓使が設立される七月上旬から、義勇が首席判官を解任される明治三年一月までの義勇の動向を、日付順に簡略化してみた。すなわち、サッポロに本府を設置する直前からだ。この流れを見ると、当時の中央政府の政情も浮き上がって見えてくる。

①　明治二年七月八日、開拓使が設置。

②　七月十三日、鍋島直正が長官に就任。

③　七月二二日、島義勇が首席判官に就任する。

④　七月二三日、清水谷公考が次官に就任。直正の主導で、対ロシア強硬派で人事を固めた。長官と次官の石狩への赴任が決定し、それにともない、長官らが常駐する本府の設置目的で、義勇の石狩出張（派遣）も決まる。

⑤　七月二四日、樺太在住の権判官岡本監輔が上京する。戊辰戦争で混乱している隙をついて、ロシアが軍隊を派遣し、本格的に樺太全島の領有化を試みる「樺太函泊事件」を、新政府に報告した。

⑥　情報を初めて知った政府は、驚愕する。即座にロシアへの対応を迫られ、樺太への派兵の方針に向かう。この問題は、欧米諸国も強く関心を持っていた。

⑦　八月になり、駐日公使パークスは、イギリス政府からの複数情報を示し、政府に樺太放棄を忠告してく

る。理由として、樺太でロシアと戦争となると、北海道の確保も危うくなると知らされ、政府は動揺する。そして、パークスは、政府にイギリスの国家戦略の一端を担って欲しいと願望を訴える。なぜなら、もし北海道がロシア領となれば、ロシアの南下政策に対向するイギリスの国家戦略を根本的に見直さなければいけなくなるからだ。パークスの意見を否定する鍋島直正の対ロシア強硬派と、支持する大久保利通一派の対ロシア融和派で、政争となった。岩倉は、本音は直正を支持していたが、立場上板挟みになる。

⑧八月九日以降、パークスを含めた複数の協議が開かれ、政府の政策が大きく揺れ動く。それにともない、義勇の方針も影響を受けた。直正は激務から持病が悪化すると、融和派が優位になり、樺太への派兵はひとまず中止となる。

⑨八月十一日、長官と次官の石狩への赴任が取消され、義勇の石狩出張も中止となる。

⑩八月十三日、しかし、岩倉が開拓事業は、直正に任せたいと本音を漏らす。

⑪八月十五日、政府は、パークスに樺太派兵を断念した旨を伝えたが、樺太放棄は否定する。

⑫八月十六日、大久保は、開拓使内部に「樺太問題プロジェクトチーム」を作り、チームの伊藤博文と大隈重信が、直正の主導した開拓使人事を切り崩していく。直正が大納言となり長官を辞した形となる。

⑬八月二一日、長官に強硬派の沢宣嘉、次官に融和派の黒田清隆に決まるが、反対が多く中止。次期長官人事をめぐり大混乱となった。

⑭八月二四日、大久保は岩倉に、長官人事に東久世通禧を薦めてきた。東久世は、伊藤博文からの紹介。

⑮八月二五日、長官に融和派の支持を受け東久世が就任。しかし、義勇は政府の動向に対し意に介さない。軟弱外交に反感を抱く国民感情もあり、政府内で強硬派が徐々に押し返す。

⑯　九月五日、義勇は、石狩出張の再開を太政官に申し入れ、許可される。
⑰　九月十二日、清水谷が次官を解任。開拓使は、融和派の東久世長官と強硬派の島首席判官の体制でスタートする。東京から現地に向かう開拓使役人は、緊急事態時に、ロシアと短期戦を決意する意志を述べ、政府に本格的な戦争の準備を要請する。だが、太政官は開拓使による戦闘行為を禁じる。
⑱　九月二一日、義勇や東久世らは、船で北海道の箱館に向かう。到着後、箱館は函館に名称を変える。
⑲　十月一日、義勇は、函館から石狩のサッポロに向かう。東久世は、義勇に予算を与え、実質その行動を認めている。
⑳　十一月十日（太陽暦で十二月十二日）、サッポロに着くと開府を宣言し、春を待たず直ぐに建設を開始した。義勇は、兵部省の兵糧攻めに合い、食糧難と資金不足に悩まされ、東京在住の松浦武四郎に助けを求める。解決方法として、義勇の管轄内の場所請負制を廃止し、開拓使役人になった請負商人から食料を徴集した。開拓使函館出張所から多くの苦情を向けられるが、義勇は本府の建設事業を縮小・中止をしない。
㉑　明治三年一月、函館出張所の東久世が上京し、政府へ、義勇へ資金補充するか、あるいは解任するかを求めた。その後、義勇は上京して、意見を述べる。義勇の解任が決まる。
㉒　明治三年二月、東久世は、ロシアが絡むので、樺太を開拓使から外務省管轄への移行を述べた。樺太を専務とする樺太開拓使が設立。三月、松浦は東久世を非難し辞職した。
㉓　明治三年四月、樺太から強硬派の丸山作楽が上京し、政府から意見を聞かれた。その後、強硬派が巻き返しを試みるが、徐々に圧されていく。五月、黒田清隆が開拓次官となり、樺太専務となる。

㉔　明治三年七月、丸山は解任され、八月、黒田の樺太出張が決まり、樺太放棄の方向に決まる。

①から㉔までの流れは、連続している。本府を設置・建設をして解任される義勇の行動は、北海道内の事情ではなく、やはり中央政府の動向に大きく左右されたと考えるべきだろう。

明治四年七月、西郷隆盛が率いる薩摩士族の桐野利秋が、鎮台を作ろうと札幌に来て真駒内に決定する。だが、政府は認めなかった。

義勇は、明治三年四月に大学少監、さらに侍従を務めるが、ここでも、政府内の政争の影響を受け、辞職を繰り返す。明治五年一月、初代権令（知事）として秋田県に向かう。八郎潟を対ロシアの拠点にと大改造計画を立てるが、約三ケ月で解任された。その後、義勇は官職から離れる。㉔以降も、今までの一連の流れを引き継いでいる。

新政府の最初の方向転換のきっかけとなった「樺太函泊事件」が起きたのは、ロシア政府が戊辰戦争の混乱に乗じた以外に、アラスカ売却で資金が潤沢になったからだ。だが、それ以上に、これから開拓使が設立されることへの対向意識もあったかもしれない。

イギリスのパークス駐日公使は、樺太を含め、アイヌの生活（経済）圏である北方アジアの領有を目標とする「義勇による石狩本府設置」に反対する。そして、大久保はその意向に沿い政策を遂行していく。

明治四年一月、直正は病死。その一ケ月後、丸山は、政府転覆の反乱罪で逮捕され終身刑となる。二年後の「明治六年の政変」で、強硬派は徹底的に潰され、西郷や佐賀士族の江藤らが政府から追い出され下野した。その直後に勃発した「佐賀の乱」で、義勇と江藤は梟首、連続して起きた「西南戦争」で、西郷は自刃、桐野は戦死する。大久保が主導する融和派により強硬派は壊滅した。

Ⅵ　消滅する佐賀士族

第三章　政府を動かす佐賀士族

一　留守政府とは

西郷を頭に活躍

明治四年七月、廃藩置県となり中央集権国家が生まれた。その廃藩置県へ不満を感じる士族らの大きな反乱が勃発しないのを確認した後、直ぐに、岩倉具視、大久保利通、木戸孝允、伊藤博文ら「岩倉使節団」が、欧米に視察に出かける。

明治維新と戊辰戦争で功績が大きかった薩長の大久保と西郷そして木戸がリードしてきた新政府だが、その留守を佐賀と土佐の士族に任された。明治四年から明治六年にかけての「留守政府」は、太政大臣三条実美を筆頭に構成され、副島種臣外務卿以外に、参議でも、江藤新平、大隈重信、大木喬任《たかとう》と、半分は佐賀藩出身者で固められる。他に土佐士族の板垣退助と長州士族の井上馨がおり、西郷がまとめ役だ。実質、佐賀士族が主体の政府といえよう。

留守政府は、岩倉使節団が帰国するまで、今までの国の政策を大きく変えないことを約束したが、欧米諸国との条約改定のため、必須とされる国内の大改革に着手していく。そして、地租改正・貨幣制度・徴兵制・郵便制度・学制や太陽暦の採用などを断行した。外交では、「日清修好条規」で中国と対等条約を結び、遊女を含む「人身売買禁止令」を出して、人道的観点から国際的に信用をつけることに成功する。留守政府は、今までの封建制度やその風習を廃止して最大級の改革を次々と進めて行った。

明治四年に文部省が設立され、初代文部卿に大木が、文部大輔に江藤が着任する。「国民皆学」としてフランスの教育制度を手本として、全国民が義務教育を受けられるようにした。義務教育の開始は、世界で最も早い類に入る。江藤が学校制度の法律を整備し、その制度を大木が引き継ぐ。近代日本の学校教育制度は、佐賀藩の教育改革の体現化といえた。

軍事・政治を掌握した薩長の士族と比べ、企画力や論理的な思考を持つ佐賀士族は、法制類の知識が豊富で、司法・文部・大蔵・外交などの国内の制度や組織を築き上げ整備していった。

留守政府の最大の功績者は、三九歳と大久保より四歳年少の江藤新平だ。江藤だけは、代わりを演じる人材が見当たらないと高く評価している歴史家もいる。それだけ、個性が光っていた人物だった。

留守政府は、その江藤が率いる佐賀士族らが、理想を求め自らの考えで国家の基盤を作り上げた時期といえる。もちろん、このように自由に行動が出来たのも、背後に西郷の存在があったからだ。

明治四年に副島種臣が外務卿となると、新しい日本の外交を模索し始める。その中で、「マリア・ルーズ号事件」が発生した。ペルー国籍の船で奴隷として運ばれていた中国人苦力《クーリー》が横浜に入港中、脱走して助けを求める。ペルー国とトラブルを避けるべきとの意見もあったが、副島が船長を日本の裁判にかけ、二二九人の中国人を母国に返した。この事件を通し、日本の人道的な行為は国際的に認められていく。ペルー国が、日本の不当性を訴え賠償金要求をするが、断固として拒否をした。その他、清国と「日清修好条規」を結び、お互い対等な条約を成功させる。この条約は、中国の朝貢体制を否定する条約で、さらに欧米諸国を介入させないアジアでは画期的な事項だった。
＊明治二年六月の版籍奉還以降、武士階級を士族と呼ぶ。

留守政府の仮題

国内では、廃藩置県や地租改正により、数百年に及び構築されてきた封建制が破壊され、国家レベルで至急に新たなシステムが求められた。だが、士族や農民らの反発を受ける可能性もある。確かに、政府内で、汚職事件や不正が立て続きに起き、多くの民衆から不満が上がっていた。

外交は、ロシアに樺太を含めた朝鮮半島問題、清国に台湾問題を抱え、大きな懸案が起こる。最初に、朝鮮半島問題で「征韓論」が沸き上がり、帰国した岩倉使節団と政策が真二つに分かれてしまった。では、その岩倉使節団とは、どのような実態だったのか？

西郷隆盛（一八二八～七七年）
大久保利通と並ぶ薩摩藩士のリーダー。大久保と政策が異なった。
（国立国会図書館所蔵）

失敗していた岩倉使節団

岩倉使節団は、明治四年十一月から明治六年九月（新暦）まで約二年間、欧米諸国に派遣された使節団だ。

元々は、大隈が発想し結成した使節団だった。だが、大久保は薩長閥の政権固めのため、岩倉をトップとした大規模な使節団にする。また、岩倉も三条実美への対抗意識もあり、この再結成を歓迎した。三条は名門藤原の流れを組む上級公家であるのに対し、岩倉は村上源氏の流れの下級公家だ。最初の岩倉の政治活動の動機は、藤原家優位の摂関政治の打破だった。

教科書的に、使節団の目的は、「海外情勢を直に体験し見聞を深めるため」と書かれている。しかし、本当の目的は、幕府が外国と結んだ不平等条約の解消だった。まず訪米から開始する。だが、対米条約の交渉中に、伊藤博文が軽率な行動を取り出鼻をくじかれた。同じ長州藩出身の木戸孝允が、伊藤の西洋知識が軽薄であると激しく叱責したらしい。

木戸は、幕末の桂小五郎時代から些細な事まで小言を言い、やや神経症的な性格だった。禁門の変での逃亡時、早くも武士を棄て商人となり、世捨人同然の状態で但馬の出石に潜伏していた。妻となる幾松が迎えに行き説得されて、やっと長州に戻って行く。どっしりと構えた大久保と比べ、部下からの人望は少ない。伊藤は徐々に大久保の配下となっていく。

結果的に使節団の訪問は、欧米諸国から日本の国内の近代化が未熟であることを理由にまともに相手にされなかった。明治六年九月、岩倉使節団を乗せた船が、横浜港に戻って来る。実際、この使節団は外交上大失敗で、帰国後、外務卿の副島や、江藤らに問い詰められる。大隈の仕事を奪ってまでも行った結果が、逆に佐賀士族に頭が上がらなくなるという大誤算となった。

他方、留守政府は使節団に求められていた近代化を、国内で一気に進め成果をあげていた。特に法体制の整備や司法制度の樹立は、一番の緊急性を求められていた。その総責任者が、フランスの法律を導入した江藤である。教育も、文部省はフランスの流儀に倣う。確かに、これらの分野は、佐賀士族は得意とした。反面、政府内では、長州系官吏の汚職事件が続き、江藤らに徹底的に問い詰められていく。

今まで戊辰戦争の功績で主導権を握っていた薩長閥は、民衆からも大きく信用を落としてしまい、消散の危機へ向かった。この時、留守政府を動かしている佐賀士族を、異常なくらい憎み、復讐心に燃えたのが、帰国したばかりの大久保利通だ。では、江藤新平とは、どのような人物だったのか。

二　江藤新平とは

義勇より、十二歳年下である。義勇も参加した「義祭同盟」に加入し、文久二年（一八六二）に脱藩をするが、直正の判断で無期謹慎だけで済んだ。明治維新を向かえ佐賀藩士の一番のリーダー格となる。大久保の大坂遷都案を否定し、江戸に都を移すのを進言したのは江藤である。明治四年、岩倉に答申書を提出し、新たな中央政権国家を、「法治国家」にしようと試みた。フランス法制度を見本に、全国民の平等を説き人権という言葉の意味を、初めて日本人に根付かそうとする。現在でも通じる、行政権と同じ権限の司法権を持つ、英仏をモデルとした三権分立の国家を目指した。進歩的な「五箇条のご誓文」を起草した土佐士族の福岡孝弟《たかちか》が、江藤の補佐役をする。明治五年、初代司法卿になると、早速、差別問題の解消や人身売買で成り立つ「芸娼妓解放令」の制定に務める。また全国に裁判所を設置するなど、行政訴訟を含め誰でも公平に裁判が行われるように司法制度も整え、官権万能を否定した。すなわち、官吏より権利が侵害された場合でも、民衆は裁判所に出訴して政府に救済を求められる内容に整備する。古来の日本の風習である官尊民卑を真っ向から否定した。これらの業績から、近代司法制度の父と呼ばれる。「人民の安寧《あんねい》と富裕こそが国家富強の根源である」と、弁舌さわやかに述べる江藤の演説は、多くの人々を惹きつけ、そして誰にも負けなかった。

しかし、新たに権力を握った人物の中には、利権を貪ろうとする輩《やから》も現れる。岩倉使節団の大久保や木戸が不在中、井上馨《かおる》が「今清盛」と言われるほど権勢をふるう。特に長州藩出身者は、幕末から藩の公金を私物化する風潮があった。江藤は、井上が起こす「尾去沢銅山汚職事件」や、同じ藩出身の山縣有朋の「山城屋事件」に激しく追及を加え、二人を辞任に追い込ませる。司法の独立と権威を示すべく動いていった。長州系官吏は、まさに江藤の餌食となる。

対外的には、清国・朝鮮と連合して、傍若無人な欧米諸国を排除しようとする「大アジア主義」*を唱えた。攘夷思想の範疇をアジア全体として見据え、そのためには欧米諸国ともやり合う覚悟でいた。この思想は、藩主の直正から引き継ぎ、北海道開拓では義勇であり、樺太買収計画で副島、朝鮮半島問題で江藤が携わることとなる。首尾一貫し、私利私欲無く理想を貫く江藤の姿は、佐賀人そのものだった。その姿に、西郷隆盛が、人間としても魅力を感じ、その宿願を実現させようと支えていく。

＊日清戦争以降の「アジア主義」は、本来のアジアとの平和協調路線とは全く反対のものになる。

江藤新平（一八三四〜七四年）
（国立国会図書館所蔵）

第三章　長州出身官吏らの汚職事件

長州系官吏による不正や汚職事件が次々と表沙汰となり、明治政府（新政府）の信用を一気に落としてしまう。江藤は、これを機会に今まで政府の主導権を握っていた薩長閥を、刺し違える覚悟で潰そうと試みる。

＊明治四年七月の廃藩置県より、新政府の呼称を明治政府とする。

一　山城屋事件

山城屋和助（本名野村三千三《みちぞう》）は、幕末に山縣有朋が総監を勤めていた奇兵隊の幹部で、戊辰戦争で活躍をする。明治維新後、山縣の縁故で兵部省の御用商人「山城屋」となった。その後、兵部省が廃止され陸軍省と海軍省となる。陸軍省内の長州系官吏は、和助から多額の遊興費を引き出していた。その見返りに、山城屋は陸軍省の公金を使い生糸相場に手を出す。しかし、相場が暴落し挽回するため公金を借り続け、挙句の果てに軍予算の一割弱まで達した。起死回生を図り、和助はフランスに渡るが、派手な散財をして、酒池肉林に浸る。さすがに、フランス国内でも有名となり、駐在の鮫島尚信から本国へ伝えられた。

陸軍省内で、徴兵制を主張する山縣に対抗していた薩摩の桐野利秋が問題視する。以前から、桐野は士族を軽んじた軍隊創設に異議を唱えていた。この際、山縣一派追い落としのため、軍隊を率いて山城屋を占領し封鎖しようとする。そのなかで、江藤は、桐野の行為は司法権を無視した軍人の暴走と考え、司法省の捜査に切り替えた。いずれにせよ、打つ手無しの山縣は、和助を呼び返金を迫ったが、そんなお金は到底あるはずもない。明治五年十一月、和助は一切の証拠書類を焼却し、陸軍省役所で割腹自殺を遂げた。この自殺は、急に冷たくなった山縣への抗議も含まれる。江藤から政治生命を奪われそうになった山縣を救ったのは西郷だ。西郷は、山縣の軍政能力を認めており、徴兵制を支持していた。だから、西郷が盲目的に士族温存を計ったというのは通説である。

この事件は、陸軍省会計係監督長の元広島藩士の船越衛が、責任を取り辞任、閉門の処罰を受け終了した。船越のその後の人生である。明治六年、江藤が征韓論の政争で下野した後、大久保が指揮する内務省の戸籍権頭に返り咲いた。そして、内務官僚から千葉県権令（知事）となり、地元の自由民権運動を弾圧する。そして貴族議員、男爵、枢密顧問まで出世した。大久保が、いかに船越に恩を感じていたかが想像できる。

山縣有朋（一八三八〜一九二二年）
陸軍の重鎮から元老として政界を支配した。
（国立国会図書館所蔵）

二　尾去沢銅山汚職事件

井上馨の代表的な汚職事件。明治四年、大蔵省大輔の職にある井上が、優良鉱山を民間人から奪い取り、私服を肥やした事件だ。

岩手の南部藩は、戊辰戦争で降伏後、新政府から軍資金七万両を請求される。藩の御用商人の村井茂兵衛が立て替え、代わりに尾去沢鉱山の経営権を譲り受けた。幕府時代の慣例で、書類上は村井が藩から鉱山を借り経営している形とした。数年後、諸藩の返済処理をしていた大蔵省は、証文を元に村井に返却を求め、払えないとなると鉱山を没収する。結果として村井は破産した。その後、井上は、鉱山を長州藩出身の岡田平蔵に無利子で売却し私物化する。村井は失意の中で亡くなった。この井上の行為は、仮に幕府時代でも厳しく罰せられるほど露骨だった。江藤は、司法大丞兼大検事警保頭の島本仲道に調査させる。土佐士族の島本は、幕末、土佐勤王党に参加し終身刑を宣告された経歴がある頑強な意志を持つ男だ。最終的に井上は辞任した。

井上馨（一八三六〜一九一五年）
三井組の大番頭と言われる。
（国立国会図書館所蔵）

三　小野組転籍事件

明治六年四月、京都の小野組が、東京や神戸に移転のため、京都府に転籍願いを出す。小野組は、大蔵省為替方を任された豪商で、政府の東京遷都に伴い、仕事内容も東京が中心となった。そのため東京への移転は必須である。ただ、京都府から、豪商であるが故に、今まで長く多額の御用金を求められていたのも、もうひとつの移転動機だった。この移転を阻止しようと、京都府大参事の植村正直は、小野組当主を二条城の白洲に呼びムシロに座らせる。そして、理由を言えと転籍を破棄させた。また、今回の移転阻止をさせた理由に、後に三井財閥となる三井組と関係が深い井上馨が、商売仇の小野組の東京進出を阻止させる狙いもあった。植村は、井上の舎弟扱いの元長州藩士だ。

この流れを押し留めようと、司法卿の江藤は、長州系官吏の息のかかっていた京都府に厳しく臨んだ。まず天誅組の生き残りの北畠治房を、京都裁判所の裁判官として送り込み、最終的に京都府に小野組の転籍を命じさせた。最初、京都府は無視を決め込んだが、今度は「拒否の罪」を適応し、植村を逮捕する。

植村のその後の人生である。明治六年の政変で、同じく江藤が下野した後、元老院議官として復活し、男爵として華族となった。

植村正直（一八三四〜九六年）
長州藩郷士の息子として生まれる。
（国立国会図書館所蔵）

＊佐賀士族の人物紹介

大隈重信

大隈は、幕末に蘭学寮の指南役となり、遣米使節として咸臨丸に随行した佐賀藩士らと組み、英語による洋学研究を藩主の直正に進言する。長崎で幕府が設立した「英語伝習所」教授の米国宣教師フルベックを招き、アメリカ合衆国憲法の意義を知る。佐賀藩の政策にも係り、長州藩との協力を訴えたが認められなかった。維新後の新政府への大隈の起用は、直正でなく薩摩藩の小松帯刀《たてわき》の推挙だ。このように他の佐賀藩士と違い、協力者は他藩出身者が多い。明治政府の会計官御用掛から大蔵卿を務め、貨幣制度の改革に力を入れ、政府財政や経済に影響を与えた。直正の開拓長官辞任後、次期長官人事では、強硬派の沢でなく東久世を支持する。薩長閥に近い人物だったが、明治十四年の政変で追放され、早稲田大学の前身の東京専門学校を設立し、後に早稲田大学初代総長を務めた。現在、佐賀の七賢人の中で、最も有名な人物だ。

大隈重信（一八三八〜一九二二年）
（国立国会図書館所蔵）

副島種臣

副島は、義勇が参加する「義祭同盟」を結成した枝吉神陽の弟で、義勇とは従兄弟の関係だ。長崎の致遠館で英語を学ぶが、漢学でも造詣が深かった。慶応三年（一八六七）、大隈と脱藩をして謹慎処分を受ける。明治四年に外務卿となり、新しい日本の外交を模索し、日清修好条規の締結やマリア・ルス号事件を解決していく。清国と交渉する間、清朝高官と詩文交換をして、副島の博学ぶりが高く評価された。樺太問題で、ロシアへの樺太買収政策を模索するが失敗する。明治六年の政変で下野した。その後、政府に対して、江藤らと「民撰議院設立建白書」を提出し、自由民権運動の端緒を開いた。

副島種臣（一八二八〜一九〇五年）
（国立国会図書館所蔵）

第三四章　征韓論をめぐり論争

一　朝鮮半島と樺太

江戸から明治に変わり、新政府は、新生した日本国家を承認して貰うため、李氏朝鮮国王へ修好を求めるが拒否される。当時の朝鮮王朝は、国王の実父である李是応《イハウン》が大院君の称号を得て政治を握り、鎖国攘夷が国是だった。アロー戦争で英仏連合軍が北京を占領し、ロシアが沿海州を領有して朝鮮王朝と国境を接してから、白人に対し強烈な壊夷を推進させる。同時に、大院君は洋化政策をとる日本にも強く反発をし、朝鮮国内の日本人の迫害を始めた。土佐士族の板垣退助が、この行為を国辱と考え、朝鮮へ強硬出兵を唱えた。「征韓論」とは、西郷を使節として朝鮮に渡らせ、交渉が決裂しだい出兵をする政策論だ。大院君相手だと、西郷が殺される可能性もあるが、殺害されることで、十分な派兵理由が出来る。西郷自身は納得済みで、留守政府は〝派遣する〟と決定した。

欧米視察から急遽帰国した岩倉・大久保らが、国内のインフラ整備を先とする内政優先を理由に猛反対をし、西郷の派遣の延期を求める。そのことで、明治政府が大きく二派に分裂した。だが、征韓論の本質は、朝鮮王朝の問題でなく、実はロシア南下政策への対応を巡っての政争だった。今まで、開拓使が係った樺太領有問題と絡めると良く理解できる。

クリミア戦争後、不凍港を求め、東欧で南下を阻止されたロシアは、極東アジアに焦点を定め南下を進めていく。樺太の所有権を巡る争いもその一つだ。開拓使長官の直正らの強硬派は、樺太への派兵要請をするが、大久保一派から拒まれた。

清国から沿海州の割譲に成功し、ウラジオストックに軍事拠点を建設中のロシアは、さらに南下を求め、朝鮮半島も影響下に置こうとするのは、十分に推測できる。そうなれば、北の樺太と西の朝鮮半島が、ロシアの極東アジア戦略の橋頭保となる。同時にこの二か所が、ロシアの軍門に下ることは、日本列島の防衛上、絶対に避ける必要があった。もし許せば、重大な軍事的脅威になる。どうも北の樺太放棄は、避けられそうもない。だから、「征韓論」支持者は、一刻も早く朝鮮半島を日本の影響下に置きたかった。

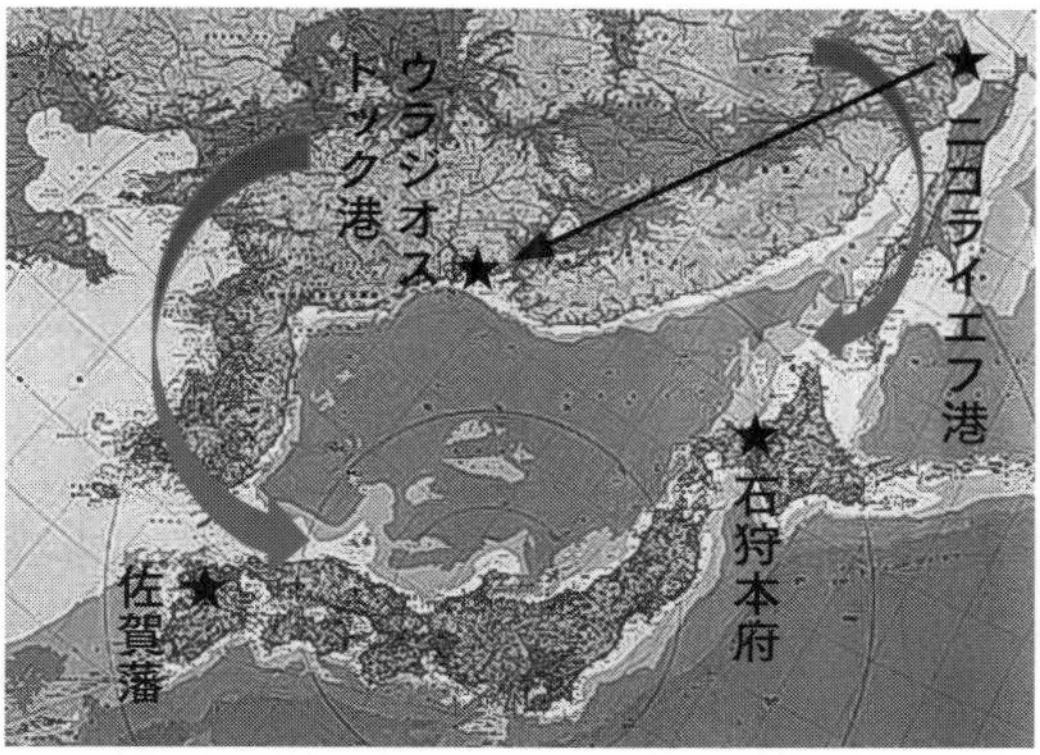

明治初期の予想される二方向からのロシアの侵略。佐賀藩が、対ロシア戦略も考慮して、石狩本府を設置したのが理解できる。

二　樺太問題の行方

留守政府も、引き続き樺太領有問題の解決に向けて動いていた。副島は、駐日フランス公使から、ロシアの財政は厳しく紛争問題になるなら、樺太売却もロシアの選択肢の一つにあることを聞き出した。明治五年から、副島は、駐日ロシア公使のビッツオフと交渉を開始している。まずロシアによる樺太買収計画があるのを知るが、公使から資金に余裕がないことが明かされた。アラスカを買収した米国の前国務長官からも助言を頂き、逆に日本が買収をする案を持ちかける。同郷の大隈重信が大蔵卿で、国庫支出として二〇〇万円を取り付けた。しかし、駐日ロシア公使から、買収される事を認める権限はないと逃げられる。

するとと今度は、駐日ロシア公使から千島列島と樺太の交換を持ちかけてきた。副島の認識では、全千島列島はアイヌの生活圏で、元々日本領土の範疇の認識だ。幕末の日露和親条約で、カムチャツカ半島から南下したロシアと、択捉《えとろふ》島とウルップ島の間で、幕府が妥協し国境線を引いた。副島は、勝手に日本の領土を奪い、その奪った領土を交換に持ち掛ける、その発想自体をナンセンスとした。ロシアがこんなにも強気なのは、大久保や黒田の樺太放棄論が、ロシアに漏れているからだと、憤然たる思いを抱いていた。確かに、ビッツオフは副島に、「買収案は副島個人の意見ではないか、現に政府内に樺太放棄論があり、放棄論の方が優勢となっているのでは」と強く迫る。副島は、「ロシア政府内でも放棄論があるのを聞いている」と言い返したが、この時、絶好の機会を失ってしまった。黒田の樺太放棄が固まるのに反して、樺太現地の開拓使役人から、さらなる強硬な対ロシア政策が政府に提出される。

明治四年（一八七一）一月、長州藩で木戸の次の実力者と言われた広沢真臣《さねおみ》が、東京麹町の自宅で、睡眠中に暗殺された。犯人は解らない。この時期、攘夷派士族による横井小楠、大村益次郎と要人の暗殺が続いていた。そこに、外務権大丞丸山作楽は、丹波の篠山藩士畑経世と組み、反政府運動を企て蜂起する。畑が逮捕され、同年五月に、丸山も勤務中に拘束され免職となる。畑の自白から、丸山自身が大村益次郎らの暗殺に関連したとされた。確かに、丸山は、樺太・朝鮮問題に対し軟弱外交を遂行する政府に、反政府人脈の謀反を目論んでいたらしいが確証はない。大久保らは、横井、大村や広沢らの暗殺事件を利用して、多数の攘夷派志士らを一斉検挙、その際に、丸山を投獄し終身刑にした。

明治六年、ロシア兵が、函泊で起きた火災に便乗して、消火妨害や破壊活動を行う。樺太責任者の黒田は、その事件を解決しなかったばかりか、「明治六年の政変」の一年後、樺太在住の日本人やアイヌに、北海道へ引き揚げを布告する。しかし、この黒田の行動は、政府の「北門鎖鑰《さやく》」の放棄であり、過激な攘夷派士族ばかりか、多くの民衆も納得できずにいた。例えば、豊津藩士川本永頼が自刃するなど、全国に樺太に対する長年に渡る政府の無策への抗議が広まった。

外務省発刊『大日本外交文書』によると、明治初期の樺太の領有をめぐり論争した内容の政府の公式記録はないそうだ。多分、樺太放棄の方針が、攘夷派士族や一般民衆を刺激するのを恐れ、大久保らが焼却した可能性が十分にある。そして、この時の西郷の意見も抹消されてしまった。

三　西郷のロシア戦略

「寺島宗則外務卿関係資料」から、留守政府は以下のように、朝鮮半島情勢を予想していた。四年前に米国にアラスカを売却したことで、ロシアが多額の資金を得て、沿海州のウラジオストックの建設が一気に加速すると警戒する。西郷は、密偵を朝鮮半島や沿海州付近に送り、現地情報を収集した。

一八六〇年代末から、朝鮮王朝で飢饉が発生する。このことで大量の沿海洲への越境者が頻発したが、ロシアは受け入れていた。そして、一万五千人の朝鮮人を使い、樺太への侵略を促し、ウラジオストックも繁栄させ、さらにロシアは、朝鮮半島の進出も試みると推測する。

西郷は、朝鮮半島と樺太の問題を切り離しては考えていない。まず樺太方面を危惧し、明治四年一月、桐野利秋を派遣し、札幌真駒内に鎮台の設置を試みた。今度は、朝鮮半島を危惧し、征韓論を支持する。すなわち、具体的な裏付けから、西郷は樺太と朝鮮の二方面からのロシアの圧力を、地政学的に国家存続の問題と考えた。もし政府が樺太を放棄するなら、朝鮮半島の安定化は、絶対必要条件となる。

旧庄内藩士の酒井玄蕃《げんば》に、西郷の対ロシア政策の具体的な内容が伝えられている。樺太を死守し北海道の防衛のみでは、到底、対抗は出来ない。朝鮮問題を解決して、さらに沿海州まで積極的に進出する。例え朝鮮半島であっても、ロシア軍と対峙し釘づけにすれば、北海道まで手を回せない、そうすることで防衛しない限り北海道の確保を続けるのは難しいだろう。もし戦争になれば、失業士族には命をかけて戦って貰う。西郷は、樺太の局地紛争にこだわるより、朝鮮半島を優先とした方が、抜本的な解決策になると考え始める。将来の対ロシア戦に備え、鹿児島に私学校を設立し不平士族を統率する。だが、この命を捨てる覚悟の士族たちは、明治十年に勃発した西南戦争で、大久保によりことごとく壊滅させられるのだ。

四　琉球漂流民遭難事件

明治四年十一月、「琉球漂流民遭難事件」が発生する。当時の琉球王国の宮古島の船が台湾近海で遭難し、台湾に漂着した六六人のうち五四人が原住民に殺害された。

琉球王国は、一六〇九年に薩摩藩に攻められ、日本の幕藩体制に組み込まれたが、清国に朝貢もする冊封関係で結ばれていた。江戸時代は、日本と中国の両国の影響下にあった。沖縄諸島は、幕府がロシア人と混在を認めた樺太島と状況が似ていた。

明治政府は、この際、琉球王国と清国との関係を清算すべきと考える。この事件から、琉球を管轄していた鹿児島県参事の大山綱吉が、台湾への派兵を要請する。「征台論」である。これは西郷が率いる薩摩一派の考えだ。台湾に影響を及ぼす清国は朝鮮王国の宗主国でもある。

政府には、清国との条約締結は最優先事項の一つだった。まず副島が、特命全権公使として北京に赴く。副島は朝貢される国の使者がする礼を、あえて拒んだ。そして、近代国家が双方にする対等な立礼で臨んでいく。この行為は、古代から渡る日本と中国との関係から見ると、画期的な事項だ。また副島の中国古典や詩文に関する教養は、清国の高官の尊敬を受けた。

明治六年四月、批准書交換がされ「日清修好条規」が発効した。お互い欧米諸国から押し付けられた不平等条約を認め合う内容だ。そのため、欧米諸国から、日清軍事協定の密約もあるのではと疑惑を持たれ、特にイギリスは、留守政府に横槍を入れる。ともかく、清国と友好関係に成功した副島は、征韓論で、次に朝鮮半島問題も解決しようと、西郷と同じく使節として訪朝を要請した。

国内では、同年一月の徴兵制の導入により、さらに士族らの政府への不満が高まってきた。早急に士族らに活躍の場を与えなければいけない。このことも考慮し、一般人でなく、士族又は元薩摩藩兵中心の軍隊で朝鮮や台湾の征討が検討される。

同年八月十七日の閣議で西郷の朝鮮王朝への遣使が決定した。ただ派遣の時期など詳細はまだ未定だ。留守政府の最高責任者の三条実美は、もう征韓論を抑えることが出来ない。明治天皇の「岩倉の帰国を待ってから」の意見を盾に、何とか派遣の延期に成功した。

第三五章　明治六年の政変

一　大久保の巻き返し

明治六年九月、岩倉使節団を乗せた船が横浜港に着いた。

この時、連続した汚職問題で江藤に厳しく追及されていた山縣や井上が辞任、長州を代表する木戸の信用が一気に低下していた。岩倉使節団の外遊中、木戸から大久保に乗り換えた伊藤博文が、この危機感から大久保の参議への復帰を政府に働きかける。同年十月、大久保が参議に復帰する。木戸も、郷党の救済が何よりも優先された。大久保、木戸、伊藤らは、不正を容赦なく裁く裁判所と司法省を抑え込もうとする。そして、その元締めの江藤の排除へ向かった。

プロイセン王国は、ビスマルク宰相の強力な指導力の下、ドイツ統一に向けて動き始める。プロイセン王国は、植民地が無いにもかかわらず、官僚機構を活用して近代的軍事国家へ成長していった。ビスマルクは普仏戦争も勝ち抜き、植民地を有するフランスを打倒する。岩倉使節団に参加した大久保は、植民地のない明治政府をこのプロイセン王国をモデルにして、新しい日本を模索し始める。また、ビスマルクの軍事主導的な手法に武士らしさを感じていた。

同年十一月、内務省を設立後、警察行政と地方行政を掌握し、自ら初代内務卿となった。旧藩主層を反対派に回さないように、島津久光を内閣顧問に任じる。そして内務省を頂点とした官僚機構を構築していく。

この時、組み立てられた官僚組織は、伊藤により実地される文官試験制度を経て、全国から集められた優秀な人材で構成された。この機構は、太平洋戦争敗戦後でも解体されず、現在も続く強い行政権限を持つ「霞ヶ関官僚システム」へと続いていく。

この官僚組織の立案者の大久保に唯一対抗できるのが、三権分立国家を立案し奔走していた江藤だった。二人の目指す国家像も、ドイツと英仏と、その国民性も異なっている。

岩倉使節団の最大目的は、幕府が締結した不平等条約の相手国を表敬訪問して条約を是正することだ。準備をしていた大隈の使節団を横取りしてまで交渉したが、収穫無く、江藤らに猛烈に非難される。もし、征韓論が認められ、西郷の生死は関係なしに、これ以上、留守政府が成功を収めたら、もう大久保らの出る幕はなくなる。そうなれば、佐賀人脈が半永久的に明治政府の主導権を握り、今までの薩長閥を追い出すことになる。

二　佐賀への私怨

この佐賀士族らに、大久保は、遺書まで書き立ち向かう決意を固める。それに加え、佐賀士族らに個人的な恨みも抱き始める。自分の外遊中に、約束を破り自ら主導してきた明治政府を勝手に掻き回した。それよりも、大久保が絶対に許せなかったのは、最大の盟友の西郷を留守中に捕られ、決別させられたことだ。すなわち、江藤の巧みな口車に上手く乗せられ、強固な薩摩閥が二つに分裂させられたと憤慨する。

大久保は、欧米諸国より短期間で工業化社会を実現するには、多種多様の意見を聞いて調整する国家では無理と考えていた。佐賀士族が掲げた人権重視する議会中心のリベラルな国家や、西郷が求めた「東洋的な道徳国家」も虚像と考える。ヨーロッパ諸国に対し、西郷の理想とする道義が支配する国家が幻想なのは、アヘン戦争をみても明らかだった。さらに、最も危惧したのは、もし江藤が主張する議会主義をそのまま認めたら、世情におされ明治政府そのものが転覆し、旧幕府勢力ら他の政権に取って代わる可能性だ。岩倉とクーデターを起こし、力ずくで政権を奪い取った薩長閥にとり、これは一番の恐怖である。

大久保の感情の根底にあるのは、幕末の動乱で薩摩藩が存亡をかけ、必死に戦っている時、何を考えているのか分らない佐賀藩主直正と、江戸城無血開城まで無傷だった佐賀藩兵の日和見な振る舞いへの反発があった。大久保は、あくまでも現実主義者である。寡黙だが、自分の主張を通す時は、テコでも動かない。そして、大久保は、江藤を恐れを知らない理想論だけ述べる口達者な奴、佐賀の連中は、先に汚い仕事を薩長にやらせ、最後に功績を根こそぎ奪っていく輩《やから》と見極める。結局、佐賀士族の存在自体に、被害妄想じみた怨嗟と敵意を煮えたぎらせた。挙句の果て、「初めから薩長を語る資格はなし」と本音がむき出しとなり、壊滅させる覚悟を決める。

大久保の決意に伊藤博文が追従した。伊藤は、まず岩倉を軸にして、大久保と木戸を和解させる。他方で大久保と西郷の両者の受けが良い黒田清隆を加担させ、西郷と江藤を切り離す。その結果、江藤を孤立させ排除する政略を立てた。伊藤の江藤を追放させた振舞いは、後まで大きく政治に影響したと思われる。なぜなら、伊藤は初代内閣総理大臣、補佐した黒田は二代目内閣総理大臣となるからだ。

三　分裂する明治政府

征韓論を巡り、西郷を支持する江藤、板垣、後藤と、大久保を支持する岩倉、木戸、伊藤で、明治政府は二派に分裂する。しかし、この政争は、朝鮮半島派兵の有無を問うレベルではない。すなわち、これからの明治政府を、大久保が立案する官僚機構が指導権を持つ国家にするのか、江藤が立案する国民の人権を基本とする三権分立を重視した国家にするのかの問題だった。まさしく、日本の将来の国家形態を決定する大きな国策論争だった。この政争に、西郷は江藤に引き込まれる。だが、結束すべき佐賀士族は分裂した。本来は、大隈はフルベッキの教えから、米国の共和制や自由民権思想に親近感があったはずだ。だが、この政争では、大久保・伊藤の方に加担する。政府が、西郷に朝鮮派遣使節を許可して半月後、樺太領有問題を扱う開拓次官の黒田が、西郷に樺太への派兵を建言する。今までの樺太放棄論を捨て、樺太派兵論を訴えた。西郷は、明治六年九月二日付の手紙に「貴殿提案の樺太出兵が認められるならば、朝鮮問題から振り替えたい」と書き、考え直すことにする。これは、朝鮮への関心を反らさせるための黒田の苦渋の策と言えるが、やがて西郷は大久保の罠と受け取る。元々軍人思考の黒田は、本音と建て前で板挟みになっていた。

明治六年十月十四日、とうとう問題の閣議が開かれ、懸案の朝鮮使節派遣が審議された。出席者は、太政大臣三条実美、右大臣岩倉具視、参議の西郷隆盛、板垣退助、大隈重信、後藤象二郎、江藤新平、大木喬任、大久保利通、副島種臣の十名だ。木戸孝允は病欠した。差し詰め、薩摩は二人、佐賀は四人と佐賀を支持する土佐が二人だ。

まず岩倉は、閣議で西郷の派遣の延期を主張する。だが、西郷が下野を覚悟しているのを察した三条や岩倉は、使節派遣を認める方向を示し始めた。西郷とその背景にある兵士の圧力を恐れたのだ。

流れを変えるため、大久保は、朝鮮への使節派遣を認めると必ず戦争が勃発すると論じた。だが、納得させるだけの根拠は提示出来ない。事実、副島は、宮古島島民遭難事件の交渉で、清国の北京に特命全権公使として派遣され、大きな成果を上げている。閣議における大久保の論理の乱れを指摘したのは、やはり江藤だった。江藤は得意とする論説を並べ、大久保の主張を次から次へと論破していく。その後、何度も閣議が繰り返されるが、佐賀士族らの意見が優勢であるのは揺るがない。

『大久保日記』から、この時の大久保の心情が読み取れる。「**御異存ハ不申上得共、見込ニ於テハ断然不相変旨申上候（中略）小子ハ初発ヨリ此ニ決シ候得ハ断然辞表ノ決心故其ママ引取候**」と、どのような展開になろうと、絶対に潰してやるとの固い意志を感じさせる。

閣議が終了後、大久保と岩倉は辞表を出す。三条は疲弊から精神的に変調をきたし、狭心症も誘発し倒れてしまう。大久保は「**只一ノ秘策アリ**」と動き出す。岩倉を参内させ、明治天皇の聖断で遣使を決めるように画策した。加えて宮中工作も行い、西郷や佐賀士族らが意見を述べられないようにする。組織力の構築では、大久保の方が勝っていた。江藤は徐々に孤立していき、西郷は辞表を出して帰郷の途につく。

最終的に、内政を優先とする理由で、大久保が勝利する。明治六年十月二四日、西郷、江藤と副島をはじめ参議の半数と軍人や官僚の、約六〇〇人が辞任する明治維新後の最大の政変、「明治六年の政変」となった。これをきっかけに、佐賀・土佐人脈は、中央政府から追放される。そして、大久保が率いる新しい薩長閥とその派閥に従う者が指導権を握り、彼らの描く官僚国家が形成されていく。

明治七年一月、江藤は、議会開設を要望した「民撰議院設立建白書」を政府に提出する。その後、東京を離れ下野した。この建白書は自由民権運動へと繋がっていく。実際に、後藤・板垣・副島は自由民権運動を起こし、反政府運動を展開していった。その結果、これからの政治は、大久保が率いる新たな薩長閥を中心とする保守と、反政府運動を展開する佐賀・土佐士族らの革新の二つに大きく分かれていく。

だが大久保は、佐賀士族と佐賀に従った西郷一派には、壊滅させるまで手を緩めなかった。歴史は、江藤と西郷に、内乱を引き起こさせ反乱者にして、処刑または自決させる。特に、江藤の最期は犯罪人扱いの梟首となり、さらし首を写真に撮られ、各役所に見せしめのために配布された。

しかし、征韓論を阻止した大久保は、琉球漂流民問題で征台論を進め、直ぐに台湾に派兵する。この矛盾した政策に、木戸はさすがに反対を唱え下野した。では、大久保の、この矛盾した行動の根底にあるものは何であるのか。

第三六章　大久保の基盤

一　佐賀藩との違い

長州と薩摩藩の出身者は、内政では、お互いに政策を主張し派閥争いをするが、外政は、ほぼ意見が一致し行動している。すなわち、外国に怯えるくらいに慎重に対応をした。他方、藩主の直正が率いた佐賀藩は、アジア人を粗末に扱う欧米人に対抗するには、積極的に海外に進出し、そのために、戦争も辞さない方針を示した。

幕末から、欧米諸国への対応をめぐる論議は始まっていた。すなわち、暴力的な一面を持つ近代化した欧米諸国の侵略に、日本をどのように導いていくか、多く人間が戸惑っていた。例えば、安政の大獄で処刑された二人の国家論である。吉田松陰は、『幽囚録』で清国を制したイギリスを最大の脅威とする。その次が、ロシアと米国だ。吉田松陰の政策は、富国強兵を図り、沿海州とカムチャツカを奪取し、琉球を藩属せしめ、朝鮮と満州を版図にする国家戦略を立てた。

橋本左内は、日露和親条約を結んだロシア遣日全権使節のプチャーチンの紳士的態度を見てロシアを高く評価し、「日露提携論」を述べている。橋本は、地球上で覇権を争うイギリスとロシアに注目する。イギリスの貪欲・傲慢さより、ロシアは人望が集まる国になるだろうと評価する。いつかは、イギリスは、ロシアの南下政策を抑え込むため、蝦夷地全域か箱館を租借する。優秀なイギリスに対抗するには、ロシアと組んで、山丹、満州の辺、朝鮮を併合すべきと模索する。

他に、幕臣の勝海舟は、「日支鮮三国同盟論」で、清国と朝鮮王朝と組み、欧米に立ち向かう方法を提唱した。だが、中国の中華思想や朝鮮の華夷秩序から、日本との同盟は現実的ではないとも語っている。

これらの思想は、現在から振り返ると、現実味を帯びてない。逆に、昭和時代の日本陸軍の無謀な大陸進出や、狂信的な大アジア主義を連想させる。しかし、この昭和時代の狂信的な思想は、日清戦争で日本が中国に勝ち、アジア諸国と平和協調路線を捨てた結果、生まれた考えである。幕末の発想は、今では想像もつかないほどの横暴な欧米諸国の脅威から、いかに独立を保てるかと、大きな不安から出ていた。中国を含め、世界中の非キリスト国で、軍事的・経済的に独立を保っている国家は皆無である。それだけ、日本の独立に危機感を感じていた。実際に歴史上では、欧米諸国から独立を保て、さらに対抗しようとした国家は、地球上で日本のみだった。

鍋島直正の思考も、その時代の背景があり、侵略し略奪を目的とした軍国主義的な発想と異なる。少なくても、大久保政権が打った政策、すなわち、欧米諸国の力を借り、欧米の政策を真似たアジアの覇権ではない。特に西郷は、日本が、アジアと平和協調路線の支柱となり、単に侵略を繰り返す欧米諸国とは違う「東洋的な道徳国家」になるため、その実現化を模索し始める。どの外国にも頼らない日本独自の近代化こそ、苦難に耐えるアジアの一員としての日本人の使命だと、国家としての理想を描いた。

なぜ、大久保が主導する薩長閥は、直正らと相反する思考を持ったのだろうか。それには、幕末に起こった「薩英戦争」と「四国艦隊下関戦争」の詳細を調べなくてはいけない。両戦争後、薩摩藩と長州藩は、イギリスと関係が近くなるが、微妙な違いはあった。長州への攻撃は、長州藩攘夷派が原因を引き起こしてイギリスの全面勝利だ。薩摩への攻撃は、イギリスにも落ち度があり、戦闘も五分五分の引き分けとなる。この薩英戦争を通じて、薩摩藩全体に開国意識が芽生え、イギリスとの関係が濃厚となっていく。

二　薩英戦争

文久二年（一八六二）八月、生麦事件が起こる。神奈川県横浜市鶴見区生麦の場所で、薩摩藩の島津久光一行の行列に、複数のイギリス人が誤って乱入する。彼らは、馬に乗り観光で川崎大師に行く途中だった。戻ろうとして慌ててしまい、動揺した馬が思わず久光の籠に近づく。それを無礼とした藩士が斬りかかり、殺傷させた事件だ。

この事件の報復として、薩摩藩に、イギリス海軍将校の目前での犯人処刑と賠償金二万五千ポンドの支払いを要求する。その目的で、イギリス艦隊は鹿児島に向かった。

文久三年（一八六三）七月二日から二日間かけて、薩英戦争は鹿児島湾（錦江湾）で行われた。旗艦のユーリアラス号は、砲三五門、乗組員五一五人の最新悦の大型艦で、指揮官のキューパー提督とニール代理公使がこの艦に搭乗した。イギリスは、東アジア方面艦隊十八隻のうち七隻を割いて、総数一三六〇人の大勢だ。キューパー提督は、艦隊による威圧感だけで降伏するだろうと軽く考えていたが、本格的な砲撃戦となる。台風と思われる天候や砲撃の準備をしていないなどイギリス側が非常に不利だった。それでも、薩摩側の旧式球形弾は、射程距離が四キロメートルと長く破壊力も優れているアームストロング砲に到底敵わない。前もって薩摩側は、多くの住民を城下町から山に避難させ、まさに藩の存亡をかけて準備していた。

大久保利通は、城西千眼寺に設けられた本陣で指揮を執る。初めての実戦体験だ。艦隊視察のため、屋根に登るが、余りの威力に腰を抜かして部下の面前で転げ落ち、大恥をかいた。黒田清隆も初陣を飾る。もし上陸を許した場合、焦土戦を前提に、全藩士が決死の覚悟で抵抗するつもりだった。結局、薩摩側の戦死は五名で済んだ。しかし、イギリスは、必死の薩摩側の砲撃を受け、旗艦ユーリアス号の艦長と副長の戦死を含む十三人の被害を出した。

このまま戦闘を続け、上陸を主張するニール代理公使と、各艦の損傷が激しく無理という艦長たちで意見が割れる。艦長らは、この無様な展開は外交官が作戦に関与したからと責め立て、キューパー提督は撤退を決めた。ニール代理公使から権限を奪ったか不明だが、撤退時に、イギリス艦隊は凶暴性をむき出しにする。非戦闘員の住んでいる町人街に、ナポレオン戦争で猛威をふるったロケット弾を撃ち込み、城下町を焼き払った。この行為は明らかに無差別攻撃だ。

横浜に戻ったキューパー提督は、途中で戦争を中止したことを、他国から驚きの目で見られる。なぜなら、中国やインドで、多くの相手を打ち負かし七つの海を支配する無敵艦隊が、成果もあげずに戻って来たからだ。キューパー提督は、今回の戦争を、他国から大英帝国の恥辱と攻められ、さらに不完全燃焼で終わった末端の兵士の不満を抑え

薩英戦争でロケット砲を打ち込む英国艦隊
左側が鹿児島城下町である。
（ロンドンニュースの新聞紙から抜粋）

つけるのに精一杯だった。その上、戦争前に既に幕府から賠償金を受け取っており、イギリス国会からは、さらなる薩摩藩への攻撃や、人道的に婦女子を標的にした無差別攻撃も必要だったのかと、上から下から非難を浴び散々な目にあった。この戦争に参加した、大久保、黒田は、イギリス艦隊の攻撃力の凄まじさに直面する。日露戦争で日本海海戦の立役者である東郷平八郎も、この戦闘で初陣を踏んでいる。だが、西郷は、沖永良部島に二度目の流刑中で、この戦闘に参加していない。

三　四国艦隊下関戦争

孝明天皇の要望から、将軍家茂は攘夷実行を約束する。長崎から大坂方面に向かう多数の外国貿易船が、馬関海峡（関門海峡）を通過していた。久坂玄端らは、無謀を忠告する者を押しのけ、外国船に砲撃する。欧米諸国は、海峡封鎖により経済的打撃を受けるからだ。

文久三年（一八六三）五月、無通告で砲撃開始し海峡を封鎖した。だが、この行為は明らかに国際法違反だ。半月後、米国とフランス軍艦が報復に来て、長州藩の砲台と藩の海軍が壊滅に近い打撃を受ける。藩兵の逃げ惑う姿を見て、もはや正規兵では戦えないと防衛を任された高杉晋作は、苦境に立たされる。そして、志の高い下級武士や、商人・農民らの平民で構成される「奇兵隊」を結成する。攘夷遂行の意志持つ志願兵のモチベイションは非常に高かった。すぐに砲台を修復し、海峡対岸の九州側にある小倉藩の一部も占拠して砲台を構築し、新しい攻撃体制で再び海峡封鎖に臨んでいく。

留学先のイギリスで、近いうちに四ケ国による連合艦隊が長州攻撃をする情報を聞いた伊藤博文と井上馨は、このままだと藩が消滅すると判断した。元治元年（一八六四）六月、急遽帰国する。横浜でイギリス駐日公使オールコックと直談判をし、イギリス軍艦バロサ号で九州の姫島沖（大分県国東半島沖）まで乗船、藩の山口に戻った。二人は、英仏は、四年前のアロー戦争の北京進軍と同じ行動するだろうと、藩主や重臣に命がけで説得をするが、誰も耳を貸さなかった。結局、バロサ号で再び横浜に戻る。イギリスは、フランス・オランダ・米国による、十七隻・五〇〇〇人の四ケ国で連合艦隊を編成する。

去年七月、薩英戦争が勃発していた。キューパー提督は、その時のリベンジを求めていた。京都で禁門の変が始まった七月十九日、イギリスは幕府に攻撃を通告、七月二七日、横浜から出港する。横浜の警備として、香港から軍艦四隻とイギリス陸軍兵一三〇〇人が配置される。日本への手抜かりは無い。

七月二三日、幕府は勅命を受け、長州藩に向け進軍を開始した。第一次長州征伐である。長州藩は、数日前の禁門の変で、正規軍が上洛し壊滅に近い状態となっていた。藩内はほぼ空っぽで、残された二〇〇〇人の奇兵隊ら民兵で、外国と幕府の両軍を同時に相手にせざるを得なくなり、万事休すまで追い込まれる。

八月二日、姫島沖に四国連合艦隊は集結した。八月四日早朝、姫島沖から三縦陣で馬関海峡に侵入し、前夜、田ノ浦に停泊する。威圧感溢れる艦隊群を見て、長州民兵らは意気消沈した。そのうち、艦隊は、船の甲板で開戦前夜の宴を開き始める。しかし、軍楽隊が士気を鼓舞する演奏曲を弾き出すと、奇兵隊ら民兵は、逆にやる気満々となっていく。その一方で、下関の町民は、家財を持って避難を始めた。

八月五日午後二時、キューパー提督の乗るイギリスの旗艦ユーリアラス号のマストに高々と戦闘旗がひるがえると、第一発を放つのを合図に、全艦からいっせいに艦砲射撃が始まった。まず海峡沿いの砲台に怒涛の攻撃を加える。砲撃距離や破壊力は、明らかに長州藩側の大砲が劣っていた。それでも、長州藩は一二〇門の砲台で応戦した。主力は奇兵隊総督の赤根武人が指揮する二〇門の前田砲台と奇兵隊軍監の山縣有朋が指揮する十四門の壇之浦砲台だ。だが、午後五時には、ほぼ全砲台が沈黙した。　前田砲台に上陸した外国軍は、大砲を使用不能にして海に投げ込み、陣屋に火を放ち引き上げた。

翌日の午前七時から午前十時にかけ、四国連合艦隊から、ボートで二六〇〇人の陸戦隊が前田に上陸を試み、激烈な陸上戦となった。要塞は破壊され、さらに二〇戸以上の民家も焼かれる。しかしながら、ゲリラ化した長州民兵は、最後は弓矢で抵抗し、何とか相手に損害を与えながら進軍の阻止を企てた。やられっぱなしだったが、唯一、山縣の壇ノ浦砲台が、艦隊へ反撃を加えている。上陸した陸戦隊の主力は、〃火の山〃で二つに分かれ、壇ノ浦砲台と馬関(下関)方向に、艦隊から援護射撃を受け徒歩で向かった。陸戦隊が迫り、壇之浦砲台で踏み留まっていた山縣が槍を持ち応戦しようとするが逃走する。

戦闘中に、本州に異国人の軍隊が組織的に上陸し、家屋を焼き住民を殺すというのは、この下関戦争が史上初めてだ。大ピンチ以外、何物でもない。

オールコックは、薩英戦争の屈辱を果たすため、長州藩の領域である周防と長門の土地を割譲させることも視野に入れた。戦争の最終目標を、藩の政治的拠点である山口の占領まで想定して、計画する。この戦争は、単にイギリス海軍と長州藩の戦いではなくなっていた。もはや、異国人と郷土を守る農民も含めた領民との戦いとなり、長州藩は、全域の焦土戦を覚悟するまで袋の鼠《ねずみ》にされる。

ヨーロッパでは、第一次世界大戦で総力戦を初めて経験するが、長州藩が歴史上、初めてその総力戦に突入したのではなかろうか。この戦争で、四国連合艦隊から二五〇〇発の弾丸が放たれ、戦死者は長州藩側が十八人、連合国側が十二人である。前田の住民を中心に、藩は村を守らなかったと、不信感と不満が充満した。危ういところで、伊藤と井上が協力して、謹慎処分の高杉晋作を赦免とし、交渉を任せ、和議へと持ち込み休戦となる。伊藤・井上・山縣は、命をかけて、この戦闘に参加している。木戸は、禁門の変の戦闘後に、出石（兵庫県北部）で潜伏しており、この戦争に参加してない。

占領された前田砲台低台場。後方に、燃える家屋と火の山が見える。（横浜開港資料館所蔵）

現在の下関市前田の前田砲台跡。（同じアングルで著者撮影）

第三七章　保守派の本質とは

一　両戦争の経験藩

幕末、外国と戦闘状態となった長州藩と薩摩藩は、結果的に大きく国益に損害を与えてしまう。欧米諸国は、圧倒的軍事力で両藩に不利な条件を呑ませ、無理とわかると、それを根拠に幕府や朝廷に揺さぶりをかけていく。

この時期は、全国レベルで最大級の都市打ちこわしと地方では世直し一揆が起きた。開国することで、国内市場が世界市場に編入され、価格の暴騰など経済は大混乱となり、幕府は、それを制御する能力がなかった。だから、両戦争を通じ、多くの民衆は、正義を遂行する藩として長州や薩摩に熱烈な声援を送り、幕府には、外国勢に加担していると不信感を募らせていく。全国に沸き上がった攘夷運動の中で、外国と実戦経験した両藩は、他藩とは抜きん出た扱いを受ける。しかし、佐賀藩の鍋島直正は、その流れを冷静に見つめていた。表面上はともかく薩長両藩は、実際に国益に大損害を与え、軽率な戦闘行為を主導した両藩の下級武士への不信感を募らせていく。

二　両戦争の経験者

薩長の両藩で、外国と交戦経験の持つ藩士は、兵器破壊力と軍隊の機能性を目の当たりにする。両戦争は、一歩間違えれば、日本が植民地化される危険性があった。大久保、黒田、伊藤、山縣らは、戦闘後、現在の我々に想像もつかない恐怖を感じていたのではなかろうか。明治政府となり、大久保一派は内政を重視し、外国へ非常に慎重に対応する。政策論争では、理想論より現実を重視し、そのために一致団結をしていく。

他方、鍋島直正、江藤、西郷らは、欧米諸国と直接に戦闘行為を交わしていない。ただ直正らは、欧米諸国によるインドや中国での略奪を憂い、その中で、いかに独立を維持していくかを考えた。そして、技術や科学知識を吸収し、独自の軍事的独立を保ちながら、欧米と根本的に違うアジアの仁徳的な国家として新生日本を模索していく。

三　イギリスの視点

幕末の日本への政策は、軍事的支配でなく貿易の独占である。一八五七年、インドの大規模な反乱となる、セポイの乱やブータン戦争、一八五六年、中国で始まったアロー戦争や太平天国の乱の鎮圧で、イギリスは大きく戦力を消耗していた。薩英戦争で手ごわい抵抗を受け、これ以上の軍事力の消費は避けたいと判断する。だから、日本への進出をリードするイギリスは、日本国内の内戦に便乗する他国の介入だけを避け、穏便な終結を望む。

例えば、江戸城無血開城もその延長にある。駐日公使パークスの本心を知る勝海舟は、ロシアから資金提供の要望があったとはったりを利かす。脅されるような形で、パークスは、西郷らに江戸で攻防戦をしないようと厳重に警告を与えた。

江戸開城後、政権が移ったと判断したパークスは、慶応四年／明治元年四月一日に、大坂の東本願寺で、公使信任状を明治天皇に提出する。ここから、イギリスと新政府との公式な関係が始まった。パークスに、日本語を自由に操れるアーネスト・サトウという通訳がいる。サトウの人脈は、幕府や薩長などの要人と幅広く、イギリスの日本の情報量は他国を圧倒していた。箱館を占拠した旧幕府軍の榎本武揚の活動は認めず、戊辰戦争は、東北諸藩の投降で終了と判断して、公明正大に新政府にすり寄ってくる。

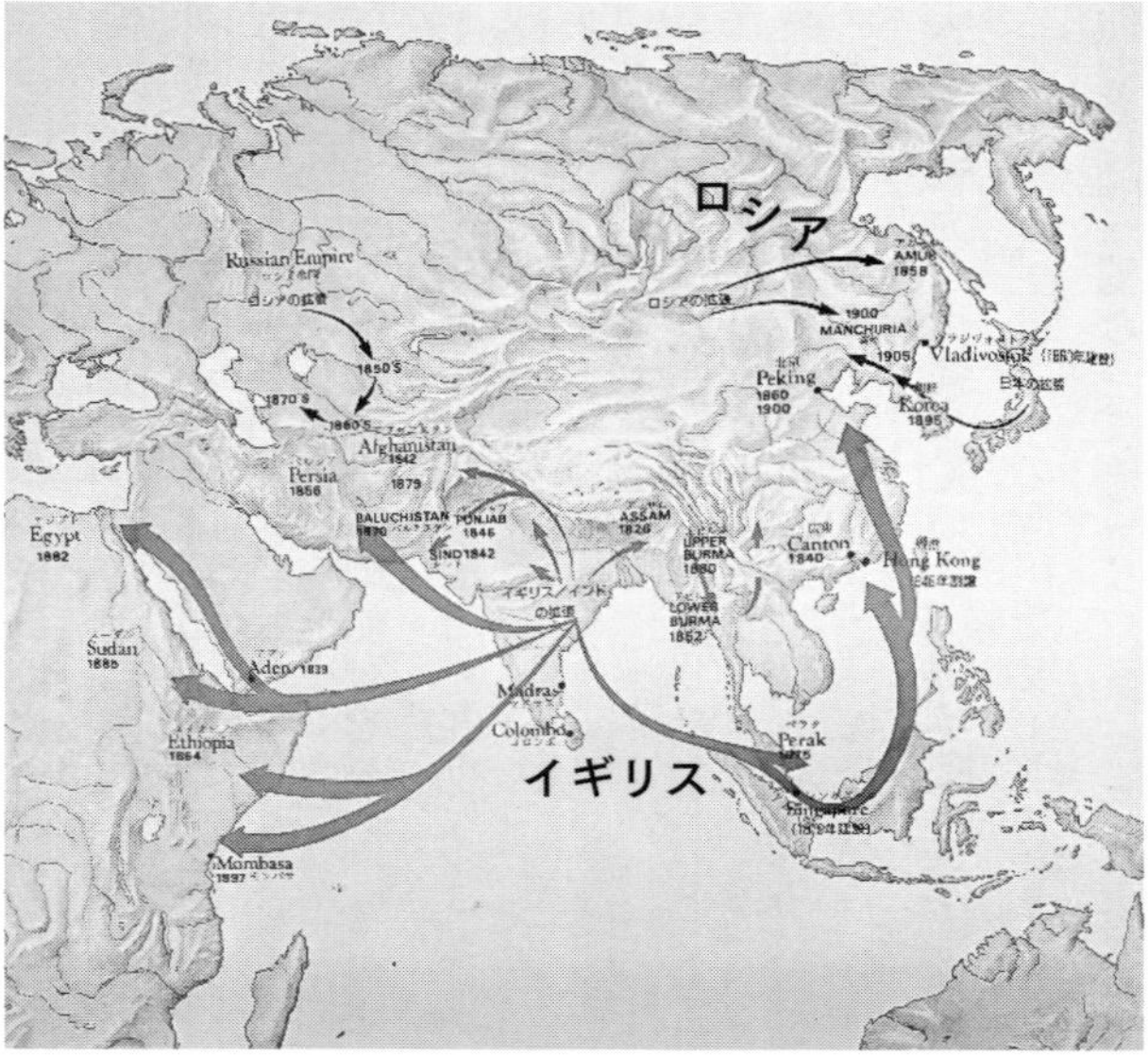

イギリスのアジア戦略
赤はイギリス、黒はロシアの侵略経路。インドを拠点として、シンガポールや香港へと進出した。その後、ロシアの南下政策に対抗するため、日本と組むことを選択する。

フランスの視点

ロッシュ駐日公使は幕府寄りで、フランスは、日本を幕府中心の集権体制と考えていたが、戊辰戦争の動向がパリの新聞に載ると、天皇を頂点とした大諸侯らが集まる封建制連邦国家と認識を変えていく。

ヨーロッパで蚕の流行病が蔓延し、第一の輸出品が絹織物であるフランスは、日本からの蚕糸の輸入確保が最大優先事項だった。一八六二年、皇帝ナポレオン三世は、ラテンアメリカへ影響力を高めるため、メキシコに軍事介入をする。メキシコ皇帝をすげ替えたが、メキシコ人はゲリラ戦に転じ、米国から反対要請も加わり、最終的に撤退した。この教訓から、日本へ不介入政策を採ることになる。

米国の視点

一八五三年、米国はペリーが率いる黒船来航で、日本の開国への道筋をつけた。しかし、一八六一年から一八六五年の南北戦争で、七〇万人弱の戦死者を出し、建国以来、最大の危機に瀕する。日本へ関与の余力は、とても無い。

すなわち、幕末から明治初期、英仏米は、幸いにも日本を軍事力で、力任せに植民地にする余裕が無かったといえる。

四　ロシアの南下政策

ロシアの国策

ロシアはイギリスを一番に警戒していた。クリミア戦争後、シベリア大陸のアムール川河口のニコライエフスクを東アジアの拠点とした。新たに獲得した沿海州とニコライエフスク防衛のため、樺太の領有は必須となる。もし、樺太の日本領有を少しでも認めたら、イギリスの軍港建設のため借用されるかもしれない。だから、樺太の全領有を目指し、可能な限り国力を費やしてでも、軍の派遣と囚人を大量に移住させていく。

ロシアのアラスカ売却も、カナダを介してイギリスが圧力をかけ続け、新大陸での維持は難しいと判断したからだ。イギリス以外で米国が買収したいとの話が出て、急遽実現した。後にアラスカから石油や金鉱などの資源が見つかり、ロシアは大損したといわれるが、もっと以前にその地下資源が確認されていれば、逆に戦争を吹っ掛けられ、英仏・米のどちらかに割譲されただけだろう。

イギリスの対抗

開拓使樺太駐在の岡本からロシア人暴挙の報告を聞いた時に、強硬的だった大久保が、明治二年八月に開かれたパークスとの会談をきっかけに、急に慎重になる。パークスは幾つか忠告してきた。その忠告とは、イギリス政府の政策を説明して、新政府に追従を求めるものだった。

クリミア戦争で敗退したロシアは、パリ講和条約の黒海中立条項で、黒海地域の武装を禁止された。だが、普仏戦争で欧州が混乱に陥ると、一方的に中立条項を破棄してくる。このいつもの火事泥棒的な行為は、イギリスをさらに警戒させる。国境問題を解決していない日本も、ロシアは、「皇国に於いて、戒心すべき第一の国」と、油断が出来ない国となる。地球規模で、ロシアと覇権を争っていたイギリスは、東北アジアもロシアの南下政策を抑え込む必要性に迫られ、日本に視線を向ける。

沿海州のウラジオストック軍港が完成すると、これまでのパワーバランスが崩れ、東北アジア周辺の海上権をイギリスと争うこととなる。イギリスにとり、ロシア海軍に海上権を奪われ、ロシア陸軍に、満州、朝鮮、日本まで侵略されるのは、最大の悪夢である。そうなれば、将来的に太平洋の覇権まで狙われかねない。

北海道は、船の動力源になる石炭資源が豊富で、ヨーロッパ方式だと食糧生産も十分可能だ。米国やプロシアも、アジア方面の拠点としてターゲットにした。だから北海道が、ロシア以外の他国に奪われることも予想し、イギリスは警戒していた。そのため、パークスは新政府に樺太を放棄させてまでも、日本に北海道の確実な確保を求めた。

五　意向を汲む大久保

史上初めて産業革命が起こったイギリスは、工業化を進め卓越した経済力と軍事力を持った。江戸後期から大正時代まで、自由貿易と植民地化で、パクス・ブリタリカと呼ばれる世界の覇者となる。そして、ヨーロッパを中心とした「近代世界システム」の頂点に位置した。

前駐日公使のオールコックは、著書『大君の都』で、「英国は、東洋に大きな権益を持っており、日本は、その東洋の前哨地である」と書く。オールコックは、アジア諸国で、唯一、日本人だけを評価していた。中国人と違い自惚れがなく器用で勤勉である。高度の物質文明があり産業技術は完成に近い。西洋人の技術と知識を模擬し、いづれ欧米諸国と対等になるだろうと述べている。将来的に、パートナーとして組める国家と考えた。

明治政府は、富国強兵をスローガンに短期間で近代化を進めていく。強兵の前に経済力をつけなければいけない。日本が誰にも頼らず自主独立して改革を遂行するには、まず莫大な軍事力を保持しなくてはいけない。植民地もなく経済的に厳しい日本は、イギリスの軍事力の傘の下に入る方が賢明である。後は、可能な人数と予算で産業を興していく。この現実的な姿が、大久保が描いた内政重視の日本だった。

征韓論の二年後の明治八年に締結した「千島・樺太交換条約」により、ロシアとの国境問題はひと段落する。だが、この条約は、イギリスの国策に合わせた。確かに、より面積が広い樺太を棄て千島列島を獲得したのは、日本の漁業を重要視したとの評価もある。だがそれよりも、全千島列島の獲得により、オホーツク海域を拠点とするロシア艦隊の太平洋進出を阻むことが出来る。すなわち、北太平洋の海上権の維持を求めたイギリスの意向に沿ったのだ。樺太と千島は、もともとアイヌの生活圏で日本の範疇だ。その土地を、イギリスのためにロシアと交換する発想は、明らかにロシアに大きく譲歩したのと同じで、直正の認めない思考だ。

征韓論の弱点は、朝鮮王朝と開戦となった場合、宗主国の清国との衝突は避けられなくなり、もし朝鮮半島でカオス状態となれば、漁夫の利を得るのはロシアになる。

征韓論が否定された翌年に、宮古島島民遭難事件から起きた征台論で台湾派兵が行われた。この派兵は、明治政府による初めての海外派兵だが、国内のインフラ整備を優先とする方針を立てていた大久保の考えと矛盾する。征韓論で大久保に異議を唱えた士族らのガス抜きをしたと解釈する歴史家もいる。だが、木戸孝允はこの派兵に納得出来ず、参議を辞任し下野した。台湾派兵に対し、清国は、留守政府の副島種臣が締結した「日清修好条規」の相互不可侵の項目に違反すると抗議してくる。当然の抗議だろう。この条約は、日本と中国が自主的主体的に組んで成立し、北京での事務処理はロシア公使が引き受ける。だから、イギリスは、日本と中国とロシアで密約があるのではと不信感を持ち始める。副島には、「マリア・ルス号事件」でもロシア皇帝が仲裁裁判を引き受けており、さらに日本が清国やロシアと接近するのではと疑っていた。

留守政府から大久保政権に変わる。大久保に、日清両国が協力し合い、イギリスなど欧米諸国と対抗しようという発想はない。台湾派兵で、日本は未解決だった琉球併合が可能となった。もし清国が沖縄列島を領有すれば、イギリス海軍にとり脅威になろう。同時に、イギリスに対抗する「日清修好条規」は有名無実化した。清国のイギリス公使ウエードの斡旋で和議が進められ、大久保が全権弁理大臣として北京に赴き交渉となる。

その直後、朝鮮半島のソウルに近接する京畿道に近い江華島で、大久保政権はペリー提督と同じような砲艦外交を行い、「日朝修好条規」を締結した。朝鮮王朝は、フランスや米国と軍事衝突を起こしながらも、なんとか鎖国を保っていた。イギリスは、このまま鎖国を続けるのなら、陸続きのロシアが徐々に影響力を増すだろうと危惧する。だが、もし日本が朝鮮を開国させたなら、清国が本格的な介入をする可能性がある。この時、イギリスは「英人マーガリー殺害事件」を盾に、ビルマ国境で清国に軍事的威圧をかけ続けていた。

清国と関係が深い朝鮮と台湾で積極的な外交、樺太でロシアに譲歩と、全てイギリスの国策に沿った政策である。そして、この思考は、明治三五年（一九〇二）、軍事同盟を目的に締結された「日英同盟」に続いていく。

大久保利通（一八三〇〜七八年）
初代内務卿（国立国会図書館所蔵）

明治の大久保の国策は、戦後の吉田茂を首相とした保守系内閣にも受け継がれていく。日本が軍備を棄て米国の核の傘に入り、人と資金を産業界に投与して経済発展を遂げた高度成長期の日本と重なる。補足すると、吉田茂の岳父は大久保利通の三男だ。また、戦後の東洋の前哨地としての日本は、昭和六〇年代の冷戦時代、中曽根康弘首相が、米国のレーガン大統領に発言した、ソ連に対抗する「太平洋の不沈空母」と同じ発想だ。明治から戦後の昭和時代となり、近代世界システムの頂点が、イギリスから米国に変わっただけである。現在でも続く日本の保守の国策は、明治二年八月のパークスとの会談が出発点と言える。

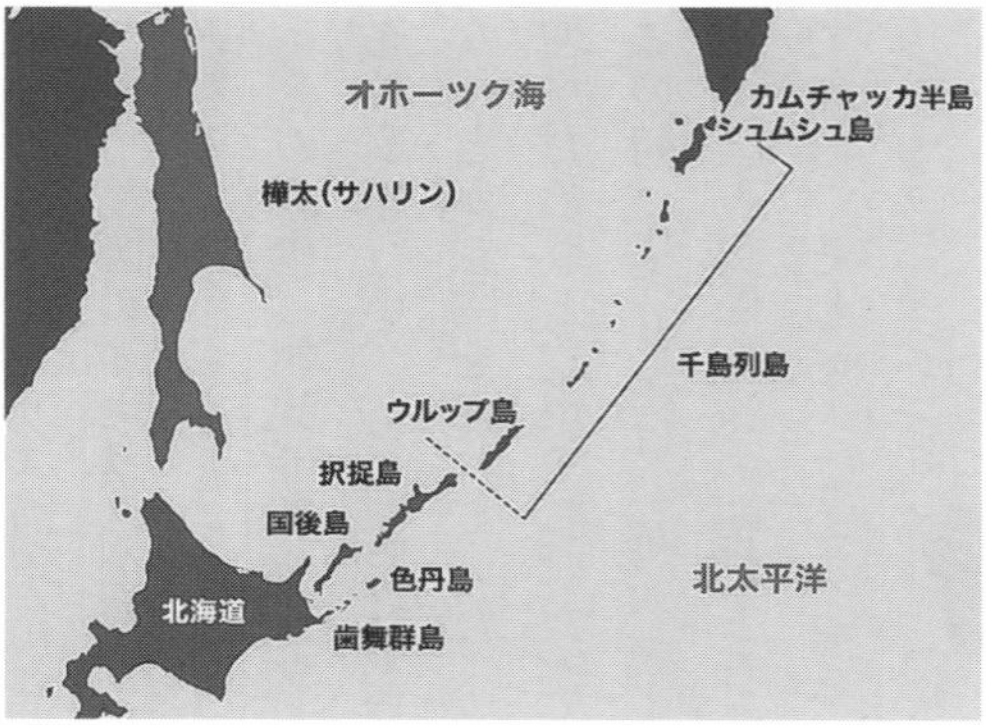

「千島・樺太交換条約」強硬派の澤宣嘉《のぶよし》が駐露特命全権公使として交渉する予定だったが、突然病死して、黒田に近い榎本武揚に決まった。

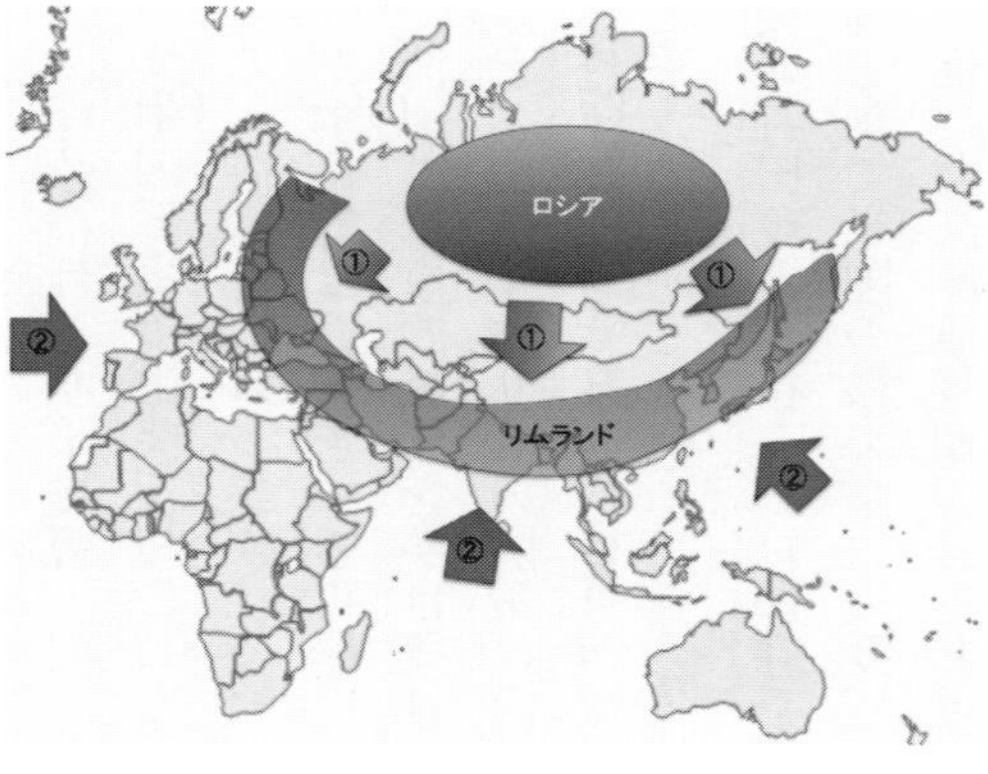

地球規模の英露による「グレートゲーム」大久保の国家戦略は、イギリス本国から一番遠い極東地域で片棒を担ぐことだった。

Ⅶ　去りゆく義勇

第三八章　佐賀の乱

全国の不平士族は、「明治六年の政変」を契機に、怒りを抑えられなくなる。特に、佐賀県では反政府運動まで盛り上がっていく。義勇も江藤も、まずは鎮静化を試みる。だが、逆に大久保によって挑発され、「佐賀の乱」となった。反乱者は討ち破られ、三年後、佐賀県自体も他県に併合され消滅する。大久保が暗殺され、佐賀の乱の七年後、根強い復県運動から新たな佐賀県が復活した。地元では秩序をみだす「乱」でなく「佐賀戦争」と呼ぶ県民もいる。

一　乱前夜

主に『佐賀市史』と『佐賀県史』からの資料である。

九州では、明治六年六月に干ばつがあり、十月に台風による風水害も加わり、農産物は大きなダメージを受けた。それにともない、九州地方の農民暴動は大規模となる。この暴動は、明治政府への反感につながった。

明治七年、政府は、豊臣秀吉が行った太閤検地以来の、地租改正という大きな租税制度改革を断行する。一部の農民に、幕府時代の封建制度を願う者も現れ、江藤の出身の佐賀県、板垣の土佐県、西郷の鹿児島県は、より県権令（知事）の統治が難しくなり、政府から最もマークされた。特に、佐賀県は不穏な空気に包まれていく。この時の佐賀県権令は、多久茂族《たくしげつぐ》から引き継ぐ岩村通俊だった。以前に、大蔵卿の大隈重信の配下で働いていた岩村が抜擢される。すなわち、明治六年七月、岩村は、義勇による札幌の本府建設を引き継いだ開拓判官から、佐賀県権令に任命された。義勇との関係は、ここでも続いているのだ。

鍋島家を尊重する佐賀憂国党は封建党とも呼ばれ、四〇から五〇歳代を中心に反政府的な政治信条を掲げていた。そして、多くの士族や農民に溶け込んでいく。思想上、大隈と憂国党は対立する。佐賀の乱で、大隈は大久保側に加担した。もう一つの、反政府的な政党が、江藤新平を中心とする征韓党だ。構成員は二〇から三〇歳代の政治改革者で、欧州留学や軍士官経験者が主流だ。征韓論者で、朝鮮半島派兵時に先鋒を務める心積もりだった。

明治五年六月、秋田県権令を解任されてから、義勇は、明治政府との関係を絶っている。東京九段下飯田の自宅に引き籠り、隠遁に近い生活を送っていた。そういう義勇だったが、明治政府高官の腐敗ぶりに憤りを感じ、同年九月、使節団として帰国した岩倉に向け、太政官宛に建白書を提出する。義勇は、まだ自分が開府した石狩本府のことを忘れてなかった。この建白書で、石狩本府を「北京」と名称を改め、天皇の避暑のための離宮にして欲しいと訴えている。

同年暮れから、義勇の下に、佐賀から実弟で養子として家を継いだ重松基吉や副島義高、藩校弘道館の秀才と言われた中川義純や村山長栄が尋ねて来た。そして、憂国党の指導者に就くようにと懇願される。弟の副島義高は憂国党の党首だった。藩主鍋島直正の顔が思い浮かんだが、やんわりと断っていた。

明治六年の政変で下野した江藤新平が、明治七年一月十三日、船で佐賀に帰郷する。大隈、大木、板垣、後藤らが、帰郷すれば、大久保の策に陥るだけだとの説得を振り切っての決断だった。同年二月二日、長崎に着いた江藤は、佐賀の動向を探る。

江藤が東京を離れたのを知った大久保は、佐賀討伐の総帥として宮中に参内し、二月五日に追討令を受けた。政府は、「**佐賀県下賊徒征討被仰出候に付、右賊徒自然名地方へ遁走可致も測り難く候条、管内要衝の地は勿論、出入船舶共取締り向厳重に相立て、出入員相改め、賊徒と見候はば速に捕縛可致、此旨相達候事**」の布告を各府県に通達する。そして着々と佐賀を追い詰めていく。

同年二月一日、憂国党の士族が、佐賀の官金預かり業者の小野組に押しかける事件が発生した。二月五日、義勇は、太政大臣三条実美から呼ばれる。三条から、情勢を鎮静させるようにと秘密指令を受け、急遽、佐賀に向かった。二月七日、横浜から長崎に向かう船に乗るが、この時、同乗していたのが、岩村通俊の弟である高俊だ。まだ二九歳の若造だ。

土佐の岩村兄弟は賢兄愚弟の典型で、人との調整能力が高い通俊と比べ、弟の高俊は、短気で傲慢な性格だった。戊辰戦争中の話である。官軍の軍監となった高俊は、越後小地谷で、中立を守る長岡藩の賢人と慕われた河合継之助を罵倒する。さらに、贅沢な食事を地元の娘に給仕させるなど、相手を煽り立てた。この余りにも酷い態度に、長岡藩は憤慨して会津藩に加担してしまう。その結果、北越戦争が勃発し、この戦争で長州藩兵が四〇〇人と最も多く戦死した。この高俊の行動に、さすがの山縣有朋も激怒し、高俊を長州方言で軽率で無配慮の人物を指す「キョロマ」と呼ぶようになった。まさに、戊辰戦争を長期化させた張本人だったのだ。

参議兼内務卿の大久保利通は、その高俊を派遣する。紛争が起きるかもしれないこの大事な時に、佐賀県権令を、あえて兄の通俊から弟にすげ替えた。大久保の狙いは、佐賀の士族を挑発し暴動を起こさせ、政府軍が大規模な鎮圧をするための正当な動機を作ることだ。この起用を、最後には折れて大久保に同調することが多い木戸孝允ですら、いくらなんでもと猛反対する。なぜなら、高俊により北越戦争が起き、意味もなく多数の長州兵を失ったからだ。

義勇は、その高俊に佐賀へ向うために乗った船上で、出会った。高俊は、「佐賀人は、気風が弱い（意気地なし）くせに、学問に熱中し理論だけだ」と述べ、「これから、山口と福岡で士族を募り、熊本鎮台の兵を率いて、弾圧してやる」と息巻いた。とても、県権令になる人物の言葉ではない。そして、実際に下関で船を降りた。義勇は、兵を募る計画が本気なのが分かる。また高俊に同行していた権中判事から、権令として兵を率いて佐賀城に入る計画も知った。義勇は、この高俊より、この男を派遣した明治政府に憤慨した。余りにもの理不尽さに、政府に対抗する決意をする。

義勇が長崎に着いたのを知った江藤は、申し入れをして元家老邸で話し合いをする。もうこの時には、憂国党の代表になる覚悟を決めていた。確かに、征韓党と憂国党は、政治信条は異なる。だが、大久保が主導する政府に反対の意義を唱えることで、意見が一致し共同戦線を組むことにした。義勇は、もうここまできたら、直正が築いた佐賀を守り抜くしかないと覚悟をする。江藤は、我々が蜂起すれば、鹿児島の西郷や全国の不平士族が、次々と決起するだろうと義勇に話した。

同年二月十四日、佐賀に入ると、義勇は唖然とする。「新しい権令が兵を率いて戦争になる」と、怯えた民衆が家財道具を持ち出して一斉に避難を始めていたからだ。

紛争を仕掛けているのは明治政府の方ではないか。この光景を見て、義勇は正式に憂国党党首となり、戦い抜く決意を固めた。翌日、谷干城熊本鎮台司令長官命令の名目で、新権令になった高俊が、鎮台兵を率いて県庁のある佐賀城に入城する。

二　乱勃発

まず江藤は、特使を送り、布告なしに鎮台兵を指揮し入城した理由を求めた。高俊は、戊辰戦争と同じ横柄な態度で、「答える必要は無い」と突っぱねる。その後、城を囲む一万二千人の佐賀士族らが戦闘を開始した。安易に考えていた高俊は、大砲も籠城するだけの食料も準備してなかった。鎮台兵はたちまち敗れ、高俊は辛くも脱出する。佐賀城を奪い返した義勇は、烏帽子に陣袴の衣装を身につつみ、軍扇をふるって必死に指揮をしていたという。時には馬に乗り、前線の憂国党員を励ましたりもした。

しかし、佐賀士族による城の奪還は、大久保の想定内である。もう既に、大久保が全権を握り、陸軍中将山縣有朋と海軍少将伊藤祐麿を参軍させている。そして、野津鎮雄少将を司令官として、陸軍は東京鎮台と大阪鎮台から一三五八名の征討軍を編成し、海軍も軍艦四隻に陸戦隊を乗せて品川から出港させていた。さらに、全国規模で広島と大阪、熊本鎮台の兵も加えて、総勢五三五〇人の軍を総動員する。すなわち、初めから徹底的に佐賀士族らを壊滅させるつもりだった。大久保は、二月十九日に博多に着く。全国民に向け、大規模な鎮圧劇を見せつけ、全国の不平士族の見せしめとする目論みだ。箱館戦争以来の国内戦争のこともあったが、多くの国民は、新政府の基盤だった「薩長土肥」の一角の反乱と知り驚愕する。

明治政府にとり、庶民から徴兵された軍隊の初めての戦闘で、国家のメンツをかけても、絶対に反乱士族に負けられなかった。周到に準備を進めた上で、二月十九日、太政官は「佐賀県下の賊徒征討令」を発令する。政府軍は、猛然と佐賀城に攻め込んでいくが、抵抗は凄まじく大激戦となった。だが、人数や戦力の圧倒的な物量の差を見せつけられ、佐賀士族らは、城を棄て逃げ惑うしかない。二月二七日、義勇は、現在の佐賀市西側の境原での決戦に敗れ、討ち死にする覚悟だったが、周りが説得させた。その日、東側から攻める征討軍に副島義高、西側から攻める海軍陸戦隊に村山長栄を、謝罪に遣わし義勇からの降伏文書を手渡す。しかし、正式な文書でなく失礼な箇所もあるとして突き返させられた。義勇は、切腹するか一人城内に残り陳情するかと言うが、弟の副島が止めたという。その後、住之江港から船で脱出する。そして、憂国党の支持者と考えていた鹿児島県の島津久光を頼った。なぜなら、大久保や黒田らの下級武士が主導権を握る明治政府に、保守的な藩主ら一派が、抵抗を示していたからだ。

大勢が決まった三月一日、大久保が佐賀城に入る。義勇の実弟の二人は捕縛された。鹿児島で義勇は久光に面会を求めたが、左大臣・薩摩鎮撫使の責任者に就いている久光には、どうしようも出来ない。久光は、義勇を捕縛して側近に東京へ連れて行かせようとした。もしかしたら、東京に行けば助かる可能性もあるからだ。しかし、大久保から断られる。結局、島津家の手下により捕えられ、三月二二日、その場で佐賀から来た出張検事に引き渡された。

江藤は、憂国党に無断で征韓党を解散させ、佐賀を脱出する。同じく鹿児島に逃れ、一緒に下野した西郷の助力を求めたが、西郷は決起する意思を示さなかった。今度は、土佐に行き挙兵を訴える。三月二九日、高知県東洋町で捕縛された。この時、江藤は、自分が構築した司法制度の裁判を使い、徹底して闘う覚悟を決める。そうなれば、自分の正当性を国民が知ることになる。弁が立つ江藤の最期の闘いだ。だが、大久保は、江藤に弁論されることだけは、絶対に避けなければと事前に準備をしていた。西郷の佐賀反乱軍に対する扱いは、大局的な判断から、冷たい態度とならざるを得なかった。佐賀から落ち延びた反乱兵二名が、桐野を頼り鹿児島に潜み、官憲が絶えず眼を光らせる。西郷が「いつまで佐賀の脱走兵を匿っているのか」と戒めた。その時、桐野は、「自分が落人を匿うのは持病である。今まで二五人匿ってきたが、二七名で持病は治りますから」と西郷に懇願し、それ以上、咎めなかったという。

三　義勇の最期

四月五日、佐賀城に、太政官正院は裁判所を急遽設置する。権大判事の河野敏鎌《とがま》が、裁判長となり審議を行わせた。河野は、江藤が司法卿時代の部下で、うらぶれの身を助け権大判事まで当用した男である。

明治時代の最新の刑法は、明治六年七月に施行され、各国の刑法を参考にして江藤が作った「改定律例」である。だが内乱罪にあたる条項はない。大久保から、即刻に斬首せよと指令を受けていた河野は、曲がりなりにも中国の清国で制定された「清律」にある大逆罪を適応する。四月八日と九日、臨時裁判は開かれ、十三日、判決公判が下った。河野は、義勇と江藤に、「除族のうえ、梟首《きょうしゅ》とする」と宣告する。除族とは士族の資格を剥奪することで、梟首とは罪人の首を木にかけ晒《さら》す意味で、一般の犯罪者に適応されるものだ。たった二日間の裁判で判決が下され、弁護士の存在も無く、審議や尋問も形だけで傍聴人もいない、加えて上訴も出来ない。まさに、暗黒裁判だ。この行為は、佐賀士族が骨身を惜しまず築いてきた司法制度を、真っ向から否定する行為である。

あまりのことに江藤は立ち、「裁判長、私は！」と叫び、河野裁判長に抗議しようとしたが、廷吏に抑えられ退廷させられる。即座に陳述を言うが、一方的に発言を封じられ、逆に河野から恫喝された。この時、江藤は「敏鎌、それが恩人に対する言葉か！」と大声で一喝して、思わず河野は恐れおののいてしまう。しかし、大久保は、被告の江藤や義勇を、憎悪の眼を光らせ、変わらず冷酷に睨み続けていた。

これから先の義勇の行動は、詳細に記録されたものは少ない。合田一道著の『開拓判官島義勇、北を拓く』からの抜粋である。

「義勇は、黙って判決を聞いていた。実弟二名を含む十一人に処刑の判決が下された。彼は、獄舎に戻ると、政府はこの白髪首を討たねば気が済まぬかと言い、首筋をたたいて笑い、横になり高いびきをたて眠った」という。

その日の夕刻に刑は執行された。臨時に作られたといえ、佐賀裁判所は、府県裁判所で、死罪は司法卿の許可が必要だ。木戸すらでも、死刑でも司法卿の大木喬任の裁可を受けざるを得ないので、直ちに執行されないと思っていたらしい。特に、江藤には、東京で三条実美を始め大木喬任や寺島宗則の参議、下野した元参議らが、助命活動をしていた。大久保の暴走を牽制するため、征討総督は東伏見嘉彰親王に変わっている。

佐賀城の二の丸に作られた刑場に、義勇は最初に引き出され、手持ちの五〇〇両を家族に渡してくれるように言う。最後まで悠然とした態度だった。享年五三。続いて江藤が引き出される。最後に、義勇のことを尋ねてきた。刑吏が、すでに処刑されたと答えると、天を仰ぎ、「天と地だけが、わが心を知るのみ」と三度叫んで処刑された。享年四一。

二人の首は、万部《まんぶ》島の川の畔に三日間晒される。天皇に仕えた功臣を斬首することは、明らかに越権行為だ。また、箱館戦争で、最後まで楯突いた榎本武揚にもしなかった行為でもある。大久保は、さらに、江藤の首を写真に撮り、内務省をはじめ各役所に配布して、〝見せしめ〟とした。法律操作をした裁判長の河野は、大久保から一〇〇〇両の報酬が与えられ、後々まで「首切り代千両」と陰で言われることになる。通念上、嘉瀬川河畔の現在のみどりの森の刑場跡で斬首となっているが、県立佐賀城本丸歴史館の学芸員の話では、城内で斬首され万部島で梟首されたのが事実らしい。

『大久保日記』には、四月九日の裁判を聞き、「**江東陳述曖昧実に笑止千万人物推而知ラレタリ**」と、処刑された四月十三日には、「**今朝出張、裁判所へ出席、今朝江東以下十二人断罪に付、罪文申聞を聞く。江東醜態笑止なり（中略）刑場に引出され候上も、分て山中乙名《おとな》しく刑に就きたるよし。八字比引取。今日都合克相すみ、大安心。**」と、書かれている。江藤もあえて江東と書き、真剣に本名で書かれる資格のない奴とした。うろたえる政敵を抹殺し、佐賀士族も壊滅させ、もう笑いが止まらないと大満足である。どうみても、この大久保の振る舞いは、その後に西南戦争も含め連続的に勃発する士族の反乱と比べ、尋常さにかけるほど狂暴である。これは、大久保自身が、佐賀士族の存在に、いかに嫌悪感と恐怖心を抱いていたかが、よく理解されるのだ。

鎮圧に向かう政府軍
『佐賀征討戦記』の挿絵。

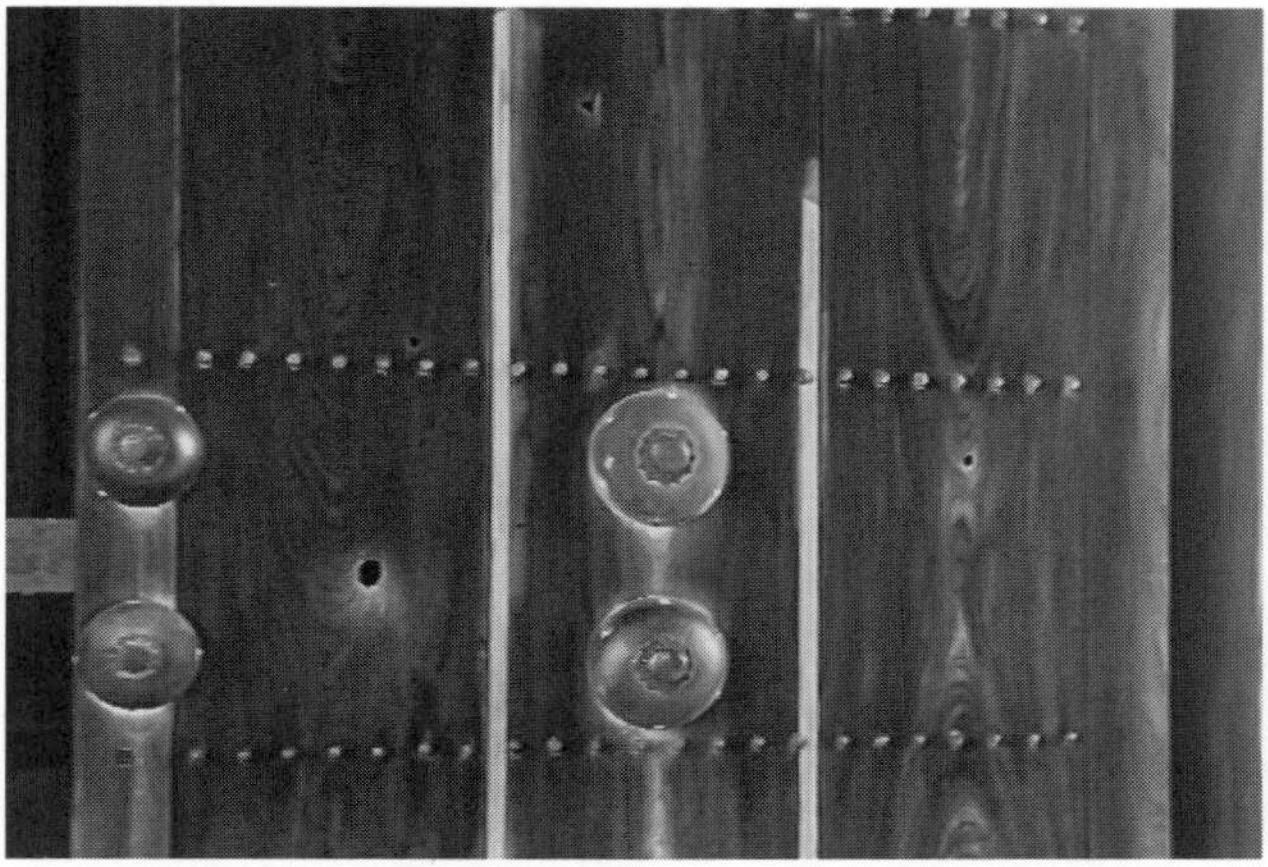

佐賀城鯱の門
佐賀士族が、籠《ろう》城する政府軍に放った銃弾の跡。
三か所確認できる。
（著者撮影）

義勇と江藤の首が晒《さら》された万部島の川の畔。
晴れた昼でも薄暗い。現在は公園になっている。
（著者撮影）

万部島招魂場。
佐賀側の死亡者二二〇人の御霊の祭祀所。
強い怨念を感じさせる。
（著者撮影）

佐賀市金立町の来迎寺にある義勇の墓。
墓の場所を、来迎寺の職員が親切に教えてくれた。
（著者撮影）

終わりに

札幌を開府した島義勇の開拓使解任の理由を、国家や海外情勢まで視野を広げ、国策をめぐる闘争が背景にあるのではと考えた。

東北アジアのアイヌ生活圏は、欧米諸国にとり地球上で最後の空白地帯だった。この生活圏を日本がどう扱うかで、鍋島直正と大久保利通は争う。

大久保一派が開拓使を牛耳ると、札幌の本府建設は一先ず中止。だが、大久保の部下の黒田清隆が作成した「十月建言書」で本府建設の再開が決まり、外遊をする黒田の代わりに、岩村に建設が任された。だから、義勇と岩村は、一八〇度政治的背景が異なる。当然ながら二人の都市構想も違ってくるはずだ。義勇の本府は、継承どころか消されたと考えるべきだろう。

大久保によって新たに編成された薩長閥は、自らの政策を遂行するため、江藤や西郷を消し去る。命をかけ対ロシア戦に挑むつもりだった不平士族らも壊滅させる。その大久保も、明治十一年、紀尾井町で暗殺された。だが、大久保がいなくなっても明治国家はびくともしない。これこそ、大久保自身が願っていた官僚機構が完成した証だった。

最後まで薩長閥に寄り添って来た大隈重信も、「明治十四年の政変」で追放される。主に長州閥が推すドイツ型ビスマルク憲法か、大隈が推す英国式議院内閣制の憲法かで論争が起こる。同時に、大隈は、黒田が主導した「開拓使官有物払い下げ」で、不正があると糾弾した。その後、大隈は下野し反官僚的な人材育成をする早稲田大学の前身の東京専門学校を開設する。新たな薩長閥の政策は、佐賀人脈が消え去り初めて成り立つ。そして、日本の保守の根元となった。

明治二二年、大日本帝国憲法が施行され、大きな政争は無くなる。日英同盟が結ばれた後に勃発した日露戦争は、イギリスの意向に沿う形で行われ、日本は勝利した。アジアの一国が、世界の覇権を狙っていたロシアに勝つ。諸外国からの評価は高まり、不平等条約の改定も達成し、明治国家は、五大国の一員に上り詰める。

しかし、もし直正が早く病死しなければ、日本はどのような歴史を歩んでいただろうか。少なくても、主権在民の思想や民主的な政党政治は、太平洋戦争前に実現したかもしれない。

現在、自民党の一人勝ちだ。これは、自民党政治が評価されているより、野党への国民の信頼が余りにも低いからではなかろうか。日本は、政権交代が容易な英米のような二大政党政治が定着しない。なぜ野党が育たないのか。その原因として、大久保が佐賀士族に対し行った仕打ちが、未だ影響を及ぼしているのではなかろうか。

現在、佐賀県と言えば、旅行先として行ったことがない都道府県の第一位である。また、出身地をネタにした芸人の「はなわ」しか思いつかないほど印象が薄く、県民の地元愛が最も少ない県でもある。そして、県内で、大隈重信や鍋島直正は知っていても、義勇はほとんど知られていない。知っている県民がいても、反乱者としてタブー化されている。「地元民が、札幌市を作ったのだよ」と言っても、驚きしか示さないだろう。

明治になっても、義勇は、密謀を企てたり媚びを売ったりと、卑劣な行為と無縁の侍だった。長官を辞めざるを得なくなった直正のために、猪突猛進するように本府を建設し、亡き主君への忠誠心から乱を決意する。すなわち、そのような義勇は、国を牛耳る大久保一派にとり、最も扱いやすい人物だったのだ。義勇の開拓使解任から、佐賀士族凋落への道が開かれてしまう。そして、一度県は消滅し、その後存在の薄い地味な県となった。しかし、佐賀県民は、もっと自信と誇りをもっても良いのではないか。

十年前から、北海道神宮が義勇の命日にちなみ、札幌市で毎年四月に顕彰祭が行われ、最近は、佐賀県から知事や市長など約二〇〇人が参加されている。その後、佐賀県で明治維新一五〇年を記念した「肥前さが幕末維新博覧会」の一環として、「島義勇展」が開かれた。ほとんど忘れ去られていた義勇の業績が、少しずつ知られるようになってきた。

島義勇　関連年表

国　内

文政五年（一八二二）佐賀城下精小路で生まれる
天保元年（一八三〇）七歳　藩校弘道館蒙養舎に入学
鍋島直正が藩主になる
天保七年（一八三六）十五歳　弘道館寄宿舎内生寮に入る
弘化元年（一八四四）弘道館を卒業　島家を継ぐ
三年間遊学　水戸の藤田東湖と会う
弘化四年（一八四八）直正の外小姓になる
嘉永六年（一八五三）黒船来航　ロシア艦隊長崎来航
安政二年（一八五五）江戸藩邸大広間詰になる
安政三年（一八五六）蝦夷地調査のため佐賀を出発
安政五年（一八五八）蝦夷地調査を終了し帰藩
文久元年（一八六一）対馬列島占拠事件
文久四年（一八六四）長崎港口香焼島勤番所隊長
元治元年　御船方。佐賀藩の観光丸船長になる
禁門の変
慶応二年（一八六六）第二次長州征伐
慶応四年（一八六八）軍艦奉行。神戸に向かう

海　外

一八三九年　アヘン戦争
一八五三年　クリミア戦争
一八五六年　アロー戦争
一八六〇年　露　沿海州獲得
一八六一年　米　南北戦争
一八六七年　アラスカ売却

明治元年

朝廷から海軍参謀補。横浜に向かう

江戸城無血開城　箱館府開庁

戊辰戦争で総野鎮撫軍監

江戸鎮台府判事、会計局判事

従五位に叙される

明治二年（一八六九）一八六九年

府県御用掛　民部省の民部官

蝦夷開拓御用掛

従四位に叙される

五月　箱館戦争終了

六月　版籍奉還　六月　樺太函泊事件

七月　開拓使発足　開拓首席判官　七月　スエズ運河開通

七月二三日　石狩出張計画が決定

八月十一日　石狩出張計画が中止

八月十五日　蝦夷地の名称が、北海道になる

九月　三日　大村益次郎襲撃

九月　五日　石狩出張計画が再開

九月二一日　東京から北海道の箱館に向かう

十　月　一日　札幌に向かう

十　月十二日　銭函に仮庁舎設置

十一月十　日　石狩本府開府

十一月二八日　場所請負制を廃止

明治三年（一八七〇）

十二月　三日　開拓三神の御霊代が札幌に移転

一月　八日　兵部省と一部管轄が変更

一月十九日　東久世通禧が上京

一月二六日　昌平丸が沈没

一月十一日　召環命　札幌を出発

一八七〇年　普仏戦争

三月二五日　東京に着く

三月二七日　宮中で質問を受ける

四月　大学少監

七月　明治天皇の侍従

明治四年（一八七一）

一月十八日　鍋島直正死亡

七月　廃藩置県

十一月　岩倉使節団出発

明治五年（一八七二）

一月　秋田県権令　八郎潟大改造計画を打ち出す

六月　秋田県権令を解任

九月　太政官に、石狩本府の名称を北京にと建白書を提出

明治六年（一八七三）

九月　岩倉使節団帰国

十月　征韓論をめぐり、明治六年の政変が起きる

明治七年（一八七四）

二月　七日　佐賀県に向かう

二月十四日　佐賀に到着

憂国党党首になる
二月十六日　佐賀の乱勃発
二月二七日　佐賀から脱出
三月　五日　鹿児島県に着く
三月　七日　捕縛される
四月　八日　佐賀城で裁判が始まる
四月十三日　除族梟首を宣告　斬首
五月　台湾出兵
明治八年（一八七五）五月　樺太・千島交換条約
九月　江華島事件
明治十年（一八七七）西南戦争　西郷隆盛自刃

主な参考文献

合田一道『開拓判官島義勇　北を拓く』北海道科学文化協会　一九八三
榎本洋介『佐賀偉人伝05　島義勇』佐賀県立佐賀城本丸歴史館　二〇一一
藤井祐介『島義勇入北記』佐賀県立佐賀城本丸歴史館　二〇二一
榎本洋介『開拓使と北海道』北海道出版企画センター　二〇〇九
太田穀執『烈士　島義勇』開拓判官島義勇顕彰会　一九九九
太田幸雄『島義勇物語』開拓判官島義勇顕彰会　二〇〇九
エアーダイブ『島義勇伝』開拓判官島義勇顕彰会　二〇一四
島　義勇『北海道紀行（島義勇漢詩集）』北海道神宮奉賛会　一九七四
北海道神宮『北海道神宮研究論叢』弘文堂　二〇一四
『北海道神宮』北海道神宮社務所　一九七一
『北海道神宮史』北海道神宮社務所　一九九一
『新札幌市史』第一巻通史一　札幌市教育委員会　一九九一
『新札幌市史』第二巻通史二　札幌市教育委員会　一九九一
『札幌沿革史』札幌史学会　一八九七
『札幌区史』札幌区　一九一一
札幌市史編纂委員会『札幌百年のあゆみ』札幌市　一九七〇
札幌市教育委員会『さっぽろ文庫　開拓使時代』北海道新聞社　一九八九
『新北海道史』第三巻通説二　北海道庁　一九八一
『北海道史』北海道庁　一九二〇

竹内運平『北海道史要』北海道出版企画センター　一九七七
河野常吉「松本十郎翁談話」高倉新一郎編『犀川会資料』北海道出版企画センター　一九八二
玉虫左太夫「入北記」稲葉一郎解読『入北記―蝦夷地・樺太巡見日誌』北海道出版企画センター　一九九二
岡　勝美『なぜ北海道に県がないのか』共同文化社　二〇一八
『佐賀県史』下巻近代篇　佐賀県　一九六七
佐賀市史編纂委員会『佐賀市史』第三巻近代篇明治期　佐賀市　一九七七
『さが維新前夜』佐賀新聞社　二〇一八
『生誕二百年記念展鍋島直正公』鍋島報效会　二〇一八
中野礼四郎『鍋島直正公傳』侯爵鍋島家編纂所　一九二〇
杉谷　昭『佐賀偉人伝01　鍋島直正』佐賀県立佐賀城本丸歴史館　二〇一〇
杉谷　昭『鍋島閑叟　蘭癖　佐賀藩主の幕末』中公新書　一九九二
『秋田県史』第四巻維新篇・第五巻明治篇　秋田県　一九六一
今村義孝『秋田県の歴史』山川出版社　一九六九
『山口県史』通史篇　近代　山口県　二〇一六
『下関市史』藩政～市制施行篇　下関市　二〇〇九
木村　汎　監修『ロシア歴史地図』マツノ書店　一九九三
栗生沢猛夫『図説　ロシアの歴史』河出書房　二〇一〇
和田春樹『ロシア史』山川出版　二〇〇二
麻田雅文『日露近代史』講談社現代新書　二〇一八
太田三郎『日露樺太外交戦』興文社　一九四一
横井勝彦『大英帝国歴史地図』原書房　一九九六

西野　修『志波城・徳丹城　古代陸奥国北端の二城柵』同成社　二〇〇八
熊谷公男『蝦夷と城柵の時代』吉川弘文館　二〇〇四
『東北歴史博物館展示案内』東北歴史博物館編集　一九九九
北国諒星『青年公家　清水谷公考の志と挫折』北海道出版企画センター　二〇一九
奥田静夫「激動の日々　北海道開拓の史話」『開発こうほう』に連載
笹木義友『新版　松浦武四郎自伝』北海道出版企画センター　二〇一三
丸山道子『安政四年の蝦夷地』放送アートセンター　一九七七
及川邦廣『北海道近代化の幕開け』北海道出版企画センター　二〇一三
菊池勇夫『蝦夷島と北方世界』吉川弘文館　二〇〇三
井黒弥太郎『北海道のいしずえ四人』みやま書房出版　一九六七
井黒弥太郎『札幌のおいたち』みやま書房出版　一九六七
井黒弥太郎『黒田清隆』吉川弘文館　一九八七
朝倉有子『寛政改革における蝦夷地対策とアイヌ認識』上越教育大学　一九九九
平山裕人『地図でみるアイヌの歴史』明石書店　二〇一八
加藤好男『十九世紀後半のサッポロ・イシカリのアイヌ民族』サッポロ堂書店　二〇一七
保谷　徹『幕末日本と対外戦争の危機』吉川弘文館　二〇一〇
宮地正人ら『明治維新とは何か？』東京堂出版　二〇一八
宮地正人『幕末維新変革史』岩波書店　二〇一二
麓　慎一『維新政府の北方政策』歴史学研究　一九九九
三谷　博『さかのぼり日本史　幕末危機が生んだ挙国一致』ＮＨＫ出版　二〇一一
佐々木克『さかのぼり日本史　明治官僚国家への道』ＮＨＫ出版　二〇一一

主な参考文献

伊牟田比呂多『征韓論政変の真相』高城書房　二〇一六
毛利敏彦『明治六年政変』中公新書　一九七九
毛利敏彦『江藤新平』中公新書　一九八七
毛利敏彦『大久保利通』中公新書　一九六九
佐々木克『大久保利通と明治維新』吉川弘文館　一九九八
大谷修一『らくらく風水トラベル』柏艪舎　二〇一一
都道府県研究会『地図で楽しむすごい北海道』二〇一八
西村幸夫『県都物語』有斐閣　二〇一八
森田徳彦『地政学の罠に嵌った日本近現代史』泉文堂　二〇一一
森田徳彦『地政学の時代』勁草書房　二〇一八
兵頭二十八『日本史の謎は地政学で解ける』祥伝社　二〇一七
吉田東伍『地理的日本史読本』二〇一一
『歴史文学地図シリーズ　地図で知る幕末』ぶよう堂編集部　二〇一〇
御厨　貴『近現代日本を史料で読む』中公新書　二〇一一
中山大将『国境は誰のためにある』清水書院　二〇一九
北岡伸一『明治維新の意味』新潮社　二〇二〇

著者略歴

河原﨑　暢（かわらさき　みつる）

昭和34年11月　札幌で生まれる
昭和50年３月　北海道教育大学附属札幌中学校卒業
昭和53年３月　道立札幌南高等学校卒業
昭和63年３月　金沢医科大学卒業後、北海道大学医学部消化器内科入局
　　　　　　　消化器内視鏡学会指導医・評議員、消化器病学会専門医、
　　　　　　　日本内科学会認定医、日本医師会・認定産業医
平成26年　北海道新聞文化センターの講座「一道塾」に入る
平成27年　北国諒星（奥田静夫）主宰「趣味の歴史（開拓使）講座」受講生
平成29年　札幌市内の某医療機関に勤務
平成29年　第５回北海道文芸賞ノンフィクション部門候補受賞

札幌を開府した島義勇　解任と梟首《きょうしゅ》の謎

発　行　2021年７月30日
著　者　河原﨑　　暢
発行者　野　澤　緯三男
発行所　北海道出版企画センター
〒001-0018　札幌市北区北18条西６丁目２-47
電　話　011-737-1755
ＦＡＸ　011-737-4007
振　替　02790-6-16677
ＵＲＬ　http://www. h-ppc. com/
E-mail　hppc186@rose.ocn.ne.jp
印刷所　㈱北海道機関紙印刷所

ISBN978-4-8328-2102-6　C0021